龚鹏程作品

**龚鹏程**

江西吉安人，一九五六年生于台北市。

曾任淡江大学文学院院长、南华大学校长、佛光大学校长、中国古典文学研究会会长、世界中国哲学会副会长、中华武侠文学会会长、中华历史文学会会长、联合报主笔、艺术行政学会会长、自然医学学会会长、中华道教学院副院长、国际佛学研究中心主任、少林禅武学会会长、南洋学会会长、龚立述教育基金会董事长、台湾视障学会会长、中华易学研究院院士、东亚孔庙联谊会召集人、美国欧亚大学校长等。亦曾负责台湾的两岸文教交流业务。

现任北京大学特聘教授、国务院国学中心顾问，有龚鹏程国学院等学术组织及活动，遍及各地。

有文史哲宗教艺术社会学等著作近百种，精博渊懿，为世所称。曾获中山文艺奖、中兴文艺奖章、教材改进奖、朱自清散文双年奖等。亦常在世界各地举办书法展。

# 龔鵬程講佛

龚鹏程 著

人民东方出版传媒
東方出版社

图书在版编目（CIP）数据

龚鹏程讲佛 / 龚鹏程 著 . —北京：东方出版社，2014.11
ISBN 978-7-5060-7889-4

Ⅰ. ①龚…　Ⅱ. ①龚…　Ⅲ. ①佛教—文集　Ⅳ. ① B948-53

中国版本图书馆 CIP 数据核字（2014）第 297704 号

龚鹏程讲佛
（GONG PENGCHENG JIANGFO）

作　　者：龚鹏程
责任编辑：查长莲
出　　版：东方出版社
发　　行：人民东方出版传媒有限公司
地　　址：北京市东城区朝阳门内大街 166 号
邮政编码：100706
印　　刷：北京市大兴县新魏印刷厂
版　　次：2015 年 2 月第 1 版
印　　次：2015 年 2 月第 1 次印刷
开　　本：660 毫米 ×960 毫米　1/16
印　　张：26.25
字　　数：300 千字
书　　号：ISBN 978-7-5060-7889-4
定　　价：58.00 元
发行电话：（010）64258117　64258115　64258112

# 总 序

我耽迷于文字，喜欢探索文字中的世界，也乐于以文字记录我对世相的观察、对天道人情的理解。历年涂抹，出版者近百种，主要涵括文、史、哲、宗教、艺术、政治、社会、教育诸领域，未刊稿尚数百万言，佚散难以捡拾，我也不自爱惜。总觉得仍在写作中、仍在努力求学问道中，还不急着作总结报告。

但旧学商量，益加邃密，做过的研究、有过的思虑，统汇起来。便于检核修订，自是进学之良方。对读我书的朋友来说，也未尝无益。因此，劳烦东方出版社帮忙辑成了这套作品集。

说作品，其实甚感歉然。古代以创作为神圣之事，故曰“作者之谓圣，述者之谓明”。高明如孔子，也仅自称述而不作，吾辈小子，何敢妄言作者作品？一时笔谈，多属因机因地之权；偶然墨戏，或邻谤佛谤圣之讥，聊等佯狂，肆此乱世之哀感而已。知者怜其瞀悖，会者通其神韵可也。

甲午秋分写于燕沪旅次

# 目录
# Contents


一　佛学与学佛 / 001

二　孔颖达《周易正义》与佛教 / 014

（一）绪论 / 016

（二）三教讲论 / 019

（三）参用佛义 / 022

（四）斥佛之误 / 034

三　成玄英《庄子疏》与佛教 / 039

（一）与郭象注不同的第一部道教庄子解 / 039

（二）成玄英注疏诸书所显示的两个方向 / 046

（三）由其吸收佛学看唐初道教义理之新发展 / 048

（四）由其贬抑儒家论成疏之诠释情境与策略 / 054

（五）成玄英治身与治国合一的理论结构 / 061

四　唐代的文人与佛教 / 071

（一）文人与佛教关系 / 071

（二）文人的儒佛关系 / 076

（三）文人的佛道关系 / 080

（四）有待健全的论域 / 085

五　李商隐与佛教 / 088
（一）李商隐学佛的经过 / 089
（二）李商隐学佛的原因 / 093
（三）李商隐与僧佛有关的诗作 / 099
（四）结语 / 105

六　晚唐的禅宗与道教 / 107
（一）论易卜 / 107
（二）谈鬼神 / 109
（三）说心通 / 112
（四）参同契 / 115
（五）唐末禅宗发展史的一种解释 / 117

七　释“学诗如参禅” / 127
——兼论宋代诗学之理论结构
（一）本文研究之观点与方法 / 128
（二）宋代诗学之理论结构 / 146
（三）转识成智的几种途径 / 169

八　袁中郎的佛教与文学 / 215
（一）不被人知的袁中郎 / 215

# 目录 Contents

（二）参究人天性命之学 / 217
（三）受用处在破执任性 / 221
（四）不拘格套独抒性灵 / 226
（五）才性生命的转向与修持 / 230
（六）鼓吹西方弥勒净 / 236
（七）端重自守以归平常 / 243
（八）对袁中郎之再认识 / 250

九　摄道归佛的儒者：焦竑 / 254
（一）运用道藏 / 254
（二）诠释道经 / 255
（三）反对仙道 / 256
（四）修性养生 / 259
（五）复命归根 / 262
（六）摄道归佛 / 265
（七）三教归一 / 273
（八）克己复礼 / 281
（九）摄情归性 / 287
（十）死生情切 / 294

十　蕅益智旭唯识学发隐 / 301
（一）复杂的历史形象 / 302
（二）唯识观心之法门 / 305
（三）通别兼圆的唯识 / 312
（四）以渐修矫治禅弊 / 317
（五）真常心与阿赖耶 / 322
（六）性相融合的宗旨 / 328
（七）思想史的意义 / 334

十一　人间佛教的开展 / 342
（一）人间的佛教 / 342
（二）失败的运动 / 344
（三）佛教现代化 / 348
（四）当代新佛教 / 351
（五）超越现代化 / 354

十二　佛教模式与企业管理 / 357
（一）新萌芽的关系 / 357
（二）企业内部统整 / 358
（三）建构企业精神 / 363
（四）志业生涯规划 / 365

（五）可期待的未来 / 369

十三　佛学义理与企业管理 / 371
（一）佛学的管理学比附 / 371
（二）佛教的现代性依附 / 374
（三）现代化及超越现代化 / 377
（四）佛学义理对现代的意义 / 381

十四　佛教的非营利事业管理及其拓展性 / 386
（一）两种管理学 / 386
（二）非营利事业管理 / 390
（三）向非营利事业学习 / 393
（四）自主的非营利管理学 / 398
（五）结语 / 401

# 一　佛学与学佛

## （一）

最近读到台大哲学系教授杨惠南先生的新著《佛教思想发展史论》，颇有些感触。杨先生是著名的佛学研究者，可是据他说，他原本却是甚为排斥“佛学”，只注重“学佛”的人士：

> ……我是一个讲究“学佛”而轻视“佛学”的传统佛教徒。我周遭的师父和老师，都告诫我：不要读太多经典，因为那和解脱成佛无关。有一次，我请教过台中一位有名的净土宗居士，问他在我读完《阿弥陀经》之后，应该继续读些什么经典？结果他反问我一句：“读那么多经典干什么？”还有另外一位法师也叮咛我：除了《阿弥陀经》《楞严经》之外，不许再读其他的经典！当时，我是多么相信这些老师和师父的话，我忘了每天早课时，在佛菩萨面前所发下的弘愿：“法门无量誓愿学！”事实上，就一个刚刚进入佛门的我来说，并不了解这句弘愿的真义。原来，在佛门中，强调“学佛”的人，常常批评那些研究“佛学”的人士只是“说食数饱”“画饼充饥”，永远不能解脱成

> 佛。现在突然要我放弃“学佛”的修行，跳入自以为矛盾冲突的“佛学”异域，着实困扰了好一阵子！

杨先生后来是抱持着悲痛壮烈的心情去进行佛学研究的。这一段佛学与学佛的矛盾冲突，现在当然不会再困扰他了。但是整个佛教界呢？不是还一样存在着佛学与学佛的矛盾吗？佛教界不仍是只重学佛而较忽视乃至贬抑佛学吗？

我在《国际佛学研究年刊》第二期的序文中，曾经谈到当前佛教界所必须面对的问题，其中之一便是“教义的研修”：

> 台湾佛教的活动固然十分蓬勃，家家阿弥陀、户户观世音，各寺庙无不香火鼎盛，经忏法会亦从不间断。每逢法师开示或宣讲，辄见万头攒动，即使是达官显宦，也往往参禅打七。但在这类佛教活动极其繁盛的背后，却是对教义的极度陌生，表面热闹而内里空洞。因为绝少人了解什么佛教的教史与教义，他们信佛拜佛，仅是随俗或祈求功利福报而已。某些以学佛修密为时髦的知识分子，亦以神秘经验为主，谈佛法义理，类皆荒诞不经。这是佛法传布的危机，我们不能只要求信教者做功德而不让他们明白自己信的究竟是什么。宗教的道理，关涉了客观真理及个人终极关怀两个方面，此为何等大事，而可以迷糊蒙混乎？故如何加强信众对教义之了解，如何在教义的研修方面提出我们这个年代的贡献，实在是个大问题。从历史上看佛教的发展，每个时代都有其对教义的阐发，我们这个时代可不能交了白卷。

信教而不知义理，蔚为风气，成为当今佛教的大问题，相信此处说得并不过分。这不是教界及信众仅重学佛修证而不重佛学使然吗？

正因佛教界不甚重视佛学，故一旦盖寺庙，各方捐献极多，若是办佛学院或研究中心，信徒、寺院都兴趣寥寥。仅有的几座佛学院，也往往经费困窘，发展困难，使得佛教教育迄今仍未步入正轨，整个佛教界仍然缺乏够水准的弘法人才，对于信徒们所提出的各种问题，例如经典的义理、历史发展所造成的教义变化、各宗派教理的差异、不同区域教理的分别及其发展状况，等等，往往不能正确或深入地解答。因此，我们会发现，目前的佛教界似乎是一知半解、糊里糊涂的弘法人员，在指导着茫无头绪的信众。盲以导盲的情况，实在令人忧虑。

或许一般信仰佛教者并不以为这是个问题，只要佛教的道场仍然兴旺、法会仍然盛行、其所推动之宗教慈善事业仍为社会所肯定，佛教仿佛就会一直蓬勃发展下去。这真是大谬不然之见。

须知中国佛教自隋唐以来，一般都认为宋元明清已渐衰颓，晚清以来始渐复兴。而宋元明清诸朝民间信仰佛教者难道少了吗？道场、法会、经忏又何尝不兴旺呢？佛教所办的养老、慈幼、救济、租赁事业不也十分普遍吗？既如此，何以谓其为衰？于此便可见教义发展之重要了。隋唐以后，佛教的教义已无太大发展，流行于民间之佛教信仰，事实上仅成为一种缺少灵魂的仪式化行为，烧香、拜佛、念经、吃素以及超度亡魂而已。整个佛教，在个人，便是欲求往生净土或利益福报（求菩萨佛祖保佑平安富贵、子孙昌旺之类）；在教团，则是赶经忏办法会（甚至出现迎财神之类法会）。

这种仪式化的结果，自然就形成了佛教的世俗化与庸俗化。拜佛祖菩萨的人，视佛祖菩萨其实与大树公石头公无异，求其保佑、艳其灵异罢了。此岂仍可称之为佛教耶？佛教讲因果，系用以解释世界及生命之缘起，民间则转变成为一种“善有善报，恶有恶报，因果报应，相与循环”的观念。这与追求无生涅槃寂灭之佛教义理，实是南辕而北辙。以此信佛，又何怪乎佛道不分、佛与民间杂祀不分呢？换言之，仪式化、庸俗化之后，佛教更可能面临“异化”的危机，变成佛教的对立物，导致佛教死亡。

宋元明清佛教界之发展正是如此，所以才有晚清佛学的复兴运动。从杨仁山居士设金陵刻经处刻经开始，重新教人重视经典、读经、注释诠解经典，一步步走向教义的探索，从而找回佛教的真精神，把佛教发扬起来。因此，我们可以说，佛教之衰，即衰于其道场庄严、法会盛大、经忏流行、慈济事业兴旺；而其复兴，则是经由佛学之研究才使其复兴的。

历史的教训，岂能漠视？现今佛教之所以社会形象较以往好些，不再被视为庸俗迷信，有一大部分原因是教界努力做社会工作（例如“净化人心”活动）及社会福利（如慈善、医疗、救助），等等。但这不是佛教界才能做或才会做的事，任何社会工作及社会福利团体、任何宗教团体也都能从事于兹。何况，只要政府在社工社福业务上更能尽其职责，此类工作即能充分被替代。故佛教界不能以善为社工社福事自矜，更不能自我定位于此。且救贫济众，若徒救其贫、恤其病，而不能令其法喜充满，又怎能自称是佛教事业？然则，欲令病者得法，我们自己对法的理解如何？得法了吗？本身对佛法不了解、也不注意，又怎能施法济世，普度众生？

宗教与一般社会团体不同。它并非为解决人之社会生活困难而存在，乃是基于解决生命价值意义之终极问题而存在的。因此，世俗化或庸俗化的走向，纵或因其具有政治社会功能而风光一时，其利未必便能溥久，对知识分子也不会有吸引力。这些决定社会价值观和思想发展趋向的知识阶层，倘不能被佛教所吸引，势必寻求其他代替的宗教，这对佛教是相当不利的。即或知识分子不改选其他宗教，仍企图从佛教中获取其安身立命之契机，他们也常会因为反世俗化而走向神秘化，不重视宗教的社会工作福利事业，而着重个人修持体证的宗教感应验印。这时，如若缺乏佛学的导引，便极易流于异端神秘经验，大讲神通灵异。这种发展，事实上已成为台湾佛教界的隐忧，许多新兴教派拓展均极为迅速，所谈杂于风水星相婴灵神通之间。此皆因佛教之正知正见正闻正信不彰，信佛者不得其法使然。长此以往，佛教焉能不日益异化?

当然我不是说佛教发展上的一切问题都导因于佛学研究不昌。佛学不受重视只是现今佛教发展的问题之一，但由于佛教界普遍重视学佛而不看重佛学，致使佛教日渐仪式化、世俗化、庸俗化、神秘化，产生了异化的危机，则是非常明显的。我们必须注意这种趋向。

## （二）

但这也不是随意呼吁几句“重视佛学”，或归咎现今佛教界人士不明事理便能解决问题的。佛学与学佛的冲突或紧张关系，其实有理论上的深刻原因。唯有正视这一事实，方能逐渐疏理两者之关系，使其各安其位或彼此互益。

为何说学佛与佛学之间的紧张关系有其深刻的理论原因呢?

因为人类面临的知识，基本上有两类，一种是可以客观认知、判断的，如数学上的定理定律，如地球绕行太阳，如宪法及诸制度，如历史事实楚汉相争而项羽自刎于乌江之类，是可观解、可形成理论、可客观讨论的知识。

另一种知识则涉及人的“存在态度”。该知识是否有价值、有意义，须是主体才能决断、才能肯定、才能有态度的。所以这种知识只能在具体存在的个人身上说，客观的知识要转成主观的才有意义。佛经上说“如人饮水，冷暖自知”者，即指此种知识而言。人对于不安、失望、痛苦、怖栗、放弃的理解，均属于这种知识。无此类感知者，这些词句对他便无意义，正如不信基督教的人，“神爱世人”“基督以其宝血洗净我们的罪”“诺亚方舟”“死后审判”等，都是不知所云之空洞言辞，对他毫无意义一样。

相对于前述那种可观解的知识，这种知识形态可称为“实践的知识”。这种知识不是说客观上我觉得有佛陀、知道佛陀的教诲即是三法印十二因缘，而是只有我们在实践性地学习佛陀之教法时，才能真正理解什么是佛法。犹如唯有亲自去饮水，方能知其甘涩与冷暖。

从这个意义说，一切宗教，基本上都是实践性的知识，若仅从理论上去观解之，而未进行功夫实践，确实是难以进入宗教之核心的。学佛人士着重于践履功夫而反对客观的理论的佛学，基本上并无错误。

然而，纵使承认了这一点，我们仍然会发现：宗教在发展流布的过程中都必须要“传教”。对于尚未信仰（亦即在存在之态度上尚未肯定此类知识，也对此类知识尚未进行实践性认识）其宗教的群众，这些已饮水者，势必要将其主观实践所得之知识客观化，转换成为可观解的理论性说明，否则旁人如何能够了解？这一情势，保证了主观实践性知识必然有转换为客观理论性知识的可能。人们正是基于这种可能，才能衡量甲宗教与乙宗教之间的高下是非，来重新决定自己的存在态度：或仍坚持原有之信仰，或转而接纳新的宗教。同样地，这一情势也说明了，在宗教中事实上存在着大量可观解、可说明的理论性知识，否则该宗教便无法向外人说明其教义，无法传布。

宗教中并存着实践知识与理论性知识这个事实，往往造成了宗教内部的困惑。究竟在宗教里，该以信仰（实践性知识）为主，还是可以以知识（理论性知识）为主呢？

这个问题，其实不仅在宗教中有，一切所谓“生命的学问”

中也都有。如儒家之学，本质上即是种实践性知识，强调成己成德，践履躬行。但儒学内部却也有“汉学”“宋学”两大体系的冲突。宋学对于儒学的性质，偏重在修养面，主张克己去私，修身养性，穷理尽性；汉学则注重经典，讲究客观的理论性知识，因此要博学、考订篇籍真伪、训诂文字、辨析名物制度。在宋学之中，又有程朱与陆王的不同。以汉学、宋学来分，汉学代表“道问学”的传统，宋学代表“尊德性”的传统；以宋学内部来说，程朱又可称为宋学中的“道问学”，陆王则为宋明学中的“尊德性”一派。讲陆王学的人，认为走汉学一路者完全不能触及儒家生命之学的精神血脉，都是外在的知识堆积而已。讲汉学的人，则批评走陆王心学一路者根本引用了伪书，文字解读也不正确，对于孔孟诸子发言时之历史情境更缺乏了解，任意自由心证，讲什么道统心法，根本就是胡扯。双方互诤，迄今未已。

类似儒学的争论，也存在于佛教中。学佛者强调“行”，类似儒家之所谓尊德性；言佛学者强调“知”，犹如儒者中之讲道问学。二系分流，一偏行入，一偏理入。行入者证福，理入者见慧。行入者悲，理入者智。行入者重行，理入者重解。故“学佛——信——行——入——福——悲——行”“佛学——知——理入——慧——智——解”恰成一相对之结构，仿佛儒学中有汉学与宋学、尊德性与道问学之分那样。

这样的对比，还可以继续深化下去。例如蓝吉富先生即曾将佛教分成“知识分子的佛教”和“非知识分子的佛教”。这便不是说佛教中有理入与行入之分，而是说佛教中有一种是无论行解都较单纯的宗派，这些宗派，整体来说较偏于行门，其理论亦甚简约，易于持循。此即可称为非知识分子的佛教，如净、密、禅等，重修持，理论均甚简捷。相对来看，像三论、唯识、天台、华严诸宗便可说是较具系统，理论复杂，重视经论法度，因此较有学术性价值，可称为知识分子的佛教。当然天台等宗亦有修持法门，如天台有“止观”之类。但其理论性格较强，由《小止观》《法界次第初门》《释禅波罗蜜》《摩诃止观》等书构成一套详密完备的修持体系，对修持中之次第与可能发生的病患、魔事、境界、对治方法等，均有详密的讨论，显然较禅宗之顿法要客观化、理论化多了。（见蓝氏《二十世纪中日佛教》所收《现代知识分子佛教信仰》一文）

即就禅法而论，印顺导师也提到两种修禅定的方法。他认为《杂阿含经》与《中阿含经》对于禅定的讲法有精神之不同;《杂阿含》重在慧的体悟,《中阿含》则较重视四禅、八定、九定的说明。故后来大乘经典中继承《杂阿含》定慧综合的风格；小乘萨婆多部却分别定慧，专在四禅八定上去分析。又如一切有系，偏于由定中观如病、如痈、如刺、如杀、无常、无我而证慧解脱，但定本身不是慧，定境也不是解脱；大众分别说系，则谓灭定亦即烦恼灭，定可以是空理之定，所以定与慧是合一的。（见《性空学探源》第三节）这两种区分，事实上也就是一种偏于慧，一偏于定。

另外，韦伯在《宗教社会学》中则主张早期基督教、古伊斯兰教、古犹太教都是“反理智主义之宗教”，其经典与信仰内容，仅为一些宇宙起源之说辞、预言、历史、律法、圣诫，此外并无太多特定的理智观点。换言之，这些宗教的核心，在于信仰。但亚洲各大宗教之教义却多为知识分子所创，此即理智主义者之宗教。此类宗教，多反对精灵、自然、鬼神崇拜，反对大众化巫术。它们由知识分子担任其主要传播者，甚至宗教也成为知识传统的主要来源，成为哲学知识的形式。他举佛教为例，说：“佛教和耆那教（Jainism）的拯救教义及其他与此相关的教义，都是靠知识分子中的那些经过吠陀（Vedas）训练之精英传播。”（见其书第八章）

以上这些看法，均显示宗教会在处理信与知之问题时，因其不同而区分成两种类型。与古基督教相比，佛教不讲启示（神或上帝显现其自己，称为启示），也不讲人对启示有所反应的信仰。佛陀乃是以其对人生世界之理的觉悟而讲缘起。此乃其对世界与人生之理论性解释，故基本上是透过思维辨析而得，非修持、感应、神启而获。这就有知识分子理智主义的色彩。但在佛教内部，因为佛教毕竟是一种宗教，不纯是一套哲学，因此，思想落入存在的实践层，究竟该如何去印证、去获知佛陀所说之理，仍然构成一实质之问题。由于对此问题处理方法之不同，佛教内又可再分成知识分子的佛教和非知识分子的佛教等等。

或者，在宗教流传扩大的过程中，也必然使得知识分子宗教本身产生分化。韦伯言道："只要一个宗教变成了一种大众宗教，那么，由知识分子创立的救赎教义及其伦理的发展，往往会出现某种秘教或某一贵族阶级的伦理道德要求，以满足受过教育之知识分子的需求；而此同时，该宗教又会逐渐变成某种大众化且具有魔力的救世主宗教，以便满足非知识阶层人们之需要。"换言之，宗教虽或为知识分子所创，然既成为大众宗教，便可能出现属于社会大众的神圣化、礼仪化、世俗化、民间信仰化倾向，以及反抗此一倾向的知识分子们所发展之内在化、理论化、出世化倾向。

此一分化状况，倒过来说也是一样的。非知识分子所创的宗教，虽重于实证而轻视理论知识，或偏于信仰而不愿费力去从理论上证明与说明其信仰之理据，却也可能在传播扩大后发生分化或质变。例如禅宗，本是强调"不立文字"的，惠能更是根本不识字。其理论重在直指见性，简易斩截，自当属于非知识阶层之宗教类型，故唐宋以后，流传于民间甚盛。然而，此宗之简易，对知识分子乃竟有另一种吸引力，因为具有一切理论知识之后的浑化境界，与完全无理论知识的素朴境界是有其类似性的。因此文士哲人亦酷喜谈禅。禅之简易直截，乃竟转而成为超绝言象的智慧高峰，只有冰雪聪明者才能攀跻，以致机锋如同哑谜，公案成为悬案，茫无头绪，莫测高深。近人吕澄批评禅宗：“重智轻悲，偏于接引上机，和平民的关系比较疏远。”就是这个道理。

另一个例子，则是基督教在中古时期的发展。早期基督教系以信仰为主，乃希伯来文化之一支。其后传播日广，与希腊罗马文化接触融合后，希腊哲学传统便在巩固基督教信仰之理论面，提供了强而有力的支援。以至整个中古基督教神学均由经院、教团所掌握，成为知识分子形态的宗教。

由此看来，宗教的理论知识性与其宗教修证信仰行为之间，实存在着极为复杂的动态关系，它们之间的激荡与冲突，可能就显示了宗教发展的轨迹。

## （三）

从佛教的理想来说，悲、智、愿、行，应该是合一的，《佛说阿弥陀经》谓阿弥陀佛曾发四十八愿，其中便包含“修行无碍”和“说法顺智，诵经演说，无边辩才”。可见行入与理入俱臻者方能广修福慧。但佛菩萨中也有只修行不修智的，例如观世音便是。《华严经·入法界品》曾云观音告善财童子：“我修大悲法门，愿救护一切众生。”因此他也是最受民间尊崇信仰的对象，与那些“重智轻悲”的菩萨不同。然从整个佛教看，此毕竟只是方便，所以观音只能成为阿弥陀的辅佐之一。另一位辅佐则是大势至菩萨。大势至菩萨是相对于观音之悲而显其智，其智慧之光，能使大众离三涂苦，其无上力能给予众生菩提心种子。依经文所述，阿弥陀佛与观音、大势至三圣乃是相继补位成佛的。可见佛教甚为明白：在佛法传播过程中往往是悲智递运的，但其归趣，毕竟应以悲智合和为宗旨。此西方三圣之象征意蕴也。

除了大势至菩萨外，佛教中尚有一位智者之象征，即文殊菩萨。所谓文殊慧剑，寓悲于智，“为佛道中父母，譬如世界小儿有父母”(《放钵经》)，暗示了一切诸佛皆须智慧乃能成就。与他相对的，则为普贤。犹如大势至与观世音，善财童子访求五十三位善知识，从文殊始而于普贤终，正象征醒觉于智慧而终于愿行，智与行也是不可偏废的。在华严三圣的关系中，毗卢遮那佛，左普贤右文殊，即为大行大智合而成佛之意。

同理，释迦牟尼佛左为苦行第一的大迦叶尊者，右为多闻第一的阿难。行解合一，乃得果行圆满。意蕴与西方三圣、华严三圣完全相同。

这些象征语言，都告诉了我们：佛教是真正理解到宗教生活中行解有冲突或分立现象的宗教，故强调悲智双运、行解合一、福慧双修。但行解既有冲突，如何双修合一呢？从文殊的例子看，似乎佛教基本上走的是一条“以知成信”的路子。也就是说，佛教并非自然崇拜、鬼神信仰或精灵奉祭之类宗教，它不讲究神迹感应与启示，乃是以信仰佛陀对人生与世界之证悟为内容，以学习佛陀思想与人格为目标。信徒要在人格及思想上成为佛陀的追随者，必须对佛陀的人生证悟有所理解。无此理解，不明白缘起的道理，如何修证？此所以是以智成信。

由此入者，方为正途。若不重空理，遽修证，恐怕并非上策。印顺导师曾批评许多偏好禅、急求证入的人，落入了“沉空滞寂”之境，认为只有强调空的“重知见、重慧学，可以给这般重定者一种改变”。又说现观有两种，一种是亲切明白且直接的体验，乃直觉之经验，非意识的分别或抽象的说明。此类神秘经验，为各宗教所共有，修持者亲行实证的即是此种体验。但许多宗教信徒们是以此种经验为其理想境界的。他们以狂热的信心，加上诚恳的宗教行为，或祭祀、或忏悔、或禁食、或修定，由精神的集中，迫发出一种特殊的经验，在直觉中或见神或见鬼或见上帝，有种种神秘的现象。佛教之现观则不同于此，认为学佛而专注重在此种直觉上，每易与外道相混，失却佛法的特质，不免走上歧途。因为此种现观直觉并未通过理智，故易混入由信仰及意志集中而生之幻象，虽确有内在之体验，却与真相不符。佛法之现观，号称正觉，就是因为它特重理智，是通过理智之思择，由多闻、寻思、伺察、简择种种程序，获得正确之观念后，再以诚信、集中意志去观察审谛，以达到现观。所以是如《阿含经》所云，“先得法住智，后得涅槃智”，从闻而思、从思而修、从修而证（见《性空学探源》，第16、26页）。

印老所指出的，适与我所主张佛教应“以智成信”之途径相同。盖佛教徒修习佛法本应如是。凡仅求修定，侈言体验境界，而于佛学蒙焉囫囵者，恐怕多属狂花客慧，幻象妄见而已。

因为以智成信，对教义以及自己为何修、修什么，方能有较准确的理解，较不会越修越偏离佛法，或在不甚切要处斫斫较计，却在大纲维、大关键处滑移流宕。

例如许多学佛者将“茹素”视为是否虔诚学佛的重大关键，不戒荤腥仿佛便失去了学佛的资格，甚或将吃素神圣化、本质化，谓杀生不戒荤者是造了杀孽、会下地狱受苦、会轮回入畜生道去受报应……事实上，佛教的教理中，杀不杀生并非根本义，佛弟子之戒律生活中或茹素或不戒荤腥，亦无一定之规定，何必执着于此呢？佛教徒在西藏、蒙古、西域，都习惯吃肉，因蒙藏人习俗不吃青菜，只用茶去除油腻而已，此等地区，焉能以不杀生、吃素来要求？佛教由西域传进中国，原来也是荤腥不甚禁的，直到梁武帝颁布《断酒肉文》，提倡断酒肉之后，中国佛教徒一般才不食肉。因此，吃不吃肉，与佛教的思想主旨及伦理要求，基本上不甚相干。虽然我们也可以从佛经中找到护生戒杀吃素的一些文字佐证，但我怀疑护生戒杀吃斋这些，多是受道教“贵生”思想的影响使然。提倡这些，并未触及真正的佛法的核心；强调戒律生活应以此为主要内容，也是对佛教精神的理解偏差。若有人以斋戒表示诚信以及对自己意志身心的锻炼，当然很好，但在此不甚紧要处执固不肯放松，就无谓得很了。

佛经中还有许多迹近邪魔的东西，例如《文殊师利菩萨及诸仙所说吉凶时日审恶宿曜经》，乃唐三藏沙门不空译，类似今日之黄历，说明日月星象的位置变化，以及人应如何应对。可是它并不只教人趋吉避凶，更要人随宿曜之吉凶善恶而为善为恶，如云："胃星张箕室。此五是猛恶宿，宜守路险行劫行盗，构斗端起设诳，博戏擅捕，强梁侵夺，奸非淫秽，图城斫营，造械具战具，书兵谋，放毒药，施残害……一切艰难事务，悉须为之。"这是教人去打劫行抢、奸淫侵夺了。此非大有邪气乎？

又如《文殊师利耶曼德迦咒法》教人于黑月十四日取尸陀林木燃火，取赤芥子和血及毒药等，咒烧成灰。将这灰撒在人身上，人就阳痿了，妇女也不能和丈夫行事。若强欲性交，男子阳具会坏烂，女人阴门会出蛆。诸如此类讲术法、神通、咒力的经典非常多，其术法亦千奇百怪，如《曼殊室利焰曼德迦万爱秘术如意法》《秽迹金刚百变法》《阿吒婆拘鬼神大将上将佛陀罗尼经》《龙树五明论》《青色大金刚药叉辟鬼魔法》等，不胜枚举。这些经典，或教人画符，以朱书此符吞之满七日即有种种妙宝自然而至，若求他财物，当"书彼人姓名于符下，其人立即送物到"；或教人隐身术；或教人念咒，因为要"男人上年欲求官进职，贵人见之欢喜爱念"。凡此种种，载入《大藏经》中，谁也不能说那不是佛法，但学佛者是不是就要学这些？

在此等处，便见得佛学的重要了。唯有了解佛教的基本义理，明白它的发展、流布、演变过程，方能有所拣择、有所判断，所信所修才是正信正修。

## 二　孔颖达《周易正义》与佛教

大唐贞观四年，唐太宗以经籍去圣久远，儒学多门，章句繁杂，诏孔颖达与诸儒撰定五经义训百八十卷，名曰《正义》，所以课国子而权制举也。其名为正义者，犹颜师古之撰《匡谬正俗》，立名之初，即具统一之意，岂漫为辑摭，以炫文治者乎？顾其书囊括典谟，包备五经，抽绎古义，断在斯文，其中因革屡殊，短长互掩，且杂出众手，条义或棼。[①] 览者若不能秉犀照以烛幽，运鸳缄而通结，鲜有不讥其浮滥而弃去之者。其实孔疏义蔚旨深，条理明递，求其理趣，盖多有宋明儒者之所本，而为汉魏六朝经说之集粹。若妄意忖度，宁知其谛？褒弹无当，徒词费耳。在昔学者，以此书为制举之程本，昕夕呫哔，知其然而不知其所以然。斯犹朱注四书自元颁为功令以来，少有能为发挥精义者；抑且科令之所尊，辄与当世之显学相牾，明清崇朱注，而前

① 《五经义疏》贞观十六年书成，凡百八十卷。博士马嘉运驳正其失，至相讥诋。有诏更令裁定；功未就。永徽二年，诏中书门下与国子三馆博士弘文馆学士考正之，长孙无忌、于志宁、张行成、高季辅等就加增损。四年书始颁下，是为《五经正义》，每年明经，依此考试。盖前后因革者三，统名孔颖达撰者，尊始也。

有阳明、后有朴学，以后例前，理势然也。[1] 余悼孔疏之湮埋久，溯沿往迹，特创一编，颜曰《孔颖达周易正义研究》。鼹饮易盈，鹑据一枝，非能观其大全也。虽然，即以《周易正义》言之，亦有吾国思想史中之大因缘在：曰体据老庄也；参会佛义也；参佛而排佛，据老以明易也。揔兹三事，盖有可为赓论之者，别撰一篇，以疏释其调融佛义之迹，述其条目如次：

一、绪论

二、三教讲论

三、参用佛义

1. 本无

2. 心无

3. 识含

4. 如来藏与阿赖耶

四、斥佛之误

1. 不解般若学的空义

2. 不解能所的关系

3. 偏取住义

---

① 案：科举之制，创自李唐，然有科举以来，学者所习，咸与朝廷违逆，此事大奇。姚鼐曰："其始厌科举之学，而疑世之尊程朱者皆束于功令，未必果当于道。及其久，意见益偏，不复能深思熟玩于程朱之言，其辞遂流于蔽陷之过而不自知。"(《文后集》一《程绵庄文集序》) 以清代汉学系激于八股而兴，甚是。然不仅清学如此，顾宁人《日知录》谓注疏刻于万历中年，颁行天下。藏之学宫，而学者且有不知《十三经注疏》为何物者。不尤可异耶？大抵唐以注疏为功令，而注疏之学不得发扬，宋之官学如王安石新学等，皆流传不广。明以朱注及十三经时文等为官学，而学者亦少究心。清仍明旧，其势亦然。若归有光、方苞、姚鼐、刘海峰等，俱有时文之刻，今皆不传，可与唐宋尊用《正义》而无阐述之文献可稽者互参。即唐宋应制之骈文，当时流布宇内者，今皆声光黯然，不如古文势张。应制诗亦少佳者。此为吾国学术之特征。

## （一）绪论

一切大小乘经典是否均为佛陀所说，不可知，但一切部派佛教及大小乘皆是为了诠释佛说而出现的。其说经翻译而入中国，早期以轮回果报福德罪业等观念为主，与吾国民间符篆祭祀之风气相混淆，或统名为浮屠道。自鸠摩罗什与释道安以后，大乘空宗流行一时，至隋代吉藏而集其大成，构创成一种非宗教非哲学的体貌：不立上帝，依法不依人。但又非仅是纯思辨的研探，更有着存在的托付（existential commitment），有解脱拯救之功能与目的，是以亦宗教亦哲学。其涂辙虽仍印度大乘空宗之旧，但在意义上已略有转变。至于大乘有宗，则迟至唐代玄奘窥基而法相唯识之说已大昌盛。此派以世界虚实、名相有无为思辨之主题，宗教气味愈趋淡薄。与吉藏玄奘同期，另有天台华严与禅宗之创立，一切义理虽从空有二宗导出，而精神意趣轻重之间，实与印度本有之空有两宗不尽相同。这种旁溥流会，而渐与我国本有义理相融契的现象，一般称为佛教的中国化。唯牟宗三先生不喜佛教曾与吾国哲学思想契汇之说，（若承认此说，则宋明以后儒者采撷佛义即不能解释为直承孔孟义理）故认为佛教未曾中国化，他说：

> 中国佛教与印度佛教只是一个佛教之继续发展。此一发展是中国和尚解除了印度社会历史习气之制约，全凭经论义理而立言。中国的传统文化生命与智慧方向对他们并无多大的影响，他们亦并不契解，他们亦并不想会通、亦并不取而判释其异同。（《佛性与般若》，第 4 页）

这种理论，颇可訾议。果如其说，则一切学术均无影响可谈，不但王弼何晏以老庄入易，是直据本经而发展；即或今日以马列释解经传，也是经传本身义理所应有。然乎否乎？何况佛教本为解决印度社会历史等问题而产生，现在既已解除了这种制约，又因适应我国的社会历史而作了若干调整，它为什么仍是印度佛学的继续发展呢？又，僧侣佛徒在两汉魏南北朝间，果真不曾和我国本有文化会通或判释其异同吗？那些格义之学、形神因果之辩、本末之争……究竟又为了些什么呢？退一万步说，即使我们承认天台华严与禅宗之义谛为佛学经典义理所应有，是佛学发展的最终圆极之境，但何以印度不能发展至此，又不能作如此发展，必以吾国土壤孕此灵葩？总之，佛入中国，与此土旧学相挟而俱变，为不争之事实，受老庄影响尤深。魏晋南北朝四百年间，与玄学相劘相切，因羼入了老庄玄学或正或反的影响，而逐渐远离其本株，进而中国化。唐初天台、华严、禅宗等，可视为此一现象之具体表征。吴经熊说：

> 禅宗之形成，最早是受到大乘佛学的推动，但说来似乎矛盾：由于大乘佛学的推动，使老庄透辟的见解在禅的方式上获得复兴和发展。我们不能否认禅师们都是佛家，但他们对老庄思想的偏爱，却影响了他们在佛学中选取了那些和老庄相似的旨趣，而作特殊的发展。禅宗五家，虽宗风各具，但都来自慧能而植根于老庄：(1) 沩仰宗：沩山在得意忘言这点，和庄子完全相同。(2) 曹洞宗：以自忘来完成自我的实现。(3) 临济宗认为无位真人就是真实的自我。(4) 云门宗一面逍遥于无极，一面又返回人间。(5) 法眼宗完全奠基于庄子的“天地与我并生、万物与我为一”。——禅宗可以说是道家结合了佛家的悟力和救世的热情所得的结晶。(《禅学的黄金时代》，第一章)

禅宗如此，天台亦然。陈寅恪说："台宗乃儒家《五经正义》二疏之体，说佛经与禅宗之自成一派，与印度无关者相同。如天台宗者，佛教中道教意义最富之一宗也。"（《与妹书》及《冯友兰哲学史审查报告》）凡此类佛学，又与我国儒学的发展关系极为邃密，何以故？佛学固然在与老庄玄学抗衡的过程中逐步调融而至中国化，儒学也经魏晋以后玄学的影响而逐渐参取佛教义谛，开创了李翱《复性书》以降辉光绚灿的理学世界。本持老庄与佛教抗，转而因玄言而会通佛义，章太炎《经学略说》最能阐发这点：

> 孔颖达云："易理难穷，虽复玄之又玄；至于垂范作则，便是有而教有。若论住内住外之空，就能就所之说，斯乃义涉于释氏，非为教于孔门。"然《正义》依王韩注为说，往往杂以清谈；后之解者，因清谈而入佛法。

儒者学习佛法，其实在六朝已多，而风气至唐未熸。但此数百年间，不论儒者抗佛或入佛，大抵都以老庄为桥梁，则为显见之事实。唐人《正义》表现这种特色尤为完整而一贯。陈寅恪说："凡新儒家之学说，似无不有道教或与道教有关之佛教为之先导。"（此所谓道教，系指道家之学，非丹鼎符录之属）孔氏《正义》以老庄形上学为基础而参融佛学，更开隋唐儒学的新契机，从陈氏这几句话中可得其端倪。陈氏又说："道教对输入之思想，如佛教摩尼教等，无不尽量吸收，然仍不忘其本来民族之地位。既融成一家之说以后，则坚持华夷之论，以排斥外来之教义。此种思想上之态度，自六朝时即已如此。虽似相反，而实足以相成。从来新儒家即继承此种遗业而能大成者。"以此观点来看孔颖达《周易正义》中排击佛教而又隐采其教义的现象，即可不觉其突兀。

我们综观《周易正义》一书，对应于这个问题，应可绌绎出三个特点：一是孔颖达论《易》兼采老庄，此由其《序》中说易理玄之又玄可见。二是《正义》排斥以佛理解《易》的做法，说亦明著于《序》中。三则是孔颖达隐采浮屠义谛，这就非通考全书不能知之了。就第二点而言，孔氏为什么排斥佛家？其排佛之见解（即攻击是否能洞中要害）又如何？均不可置诸勿论。就第三点而言，则此种采撷究竟是自觉的参取采袭，抑或不自觉的录用，固然难以侦知，但我们若把当时佛学界若干问题当作一种文化现象来处理，则唐初视为文化整合表现之《五经正义》，断无理由不对此一现象作某种程度上的反映。换言之，对《周易正义》与佛家之关系，不但是经学或儒学史上亟待解决的论题，也是研究唐初文化状况时所必需探释的内容。

职是，本文拟从唐代三教讲论的研究中，说明孔氏《正义》党道排佛的哲学及心理立场，并指出其不得不相融会的基本原因。继而考论《周易正义》一书实际内涵中采撷佛义的踪迹，进窥佛家大乘思想演变过程里如来藏与阿赖耶之严重疑难与消解。当然，因为孔颖达并非僧徒，其基本哲学立场与沙门不同，故不能有同情的了解和会悟；其书驳诘佛义处，也有若干误解。此种误解，是文化融汇过程中无可避免的差失，无可讳亦不必讳。今略考其原委如次。

## （二）三教讲论

唐人易疏以孔颖达《周易正义》及李鼎祚之《周易集解》为最著。前者以王韩注为本，认为辅嗣易注独冠古今；后者则务在“刊辅嗣之野文，补康成之逸象”。途辙虽殊，但其包含着三教之间的纠葛则同，孔氏排击佛教，著于序例，李鼎祚《集解序》则说要“权与三教、钤键九流”。这一权一拒之间，即是唐代儒者对佛家态度的全貌。中唐以前，儒者以老庄拒浮屠；中唐以后，则以老庄合释氏，谈经而杂以佛理，如李翱《复性书》之类，即其显例。

《新唐书》卷一九八《儒学陆德明传》说："德明善名理言。高祖已释奠，召博士徐文远、浮屠惠乘、道士刘造喜各讲经。德明随方立义，循析其要。帝大喜曰：'三人诚辩，然德明一举辄蔽，可谓贤矣！'赐帛五十匹。"这就是三教讲论。借着讲经与论难，沟通三教之间的隔阂，而成为日后融合的基础。三教，是种通俗的名词，（陶弘景《茅山长沙馆碑》："百法纷凑，无越三教之境。"）大概是六朝时流行的称谓。聚集儒道释名德讲经论难，始于北周，但其成为定制则在唐朝。希望透过论难，彼此商榷旨意，互为观摩。其产生的背景一是六朝以来三教攻讦之风太盛，希望借此稍予缓和；二则是玄风大起之际，即有一本之谈与殊途同归之说，例如向子期以儒道为一，应吉甫称孔老可齐，《梁书·徐勉传》也说："勉以孔释二教殊途同归，撰《会林》五十卷。"以调合三教为志者，代不乏人。虽说迹有左右，教成先后，而终知理归一极，致本则同。如《南齐书》卷四十所载，张融临终时，左手执《孝经》《老子》，右手执小品《法华经》，可视为此种类型的代表。当然，有调合即有批判，人情所偏，不无异同优劣于其间，所见互殊，争哄即起。加上儒者和沙门间的华夷之辨、道士和释氏间的衣食烟火之争，彼此的攻伐激烈异常。当时民间曾绘造三教吸酸图，画儒生僧人道士三人，共围一醋瓮，持杯攒眉而吸醋，（此图日本尚有，绘入百科大辞典）可谓极尽讥嘲之能事。三教讲论，就是在这两种背景上兴起的，常在国子学释奠之后或帝王诞辰时举行。《新唐书·高祖本纪》：

> 武德七年二月丁巳，帝幸国子学，亲临释奠。引道士沙门有业举者，与博士相杂驳难，久之乃罢。因下诏曰："自古为政，莫不以学，则仁义礼智信五者俱备，故能为利

> 溥深。朕今欲敦本息末，崇尚儒宗，开后生之耳目，行先王之典训，而三教虽异，善归一揆。”

宏阐儒教，为唐初推行文化运动中极重要的一环。但高祖本人信奉道教，又自以为是老聃之后，所以讲论的席次，以道士居首，沙门殿后。唐京师西门寺僧所撰《集古今佛道论衡》卷丙说：“武德八年，岁居协洽，驾幸国学，礼陈释奠，堂列三座，拟叙三宗。天子下诏曰：老教孔教，此土元基，释教后兴，宜崇客礼。今可老先次孔，末后释宗。……时太宗为秦王，躬临位席。”到了玄宗时，已将沙门列在道士之前，可看出其学风与彼此势力之消长。在这种讲辩论难中，宗旨固应墨守，别派也须兼通，此即有助于彼此认识而融合。《续高僧传》卷九《罗云传》：“时松滋有道士姓俞者，学冠李宗，业赅儒史。常讲老庄，私用内经。”学兼儒玄与杂采佛义为此时学术界两大特征。暗取其义，阳拒其迹，固不仅仅一孔颖达《周易正义》而已。张说《唐玉泉寺大通禅师碑铭》记神秀和尚少为诸生，游学江表，“老庄玄旨，书易大义”并皆精熟。既可见唐代国子监诸生所学杂于老庄，也可看出当时三教讲论确有融通三教之效。

当时的时代意识与风气既然如此，在此风气下的孔颖达其本身的立场与态度又复如何？这是直接影响《周易正义》内容的主要关键。除了《周易正义·序》表现的援据老庄而排斥佛教之态度外，其党道排佛又可见于《集古今佛道论衡》卷丙：

> 贞观十二年，皇太子集诸官臣及三教学士于弘文馆开明佛法。纪国寺慧净法师预斯嘉会。有令，诏净开《法华经》。奉旨登座，如常序胤（即道士在前，沙门居后）。道士蔡晃，讲道论妙，独冠时英，下令遣与抗论。……有国子祭酒孔颖达者，心存道党，潜煽斯玷曰：“承闻佛家无

诤，法师何以构斯？……”……净启：“尝闻君子不党，其知祭酒亦党乎？”皇储怡然大笑，合座欢跃。（又见唐释道宣《高僧传》二集卷三《慧净传》）

案：三教讲论，必有优劣，但僧徒道所记，往往不甚可信。凡《高僧传》《续高僧传》《集古今佛道论衡》等书所录，一定是沙门获胜，儒道皆支绌折角。如高祖时三教讲论之会，史册所载，明以陆德明为冠，僧徒所记则漫夸浮屠能夹以二难，双征两教。此段所称开明佛法，合座欢跃云云之不可信，也与高祖时同。因为三教讲论，本非专为宣扬佛法而设；且颖达所驳与慧净所辩，持理相同，本无轩轾。《集古今佛道论衡》所记，绝非事实可知。但此处明指孔颖达“心存道党”却颇与《正义序》所表现的精神相合，这是孔颖达的基本立场，《周易正义》全书都以此精神贯串流布。所谓“承闻佛家无诤”“若论住内住外之空，就能就所之说，斯乃义涉于释氏”等，均可看出孔氏对佛义并不陌生，故排佛与用佛这两种相悖逆的现象可以同时并存于《正义》中。此事若不透过三教讲论予以观察，终难了解。

## （三）参用佛义

熊十力曾说：“魏晋融佛于三玄，虽失则纵，非佛之过，曹魏流荡之余毒也。宋明融佛于四子，虽失则迂，非佛之过，东汉名教之流弊也。揆之往事，中人融会佛家思想，常因缘会多违，而未善其用。”（《佛家名相通释》，第 3 页）论曹魏处仍不脱顾亭林唇吻，极非情实；但所说宋明融佛于四子，未善其用等，则颇有见地。稽之往古，儒者对于佛教，虽亦能窥弋鳞爪，但真能做完整的吸收与消化，并以之与儒学相孚会的学者尚少。宋明儒者固执于道统之说，以护持名教自视，用佛而排佛，孔颖达与之相似。儒者既不能善观其本末原委，收纳含会佛学之责，即落在佛门诸大德身上，唐宋二代佛教最盛，名师辈出，非为无故。然而，儒者既有参取佛义之实，其效绩也不会毫无影响；换言之，天台华严诸宗门，固是和尚修持创造而成，但若无儒者推波助澜，给予或正面或反面的刺激与宣导，佛家要中国化只怕很难。儒者因缘会多逮，不能善会真用的言论，也往往是佛学进一步与吾国思想融契的踏板。孔颖达一书，可以看出这种迹象。他所接受的是三百年老庄易等三玄与大乘空宗交参的结局，所以，不能避免地，他也很自然地收纳了它。

佛家宗派虽多，总其大别，不外空有两系。龙树菩提开创的是大乘空宗，无着世亲则为大乘有宗。无着为法相学，世亲为唯识学，在中国的发展远较空宗为后。空宗，大抵以般若学为主，自支娄迦谶译出《道行般若经》后，永嘉正始之际，其学即已大昌。论者既多，持说即有异同。分判科门，原是佛家所最擅长的，当时般若学者也有六家七宗及爰延十二等分别。今按，六家七宗之说有二：一为宋昙济《六家七宗论》，见《高僧传》卷七，分六家为七宗，其说出自梁释宝唱所作《续法论》，即

(1) 本无宗
(2) 本无异宗
(3) 即色宗
(4) 幻化宗
(5) 心无宗
(6) 识含宗
(7) 缘会宗

二为《续法论》中所引释僧镜所撰的《实相六家论》，论空之六义，

（1）以理实无有为空，凡夫谓有为有，空则真谛，有则俗谛。

（2）以色性是空为空，色体是有为有。

（3）以离缘无心为空，合缘有心为有。

（4）以心从缘生为空，离缘别有心体为有。

（5）以邪所计心空为空，不空因缘所生之心为有。

（6）以色色所依之物实空为空，世流布中假名为有。

此处（1）相当于本无宗与本无异宗；（2）相当于即色宗；（3）相当于识含说；（4）相当于幻化义；（5）相当于心于无宗；（6）则相当于缘无义。分判诸法与此相似者，尚有僧肇所说三家，其为一时流派无疑。般若性空，而僧肇独立“不真空义”以拔于三家之表，胜义复出，当时号为解空第一；但周彦伦三宗论假名空宗，自谓上承僧肇学，而以为“世学未出于前二宗，而第三宗假名空则为佛之正说，非群情所及”。若依此说，则除了僧肇以外，各家均不纯，杂于老庄，而非佛之正说。般若学六家七宗，既与老庄相紊，则孔颖达《周易正义》据老庄以通会其义，也不是什么奇怪的事了。其与佛义有关诸说大抵如后。

### 1. 本无

《周易正义·复卦》卦辞疏：

天地以本为心者，本谓静也。静非对动者也。寂然至无，是其本矣。

此说与王弼《易注》所谓“凡动息则静，静非对动者也。语息则默，默非对语者也。然则天地虽大，富有万物，雷动风行，运化万变，寂然至无，是其本矣”义趣不殊。本，指绝对之本体(substance)，为一最高的存有，非指与“有”相对之无与静。无名无形，物皆各得此一以成。为一真绝待之实体，孔疏名之为“无”。般若学中主本无义者，说与此同。

大乘空宗，自汉以来，即以本无译真如，以无为译涅槃。是故本无者，即真如、即本体、即法性、即真谛；未有者，即因缘、即俗谛。竺法深说：“诸法本无义，廓然无形，为第一义谛。所生万物，名为世谛。”（《山门玄义》卷五《中二谛章》下）“本无者，未有色法，先有于无，故从无出有，无在有先，有在无后，故称本无。”（吉藏《中观论疏》卷二引）有从无出，此无指贞一绝对的本体，为万物存有之根源。真如性空，本亦虚无，此本，即是诸法的本性，又名空如性、寂灭性、涅槃性。《大乘起信论》：“真如自性，非有相、非无相；非非有相、非非无相。”又“一切法从本以来，离言说相、离名字相……故真如者，亦无有相……因言遣言，此真如体无有可遣，亦无可立”。一切色法皆有空分，而真如本性非有非无，非生非灭，究竟清静，是“本末究竟等”之空如实相。说它非有非无非非有非非无，是双遣双遮之法，旨有说明“有”“无”这些名相分别的词语，不可用以说释道体。孔颖达在《周易正义》中称它为“太虚”，又强调此“无”不与“有”相对立，义与此同。《正义序》说：“以无言之，存乎道有。”道为诸形固有之本性个体，即释氏所说真如为诸法之本性之意。本性空寂，所以称为本无。慧远说：

> 因缘之所有者，本无之所无；本无之所无者，谓之本无。本无与法性，同实而异名。（《肇论疏》引）

以此看来，所谓本无义，是以法性为本无，因缘所生为末有。此无，是究竟等的毕竟空，亦即西洋哲学所说的“最后实体”

（ultimate reality）。本无，是真谛，也是无为法；而末有则是俗谛，是有为法，是可道之道，而非常道。（详道安《合于光赞略解序》）本无宗的旨趣，乃在揭示这真如法性的存在，使人勿堕于因缘果业与万法流转中，不得脱悟。故吉藏《中观论疏》卷二引释道安本无说：

无在万化之前，空为众形之始。夫人之所滞，滞在末有。若心托本无，则想便息。

无在有先、有在无后的形上辩证，实即心托本无、勿堕末有的人生论之基础依据：透过思辨，达成一种“空的智慧”。其与孔颖达不同处，在于本无宗没有宇宙论的考虑，而孔颖达本无的理论却是包摄在一个大的宇宙论之中，故其论及存有虽同，而意义却不尽相似。所谓“心托本无”，孔颖达也有此说，其与般若学相参互的痕迹是极明显的。但即这一点，已可看出“本无”在般若学中是种共法，不但主本无义者如此说，其他六家七宗也无不有此观念。

何以说“本无”是般若学六家七宗之共法？本无为真如与法性之古译，支谶《道行第十四品》、竺叔兰《放光第十一品》，均称本无品；竺念佛所译之第七品，也称为本无。是故本无几已成为般若学的别名，昙济《六家七宗论》说：“如来兴世，以本无弘教，故方等深经，皆备名五阴本无。本无之论，由来尚矣。”可为明证。王洽《与支道林书》也说：

今本无之谈，旨略例坦。然每经明之，可谓众矣。然造精之言，诚难为允，理诣其极，通之未易。岂可以通之不易，因广异同之说。遂令空有之谈，纷然大殊。后学迟疑，莫之所拟。今道行旨归，通叙色空，甚有清致。然未详经文为有明旨耶？或得之于象外触类而长之乎？（见《广

弘明集》)

本无之谈，即是般若性空；而所谓纷然大殊，后学迟疑云云，则在说明当时各有各的本无义。即以支道林为例，其《大小品对比要钞》说“尽群灵之奉无”“还群灵乎本无”，他的即色义又称“即色本无义”，可见以本无释般若在当时应为诸家所同。至于释道安所说有从无出，也是东晋一切佛学者普遍的禅业观，以为真如道体，为空中妙有（梵文 Scnyasubhava），在万化之前、为众形之始。站在这基础上说不可滞于末有，是“本无义”。说世谛俗谛都属幻化，即是“幻化义”。以真如法性为本无、因缘所生为末有，而说因缘之所有者，本无之所无，缘会故有，名为世谛；缘散即无，名为第一义谛的，是“缘会义”。如果以专空心神、内止其心、不滞外色宗旨，则成为“心无义”。此皆站在同一基础上更相演绎，而着重点不同。汤用彤以为“缘会”“幻化”“识含”诸家均为色无，唯“心无宗”空心而不空色。(《魏晋玄学论稿》，第 59 页）非。《山门玄义》卷五引竺法汰《神二谛论》说：

> 一切诸法皆同幻化，同幻化故名为世谛，心神犹真，不空是第一义。若神复空，教何所施？谁修道隔凡成圣？故知神不空。

吉藏《中观论疏》卷二也引其说：“世谛之法，皆如幻化。是故经云：从本以来，未始有也。”就其以诸世法世谛皆如幻化而言，此义诚然和心无宗不同；但若就其从法有而入空，持护心神不为俗谛诸法所乱而论，则与心无宗何以异？所谓“心神犹真，不空是第一义”，与心无家“心神性空”之空，义实不同。从竺法汰所说“从本以来，未始有也”这类话里，我们可以很清晰地看出它与本无宗并无根本上的差异。而这由无出有的观念，也正是孔颖达在《周易正义》里所一再坚持的。

总括上述，可见本无之说，虽源出于老庄，但大乘空宗真如性空之旨即在于此，厥后我国佛学的发展即是依此性格而展开，并不因有宗之输入而改变。真空妙有，般若即无知，真照即无照，是以妙有故无不空，无知故无不知。而智愚、净秽、生死、存灭等等，均是本性空寂平等，非一非异。天台与华严、禅宗等，都含有这种义趣。善慧大士傅翕有偈："有物先天地，无形本寂寥；能为万象生，不逐四时凋。"（《语录》卷三）以（无）性为中心，说实相平等，《维摩诘所说经》上卷《佛国品》中所谓"欲空处造立宫室，随意无碍"也。这是中期大乘佛学的根本要义，故首论其与孔《疏》之关系如上。

### 2. 心无

孔颖达《周易正义·乾卦·文言》疏：

> 天地运化，自然而尔，因无而生有也，无为而自为，天本无心。

《复卦·彖辞》疏：

> 凡以无为心，则物我齐致，亲殊一等，则不害异类，彼此获宁。若其以有为心，则我之自我，不能普赖于我。

睽卦上九《疏》也说："道通为一，得性则同。"今案：大乘佛学自形上实体与有后无先的形上认识出发，论真如性空，心无神无；与孔疏自天地运化，因无生有处指明天本无心，在义理结构上说，是很相似的。而大乘佛学以无性为中心，论实相平等，又与孔疏所说以无为心故物我齐致、亲疏一等不异。本性空寂平等，非一非异，是以孔颖达有“道通为一，得性则同”的说法。这些，不但可与上节所述者互参，也可证明我以“心无宗”植根于本无的说法不谬。由本无导出心无，故《复卦·彖辞》疏说：“天地寂然，至无于其内，内是其本，言天地无心也。”寂然无心者，以无为心，而又无心于万物。何谓无心于万物？言其于物上不起执心也，故唐元康《肇论疏》引支愍度心无义说：

经云言空者，但于物上不起执心，故言其空，然无是有，不曾无也。

日僧安澄《中论疏记》卷三引竺法温《二谛搜玄论》心无义也说：“经所谓色为空者，但内止其心，不可滞外色。”不但不空形色，甚且所谓心无之“无”，也是一真如实体之存在，并非果真是空幻不曾存在。只是于物上不起执心，所以称之为空，指其不滞于外色而言。无心于万物，而万物未尝无，这在孔颖达即是“圣人无心”。系辞上传《疏》：“君子寂然无心，体道以为用，不滞于所见，为而不宰，功成而不居。任其自然之理，不以他事系心，端然玄寂，至极空虚而善应于物，不可思量而玄远览照，乃目之为神。”——据此而论，义与心无家不殊。刘遗民《致僧肇书》说：“圣心冥寂，理极同无，不疾而疾，不徐而徐。”又，《世说新语·假谲篇》注论心无义说：

种智之体，豁如大虚，虚而能知，无而能应，居宗至极，其为无乎！

虚而能知、无而能应，不就是孔《疏》所说的“至极空虚而善应万物”吗？圣心冥寂，理极同无，不也就是孔疏所说的“圣人无心，端然玄寂”吗？但僧肇曾批评心无义“此得于神静，失在于虚”。

（因此宗昌言心神虚豁）就心无义而言，确有此病，而孔氏《正义》则无此失，何以故？孔氏论圣人无心，是从其作易垂教治化处立说，故在其无心之中，又恒有一经营之忧在，为而不宰，毕竟与无所作为不同。心无家喦言神静，旨在修持为一个“真人”，不空形色，以证法性，与孔颖达所说的圣人有着根本上的差异，其言似，而其所以言则殊。系辞上传《疏》说：“圣人作易者，本为立教故也，非是空说易道，不关人事也。”这就是无心有迹，与心无家的内发虚静其心，不着于外色，以达到大寂与无为之解脱身者不同。孔颖达参错心无本无之义，而终与沙门殊路者，即是儒道二家与释氏义谛分歧之所在。儒道二家，恒有一层政治与教化的考虑在；《周易正义》之所以不慊于空有之谈，其基础与原因也在此。这是讨论正义与佛教关系时，首应审知的。

### 3. 识含

《周易正义·乾卦·彖辞》疏：

> 无识无情，今据有识而言，故称曰情也。

按，孔颖达疏成卦《彖辞》时曾说：“夫人之情也，感物而动。”既以感物而动为情，又说随时念虑谓之情，无识无情，立义未免驳杂。识出于心，（《文选·五君咏》李注：“识，心之别名，湛然不动谓之心；分别是非谓之识。”）孔氏在性与情之间，加入了一个“心”的作用，所以说“有识有情”，这和他所说“情者性之欲”不类，而其原委则须在此书与佛教的关系处勘求之。

又案：般若谈空，本有识含之义，倡之者为于法开。法开精于放光般若，日僧安澄《中论疏记》卷三引其《惑议二谛论》说：“三界为长夜之宅，心识为大梦之主，若觉三界本空，惑识断尽，位十地。今谓其以惑所睹为俗，觉时都真空。”吉藏《中观论疏》

也引于氏说云:“三界为长夜之宅，心识为大梦之主。今所见群有，皆于梦中所见，其大于梦。既觉，长夜获晓，即倒悬惑识，三界都空。是时无所从生，而靡所不生。”心识之所以为大梦之主，原因即在其含有杂染诸法。所谓“识含”，意即识中含有杂染，熏生真妄。须菩提说议即是六情，若以皆 Nagarjuna 之说释之，识是十二因缘中之第三事，其中亦有色，亦有心数法。从识生六人，是二时俱有五众，色成故名五情，名成故称意情，六情不离五众，所以说六识即六情。孔颖达疏曰:“今据其有识而言，故称曰情也。”又说:“贪欲谓之情。”以心识及贪欲等说情，实即隐采此义，故其底蕴与先秦以来就宇宙自然与气化论情性之说不同。

无识无情，据其有识而言，故名之为情。它的基本理论在于识有杂染诸法（情有忿欲），故此说有二重点:（1）本性清静，而又同时为染法所依、为客尘烦恼所染。（2）若能舍彼外尘，知此心识非真，则如长夜获晓，复得其本来清静之性。——就这两点来看，都是孔颖达人性论里已括之义，分别述之:

（1）如来藏系经典，如《胜鬘经》《不增不减经》等，都以自性清静但又同时为染法所依为其主要观念。部派佛教也视“净”为心的本质，染污为后起（其所谓净与如来藏系理论不尽相同）。在孔颖达《周易正义》里，以识释情，识含杂染诸法；而天性清净，又为此情识所依；情不自情，因性起用，情有贪欲好恶，故能灭其天生清净之性。《礼记·乐记》疏:“人初生未有情欲，是其静禀自然，是天性也。……若人既化物，逐而迁之，恣其情欲，故灭其天生清静之性而穷极人所贪嗜欲也。”以识中含有杂染；熏生真妄言之，真妄的关系是能依与能持；以虚妄分别十一识说言之，显识与分别识的关系是所缘与能缘（详后），孔《疏》论心论性，确认情能乱性，初生未有情欲，染污为后起等等，正是隐采识含义。

（2）《乾·文言》疏说："性者天生之质，正而不邪。情者性之欲也，若不能以性制情，使情如性，则不能久行其正。"就大乘佛学而言，如来藏系所展示的佛性（buddhadhatu）观念，本由法性（dharmata）转出，是继般若空观之后才出现的。所以般若学"识含义"所说的舍彼外尘、知其非真为妄的观念，在如来藏系里，即以此"真"（众生的先验结构——本性）为能破惑识的"清净"。孔疏所说以性制情，使情如性，在如来藏系而论，即是以如来智察照一切烦恼皆空，外尘熏染尽去，法性呈显之意。这个法性或佛性，是成佛的本质，所以说一切众生皆有佛性；而成佛的条件即在于以此佛性净化勘破情识非真。孔颖达《尚书·洪范》疏说："凡人皆有善性。"又，《易·乾·文言》疏说："若不能以性制情，使情如性，则不能久行其正。"……这些话的根结，固然与他承继先秦与两汉的宇宙论人性论有直接的关系，但佛家理论，在其义理系统里，也有着不容忽视的地位，普察上文，自可审见。《大乘庄严经论》说："已说心性净，而为客尘染，不离心真如，别有心清净。"性能制情，非别有一能制情与久行其正的力量存在。

又案：孔颖达说："性之与情，犹波之与水，静时是水，动则是波；静时是性，动则是情……情之所用非性，亦因性而有情。"这种诠说，和程伊川水波之喻似同实异。伊川《语录》说：

> "非出于外，感于外而发于中也。"问："性之有喜怒，犹水之有波否？"曰："然，湛然平静如镜者，水之性也。及遇沙石或地势不平，便有湍激。"

性与情为一体两面，当湍流波急时，不复见其平静如镜之性；且不动者性、既动者情，情之相显则性不可见。这和李翱《复性书》所说"性不自性，由情以明"相同，性情两者，都无自性，性也无法制情，与孔颖达所论，实不相同，所谓“情之所用非性，亦因性而有情”。在佛家说来：识是污染法因，污染法为识因，八识之中，前七妄识，情有体无，起必诧真，名之为依。《楞伽经》说：“妄之依真，如波依水；真之持妄，如水持波。”真有体用，本净真心，说之为体；随缘隐显，说之为用。用必依体，名之为依；体能为用，说之为持。能持如水，能依如波。（也见《楞伽经》）情，与物相接而有，所谓感物而动，随缘变化，其用非性，亦因性而有情；情，又化物无极（情化物无止极，见《尚书·洪范》疏）虚妄非真，情有体无，起必诧真。这就是慧远《大乘义章》的依持说，孔颖达论性情处颇用此说，而与周秦汉魏以来言性诸说参融无碍，成就书中一段异彩。

#### 4. 如来藏与阿赖耶

从以上的讨论，我们可以知道在孔颖达的哲学系统里掺杂了许多佛教的义理，若不对此加以疏通，则不但不能了解中古儒佛两家的关系，对孔颖达《正义》本身的探讨也将陷入迷局。从他论性情处，尤可看出这点。

但是，在这种考察里，我们碰触到一个问题：性正而不邪、人皆有此善性等观念，固然和《法华经》《大涅槃经》所说的一切众生均有佛性相近，但《尚书·洪范》疏又说：“本性既恶，必为恶行。”这将如何解释？且性是天生之质，秉自然而有，既为自然之质，不应又有善恶之名。就此看来，孔疏仍存在着一个显然的疑难，而这个疑难，实际上又与佛教思想演变过程中如来藏与阿赖耶的争论有关。

如来藏思想是站在一个超越的立场上提出来的，肯定了如来种性的存在义，以为众生均可成佛，与部派佛教时期主张众生成佛各有其自身性分上的限制诸说不同。此种如来藏思想，在初期大乘般若系统的解释下，产生了《胜鬘经》《佛性论》《宝性论》

一类强调以如来智（法性）照察现实世界为空幻不实的观念；由此产生佛身与法身的观念，再发展为《华严经》的性起观，认为世间种种色身的显现都是如来法身的活动，如来与众生不二，无边法界都是如来法身的全体大用。——这是如来藏。

至于阿赖耶识，又称一切种子心议或阿陀那议，首先提出此观念者为《解深密经》。此经认为现象是识中藏摄的种子所转化虚构的，是分别心的作用。这原与《般若经》无异，但般若系统强调人应从真实法性的立场来察照此世界之为虚幻；而《解深密经》则追探此一虚幻世界是如何产生的，并由此出发，寻求人生实践过程中应如何提升与超拔。职是，阿赖耶识遂摄藏一切善恶，有漏无漏种子，而为善恶与正负得以产生的依据。它是非善非恶的中容无记性，可以兼容善恶的活动而不产生拒斥，与如来藏系思想截然不同。就阿赖耶识而言，生命既是一个统一体，善恶都在此发生，则本性必为无记性；且善恶是能熏，也必须有一所熏存在，这个所熏，就是无善无恶而可善可恶的心性。这种说法与老庄自然宇宙观的人性论颇有契合处，孔疏也近于这个系统。在佛教本身，则二系综合融会以后，如来藏系经典终不得不采取阿赖耶识的观念，如《佛性论》与《大乘起信论》等书均是。《大乘密严经》卷下颂曰："佛说如来藏，以为阿赖耶，恶慧不能知，藏即阿赖耶识。"阿赖耶与如来藏其实不同，但在隋唐之间，包括《大乘起信论》及孔颖达《正义》等一般性观念里，却已将它们合并讨论了。孔颖达论性处，须从这里探觅其究竟。其驳杂处，即是如来藏思想与阿赖耶由争论而融会的缩影！

## （四）斥佛之误

韩愈《原性》曾说："今之言性者，杂佛老而言也。"从孔氏

《正义》以后，儒者论性既已杂用佛义；佛教又因受武则天崇奉，其势愈张。逮及中唐，风气尤烈，所以韩愈有此感慨。然而，彼此的沟通本自不易，心与法的契会也必须有一段长期的摸索，中唐儒者虽杂有不少佛家言，但与佛法毕竟仍有隔阂。《景德传灯录》载李翱问崇信禅师："什么是真如般若？"师说："我无真如般若！"李说："幸好遇到禅师。"师又说："这还是外行话！"真如般若指自性，禅师所答，暗示自性应自觅，不该外问。李翱领悟到这一点，故感激禅师开悟。但禅师却以为以心印心，贵在当下默契，何必多言，所以又斥李仍是外行。——所谓外行，说明了这不是李翱根器或识解不够，而是对禅家参悟的方式和意向仍欠熟悉。自孔颖达到李翱，年历岁永，尚且只能达到这种沟通，对孔颖达，我们能作多少苛求呢？换言之，孔颖达对佛义的认识不够准确深入，时为之；程明道"看得禅书透、识得禅弊真"（高攀龙语），也是时为之。观议孔《疏》，首须具此认识。此其一。

《正义序》说："若论住内住外之空，就能就所之说，斯乃义涉于释氏，非为教于孔门。"这一段的要旨在攻击六朝以佛家义解《易经》的学者，而非直接诘难浮屠。历来读者颇有误解，故特说明如上。此其二。

我们现在要谈的即是孔颖达对佛家义理究竟了解多少，而所论当时以佛义解经诸家之失又是否正确。在此拟分三点说明孔氏的阙失：（1）不解般若学的空义；（2）不解能所的关系；（3）偏取住义。分述如下：

大乘般若学所说的空，据玄奘所译《大般若波罗蜜多经》所说，有内空、外空、内外空、空空、大空、胜义空、有为空、无为空、毕竟空、无际空、散空、无变异空、本性空、自性空、共相空、一切法空、不可得空、无性空、无性自性空等二十种。在空的动性转化遮拨过程中，各有不同层次境界的呈显手法和精神意态的迁升，含义极为繁复。《维摩诘所说经·文殊师利问疾品》

第五说："佛家所谓空者，毕竟以何为空耶？以空空。空何用空？以无分别空故空；空可分别耶？分别亦空也。"空由单纯的空，越向双重否定的空，而此空才成为无分别之空。在其无分别与所分别之分解层次中，将其空也空掉，以直显分别无分别之空。《大般若波罗蜜多经》卷三十六说："若菩萨摩诃萨修行般若波罗蜜多时，不见内空，不待空空，而观外空。不见外空，而观内外空。不见内外空，不待内外空，而观外空。不待内外空，而观空空。不见空空，不空空空，而观内外空。不待空空，而观大空。不见大空，不待大空而观空空。不待大空，而观胜义空。不待胜义空，而观大空。不待胜义空，而观有为空。不见有为空，不待有为空，而观胜义空。不待有为空，而观无为空。不见无为空，不待无为空，而观毕竟空。不待毕竟空，而观无为空。不待毕竟空，而观无际空。不见无际空，不待无际空，而观毕竟空。不待无际空，而观散空。不见散空，而观无际空。不待散空，而观无变异空。不见无变异空，不待无变异空，而观散空。不待无变异空，而观本性空。不见本性空，不待本性空，而观无变异空。不待本性空，而观自相空。不见自相空，而观共相空。不见共相空，不待共相空，而观自相空。不待自相空，而观一切法空。不见一切法空，不待一切法空，而观共相空。不待一切法空，而观不可得空。不见不可得空，不待不可得空，而观一切法空。不待不可得空，而观无性空，而观自性空。不见自性空，不待自性空，而观无性自性空。不见无性自性空，不待无性自性空，而观自性空。……"据此而论，佛家之所谓空，可以是一种超升的方法程序，所以《内学年刊》第637页说："般若者，智也。智也者，用也。用也者，以空为具，非以空为事也。"空诸所有，以成动性之实相："重观一切法之空。"这种历程，大致和柏拉图所说"灵魂的升迁"（uplift of the soul）相似。超越一切现象世界，而证见其本来面目，就是观空，就是彻悟诸法自性皆不可得。因诸法均以无性为性，是以无性亦不可得，明了诸法如响、如像、如梦、如幻、如阳焰、如光影，则能以寂灭心，住平等性。若能知一切法平等性，于一切法无分别，即是无所住而生其心："涉有未始迷虚，常处有而不染，不厌有而观空"。（僧肇语）

无所住而生其心，是"不住于内，亦不住于外"，《大般若经》卷五九九所阐述的"不依止"、卷六〇〇所说的"不可住"以及《金刚般若蜜经》所论"无位"等义谛，均指此言。《大般若经》卷五九九："于一切处无所依止，诸有所作，亦无所依。""由无依止，除遣一切，证得一切依止净法。"卷六〇〇："一切法不可住故。""非一切法有可住义……以一切法皆无执藏，无执藏故，无可住者。"由于终无住义，始能"于一切法皆得自在"（同上）；由无依止，是以能转而证得一切依止净法。——依照这种观察，孔颖达《周易正义·序》所说"住内住外之空"云云，对佛家的认识并不正确。佛家义不住内外，即或强言其所住，也应就"于一切法无着而住"之处说。住内住外，并不是佛学的义谛！

除此而外，孔疏所论"就能就所之说"，就佛学上看，也是有些问题的。寂灭性空，心境双遣，能所俱空，能知之智照所知之境，境智冥会，能所无差，通而为一，才是佛家义。因为所缘既遣，能缘亦空，能所泯然，不一不异。故《华严行愿品别行疏钞》说："无分别智，证理法界，以为五门：一能所历然，二能所无二，三能所俱泯，四存亡无碍，五举一全收。""第一能所历然者，谓以无分别智证无差别理，心与境冥，智与神会，成能讴智，证所证理，如日合空，虽不可分，而日光非空、空非日光。第二能所无二者，以知一切法即心自性，以即体之智，还照心体，举一全收。举理收智，智非理外；举智收理，智体即寂，如一明珠，珠自有光，还照珠矣。第三能所俱泯者，由智即理，故智非智，以全同理，无自体故。由理即智，故理非理，以全同智，无自立故，如波即水，动相便虚，水即波故，静相亦隐，动静两亡，性相齐离。第四存泯无碍者，以前三门说有前后，体无二故，离相离性，则能所双泯；不坏性相，则能所历然；正离性相，即不坏，存亡无碍。如波与水，虽动静两亡，不坏波湿。第五举一全收者，上列四门，欲彰义异，理既融摄，曾何二源？如海一滴，具百川味。”“若以无障碍智，证无障碍境，境智圆融，难可言尽，总为能所相契。”据此而言，孔颖达所说“住内住外之空，就能就所之说”云云，前者与佛家“虽观有而无所取相，然则法相为无相之相；圣人之心，为住无所住矣”之说舛异；而后者又分剖能所，也非佛家究竟义。说孔颖达对佛家整体理论的了解还不够深入，应该不是冤枉他的。[①]

① 孔颖达论佛学有误会处，郭文夫《孔颖达周易正义序质疑》论之甚详，本节多参考其书。书为台大哲学研究所硕士论文，未刊。

# 三　成玄英《庄子疏》与佛教

## （一）与郭象注不同的第一部道教庄子解

庄子书之有疏，应始于南朝。《隋书·经籍志》所收，如宋李叔之《庄子义疏》、陈周弘正《庄子内篇讲疏》、隋何妥《庄子义疏》、戴诜《庄子义疏》，今皆不传。《梁书·贺场传》云场有《庄子讲疏》《南史·庾诜传》云庾曼倩有《庄子义疏》，亦已亡佚。仅陆德明《经典释文》中尚有一鳞片爪可考者，为宋王穆夜《庄子义疏》、梁简文帝《庄子讲疏》、陈张讥《庄子讲疏》等。故今存最早之义疏，且犹为全帙者，乃唐初西华法师成玄英之《庄子疏》。

据《新唐书·艺文志》载："玄英字子实，陕州人，隐居东海。贞观五年，召至京师，永徽中流郁州。书成，王元庆遣文学贾鼎就授大义。嵩山人李利涉为序。唯老子注、庄子疏著录。"这是指成玄英"注庄子三十卷、疏十二卷"而说的。注体与疏体不同。成玄英注，现已不存，但成玄英的疏却影响很大。它与郭象注并行，构成了庄子学中的诠释典范。清郭庆藩《庄子集释》先列郭注，次录成疏，再杂举其他各家释义以为补充，这种结构，最能说明成玄英疏在庄子学中的正统地位。

但是，成玄英疏本身的义理价值，并不像郭象注那么被重视。郭象注，不但其作者问题缠讼甚久，其本身的义理价值，如它在魏晋玄学中的地位、它与庄子义理的异同等，都曾受到热烈的关注。成玄英疏便不然了，很少人独立地检视过它，既不曾由这部书进窥唐初道家之学的发展，也不关心西华法师成玄英对庄子的理解情况如何。

偶尔也有人会提及此书，但基本上是将它视为郭象注的附庸，也就是作为阅读郭象注时的辅助性材料罢了。例如苏新鋈《郭象庄学平议》第五章《郭象注对成玄英疏之影响》一文便认为：成玄英以前虽已有人替庄子作过疏，但都是直接疏解庄子本文，成玄英居功甚伟。而且，苏先生说："汉唐以来，疏解原典而始终主从一注之义旨以引申发挥者，多只为儒家经典。至于道家经籍，则似惟成玄英之疏独著耳。"[①] 仿佛成疏可作为道家义疏与儒家分庭抗礼的代表。

苏先生所谓"主从一注之义旨以引申发挥"的疏，主要是以《五经正义》之类儒学经典为模型的。这些义疏，多半选择一家注解为对经典的基本诠释，然后再疏解引申补充之。如孔颖达《周易正义》选用王弼注、《尚书正义》采伪孔传之类。成玄英疏释庄子，也采用郭象注。因此，苏先生便把成疏看作是对郭象庄子注的诠释者与遵行者。由这个角度看成玄英，则成疏的价值，全依它能不能准确掌握郭象注义理系统而判断。能掌握，就是个好的绍述者；不然，便是"虽受郭象注之影响，而未能全面圆善，致所解未必尽有象注之全部恰当义旨者"。

苏先生这篇文章，是少数讨论到成玄英疏的论述，其意见也很具代表性，但我以为这样谈成疏是不对的。为什么不对？

汉唐以来，儒家经籍的义疏，是否是专主一家之注而引申发

① 苏新鋈:《郭象庄学平议》，台北：学生书局，1980年。

挥之呢？不是的。义疏是配合讲论风气而形成的另一种注解，它本身是独立的，并不依傍注文。所以成玄英以前的庄子疏，也只是直接疏释原文，并不依据谁的注。唐初的义疏作者，身处南北朝大乱之后，天下一统，在学术上产生了一种判摄南北朝的态度及需要，所以才在南北朝各种对经典的解释中检寻一家，作为基本依据。如孔颖达修《五经正义》时，就先检别南北朝对各部经典的水货情况，然后选择一家作为释义的基本要所：

> 爰从晋宋，逮于周隋，其传礼业者，江左尤盛。其为义疏者，南人有贺循、贺玚、庾蔚、崔灵恩、沈重宣、皇甫侃等。北人有徐道明、李业兴、李宝鼎、侯聪、熊安生等。其见于世者唯皇熊二家而已。熊则违背本经，多引外义……又欲释经文，唯聚难义，犹治丝而棼之。……皇氏虽章句详正，微稍繁广；又既尊郑氏，乃时乖郑义。……此皆二家之弊，未为得也。然以熊比皇，皇氏胜矣。……今奉敕删理，仍据皇氏以为本，其有不备，以熊氏补焉。（《礼记正义·序》）

《五经正义》每一部都是这样，选择一本汉魏南北朝的注或义疏，“据以为本”。但这种据以为本，并不是“始终主从一家之义旨以引申发挥之”的专门之学，而是加以删补订正，以形成自己的一套解释。

这个特点，在讲儒家经学史时，就从来没有人弄懂过，所以才产生了“注解经，疏又解注”的错误看法，而且把这种看法规则化，提倡“著书之例，注不驳经，疏不驳注，不取异义，专宗一家，曲徇注文，未足为病”（皮锡瑞《经学历史》七）。苏先生所说那种始终主从一家义旨的儒家汉唐义疏传统，即是在这种误解下说的。[1]

这是由于不了解义疏这种著作之体例及流变、亦不能知唐人撰此义疏之意所形成的误解，更没有检查一下这类义疏中是否真是“疏不驳注”。

我们必须注意唐初处在南北文化重新统合的历史情境中，整个学术所显现出来的那种“判摄精神”，亦即判别与融摄。此不只表现在像孔颖达编修《五经正义》这方面，佛家如天台宗、如华严宗，也都在这个时候展开了判教的活动，他们的宗义，正是在这种判教活动中建立起来的。道教并没有如此大规模的判教，但其情况一如儒家，乃是通过经典义疏之判检与融摄而推展出新的格局、新的义理系统的。这一步，即是唐代道教或道家理论，之所以不同于南北朝时期，且能进而影响、开启了宋代道家与道教义理的关键。若把成玄英疏看成是郭象注解的传述者，并以合不合乎郭注来要求成疏，对这一点，就无法理解了。

纵使我们不采取这个思想史的观点，也应注意到成疏和郭注显然的差异。在成玄英的义疏中，他不是以郭象的辩护者姿态出现的。他在大部分地方顺着郭注去讲，或替郭象解释阐发，只是因为这样最方便。但他对郭象以外的解说并不排斥，对于自己的心得也颇珍惜，序文说：

> 自古高士，晋汉逸人，皆莫不耽玩，为之义训。虽注述无可间然，并有美辞，咸能索隐。玄英不揆庸昧，少而习焉，研精覃思三十年矣。依子玄所注三十三篇，辄为疏

① 有关义疏的形成及体例，牟润孙先生《论儒释两家之讲经与义疏》一文首先提出解释，见《新亚学报》四卷二期。后来我根据牟先生的说明，研究唐初儒家的义疏，主要是孔颖达所主修的《五经正义》，才发现历来对义疏的误解，驳正了“疏不驳注”的说法。详细的考证与说明，请另详龚鹏程《孔颖达周易正义研究》，国立台湾师范大学国文研究硕士论文，1979 年。

解，总三十卷。虽复词情疏拙，亦颇有心迹指归，不敢贻厥后人，聊自记其遗忘耳。

这种口气，不是做郭注传人的唇吻。因此，我们也不能指望他"曲徇注文"。举几个例子。《齐物论》"人之生也，固若是芒乎！其我独芒，而人亦有不芒者乎"，疏曰："郭注稍乖，今不依用。""吾待蛇蚹蜩翼邪"，疏曰："昔诸讲人及郭生注意，皆云蛇蚹是腹下龃龉，蜩翼者是蜩翅也。言蛇待蚹而行，蜩待翼而飞，影待形而有也，盖不然乎！……今解蚹者蛇蜕皮也，蜩翼者蜩甲也，言蛇蜕旧皮、蜩出新甲，不知所以，莫辩其然，独化而生，盖无待也。……"又，《养生主》"古者是谓帝之悬解"，疏曰："老君大圣，冥一死生，岂复逃遁天刑，驰骛忧乐？子玄此注，失之远矣。若然者，何谓安时处顺，帝之悬解乎？文势前后自相矛盾。是知遁天之刑，属在哀恸之徒，非关老君也。"《天地篇》"天下有道则与物皆昌"，注："猖狂妄行而蹈乎大方也。"疏："运属清夷则抚临亿兆，物来威我则在时昌盛。郭注云猖狂妄行，恐乖文旨。……"这都是成玄英明显反驳郭象的地方。小至字词的理解，大至对庄子义理的全盘掌握，成玄英其实是自有权衡的，所谓"亦颇有心迹指归"，即指此言。我们只推崇他确立郭注地位的功劳，实在还是小看他了。

不只如此，道士成玄英以这种方式提出他的庄子诠释，对道教思想史也有极为深远的影响。

庄子学在汉代并不显。魏晋时期，玄风大畅，老庄与易学号称三玄。但治庄子者，颇有佛教中人，却难得看到道士跟《庄子》有什么关系。当时著名的和尚支遁，解《逍遥游》极为出名。僧肇的《肇论》与庄子的关系也极深。《释门自镜录》又载："智棱，事沙门道乘为师。善《一涅槃》《净名》，尤攻《数论》，庄老二书，弥所留意。"这些和尚精通老庄，是因为佛教传入中国，必须通过老庄，以便于格义，所以庄老不得不熟。

相对于佛教界，南朝道教徒对庄子书的态度便颇不相同。

道教利用老子书，渊源甚久长；六朝时道士释讲老子的事，也时有所闻。如孟智周作《老子义疏》和《道德玄义》、臧矜作《道德经疏》、庾承先屡讲《道德经》等，都是六朝道士继张陵父子《老子想尔注》之后，进一步消化老子义理的事例。庄子学则不然。道教与庄子的关系，本来就很淡远。正一派固然只尊崇老君，上清派却依《大洞真经》《黄庭经》等立派，灵宝派奉《度人经》，三皇派则有《三皇经》。他们各造经卷，各成体系，都用不着《庄子》，连《老子》似乎也不放在眼里，故《二教论》言道士云“老经五千，最为浅略，上清三洞，乃是幽深”。《抱朴子》也说：“五千文虽出老子，然皆泛论较略耳，了不肯首尾全举，其事有可承案也。至于文子、庄子、关令尹喜之徒，虽祖述黄老，但演其大旨，永无至言。”对其书之评价如此之低。所以魏晋南北朝间，难得看到道士参研《庄子》的例子。[①]

而且陆修静的《三洞经书目录》，据《笑道论》载，“本无杂书诸子之名”。其后的孟法师《玉纬七部经书目》，似乎也只收

① 桓谭《新论·本造第一》云：“世人多云短书不可用，然论天间莫明于圣人，庄周等虽虚诞，故当采其善，何云尽弃耶？”对庄子并不甚推崇。其《祛蔽第八》云：“庄周病剧，弟子对泣。应曰：我今死则谁先，更百年生而谁后，必不可免，何贪于须臾。”亦只做佚事来引用。马融《长笛赋》将老庄并举，云：“论记其义，协比其象，彷徨纵肆，旷瀁敞罔，老庄之概也。”这是指老庄之论音乐。东汉人论及庄子者，如此而已。比较谈得上是以庄子为主，并有以发挥其思想者，只有张衡《髑髅赋》。文谓张衡出游，路上看到一髑髅，一问之下，才知就是庄周，发了一番“生为役劳，死为休息”的议论。依此可知东汉人对庄子的义理，虽基本上已能掌握，但重视之程度，远在老子之下。当时引述老子不但频繁，且至迟在永平年间，老子即已被道体化，如王阜《老子圣母碑》说：“老子者，道也。乃生于无形之先，起于太初之前，行于太素之元。浮游六虚，出入幽冥。观混合之未别，窥清浊之未分。”道教之所以把老子视为道体，视为至上神，正是因为当时已有这种思想了。庄子在汉朝无此地位，道教徒也不曾想到利用庄子书。

了一些有关老子的书。北朝道士所编《玄都经目》，虽收了诸子书八八四卷，但《笑道篇》曾指出《连山》《箱藏》《易林》《太玄》《金匮》《六韬》等都不在其中，讥其所收为“八老黄白之方，陶朱变化之術，翻天倒海之符，辟兵杀息之法及药方咒厌”，则《庄子》一书亦未必即在其中。可见从目录上考察，也不能说当时道士已经重视《庄子》这本书了。

换言之，道士正视《庄子》，替它作注疏，成玄英可能是第一人。成玄英著作之可考者，别有《老子道德经》二卷、《老子开题序诀义疏》七卷，见于《新唐书》著录（原书久失，蒙文通从《道藏》中辑出）[①]。又，北宋陈景元《灵宝度人经集注》也收了成玄英的注。注老子，是六朝道士之惯伎。《度人经》，齐严东、宋文同、唐薛幽栖、李少微等，亦皆有注。也就是说，这些都是道士的分内事，唯独注庄，对道教来说，倒还是件比较新鲜的经验。

这件事对道教关系重大。唐代道教，显然在义理上远胜于六朝，卿希泰《中国道教思想史纲》第二卷尝云：“道教在唐宋时代，是教理的不断深化和向前发展的时期。这时研究道书的风气空前浓厚，著名的道教学者相继出现。”[②] 为何如此？可能有各种原因，但道教开始吸收消化庄子，实为重要原因之一。从成玄英开始注庄，至天宝二年，玄宗诏令崇玄馆学士于三元日讲《道德》《南华》，群公百辟，咸就观礼，（《唐大诏令集》卷七八）庄

① 成玄英《老子道德经注》二卷、《开题序诀义疏》七卷均佚，蒙文通将《道藏》中强思齐《道德真经玄德纂疏》等书所引者细心辑出，为《老子义疏》。见蒙文通《校理老子成玄英疏叙录》，四川省立图书馆《图书集刊》第七期；《老子义疏》，1946年校印，台湾广文书局1974年影印本。日本藤原高男另有一部《辑校赞道德经义疏》，在《高松工业高等专门学校纪要》第二号，1967年刊，未见。

② 卿希泰：《中国道教思想史纲》第二卷，四川人民出版社，1985年。

子在道教中的地位才算奠定，《庄子》才真正成为道教教理的骨干。著名道士司马承祯的重要教理著作《坐忘论》，即得名于庄子“心斋坐忘”的故事。司马承祯之外，赵坚也有《坐忘论》七篇；另外《通志》还记载了吴筠《坐忘论》一卷。这是盛唐最重要的几位道士吸收了庄子学的例证。由这个线索来看，我们就更能明白成玄英注疏《庄子》的价值和意义了。

## （二）成玄英注疏诸书所显示的两个方向

在成玄英所曾注疏过的经籍中，我们特别注意庄子疏，当然是基于上述理由。另外，则是因为《度人经注》尚不足以代表成玄英成书当时的思想发展。

为什么说《度人经注》尚不足以代表当时思想的发展，亦不甚能见成玄英之思想呢？成玄英所注《度人经》全书已不可见，今只部分收入陈景元《度人经集注》中。依现存成注观察，他与齐朝严东的理解并没有太大的不同。某些段落，固然也能见出成玄英个人特殊的义理思路，如“人皆十恶不生，动合真常之理”（卷一），“以心识为患，若能舍除心识，以至无为，即得升入妙成天中也”，“若令空有都无，即失真中之应”（卷二）之类，毕竟只是少数。该注主要的重点，乃是强调真文信仰。如云“真文之体，为诸天之根本”，“天尊布落玉策真文，普度天入神鬼也”（卷二），“天尊以火炼之真文……开列天地运化，乾坤三光，运度有常，各是自然之理，非关造作之功也”，“三界魔王，自作洞玄之歌，人能诵持，尚得成真。况有闻我灵宝本章之人，若能诵持，悉得三界魔王敬其形体”（卷三），“学者能服其字，则随人所习，功满之日，各归其处，其法在内音玉诀”，“天有八字，合成六十四音。……修学之人，随所服佩”，

“佩服灵文，即随气所至，功圆行满，升为金阙之臣。是知积学成真，通真入圣。……有知玉字之音，骨肉同飞”（卷四）。这些有关真文玉音信仰的论述，是顺着《度人经》说的，属于文字崇拜和咒术信仰，道教之所以为教，即建立于此。成玄英作为一个道士，信仰这种真文玉音，乃是巩固其宗教情操所必需。但这一部分，纯系原初道教教理的继承，并无开拓可言；也看不出成玄英对这种文字崇拜和语言信仰有什么理性的反省。其态度和注老疏庄，颇为不同。

所谓真文玉音，是说宇宙由混沌显现出秩序，这个秩序就是道，道就是一种文理秩序，天地万物都依这个秩序运化。所以天地万物之文理皆来自这原初的文理秩序，或者说它们有内在的一致性。一切天文地文人文，皆根源于这最初之文，故名此最初之文为“真文”。最初何以有此真文秩序？道教的说法主要采用气化自然形成说，但也羼杂了至上神创造说，谓为元始天尊或其他人创造者。成玄英即是要调和这两种说法，所以他认为：“真文之体，为诸天之根本，禀元始妙气之自然，而化成大道之法身。妙气自成，不复更有先祖也。”此外，道教认为修真者要掌握宇宙创造性的奥秘，其关键就在掌握这种真文，所以成玄英也说：“修学之人，无此真文，则不得成真人道。”（见卷二）[①]

在这些地方，成玄英显然是位笃守道教基本理路的道士。正是为了对道教有根源性的理解与掌握，促使他进行了《灵宝无量

---

① 有关道教的真文信仰，详“三教论衡”系列之《龚鹏程讲道》中《道门文字教》一文。有关成玄英注《度人经》的内容，另参藤原高男《元始无量度人上品妙经成玄英注》，香川大学教育学部研究报告，第四九号；砂山稔《灵宝度人经四注劝记》，《世界宗教研究》1984年第二期。此不具赘。收入砂山稔《隋唐道教思想史研究》，平河出版社，1990年。该书第四章论成玄英思想亦可参看。

度人经》的注释。

但仅有这样的注，可以使成玄英成为一位合格的道士，却不足以成为一位对道教思想有开拓性贡献的道士。他对道教思想的开拓性贡献，主要就表现在他所注的《老子》和疏释的《庄子》上。

在《老子注》和《庄子疏》里，成玄英论道体、道之生化，均不再采用真文说，例如《老子》云“道生一,一生二,二生三，三生万物”，成注:“从本降迹，肇生元气，又从元气，变生阴阳，于是阳气清浮，升而为天；阴气沉浊，降而为地。二气升降，和气为人。有三才，次生万物。”就显然避开了元始天尊和真文的说法，与上文所举《度人经注》不同。在《庄子疏》里也是如此。这并不是成玄英依文为释，缺乏定见，故形成矛盾，而是他面对不同的道教经典，注疏态度和目的不同使然。宗教徒在进行思想创造活动时，往往会出现这种现象：一方面先安顿自己的宗教信仰问题，一方面尝试展开新的可能跨出自己宗教领域的探索。成玄英是个显著的例子。

## （三）由其吸收佛学看唐初道教义理之新发展

成玄英的探索之一，是吸收佛学。

例如《老子》“塞其兑，闭其门”，成玄英说:“体知六尘虚幻，根亦不真。内无能染之心，外无可染之境。”六尘、根，都是借用佛教名词。《老子》“善行无辙迹”，成云:“此明目业净”;《老子》“善言无瑕谪”，成云:“此明口业净”；老子“善计不用筹算”，成云:“此明意业净”。三业清净，也是用佛教说法。在《庄子疏》中，他更是广泛使用“净／智”“能／所”“圣／凡空／有”来说明玄理，也认为玄悟者应该“内蕴慈悲，外宏接物，故能俯顺尘俗，惠救苍生”(《齐物论疏》)。这都是他明显受到佛家影响或有意识地运用佛家义理解释老庄之处。[①]

我们习惯了一种说法，认为佛教传进中国后，是通过老庄学才使得其教义广为士庶所知。特别是般若学六家七宗，皆与老庄之学关系密切。[②] 因此，讲老庄的人，采用佛学来谈玄理，似乎也没什么不可以，应该也是很自然的事。殊不知“格义”只是佛学流传初期的方便，后来佛教便不乐意和老庄混淆了。像僧肇评论当时解空诸家，分为三宗，后来周彦伦论假名空宗，自谓上承僧肇之学，即以为:“世学未出于前二宗，而第三宗假名空则为佛之正说，非群情所及。”所谓佛之正说就是指它不杂于老庄。汤用彤《汉魏两晋南北朝佛教史》曾指出：

> 魏晋以来，自佛家言，则释迦实达空玄无形之真境，而五千文只以导俗。神仙张陵，更为下劣。明僧绍作《正二敬论》，谓释迦所发乃“穷源之真唱”，周孔老庄乃“帝王之师”。又言“佛明其宗，老守其生。守生者蔽，明宗者通”。张融《门律》以为“道也与佛，逗极无二，寂然不动，致本则同”。周颐难之。周氏之意，老子之虚无，实不及佛法之即色非有。本固无二，致本者，释而非李。(第

① 蒙文通已经注意到这个特点了，他说:“成公之疏，不舍仙家之术，更参释氏之文。上承臧（玄静）、孟（智周），更接车（玄弼）、蔡（子晃）。重玄一宗，于是极盛。”他的意思是说，六朝人注老庄，已颇采佛家义理，成玄英即是该风气之沿续者，故推赞成氏“萃六代之英菁而垂三唐之楷则”。他指出成疏参用佛理，是不错的，但这能不能视为六朝人注老庄时已经参用佛理的沿续呢？下文我准备辩驳这一说法，提出另一种解释方式。

② 鸠摩罗什的弟子僧肇、惠观、惠俨都曾注过《老子》，宋僧慧琳也注过《老子》和《庄子·逍遥游》。

二分第十三章）

可见当时佛教徒已经把佛老之分看得十分严重了。故《广弘明集》载梁武帝《舍道归佛文》曰："弟子经迟迷荒，耽事老子，历叶相承，染此邪法。"佛教界的态度，恐怕正是要努力和这老庄"邪法"区分开来的。

在道家方面，名士论佛论道，固多依违之谈。道教对佛教却抱着很强的敌意。西晋道士王浮作《化胡经》，把佛道问题提举成夷夏文化之争的问题。而道家的自然说，也成为破斥佛家因果说的武器，如陈朱古卿的《法性自然论》就是如此。盖于种族文化上、基本教义上，道教是不与佛教妥协的？汤用彤提到："北朝道教势力，由寇天师光大，遂有太武世之法难。南方佛道之争亦渐烈。晋简文帝时，尼道容反对清水道师王濮阳。宋时沈攸之刺荆州普沙简沙门。攸之在荆州曾有道士陈公昭，贻以天公书。攸之当信道教者也。齐初丹阳尹沈文季奉黄老，欲沙汰僧尼。又于天保寺设会，令道士陆修静与僧道盛议论。因二教之斗争，而双方伪造经典，以自张其教。及至宋末，道真士顾欢，乃作《夷夏论》以为黜佛，为宋齐间二教上之一大事。"这些尚只是南北朝佛道之争中一小部分事例而已。但这些事例已足可供我们了解南北朝时期佛道之间的紧张关系了。①

① 并不是说两教于此时水火不容，也不是说两教在这段时期没有混融的现象，而是说两教各有宗教上的基本立场，互相竞争互相对抗；且二教此时的互相吸收，大概也只在表象上进行。如道教仿佛教造神像，也讲六道轮回和地狱天堂。佛教吸收了道教的神仙思想，讲仙方（如净土宗初祖向陶弘景求"仙方"）、讲神丹（如天台宗三祖慧思先学五通神仙再学第六神通，受释迦十二部经，借外丹力修内丹）；又将佛家五戒比附为五行五脏，认为修五戒积功德即能延年益寿；又吸收道教的禁咒方術等等。这些都只能算是粗迹，谈不上思想上的混融。

这种关系，到隋唐并未解冻。唐高祖与唐太宗都奖崇道教甚于佛教，高宗亦然，故而两教争论不断。成玄英处在这样的环境中，自然也仍坚守着道教的基本立场。所以他引用《老子化胡经》《老子西升经》甚多。

除了在《度人经注》中如此之外，他注《道德经》亦屡引《西升经》作解，并说“太上是玄天教主，太上大道君也”“在玉京之上，京阙之中”，（“太上下如有之”疏）且多次称老子为“教主”；一再援引老子化胡之说，以申明经义。如“将欲歙之，必固张之”疏“昔者老君西入？宾化胡之日，初恣其凶悖，然后化之以道是也，其委曲逗留，具在《文始内传》”之类。疏庄子时，也是这样，如《天地篇》“记曰：通于一而万事毕”疏：“一，道也。夫事从理生，理必包事，本能摄末，故知一,万事毕。语在《西升经》。庄子引以为证。”这是认为《西升经》系老子所作，故庄子引其语也。据此，他亦把庄子书中的许多“夫子曰”，解成老子曰，认为“夫子者，老子也。庄子师事老君，故曰夫子也”。这与某些人将庄子书里的夫子看成是指孔子，显然不同，突出了成玄英特举老庄、高出儒墨的立场。故老子不但是道教的教主，其书亦“是三教之冠冕，众经之领袖”（《道德经开题》），庄子书则是“钤键九流，括囊百氏”之作。对于庄子《养生主》叙述老子死的事，他也有另一番解释，曰：“老聃，大圣人也，降生陈国苦县。当周平王时，去周度流沙，适之罽宾。而内外经书，竟无其迹。而此独云死者，欲明死生之理泯一，凡圣之道均齐。此盖庄生寓言耳。而老君为大道之祖，为天地万物之宗，岂有生死哉？故托此言圣人亦有死生，以明死生之理也。故老君降生、行教、升天，备载诸经，不具言也。”①

相不相信老子化胡西升，是道教徒对佛教态度的最重要指标。越相信，其对抗佛教的态度越积极。同理，佛教界对道教的老子化胡西升传说，也最反感。《化胡经》后来终于不传，即是佛教界长期反击的结果。成玄英是一笃信老君化胡西升说的道士，他不可能没有这种佛道畛域之念；何况他坚称老君系三教教

---

① 一、《在宥》疏云“广成即老子别号也”。说广成子即是老子，是采用老子变化说，这是道教的看法。

二、成玄英之道派如何呢？无记载可考。现在研究道教的人，一般将他称为“重玄派”，因为他喜欢讲重玄之道。但事实上道教并没有重玄一派。凡称为教派者，除了应有一派之主张外，还应该有经典、有传承、有教团组织、有布教活动。成玄英只是提到重玄而已，其他条件皆不具备，焉能即名为重玄派？

三、成玄英系陕州人，该地主要活动者为楼观道。楼观道尊尹喜为始祖，坚主老子化胡出关之说，主要经典为《老子化胡经》《老子西升经》《老子升天经》和《道德经》《妙真经》等。成玄英认为《西升经》是老子所作，正是楼观道的观点。成玄英之注《灵宝度人经》，可能也是楼观道吸收灵宝派的一种现象。例如赵道一《历世真仙体道通鉴》记载楼观道士马俭，得孙彻授以《五符真文》《三皇内文》《诸天内音》《道德经》和《六甲符》（卷三十《马俭传》）。成玄英之注《度人经》、论真文玉音，与之适相合同。因此我推测成玄英纵使非楼观道，亦必与之颇有渊源。

四、楼观道的资料甚少，关于这个道派的思想状况也很少人研究。卿希泰《中国道教史》第一卷（四川人民出版社，1988 年）怀疑该派可能独创性不多，乃杂采各家而成。我则认为该派在方术上之所以无特殊立场、无专门的修炼法门，正可以显示该派不以此见长，它的特点应该是在义理上。如《西升经》《妙真经》乃至后来出现的尹真人《文始真经》，都偏重于对老子哲学的诠释，玄理性格较强。成玄英如果确与此派有渊源，更可以说明这一点。

五、楼观道因为主张老子化胡西升，故与佛教关系最坏。但是它们所采用的经典却与佛教思想颇有渊源。像南齐谢镇之《重与顾道士书》驳顾观《夷夏论》时便提到了：“灵宝、妙真，采撮法华。”《度人经》描述天尊说法，是与《法华经》类似的；《妙真经》采撮《法华经》的痕迹如何，因原书已佚，今不可考。但这是个有意义的线索，可以让我们拟想成玄英注《度人经》及采摄佛教义理的道派原因。

主，更不可能没有道教本位的立场。既然如此，他的《老子注》《庄子疏》为何极力吸收或运用佛教义理呢?

这才是唐初道教最有趣的地方。也就是说唐初佛道之争虽然极为激烈，道教徒虽然仍笃守本身宗教立场，但消化吸收佛教理论，以深刻化其本身之教义，似已成为像成玄英这样的道士之用心所在。

不但成玄英是这样，《续高僧传》卷九载:“时松滋有道士姓俞者，学冠李宗、业赅儒史。常讲老庄，私用内经。”这位俞道士，所采取的途径，即与成玄英相仿。可惜他的著作并未流传，故不能知其吸收情况如何。我们可以找到并持与成玄英之注疏老庄相比观者，厥惟王玄览的《玄珠录》。

王玄览生于唐高祖武德九年，卒于武周神功元年，与成玄英活动的时代几乎完全一样。但他只在四川活动，故二人踪迹并不相接;《玄珠录》之流传亦稍后于成玄英所注诸书。然而，王玄览这位道士，与西华法师在取径上实在极为肖似。他一方面接受了四川老子学的传统，依汉代严遵的《老子指归》进行对老子的理解；一方面“耽玩大乘”，以至“三教经论，悉遍披讨，究其源奥”。所以他被益州长史李孝逸召见时，“与同游诸寺，将诸德对论空义。皆语齐四句，理统一乘，问难虽众，无能屈者”。不仅如此，他在至真观出家时，更曾作过《真人菩萨观门》。此书今虽失传，但大体可以判断它是以道教“真人”的说法，融摄佛教“菩萨行”，或吸受天台观法之作。宗旨大概与他晚年另作《九真任证颂道德诸行门》两卷，相去不会太远。[①]

---

① 卿希泰《中国道教史》说王玄览的思想“受大乘有宗和法相宗的思想影响”(第六章第五节)，大谬。王氏乃受空宗系统之影响。此外，对王玄览研究较深入的，是朱森溥《玄珠录校释》，巴蜀书社，1989年。但朱君对王玄览融摄菩萨行的观法亦未讨论。

今依道士王太霄所编《玄珠录》来观察，王玄览的思想，完全不曾出现过有关庄子的影响，而主要是一种由《道德经》发展出来的新道论。利用佛教的义理，他以道言心，“以心道为能境”“身为所能”，希望达到“法界圆成，能所各息”的境地。借用了佛教“法”的观念，它又说：“诸法无自性，随离合变为相为性。……钏铃无自性，作花复作像。花像无自性，不作复还金。……所在不离金，故得为真常。”（卷下）此说吸收佛教义，极为明显。而且佛教理论，对王玄览来说，不是枝枝节节地羼用与比附，而是真正消化重新构造的一套老子诠释。南北朝诸高道均不可能达到此等地步。

此即道教义学的发展。王玄览与成玄英都代表了这个阶段的努力。由道教史看，魏晋南北朝前期，葛洪代表神仙思想的系统性总结以及确立丹鼎派的理论与发展，另外，上清派、灵宝派的经典以及信仰体系也确立于此一时期。中期以后，陆修静在南方整顿科仪、整理文献，寇谦之在北方改革教团；陶弘景继起，建立道教神仙谱系、发展炼养理论。此时有关的理论固然素朴，大抵不外“以药石炼其形，以精灵莹其神”（陶弘景《答朝士访仙佛两法体相书》）而已。但在信仰谱系、教团组织、经典文献、科仪规戒皆获整理而齐备之后，立基于原先较为素朴的理论上，求进一步的发展，正是势所必至者。成玄英和王玄览不约而同地表现了类似的思想状态，恰好帮我们说明了什么叫作时代的需要和思想史的发展脉络。

## （四）由其贬抑儒家论成疏之诠释情境与策略

过去讲思想史，对这些问题均缺乏关注与了解。就连论道教史也是如此。像著名的窪德忠《道教史》，论隋唐一段，即只谈到道教礼仪的制度化、道教教团的发展。而且他说：“或许有人认为，从道教史上看，隋朝是毫无意义的时代，我以为不能如此断言。”那么，他看出了什么特殊意义吗？没有。他只发现“隋朝的道教是南北朝时代道教的延续”罢了。关于唐代道教的内容和特点，他认为：“教理方面继承了南北朝以来的传统，并无多少新发展。”“值得注意的是仪式和礼仪。”这样的论断，不仅是买椟还珠，且真不知思想史为何物矣。[①]

我们应注意隋唐之际思想融摄与竞争的态势。这不是没有意义的时代；恰恰相反，这是一个关键时期。儒、道、释都一样。儒家集修《五经正义》综摄六朝之经典注疏予以判释，并力破以佛义解经者（如孔颖达《周易正义·序》云：“若论住内外之说，就能就所之说，斯乃义涉于释氏，非为教于孔门”[②]）。佛家由空有双轨转入真常心的发展，形成“中国式佛教”也正在此一时期。

在这个时期，儒佛彼此都是处于对抗竞争的立场上，但又互相吸收消化。如儒家固然批判利用佛义解经者，可是孔颖达自己的注就吸收了不少佛学义理，像乾卦彖疏云“无识无情，今据有识而言，故称曰情也”，以识言情，便是其中一例。佛教在对抗批判儒道时，也是声势汹汹，动辄说别人盗剽了佛教理论。然而若不是深受中国哲学的影响，中国佛教怎会在隋唐之际特别发展在印度并不显盛的如来藏自性清净心系统？怎么会有《大乘起信论》一类标示着由唯识到真常的经义和华严等宗派？

道教也是如此。重新对道家原始经典如《道德经》《元始度人经》等，加此理解；判摄六朝玄学；吸收佛家理论，对南北朝

---

① 窪德忠：《道教史》，1977 年出版。萧坤华译本于 1985 年上海译文出版社出版。此处所引，见第四章。

② 有关孔颖达评斥以佛义解经的问题，详龚鹏程《孔颖达周易正义研究》，师大国研所硕士论文，1979 年。另外，笔者尚撰有《孔颖达〈周易正义〉与佛教之关系》，收入本书。

道士所未及注意的《庄子》，展开诠释：正是像成玄英这样的道士努力之方向。

据澄观《华严经疏钞悬谈》卷廿四载："今时成玄英尊师作庄老疏，广引释教，以参彼典，但见其言有小同，岂知义有大异。"可见成玄英疏在当时，即已引起佛教界的注意并予以反击了。但成玄英利用佛理，以参彼典，本非为了弘扬佛法，因此必然义不同于释教，乃是自己建构的一套新玄学。

这套新玄学，在当时除了要用以与佛教竞争外，也欲持与儒家对抗。

批判与贬抑儒家，是成玄英《庄子疏》的重要气氛，也是它跟郭象注很不相同的地方。如《齐物论》疏曰：

> 夫诠理大言，犹猛火炎燎，原野清荡无遗。儒墨小言，滞于竞辩，徒有词费，无益教方。（"大言炎炎，小言詹詹"郭注："此盖言语之异"）
>
> 昔有郑人名缓，学于求氏之地，三年艺成而化为儒。儒者，祖述尧舜、宪章文武、行仁义之道、辨尊卑之位，故谓之儒也。缓弟名翟。缓化其弟，遂成于墨。墨者禹道也，尚贤崇礼，俭以兼爱，摩顶放踵以救苍生，此谓之墨也。而缓翟二人，亲则兄弟，各执一教，更相是非。缓恨其弟，感激而死。然彼我是非，其来久矣。争竞之甚，起自二贤。故指此二贤为乱群之师。（"故有儒墨之是非"疏，郭象无注）

这都是超出郭注之外的议论，编出一套故事来毁谤儒家[①]。由于

---

① 以这个故事解释儒家的起源，不见于其他记载中，疑是道教内部的一种传说。

《庄子》原文即有批评儒墨的言论，所以我们常忽略了成疏这种特殊的主张，对郭象与成疏之异，亦未留心。事实上，对庄子毁儒墨之言，注解者常有不同的理解与处理，成玄英和郭象便迥然异趣。如《德充符》“无趾语老聃曰：孔丘之于至人，其未耶？何宾宾以学之为？”一段，郭象曲折婉转地说明孔子仍是至人，仍然达到了“冥”的境界；成玄英则趁机大肆贬抑孔子：

【庄】无趾语老聃曰：“孔丘之于至人其未耶？彼何宾宾以学子为？彼且蕲以諔诡幻怪之名闻，不知至人之以是为己桎梏耶？”老聃曰：“胡不直使彼以死生为一条，以可不可为一贯者，解其桎梏，其可乎？”无趾曰：“天刑之，安可解？”

【注】夫无心者，入学亦学，然古之学者为己，今之学者为人。其弊也遂至乎为人之所为矣。夫师人以自得者，率其常然者也。舍己效人而逐物于外者，求乎非常之名者也。夫非常之名，乃常之所生，故学者非为幻怪也。幻怪之生，必由于学礼者，非为华藻也。而华藻之兴，必由于礼，斯必然之理，至人之所无可奈何，故以为己之桎梏也。

【疏】夫玄德之人，穷性极妙，忘言绝学，率性之知，而仲尼执滞文字，专行圣迹。……彼之仲尼，行于圣迹，所学奇谲怪异之事，唯求虚妄幻化之名。不知方外体道至人，用此声敎，为己枷锁也。

【注】今仲尼非不冥也。顾自然之理：行则影从，言则响随。夫顺物则名迹斯立，而顺物者非为名也。非为名则名至矣，而终不免乎名，则孰能解之哉？故名者影响也。影响者，形声之桎梏也。明斯理也，则名迹可遗。名迹可遗则当彼可绝。当彼可绝，则性命可全矣。

【疏】仲尼宪章文武、祖述尧舜、删诗书、定礼乐、穷陈蔡、围伤周，执于仁义，遭斯戮耻。亦犹行则影从、言则响随，自然之势，必至之宜也。是以陈迹既兴，疵衅斯起，则不困弊，其可得乎？故天然刑戮，不可解也。

郭注的重点在于：孔子本身虽已“以直理冥之，冀其无迹”，达到了冥的境界，但名是会自然随生的。对这种名，至人把它视为桎梏，无可奈何，更不会去求名。此乃以孔子为至人者也。成玄英不然，他说孔子只是学奇怪谲异之事、求虚妄幻化之名，故宜受天之刑戮。

这个例子，显示了郭注与成疏迥异的诠释情境。依郭象注，他所想处理的是自然与名教的调和问题。所以虽分自然为本、名教为迹，但强调迹冥。人若能体冥以致道，则自然与名教是可以合一的。所谓：“未有游极外之致而不冥于内也，未有能冥于内而不游于外者也。”故孔子是倡言名教者，但同时也是已冥于内者。

寻求自然与名教的调和，系魏晋玄学的主要倾向。且当时谈老庄者虽多，孔子是圣人的观念仍未动摇：或视孔子为已体无者、老庄仅系能言无者；或企图说明老庄与孔子不相冲突。郭象注即是在这种气氛中写成，并想处理这些问题。所以他努力把庄子抨击孔子之语，解释成孔子无心以成化，说“圣人常游外以宏内，无心以顺有”。此圣人即指孔子而言。[①]

成玄英面对的问题，不是要调和孔与老、自然与名教。他站在道教徒宣教的立场，抨击儒墨、贬抑仲尼，并吸收佛家来推举老庄。所以他把老庄与孔子分成方外与方内两途，说：“玄儒理隔内外，道殊胜劣，而论不相及。……仲尼既依方内，则是自然之理、刑戮之人也，故《德充符篇》云：天刑之，安可解！”“仲

① 详细的情况，可以参看林聪舜《向郭庄学之研究》，台北：文史哲，1981 年。

尼颜子犹拘名教，为昏于大梦之中，不达死生，未尝暂觉者也。”（皆见《大宗师》疏）“圣迹为害物之具，而儒墨方复攘臂分外，用力于桎梏之间，执迹封教，救当世之弊，何荒乱之能极哉？”（见《在宥》疏）……[①]

这种诠释情境与策略，使得成玄英在碰到庄子夸奖孔子时，便不得不绕个弯。例如《德充符》言鲁哀公告诉闵子骞：“今吾闻至人之言，恐吾无其实，轻用吾身而亡其国。吾与孔丘非君臣也，德友而已矣。”显然是以孔子为至人。但成疏却扯上老庄之教，曰鲁君解悟后，“友仲尼以全道德，礼司寇以异君臣。故知庄老之谈，其风清远，德充之美，一至于斯。”这样的解说方式，强烈地显示了宣教的立场，与郭象只把《庄子》看成是“未体之”的“不经”之谈，实在极为不同（见郭象《庄子注序》）。

盖成玄英是在“名教”之外，另揭一教：道教。他说：“下机障重，信根不足，故……贵重世俗浮伪之言，故不信至道真实之教。是以迷惑日久，罪障滋深也。”（《老子》“信不足有不信”疏）这个教，有时他也称为顿教、大乘、玄宗、玄教、大教、天尊大道等。他注《老子》时，所采用的经文和所参考的注就都属于道教系统。例如蒙文通发现他所依据之经文和唐代易州遂州龙兴观《道德经》碑文相合。这即是道教系统的本子。另外，成疏在校勘时颇有论案，如“诸本皆作‘亦’字，唯张系师及陆先生本作‘之’字……今用‘之’为是”（“圣人之不伤人”疏），“诸家云‘笑’，河公本作‘肖’字，云不肖犹不善”（“夫唯大故不笑”疏），这些地方也可发现他所引据参考的本子多来自道教系

① 在此我们便要注意诠释情境与诠释策略的问题。盖成玄英所使用的虽然仍是郭象“迹冥论”的讲法，但解释的方向已经不同了。所以，两个人都讲迹冥、都讲适性、都讲廊庙即山林，但意义并不一样。

统。[①] 在疏释文义时，引用的更是教内经谈，如《西升经》之类，从来不采录王弼等教外人士对老子的看法，可见他在注疏《老子》时是非常自觉地把自己放在一个特定的解释传统中发言。疏《庄子》，态度当然也是如此。故彼虽“依子玄所注，辄为疏解”，却泾渭分流，全然异趣也。[②]

成玄英之所以采取这样的态度，应当是由于唐初“三教讲论”的历史情境使然。自北周以来，帝室即常召百僚及三教名德共讲经义，使相论辩。如《新唐书·高祖本纪》“武德七年，二月丁巳，帝幸国子学，观临释奠。引道士沙门，有业举者，与博士相杂驳难，久之乃罢”，即其一例。朝廷上争论教义之高下是非，正反映了民间对三教的态度。在这种相杂驳难的情况下，道士运用庄子，并吸收佛理以强化本身的理论、贬抑儒士，是挺高明的策略选择。盖于竞争驳难的情境中，成玄英并不同时与二教为敌。他先将儒道区分开来，贬抑儒家，而不正面批评佛教；但

① 郭有守《道德经义疏序》说：“蒙君知成公之经典强顾诸家所据经皆不能合，爰更取老子异本数十种勘之，最后始决唐遂易二州龙兴观道德经碑最与成公经合。爰据遂州以求成公之经。偶有违者，更以易碑辅之，即无一不符。”述蒙氏的发现甚详。但郭氏进一步指出：“《叙录》中依甄鸾《笑道论》定张系师为张衡，以损字本五千文出，于此为成公及遂州碑之所据。余按《登真隐诀》云：隐居云《老子道德经》有玄师杨真人手书张镇南古本。镇南即系师鲁。系师内经有四千九百九十九字。由来缺一，是作‘三十辐’应作卅辐。……甄鸾为北周人，隐居值梁武世，殆南北所传又各殊耶？”郭氏盖用刘大彬《茅山志·道山册》之说，另详饶宗颐《老子想尔注校笺》解题。朱谦之《老子校释》则谓《老子》版本系统有二：一由河上公至遂州碑；一为文人系统，如王弼注即属此系统。成玄英所依据的版本，应该是前一个系统。

②《庄子疏》对儒家的态度，比《老子义疏》更激烈。《老子义疏》中没有攻击孔子的言论，只有一则诋评俗儒，云：“俗人儒教亦尚谦柔。我之法门，本宗静退。然儒俗谦柔，犹怅封执，我之静退，贵在虚忘，所以为异也。”

在不得罪佛教之际，他又深入佛教教义，吸收转化以为我用。明代释德清《观老庄影响论》曾说："西域诸祖，造论以破外道之执。须善自他宗。此方从古经论诸师，未有不善自他宗者。吾宗末学，安于孤陋，昧于同体，视为异物，不能融通教观，难于利俗。"为了竞争驳难，他认为必须"善自他宗"，了解对方说些什么。成玄英则不只如此，他乃是善自他宗以强化本身的教义，以应敌利俗、宣教接物的。

## （五）成玄英治身与治国合一的理论结构

以上第一节我们说明了成玄英疏系依郭象注作解，但其理论实与郭象不同，且为道教吸收庄子之首例。第二节讨论成玄英注庄和他注《度人经》之不同，是开辟了新的方向与内容。第三、四节试析其展开新探索之故，认为成玄英因处在隋唐特殊历史情境中，故以吸收佛学、对抗儒家为念。

现在，我准备通过一个例子，来具体说明成疏如何顺着郭象注，去讲出一套既融摄佛学，又批判儒家的理论。然后，再借着这种说明，彻底推翻现今已有的研究观念，建立起新的解释模型。

我选择的事例，是最能代表郭象学说的"逍遥义"。

显然成玄英也最重视逍遥义。《庄子疏序》中，成玄英即特别提到庄子"以逍遥建初"的办法。我们就也从这儿展开吧！成玄英曰：

> 所言逍遥游者，古今解释不同。今泛举纮纲，略为三释。所言三者，(1) 第一顾桐柏云：逍者，销也；遥者，远也。销尽有为累，远见无为理，以斯而游，故曰逍遥。

(2) 第二支道林云：物物而不物于物，故逍遥不我待，玄感不疾而速，故遥然靡所不为，以斯而游天下，故曰逍遥游。(3) 第三穆夜云：逍遥者，盖是放狂自得之名也。至德内充，无时不适，忘怀应物，何往不通？以斯而游天下，故曰逍遥游。……所以逍遥建初者，言达道之士，智德明敏，所造皆适，遇物逍遥，故以逍遥命物。

此于古人逍遥义，有释而无断，但已提出自己的看法：盖以逍遥乃达道者之境界，且又"以逍遥命物"。这应是顺郭象注而说者。

郭象解庄，系以适性为逍遥，说："物任其性，事称其能，各当其分，逍遥一也。""苟足于其性，小大虽殊，逍遥一也。""极小大之致，以明性分之适。"大小、年数、能力等，是自然材质上的限制，也是被决定的本分，郭象称为本性或性分。物各充分发展此本性，即为适性逍遥。但是，这些小大短长等，皆属生之限制，所以也落入客观因果之牵扯中，不可能"无待"。如何才能真逍遥呢？郭象说：

夫唯与物冥而循大变者，为能无待而常通。岂独自通而已哉？又顺有待者，使不失其所待。所待不失，则同于大通矣。

自此以下至于列子，历举年知之大小，各信其一方，未有足以相倾者也。然后统以无待之人，遗彼忘我，冥此群异，异方同得而我无功名。

客观地说，万物适性的自然状态，因仍为有待，故仍非真逍遥。唯圣人通过"冥"的功夫而达到的境界，始"为能无府而常通"的真逍遥之境。但圣人不只自通而已，更要通物，以"顺物"的方式，顺物之性，使各安其性，"顺有待者，使不失其所待，同于大通”。到此地步，有待与无待者，因皆同于大通，故又皆可谓逍遥矣。

这是郭象注的义理曲折处。而大体也可以解释成疏的立场，或者说成玄英是依郭象注予以发挥，认为达道之士，不仅能通过修养功夫，达到“所造皆适”的境界，也能以逍遥命物、匠成庶品。内七篇大概即以此分为两部分:《齐物论》是“无待圣人，照机若镜，既明权实之二智，故能大齐于万境”,《养生主》是“混同庶物，心灵凝淡，可以摄卫养生”,《人间世》是“善恶两忘，境智俱妙，随变任化，可以处涉人间”，这三篇属于内圣部分。后三篇,《德充符》“支离其德，外以接物”,《大宗师》“接物无心，忘德忘形，契外会内之极，可以匠成庶品”,《应帝王》“即寂即应，既而驱驭群品”，则属于命物逍遥的外王部分。

成玄英是认为外篇以下“既无别义”的。因此这个结构应该也就是他所理解的整个庄子义理架构。特著于序文中，要非无故。

然则，其故安在?

依前者，内圣无待，必须两忘双非，境智俱妙。在讨论这一部分时，成玄英是径以佛学空宗义理解庄的。对于后一部分，则佛学本无处理，成疏即必须消化郭注以正视之。

前文曾经说过，成疏有强烈贬抑孔子、批判儒墨的言论。这些言论事实上也显示了成疏无意于回避有关治世治国的问题。据杜光庭说，历代老子学可分成几种进路，一是明理国之道者，如河上公、严君平；二是明理身之道者，如孙登、陶弘景、顾欢；三是明事理因果之道者，如鸠摩罗什、佛图澄；四是明虚极无为理家理国之道者，如何晏、王弼、钟会等。(《道德真经广圣义》卷五）道教中多半为讲治身养气、摄卫养生之士，论道自然亦偏于理身修养、虚寂灵照方面。成玄英是道士，他亦未必要为帝王师，故其理论必然会着重在治身方面。但他又面对着儒家教化治世的形态，逼使他必须作一回应。这种回应，不是在儒家之外，另举一道教之价值理想便罢，而更是要具体说明道教对治世理国的态度与方法。因此，他借郭象的逍遥义，架构了这个内圣外王的格局，企图说明道教才真能治世，不仅能治身而已。《骈拇篇》疏曰：

（1）曾史之德，性多仁义，罗列藏府而施用之。此直一家之知，未能大冥万物。……务此为行，求于天理，既非率性，遂成淫僻。……（2）夫仁义之情，出自天理，率性有之，非由仿效。彼仁人者，则是曾史之徒，不体真趣，横生劝奖，谓仁义之道可学而成。庄生深嗟此迷，故发噫叹。……（3）曾史之徒，行此兼爱，遂令惑者舍己效人。……于是忧其纷扰，还救以仁义；不知患难之所兴，兴乎圣迹也。

第一段借骈拇枝指为喻，说大家应安于性分，勿慕骈拇枝指者，劝告一般人不必企羡那些特别仁义聪明如离朱师旷曾参之类的人。性多仁义智能者，也不应以个人的特长来规范大家；或以自己为标准，要大家学他。适性、率性、知足于性分等说，至此，即有一新的政治意涵。率性知止，乃具有积极意义。

第二段也显示了成疏的特殊立场，亦即反对行仁义而并不反仁义。他认为仁义本出于天理，只要率性，便能有仁义；行仁义、鼓吹仁义、叫人学为仁义，则是执滞仿效，舍己徇人。反之，若能率性冥物，“夫能与物冥者，故当非仁非义而应夫仁义；不多不少而应夫多少”。这种态度，在下文将会再予讨论。盖所谓“不舍有而证无”之思路也。依此思路，成疏显然非舍儒而言道者——不是将儒家道家分开，批判仁义而言道德，以各行其是而已，乃是非仁义而应仁义的。

因此，在第三段我们便可看到他把儒家治国之道吸收在他的架构中，说曾史之徒是“迹”“教”“末”“俗”“学”，非“理”“性情”“本”“真”：

> 仁义者，出自性情；而三代以下弃情徇迹。……夫物赖钩绳规矩而后曲直方圆，此非天性也。谕人待敬迹而后仁义者，非真性也。夫真率性而动，非假学也。故矫性伪情，舍己效物而行仁义者，是减削毁损于天性也。……由是观之，岂非用仁义圣迹招慰苍生，使天下苍生弃本逐末而改其天性耶?

这一段，义理极为屈曲，让我们略作分析：自然本性，又称真性、真常自然之性、天性、性情，它才符合自然之正理（又名为天理）。与此本性相对的，是末、是教、是迹、是凡情伪情、是俗、是学、是有为。前者为“保分率性”之正道，后者为“尚名好胜邪淫之道”。修道者，就是要“冥”此“迹”。郭象的迹冥论，在此遂有了新的意义。

郭象言迹冥，乃是把迹与冥喻为“迹”与“所以迹”，叫人勿执迹，应得其所以迹。所以迹是体、是自然；迹是用、是名教。执用固不能见体，有体当然即有用。故说到底，体用仍是一体的，有体有用，所以“理有至极，外内相冥，未有游外之致而不冥于内者也，未有能冥于内而不游于外者也”（《大宗师》郭注）。在自然与名教相调和的立场上，郭象是借此“常游外以冥内”的理论，来辩护魏晋名士行为的合理性。成疏则不然，“迹”本身就被认为是错的：“从理生教，遂至于此”（《天运篇》疏），“患难之所兴，兴乎圣迹也”。此类感叹都说明了：行仁义、以仁义立教，本身就是迹，就是灾祸的根源。郭注说不可执迹，他则说迹本身即是执。冥，便成了破执破迹的功夫。

由于“今论乃欲反彼世情，破兹迷执”(《齐物论》疏)，所以理与教的结构关系基本上是对立的，非调合自然与名教，而是反名教。所谓：“仲尼颜子犹拘名教，为昏于大梦之中，不达死生，未尝暂觉也。”(《大宗师》疏)

但成疏论理并不如此简单。他说：“欲反彼世情，破兹迷执，故假且说无是无非。无是无非则用为真道。……此则遣于无是无非也。既而遣之又遣，方至重玄也。”只破执还不够，必须再破破执。《老子》疏云“非但不滞于滞，亦乃不滞于不滞，此则遣之又遣”(第一章)，即指此言。如此，其破执以显之理，实乃一空理。他把这种空理称为“重玄”或“重玄之域”，《大宗师》疏：“一者绝有，二者绝无，三者非有非无，故谓之三绝也。夫玄冥之境，虽妙未极，故至乎三绝，方造重玄也。”非有非无，就是空，也就是无待。

理是空，与理相对者当然也是空。据此，则“彼此俱空，是非两幻”“当体即空”“无是无非，是非无穷”“世情用之为颠倒，故有是非、可不可，迷执其分。今以玄道观之，本来无二”，《齐物论》疏：

> 前从有无之迹，入非非有无之本。今从非非有无之体，出有无之用。……即体即用。……夫玄道窈冥，真宗微妙，故俄而用，则非有无而有无；用而体，则有无非有无也。是以有无不定，体用无恒。

这就由破教显理、舍有归无，转到有无不定、是非不二了。必至于此，方才“是非息而妙理全”。

这种思路，成玄英自己说是“因是非而无是非，循彼我而无彼我”“不由是得非，只因此是非而得无非无是，终不夺有而别证无”(以上皆见《齐物论》疏)。由于是不夺有而别证无、乃因是非而得无是非，故又是因教而得理。如《大宗师》疏所谓“理能生教。……鱼必因筌而得，理亦因教而明”“初既依文生解，次则渐悟其理”“因教悟理”“必须依教遵循，勤行勿怠？懈而不行，道无由致”。

就其执迹而言，是凡；破执返本，是圣。“既而凡圣不二”（《大宗师》疏），“即迹即本”（《应帝王》疏），圣凡本迹之间乃存在一辩证关系。[①] 人不能在凡之外另成一圣，只能是因此凡而为圣；同理，也不能舍教而别证一理，必须因教得理。成玄英正是通过这样的双遣玄观，先破儒家仁义治国之说，再予以安顿之。

经由以上的分析，不但可以看到成玄英如何转化运用郭象注和佛家空宗义理，也能具体解释成氏的圣人观。成氏的圣人，非遁世无闷之隐居高蹈士，非导引养生或神通变化之士，乃是可以做君王的人：“一时动静相即，故可以为君中之君，父中之父，所谓穷理尽性，玄之又玄。”（《天地篇》疏）“圣人威跨万乘，王有世界，位居九五，不亦大乎。”（《天道篇》疏）换句话说，成玄英是由“治国治身，内外无异”（《齐物论》疏），来讲“虽居廊庙，无异山林”（《逍遥游》疏）。对于人伦世教，亦不废弃。我曾在另一篇文章中描述道教的基本性质，是“不离世而超脱”，成玄英的态度，大概正是如此。[②]

应该这样去看，对成玄英疏才能有一总体的掌握，不能像现在这样，将他纳入“重玄派”去讨论，便算完事。

“重玄派”之名，在一切道经中皆无文献根据。乃是近代蒙

---

① 沈曾植《海日楼札丛》卷六云道教言三洞本迹是受了天台宗的影响，误，殆未详考成玄英之说也。

② 详龚鹏程《道教新论》（台北：学生书局，1991年）第三章《受天神书以兴太平——太平经释义》。

文通及日本砂山稔、麦谷邦夫等，以杜光庭《道德真经广圣义》卷五中的一段话推阐出来的。[①] 杜光庭说：魏之隐士孙登，注解老子，以重玄为宗；另外，“梁道士孟智周、臧玄静、陈朝道士诸柔，隋朝道十刘进喜，唐朝道士成玄英、蔡子晃、黄玄颐、李荣、车玄弼、张惠超、黎元兴，皆明重玄之道”。所以研究者便据此定了“重玄派”的系谱，说以上诸人皆可以称为道教中的“重玄派”。

这个派别，已获许多研究者认同，并据以描述隋唐道教史，如卿希泰、任继愈的《道教史》就都采此观点。但是，孟智周等人注解《老子》时都提到重玄之道，就足以证明他们属于同一教派吗？

说这些话的人，大概对于“何谓教派”均缺乏理解。所谓宗派（sect），无论其为教派或学派，都必须有各自的师承、宗重的经典、固定活动的场所、特殊的主张。如汤用彤所云，宗派系以“（1）教理阐明、独辟蹊径。（2）门户见深，出主入奴。（3）时味说教，自夸承继道统”为必要条件。否则便只能说是某时某地流行的一种学说或思潮，而不能说是建立了什么学派或教派。[②] 隋唐道士，或更早即有人喜欢用“重玄”来形容“道”，但那只能说是一种学说的流传，或该时代较广泛被采用的观点。引一些道经，说它们都有重玄之语，故皆为重玄派，实在是推论上的大

① 关于重玄派，详蒙文通《道教史琐谈》、《校理老子成玄英疏叙录——兼论晋唐道家之重玄学派》，收入《古学甄微》，巴蜀书社，1987 年；藤原高男《老子解重玄派考》，《汉魏文化》2 号；前引砂山稔文，及其《道教重玄派表微》，日本东北大学《集刊东洋学》43 号；任继愈《中国道教史》第六章《隋唐道教重玄学》，上海人民出版社，1990 年；王志忠《成玄英的重玄之道与佛教中道观》，《宗教学研究》，1989 年第 1—2 期，四川大学发行。

② 另参杨惠南：《吉藏》，台北：东大图书公司，1989 年，第 76 页。汤用彤说，见其《隋唐佛教史稿》。

跳跃。

其次，许多人都提到“重玄”二字，对这两个字的观念可不见得一样。[①] 如成玄英，在注疏老庄时固多论及重玄，注《度人经》便无此语，倘重玄为其学术宗旨所在，义理攸关，何以竟不一及之？又，《太玄真一本际经》述重玄曰：“于空于有，无所滞着，名之为玄。乃遣此玄，都无所得，故名重玄众妙之门。”（敦煌 Pelliet 文书 3674）把重玄解释为遣之又遣，事实上只是一种观法。《玄门大论》论重玄，虽也有此义，如“直趣重玄之致，因之荡虑，终归双遣之津”云云，但它又说：“因为观境，则开众妙之门。果用成德，乃极重玄之道。”似重玄便不只是观法，更是一果位。由此，可知光谈他们“都论重玄”是无意义的。曾经提到“重玄”的刘进喜、孟安排、杜光庭等，跟成玄英的想法其实都不太相同。故仅仅指出彼等皆属重玄派，并用这个派来概括隋唐道教学，在思想史之研究上也是无效的。

再者，成玄英说：“庄子者所以申道德之深根，述重玄之妙旨，畅无为之恬淡，明独化之窅冥”，重玄与无为、独化等辞是并举的，何以知成玄英便特重“重玄”，以重玄为宗呢？今若开

---

① 一、杜光庭的话本来就不能作为史料，如其《序》云历代注解《老子》者六十余家，其中有何晏、郭象、钟会、沙门罗氏、沙门图澄、沙门僧肇等，其中有些不可考，有些显属误传或托名。

二、杜光庭说：解老各家，宗趣旨归不同，河上公严君子皆明理属之道，魏代孙登、梁朝陶弘景、南齐顾欢皆明理家之道……唐朝道士成玄英、蔡子晃、黄玄赜等皆明重玄之道，“此明注解人意不同也”。但他接着又说：“又诸家禀学立宗不同：严君平以虚玄为宗，顾欢以无为为宗，孟智周、臧玄静以道德为宗，梁武帝以非有非无为宗，孙登以重玄为宗。宗旨之中，孙氏为妙矣。”孙登以重玄为宗，但他是讲理家之道的；孟智周、臧玄静皆明重玄之道，但他们是以道德为宗的。这说明了把孙登、孟智周、臧玄静一直到成玄英等人视为一伙，并称为重玄派，是荒谬的。“重玄”不足以判各人之学术属性，彰彰甚明。

列成氏言“独化”之语数十条，曰成玄英者，独化派也，以独化为宗，始自晋朝郭象，以至成玄英，秩为宗派，排出谱系，可乎？研究古人思想，不是这样做的。我们应该找出成玄英整个论理的脉络，并说明像“重玄”这样一个观念居其中何等位置、为何提出、与其他观念之联结情况如何、能否作为成玄英的主要关怀或核心观念等问题。

成玄英如果只是个学究，纯粹依一理论之兴趣，追随郭注去了解庄子，那么，我们要问：郭象并不言“重玄”，也讲适性逍遥的成玄英，如何在郭注的架构上安放“重玄”这个观念？重玄说与其依郭注而来的各种讲法，何以整合？如若成玄英不只是位学究，他的义理也如郭象一样，面对了他的时代问题，那么，似我们也该问：郭象的“迹冥论”“适性逍遥论”是要解决当时仕与隐的矛盾、凸显个体特性，并使人安于定分，成玄英呢？他的问题当不同于郭象，则他又是如何使用这些讲法？

无论我们选择何种立场，显然都不可能由“重玄”这个观念去理解成玄英。目前的道教研究者，仿佛只要把他归入“重玄派”中，并解释一下他所谓的重玄是啥意思，便尽了诠析者的义务，岂其然乎？我们应注意：《太玄真一本际妙经》论重玄的部分，跟成玄英差不多，但该经便全未涉及治国的问题。也就是说，光谈重玄，是无法处理成氏“治身治国，内外无异”的内圣外王理论结构的。希望研究庄子学和道教哲学的同道，于此稍加思索。①

---

① 蒙文通《校理老子成玄英疏录——兼论晋唐道家之重玄学派》一文认为：“《老子》成疏，唯出经文，不牒注说，知不据注为疏，与其庄子疏同。”大谬。成玄英《庄子疏》与《老子疏》不同，乃是据郭注为疏，明著于序文，何得妄说？苏氏《郭象庄学平议》所见，自胜于此。

# 四　唐代的文人与佛教

唐代文人与佛教的关系，是老话题，也是近年益趋热门的论域：或谈某文人之佛教信仰、与佛教人士之交游、佛学与佛教信仰对其创作的影响，或论某文人与佛教、道教、儒学之间的关联，研究著作已甚丰富。但这个论域其实颇不易驰骋，因为论者至少要对文学、佛教都十分理解，有时还必须准确掌握儒家和道教之历史与义理。兼综博涉者既罕，踵讹迭谬者遂多，其间之错误也是很惊人的。

本文想检讨的，就是针对这个论域的研究方法与观点，指出其中一些常见的错误。

所讨论的，有以下三种类型：一是与佛教渊源极深的文人，以王维为代表；二是涉及儒佛关系的文人，以柳宗元为代表，兼论古文运动诸相关人等；三是涉及佛道关系的文人，以白居易为代表。

## （一）文人与佛教关系

王维是唐代文人与佛教关系最密切的代表人物。他自号维摩诘居士，后世则称他为诗佛。近来的研究者，则通常说他是禅，如孙昌武便认为影响王维最大的是禅宗，是由北宗渐教转向南宗顿教。(《王维的佛教信仰与诗歌创作》，收入《唐代文学与佛教》，台湾谷风出版社翻印，1987 年)

王维与南北宗禅师均有交往。《为舜阁黎谢御题大通大照和尚塔额表》，写的是神秀与其弟子普寂;《谒璇上人并序》，写的是道璇，亦出于普寂门下。道璇弟子元崇，则于安史乱后，在王维辋川别业游处。《过福禅师兰若》，写的也是普寂同门的义福或惠福。这些都是北宗禅师，王维与之交游的年代并不都在早期。王维所写的南宗禅师，如给惠能的碑、与马祖道一的诗、《送衡岳瑗公南归诗序》说“滇阳有曹溪学者，为我谢之”等，数量上绝不比写给北宗禅师的多，关系也不特别显得亲密。因此，说王维由北宗转入南宗，纯是论者主观的想象。

而且，论王维的思想，也不能仅由他与谁交往或替谁写过碑铭来判断。为舜阁黎写谢表，其实只是应酬文书;《能禅师碑》也明说该文乃是受神会之请托:“谓余知道，以颂见托。”这些应酬文字与另一些自我表白的文字，如《大荐福寺大德道光禅师塔铭》，是迥然不同的。谈古人思想，应检别资料的性质，不能只因王维替惠能写过碑、去住过马祖道一的寺院，就遽尔断言他的思想已归入南宗禅。

如此断言，也显示了论者对禅宗史之陌生，遽将王维归入南宗顿教，其实是受了南宗禅在后代宣传成功之影响。

据《宋高僧传》卷八载，开元二十二年，神会在滑台大云寺设无遮大会，主南宗顿教宗旨，攻击北宗，“南北二宗，时始判焉”。可见南北宗之分，乃神会时之事。六祖惠能的事迹，大抵也与神会之传述有关，贬低神秀，自诩传宗。后世讲禅宗史，受此影响，不自觉地以南宗为正宗，北宗则被污名化。把王维勉力纳入南宗思想谱系中，即是此一思想作祟。

岂不知，此等认识是大有问题的。以神会以后所标榜的顿教来说，其实除了五祖弘忍传六祖惠能这一系统外，可能还有别的脉络。王维在《大荐福寺大德道光禅塔铭》中谈到道光禅师“遇五台宝鉴禅师，曰吾周行天下，未有如尔可教。遂密授顿教，得解脱知见”，即可见在五祖弘忍传六祖惠能之外，至少尚有五台山宝鉴禅师一支，传授了顿教法门。王维跟这一支的关系，也远比跟惠能神会更密切。论禅宗史事者，对此不能不予留意。①

虽然如此，仍不能径指王维为顿教。因为亲近某些大德、与某派人士有交往，跟他自己的思想并不必然相等。王维本人自处，或其对禅法的证会，恐怕恰好不在顿而在渐。

王维《过卢员外宅看饭僧共题》曾形容自己：“趺坐檐前日，焚香竹下烟；寒空法云地，秋色净居天。身逐因缘法，心过次第禅；不须愁日暮，自有一灯燃。”次第禅，正与顿悟禅法相反，而为北宗所提倡。故《大唐大安国寺故大德净觉禅师碑铭》说禅师“九次第定，乘风云而不留”，《为舜阇黎谢御题大通大照和尚塔额表》说神秀“登满足地，超究竟天，入三解脱门，过九次第定”。这是王维所理解的北宗禅法，也是他形容自己境界的用语。所以说王维的思想绝非南宗顿教。

何况，南宗禅号称祖师禅，王维所欣赏的却是如来禅。为净觉禅师写的碑铭说：“无量义处，如来之禅，皆同目论，谁契心传。”固然是对净觉的描述，但证之以《过香积寺》所云“薄暮空潭曲，安禅制毒龙”，即可知王维所修禅法必非南宗禅。

如来禅，是小乘的数息观和大乘的三昧禅法。达摩的禅法虽有人认为已是祖师禅，但其壁观之法，“外止诸缘，内心无喘，

① 禅宗之授受源流甚为复杂。葛兆光《中国禅思想史》第五章认为：八世纪后半时期人们心目中的禅门，应包括北京、菏泽、牛头、天台、洪州五大系。（北京大学出版社，1995 年）实际状况，恐怕更甚于此。

心如墙壁，可以入道”（宗密《禅源诸诠集都序》卷三），固开心宗之渐，实与惠能以后禅法差距甚大。达摩之后，道信讲“五事”、弘忍讲“念佛”，也都是渐修的。因此王维才会将之称为如来禅。

对于惠能，王维完全未谈到南宗所强调的“明心见性，顿悟成佛”“不立文字”等特色，只称赞惠能“教人以忍”，益可显示他对南宗禅并不认同或并不太理解。①

故孙昌武对王维与禅宗的关系，可说认识完全错误。他说王维因为思想属于南宗禅，所以反对净土思想，更是错的。如说：

> 《阿弥陀经》《涅槃经》《法华经》等许多佛教经典，都鼓吹净土迷信，虚构一个西方极乐净土，说功德圆满则可以往生，这是宣扬“六道轮回”“灵魂不死”说的骗局。但禅宗却不相信什么净土。南宗禅更主张心净土净，当前无异西方，所以《坛经》说：“三世诸佛，十二部经。亦在人性中，本自具有……若识本心，即是解脱。”“随其心净，则佛土净……佛是自性作，莫向身（外）求。”王维《西方变画赞》就宣扬这种观念。

其实，心净则佛土净，并非《坛经》独特的主张。《维摩诘经》以降，说唯心净土者，即不乏其人；后世讲禅净合一的更多。因此禅宗与净土并不见得就是对立的。且佛教是讲“彼岸”的宗教，净土乃其通义，禅宗又怎能不相信有净土呢？修净土之法门不同，更不能被解释成是不信净土、反对迷信骗局。

以上这些，是他论王维与佛教关系的错误。底下要谈他论王

---

① 周裕楷《禅宗与艺术》曾考论王维应为北宗禅，（台北：复文出版社，1999年）但未论及他与如来禅之关系。

维以禅入诗之误。

他说："禅宗影响于王维的诗歌艺术，可从三个方面分析：以禅语入诗、以禅趣入诗、以禅法入诗。"以禅语入诗，不必再解释。以禅趣入诗，他说是"于进入禅定时体验到的那种轻安寂静、闲淡自然的意味"，举《积雨辋川庄作》《归辋川作》为例。以禅法入诗则是"强调主观的心的作用，强调直觉、暗示等是与艺术创作的规律相通的。宋人以禅喻诗，主要讲的是这个方面"，举《鹿柴》《辛夷坞》《鸟鸣涧》等诗为例。这些都是错的，分别说明如下：

禅定时所体验的，并非轻安寂静、闲淡自然的意味。以达摩禅法说，禅定是舍妄归真的过程，定则是要"坚住不移"的。后来百丈怀海说"心如木石""兀兀如愚如聋相似"，希运禅师说"心如顽石头，都无缝隙，一切法透汝心不入，兀然无着"，均是形容禅定功夫。用此功夫体验到的意味，就绝非道家式的闲淡自然。以南宗禅来说，禅定也是要在"一切境界上念不起""见本性不乱"，于定中明心、见性。如此，又岂能出现如孙昌武所说的"这就有助于形成一种观赏、体察自然美的态度"？

王维《积雨辋川庄作》等诗也证明了它们与禅定之体验无关，甚且根本背道而驰。因为禅定本不观境，可是王维却要"山中习静观朝槿，松下清斋折露葵"，在漠漠水田、阴阴夏木之间，见积雨空林烟火迟、蒸藜炊黍饷东灾。此与观心无关，与见性无关，更非凝心壁观、兀兀如愚如聋。故此乃道家任运自然、物我两忘之旨，非禅宗意趣。《归辋川作》云："谷口疏钟动，渔樵稍欲稀。悠然远山暮，独向白云归。菱蔓弱难定，杨花轻易飞。东皋春草色，惆怅掩柴扉。"感菱蔓杨花之飘零，怅人生如春色之易逝，尤其与"舒卷自如，无所窒碍的禅趣"矛盾，更非禅家"青青翠竹，尽是法身；郁郁黄花，无非般若"之云云。因为既知禅理者，不会见杨花飞絮而惆怅伤春；见黄花翠竹，而悟般若实相者，更不用慨叹菱枝弱、柳絮轻。色相如幻，孙释完全弄错了。

再说以禅法入诗方面。宋人以禅喻诗，是否主要在强调心的直觉与暗示呢？当然不是。宋人以禅喻诗时，一是说创作时要消除情痴理障，才能超越识执的经验世界，真正掌握事物的本体实相，此所谓“以智心照境”；二是说创作时不要执着文字层面的技法，而须在心上做功夫，心活则语活，此即所谓“活法”；三是说读诗者也要“如参曹洞禅，不犯正位，切忌死语”。[①] 孙昌武说他们主要在强调心的直觉、暗示、联想、感应在艺术创作上的作用，于此实可谓牛头不对马嘴。联想是赋比兴的比或一部分兴，感应是秦汉以来的气类感应思想，跟禅宗又有什么关系？

换句话说，他论王维与佛教的关系，一方面不懂佛教，尤其不懂禅宗，故于王维思想究竟属于何种系统，一说便错；谈及禅宗与他宗之关系，也是一说就错。另一方面是不懂诗与禅的关系，故论到诗禅关系、佛学思想，亦无有不误者。

谈唐代佛教与文人这个题目，王维是一个指标性人物。以王维研究来检查我们学界对这个论题的处理水准，便不难看出现今学界讨论唐代佛教与文学时的毛病所在。这些毛病，是有普遍性的。在讨论其他诗人文士时，也总可以看到。

## （二）文人的儒佛关系

以上是谈个别诗人与佛教关联的。这类作家，王维当然是最典型的例子。但论唐代文学与佛教时，除了讨论这些人的佛教渊

① 详见龚鹏程《诗史本色与妙悟》，台北：学生书局，1995 年。论诗禅关系时，胡扯的人最多，其实多不能掌握两者之分际与关联。

源、佛学思想、佛学与其文学创作之关系之外，还常会涉及儒佛关系的论题。因为像王维这类诗人，文人性较高，缺乏思想家之气质；另一些文人，如韩愈、柳宗元便不然。韩柳所提倡之古文运动，本身也是一项思想文化运动，故其文学创作、思想内涵，会关联到儒佛关系这个议题。而处理这个议题时，论者之手法也常令人不敢恭维。

以柳宗元为例，孙昌武《试论柳宗元统合儒释》认为柳宗元贬官永州后，"当时湘粤一带正是天台宗和禅宗南宗流行的地方"，柳氏之思想也因此有着统合天台、禅宗南宗与儒家的特色。

但正如孙先生所统计的，柳宗元《柳河东集》四十五卷，释教碑占两卷，记祠庙、赠僧侣的文章各近一卷。百四十多首诗中，与僧赠答或宣扬佛理者有二十多首。可见柳宗元与佛教的关系甚为密切，来往的各派僧侣较为复杂，凭什么断定影响他最大的是天台与南宗禅呢？王国安《柳宗元诗笺释》便只说柳奉天台宗而不谈他与南宗禅的关系。

不过，王国安认为"宗元所奉天台宗兼习净土"（卷一），引《永州龙兴寺修净土院记》为说，也显得外行。我讲过，净土乃佛教各宗通义，天台讲法华净土，华严讲莲花藏世界，各有各的净土，故并非兼习净土，台宗原本就是讲净土的。

又因孙昌武认为"柳宗元向后期天台宗和禅宗宣扬的唯心哲学做了让步"，所以他努力地想论证柳宗元接受了它们的佛性论，即天台宗"无情有性"与南禅"顿悟成佛，人人皆有佛性"。但他只以为"天台宗和禅宗的这些理论都主张佛性在每人自身之中"，却不知其中大有问题，儒佛关系是不能这样论的。

佛教初入中国时，并不强调佛性观念，论成佛问题时也以"一阐提不能成佛"为主。竺道生始云"一阐提人皆可成佛"，后得北本《大般涅槃经》以为印证，佛性问题才越来越被强调。[①]故强调佛性观念，主张人皆可以成佛，一般均认为乃是佛教传入中土之后，受中国文化影响，或为适应中国环境才有的发展。因为儒家自来讲性善，那种一阐提不能成佛的种姓思想，与中国社会确有扞隔不入之处，若不在理论上作此转向，佛教恐不能大昌。故此为“佛教中国化”之一端。有些人不主张说佛教中国化，认为在中国这些发展亦未违背佛教之义理，故若依义理合理地发展，也必将发展为此种形态。即或如此，我们也不能不承认：在中国后期占主流的如来藏系统思想，从某些以印度佛教为典范的人士看，并非正统教义，此即所谓“大乘非佛说”。民国初年，支那内学院便执此观点。如今，大乘非佛说，已少人坚持；但在印度，如来藏清净心系统乃旁支小流，却是不争之事实。[②]

也就是说，天台或南禅论佛性论净心，本来就是佛教中国化或具中国特色的部分。现在，孙先生却拿这个部分，倒过来说中国本来是讲“性三品”的等级制人性论，后来受了佛教影响，才转变谈普遍人性，柳宗元也是受其影响才讲心；韩愈表面上排佛，骨子里同样是“把佛教的心性学导入儒学”，且是将“人皆有佛性”和“性三品说”糅合的结果。（见上引书《韩愈与佛教》）如此论儒佛，真可谓颠倒见矣。

---

① 但所谓得《涅槃经》以为印证，仍是争议不断的。原因一在于《涅槃经》虽云“一切众生悉有佛性”，却仍认为一阐提不能成佛：“一切众生皆有佛性，以是性故，断无量亿诸烦恼结，即得成阿耨多罗三藐三菩提，除一阐提外。”（《大正藏》十二，404c）“彼一阐提虽有佛性，而为无量罪垢所缠，不能得出，如蚕处茧。以是业缘，不能生于菩提妙因，流转生死无有穷已。”（419b）其次，如上述，一切众生皆有佛性，也不等于一切众生皆可成佛。

② 20 世纪 80 年代，日本佛教界以驹泽大学为中心，发展出了一股以原始佛教为主，重新批评及解释佛教史的思潮，号称“批判佛教”，代表人物为松本史朗。其主要观点即为：如来藏思想不是佛教。（见《缘起与空》萧平、杨金萍译，香港经要文化公司，2002 年）

中国自孔子以来，就说普遍人性：孔子以“仁”为说，孟子以“性善”为说，荀子以“心”为说。孔子所指上智下愚不移，乃智力才性问题。汉人所指性三品也者，即指此言。故才性虽分三品，天生而静之性，仍是天理、是普遍的人性。基于这种人性论，中国人强调“人皆可以为尧舜”“涂之人皆可为禹”。汉传佛教自竺道生以后所说人皆可以成佛，正是符合了这个传统。谈儒佛关系，不能扭曲这些基本认识，刻意把它讲成儒学是受佛教影响才说人皆可以为尧舜的。

也因为在中国讲佛性论原本就是受到儒学的影响，或为适应中国社会而生，故佛教在中国说佛性，与在印度其实颇有不同。在印度佛教中，佛性主要是指真如、实相、法性，谓一切诸法均为佛性之显现，具有本体论的意涵；在中国，则佛性主要是指人的心性，天台、华严、禅宗俱是如此。而其所以如此，无疑与中国哲学传统有关。故不仅与小乘佛教否认众生皆有佛性不同，与大乘空宗依空无我得解脱不同，与大乘有宗五种种性说不同，也与般若学由实相说佛性不同，更与印度佛教所说之心不同。[①]

这是在儒佛关系方面。若再就天台思想与柳宗元之间关系说，则论者也不应只注意到天台讲佛性而已。

孙昌武一再说柳宗元受后期天台宗与荆溪湛然讲“无情有性”之影响，云：“柳宗元把这种观念与儒家的性善论调和起来。”可是，无情有性恰好与性善论是冲突的。无情有性，是说草木瓦石等无情之物亦有佛性。性善说，则是说人之异于禽兽者，在于有仁心善性，这是不与禽兽性共之性，更不能推拓到无情草木瓦石上。柳宗元如何调和此矛盾？此为能调和之矛盾乎？柳宗元采用了荆溪湛然的无情有性说又有何证据？

再者，天台宗之特点，不在论人皆有佛性，而在说人性既具

① 详赖永海《中国佛理论》第九章第二节，中国青年出版社，1999年。

善，亦具恶。故元朝怀则《天台传佛心印记》说："诸宗既不知性具恶法，若论九界，唯云性起。纵有说云圆家以性具为宗者，只知性具善，不知性具恶。"这才是天台与其他各宗不同之所在。可是柳宗元何尝有性具恶之思想？

谈唐代佛教与文学，乃至论唐代古文家（如梁肃、权德舆、柳宗元、韩愈、李翱等）之思想问题时，论者大体都是如孙先生这样，胡掰一气，颠倒妄说，既不真懂佛教义理，也不清楚儒学肌理，即来大谈儒佛关系，说他们是阳儒阴释、调和儒释、把佛教心性论导入儒学啦，等等，令人见之，哭笑不得。①

## （三）文人的佛道关系

谈唐代佛教与文学，另一个会涉及的面向，就是文人的佛道关系。这里以白居易为例来讨论。

白居易的佛道关系，早先陈寅恪就曾认为是："实与道教关系尤密。""其思想乃纯粹苦县之学，所谓禅学者，不过装饰门面之语。"（《元白诗笺证稿》）后期研究则多反其说，努力论铨白居易与佛教之关系。这里举两位来看。

一是平野显照《唐代的文学与佛教》，该书第一章即《白居易与唐代文学》。他认为：白居易对佛教确有真挚的求道热情，其认识也绝不肤浅，具有高度识见。其次，他透过对白居易所撰释教碑的注释，说："我们在释教碑上看到有关禅的教理，与今天禅给我们的印象不同，是具有相当广义融通性的东西。"意谓当

---

① 章士钊《柳文指要》说："子厚自幼好佛，并不等于信佛。求其道三十年而未得，自不足言信仰。"（中华书局，1971年）刻意抹杀柳宗元与佛教的关联，则又是另一个偏锋、另一个错误。

时禅师“心行禅，身持律”，又有净土思想，非常融通，白居易也具此性格。

二是罗联添先生《唐代文学论集》中《白居易与佛道关系重探》（台北：学生书局，1988 年）。此文把白居易生平分成六个阶段，考察他与佛道两教交往之经过及思想上的转变，并列出白氏作品有关佛道之编年对照表，结论是：“陈寅恪之说不确，白居易思想言行实受禅学影响为多。”

平野显照完全不谈白居易与道教的关系，罗先生则强调佛教比道教影响更大，而两人又异口同声说白居易是禅学。

两位先生都讲错了。兹先说白居易是不是禅宗。

平野自己注释过的白居易释教碑中，如《唐抚州景云寺律大德上弘和尚石塔碑铭并序》明明讲庐山东林寺僧来请序，而此僧乃是律宗，阐南山宗，说四分律，入灭于东林寺。《唐江州兴县寺律大德凑公塔碑铭并序》也明言兴果为律师，志在首楞严经，行在四分毗尼藏。只有《如信大师功德记》说如信“禅与律交修，定与慧相养”。此外，《华严经社石记》载杭州沙门南操等结社，则是华严社也；《修香山寺记》则为净土。唯一论及“讨论心要，振起禅风”者仅有《沃州山禅院记》一篇。如此怎能说白居易与佛教交往最多或自己的思想最近的是禅呢？

白居易与华严、律、净土各宗均有来往，既亲近南宗禅，也不废北宗，常持《楞伽经》（如《晚春登大云寺南楼赠常禅师》云：“求师治此病，唯勤读楞伽”），南宗禅并不特别为其思想之重心。我们很难说他就是禅宗，或受南禅影响最大。

平野未必不知此理，但是为了说白居易是禅宗，竟说当时禅宗非常融通，所以禅家也可以融通律与净土等，这是曲说。禅宗可兼净土、可兼律，是一回事；白居易来往的，许多乃是华严宗、律宗之人而非禅宗，是另一回事；白居易是否曾想或实际上用禅去会通律宗、华严宗、净土宗等，又是一回事。论思想史不能如此乱扯一气。

姚南强《禅与唐宋作家》另出一解，谓："白居易在教理上有一种统一论的倾向。虽然他接触最多的是南宗禅，但也不排斥北宗禅，以至华严、楞伽、净土、律宗都有参悟。"（江西人民出版社，1998年）这仍然坐实白居易为南禅。且不说南禅会通（甚至统一）其他甚为困难，南禅与北宗禅又如何统一？"统一"或"融通"的基础又是什么？白居易又是如何融通的？

依我看，佛教各宗之不同，是佛陀再世也融通不了的。白居易之依违来往于各宗之间，正显示了他对宗派之分不甚了了，对佛理亦无深究。这一点，孙昌武倒是说对了，他说："居易在佛教各宗派间没有固定的宗派，在理论认识上没有明确的统绪，奉佛的态度是相当自由的，他对佛理的理解更多任意之处。"（同上引书）

不但如此，需要更进一步说明的是：白居易对佛理的掌握，基本上也不是南宗禅。如元和六年作《自觉诗》云："我闻浮屠教，中有解脱门；置心为止水，视身如浮云。"九年《渭村退居寄礼部崔郎翰林钱舍人诗一百韵》说："息乱归禅定，存神入坐亡。"宝历二年《途中有感悟妄缘题如上人壁》云："有营非了义，无着是真宗。"大和九年《因梦有悟》云："我粗知此理，闻于竺乾师。识行妄分别，知隐迷是非。若转识为智，菩提其庶几。"……这些诗，哪一点可证明他是南宗禅？更不用说他以读经持斋为修行了。

论者于佛理禅法蒙无所知，但见白居易自己说"近岁将心地，回向南宗禅"（《赠李杓直》），就以此判断其宗派归属。殊不知白居易虽自认为他归向南宗禅，可是其所得，仅在"外顺世间法，内脱区中缘"而已。其禅亦仅为禅定息乱而已，此岂足以语南宗禅乎？何况诗多因机应缘而作，逢禅客即说禅，见律师则说律，此处自称回向南宗禅，用来论证其思想的证据力不会高于同年所作《重读庄子》：“为寻庄子知归处，认得无何是本乡。”不足以定其平生祈向。而纵使此时倾向南宗禅，长庆以后也以持斋受戒、“日寻倡普济寺律师”为事，怎能说他就只是南宗禅？

白居易不唯无固定宗派信仰，对佛理之认识亦无统绪，颇为随意，亦颇为肤浅。这点，古人亦已指出，如宋阮阅《诗话总龟后集》卷四五即谓：“世称白乐天学佛，得佛光如满时趣，观其‘吾学空门不学仙，归即须归兜率天’之句，则岂解脱语耶？”

可是像平野显照这类学者，看见此语，却认为是推崇，说这是白居易透露出通向解脱的心境，佛教素养相当成熟。这难道不是心有蓬塞使然吗？

罗联添先生于此，亦复如是。罗先生不懂禅，他不知白居易诗中虽写到不少禅学者，可并不都是禅宗。如《呈智满禅师诗》：“新年三五东林夕……松房是我坐禅时。”东林乃是律宗寺院，在其中坐禅的禅师，即未必为禅宗，南宗禅亦不以坐为主。早期禅法均强调坐，道信《人道安心要方便门》就以坐禅为入门；弘忍《修心要论》也说：“端坐正身，闭目合口，心平观，随意远近，做一日想守之。”惠能则不然，他一方面把坐禅解释为“外于一切境界上念不起为坐，见本性不乱为禅”，另一方面说“一行三昧者，于一切时中行住坐卧常直心是”，谓禅悟不是靠坐出来的，行住坐卧也都是禅。此僧松房兀坐，即非南禅宗趣。又如《晚春登大云寺南楼赠常禅师》云：“求师治此病，唯勤读楞伽。”《楞伽经》是达摩至五祖所宗法的。南北分宗后，北宗仍奉此经，南宗则以《金刚经》为主。故此处所称之禅师必非南宗禅。凡此等等，罗先生都无检别。

更糟的是他论白居易的佛道关系。他花了极大气力，去说明白居易生平与佛道两教之关系，想得出“居易思想实受禅学影响为多”的结论。可是，交游考这类做法，在讨论思想问题时，作用实在不大。一个人，尽管可能与僧徒来往频繁，而于教理无多契会。大部分的信教者就多是如此。吃斋、念佛、奉经、拜忏、坐禅，可是脑子里的观念可能仍是功名利禄，仍是孔孟老庄。故对思想之分析，须有思想解析能力。

白居易与佛教关系当然密切，但所得其实只是庄子义。请看底下两首诗：一、《赠李杓直》：“近岁将心地，回向南宗禅。外顺世间法，内脱区中缘。”二、《游悟真寺》：“自着居士衣，手把南华篇。终来此山住，永谢区中缘。”这两首诗，理境可说完全一样。游悟真寺所领悟的，却是庄子义趣，正可以代表白居易所谓佛学思想为何。他屡作此等语，把庄子与禅并举，如“息乱归禅定，存神入坐亡”“大抵宗庄叟，私心事竺乾”等都是。可见他是以庄子义来把握佛教，或由佛教中获得一种近乎庄学的体悟，如“是非都付梦，语默不妨禅”“唯有无生三昧观，荣枯一照两成空”之类，均甚明显。

由这个角度看，陈寅恪说“其思想乃纯粹苦县之学，所谓禅学者，不过装饰门面之语”，确是有道理的。论者每见白居易会昌二年《答客》二诗有“吾学空门不学仙，恐君说此是虚传。海山不是吾归处，归即应归兜率天”诸语，即以为足资证明居易晚年已由道入佛。未考虑到此二诗系针对海客奇遇，见海上仙山，中有一乐天院，云待居易来住，故作此谦抑语，是不能举以论证其思想归趣的。且主观归依之意愿与思想造诣也是两回事，不可混为一谈。

罗先生对此均不注意，甚且白居易明明说“大抵宗庄叟，私心事竺乾”，他竟据以云“知白居易实已偏向佛教”。如此论佛道关系，焉能中窍？更不要说他对道教并无理解了。其文解释道教丹法，谓姹女为汞，黄芽为铅华，引彭晓《参同契》“河上姹女者，真汞也”为证，不知真汞非汞，黄芽非铅也。谈佛道关系，不懂道教，又怎么能谈呢？[①]

## （四）有待健全的论域

论唐代文学与佛教，夙多野狐禅。如季羡林说：“司空图明确地认识到诗禅的一致。”(《禅和文化与文学》，商务印书馆，1999年）司空图何尝讲过一个有关诗与禅的字？而季老先生居然可以如此斩钉截铁地胡说。则上文所举各例，实不过千豹一斑而已。

大部分的论者都缺乏“多闻阙疑”的精神，对佛教教史教义欠缺基本常识，便冒冒失失高谈阔论起来，更不用说对道教不识之无了。这个论域中错误特别多，知识贫乏为一大原因；而更糟的是常不自觉，自己不懂，反而欺侮读者反正也不懂，堂而皇之地大卖野人头。

其次是缺乏思想解析能力。大部分论者所运用的，仍是排比文献，考证何时何地、交游状况的办法。方法陈旧，又毫无概念解析及理论构造之本领，对思想问题含糊懵懂处理之，或根本未处理。

三是偏好禅宗。什么都扯到禅宗，尤其是南宗禅。而其实缺

---

① 这样说，可能的另一原因，是两先生对道教都比对佛教更陌生。平野显照《佛教用语与李白的文学》《李商隐的文学与佛教》两章都完全没有讨论李白、李商隐的佛道关系，正可以显示这个窘境。大部分谈唐代文人与佛教这个题目的人，也都无力处理佛道关系这一领域。

乏判别能力，对唐代佛教各宗分布状况普遍不甚留意。[①]

四是讨论唐代文人与佛教关系时，更严重的问题，是论者只从唐诗中挑一些人出来谈，借着这些例子，让读者得到一个“唐代文人几乎都奉佛，或都与僧人来往，或与佛教关系密切”的印象。实况当然并不如此。因为挑出来的，大多只能称为特例，很难推概。像王维同时之名诗人高适，除了三首与友人同登寺塔的风景诗之外，几乎跟佛教毫无关系。初唐四杰，王勃家世奉道，其叔王绩亦只学仙、游仙，而完全无与佛教有关之行迹及诗作。杨炯亦只一首《和曼上人伤果禅师》而已。卢照邻与他相同，而那仅有的一首《赤谷安禅师塔》说：“高谈十二部，细核五千文。……且当事芝术，从吾所好云。”竟是说求仙长生而非以无生寂灭为归向的。骆宾王同样，只一篇与僧人酬唱者，余仍与奉道者周旋为多。其他如上官仪、杜审言等，大抵均是如此。本文不便一一数下去，但论者倘不持着放大镜去看文人与唐诗的关系，好好把《全唐诗》清理一遍，就会发现大部分文人是与佛教无大关联的。偶或寻寺访僧，迹近游赏，若论信仰或对佛教之理解，则难一例相量。如张九龄《祠紫盖山经玉泉寺》说：“灵异若有对，神仙真可寻。”讲的就分明是他对道教的信念。这一类诗人或诗作，讨论时就须极为小心。而佛教之外的道教信仰问题，便也不是可忽视的。

论者持放大镜看唐代诗人与佛教的关系，而无视其道教渊源，例子太多了。王维就是其中之一。

王维不仅奉佛，也有深厚的道教渊源。清杭世骏序赵殿成

① 安旗《李白研究》（台湾：水牛出版社，1996年）中《李白与佛教》一文也犯了同样的错误。他引李白《庐山东林寺夜怀》说：“由此可知李白此时从思想到实践均皈依南禅”，根本不晓得东林非禅寺，《宋高僧传·习禅篇》附录所说的“庐阜禅那之学始萌……时远公也，密传坐法，深斡玄机”之远公非禅宗，“禅那”也非南禅。故所论可笑殊甚！

《王右丞诗笺注》时说王维“比物俪辞，赅达三教”，尚是指其字句典故而言，不知其关系不止于此。案:《海录碎事》载:“唐司马承祯，与陈子昂、卢藏用、宋之问、王适、毕构、李白、孟浩然、王维、贺知章，为仙宗十友。”不论此是否为事实，王维好仙，或好与仙道人士亲近，殆为当日社会上对其之一种认知。考王维《座上走笔赠薛璩慕容损》有云:“君徒视人文，吾固和天倪。缅然万物始，及与群物齐。”可见王维所关心者，在于超越界的问题。同时也因这种关怀，令他亲近佛道，着意探索天道与性命，与僧道之交往均甚多。《过太乙观贾生房》说:“昔余栖遁日，之子烟霞邻。共携松叶酒，俱篓竹皮巾。攀林遍云洞，采药无冬春。”讲的就是与修道者相游处，并采药炼丹的事。其中《赠东岳焦炼师》《赠焦道士》《送王尊师归蜀中》《送方尊师归嵩山》《赠李颀》《送张道士归山》等，皆属此类。查诗语所述，李颀、焦道士等，乃其同辈修道人士，王尊师、方尊师则为道长，均是炼丹的。所以他赠李颀说:“闻君饵丹砂，甚有好颜色。”他自己也采药炼丹、学长生法。而且长生之学与佛教无生宗旨，在王维的信仰中也不发生冲突，《春日上方即事》说他自己“好读高僧传，时看辟谷方”，即可证明这一点。历来论王维者，均不注意他与道教的关联，故亦不谈他对佛道关系的处理，实在是只知一偏。

这样的论域，想要健全，实在有赖大家努力。

# 五　李商隐与佛教

李商隐年轻时，曾入玉阳王屋之山学道；移家关中以后，也一直跟道教中人有所往来。诗文中叙述这类事迹很多，早已为世人所熟知了。[①] 宋杨亿、钱惟演等人学李商隐诗，作《西昆酬唱集》，称西昆体；“西昆”二字，用的就是神仙家的典故。[②] 可见李商隐跟道教的关系，几乎是密切得可以用来作为一种标记了，世人对它当然也十分熟悉。

但是李商隐的研究者虽多，似乎还很少人讨论到他跟佛教的关联。我不太了解产生这种现象的原因，可是论义山而不及于此，毕竟是桩憾事。这篇短文，就是想替义山稍补遗憾。

---

① 学仙玉阳王屋之间，冯浩系在宝历元年，张尔田说在太和九年左右，笔者则以为可能在义山丧父奉母归郑州之后数年，即长庆三年以后数年之间。详龚鹏程《读诗隅记》之《刘著李商隐评传举错》。

② 《淮南子》：“昆仑山有层城九重，高万一千里，上有不死树在其西。”徐陵《天台山徐则法师碑》：“长生之树，尚挺西昆。”即用此典。

## （一）李商隐学佛的经过

李商隐早岁学道，同学有彭道士参寥等人。后来漂泊江湖，依人奔走，生活极为苦闷，所以内心中虽然非常渴切地想创立一番功业，但失意时又总不免想到归隐之事。甚至在《七月二十九日崇让宅宴作》诗中，很凄恻地说：“岂到白头长知尔，嵩阳松雪有心期。”这种感慨，熟悉义山诗的人都知道，并不是率尔而发的。因为义山本人对于求道，不像当时许多人那样，视为时[illegible]有趣或带有某些特殊目的的事，他是真诚的向往，并且有生命的热情在，所以常会自负有仙才，且能“十年长梦采华芝”，眷情于道，把它当作生命最深与最终的归宿。

但偏偏奇怪的是他晚年并未以道为归宿，反而选择了佛。《樊南乙集》自序说：自桂林至蜀东川，“三年以来，丧失家道，平居忽忽不乐。始克意事佛，方愿打钟扫地，为清凉山行者”。这种口吻，实在不像义山平时的语气。也许我们可以说他是丧妻后，意绪寥落所致，或者像白居易，早岁学道，晚而弃之拜佛。[①] 但一来，丧妻与奉佛并无必然的关系，倘若说奉佛是为了安慰心灵，入道又何尝不能抚慰心灵上的创伤？何况，嵩阳心期，很可能是指他与妻子间共同的归骨或归隐愿望，奉佛岂不又违背这种愿望吗？至于说早年求道，后来转而奉佛，历史上不乏先例。可是这种人生终极向往的抉择，是件大事，在文献上我们看不到李义山类似白居易那样，有心理上一段反复退省、挣扎、激荡的历程。如此轻描淡写的一两句话，就要交代这种转变，我

① 像张尔田，虽然明知“义山东川时虽耽禅悦，然早已在惠祥上人讲下”，却仍然说：“义山晚年弃道逃禅。”（《玉溪生年谱会笺》卷四）

们认为是不可能的。因为义山不是个不自觉的创作者，他的反省力很强，如果确实有这么重大的转变，他的生命中必有刻痕，可供人玩味摩挲。

因此，我们不妨换个角度来看。譬如李商隐有一首《忆住一师》，诗云："无事经年别远公，帝城钟晓忆西峰；炉烟消尽寒灯晦，童子开门雪满松。"这首诗写得很清淡，而且末句暗用徐陵东阳双林寺傅大士碑"京洛名僧，学徒云集，莫不提函负帙，问慧谘禅，居荫高松，卧依磬石"，也能融情入景，意余言外，在义山集中风格很特殊。但这首诗，根据《北梦琐言》的记载，又作[illegible]屋匡一上人、屋山僧匡一。冯浩注，认为住一就是匡一。[1]如果住一即是匡一，匡一又在王屋山，则很可能李商隐早年学道于玉阳王屋之间时，已经跟和尚颇有往来了。

这个讯息，在义山与僧人有关的诗篇中，可说是非常统一而且明显的，例如这首诗说经年相别、题僧壁诗说"琥珀初成忆旧松"，归来诗说"旧隐无何别，归来始更悲；难寻白道士，不见惠禅师"，都是如此。白道士，是义山学道玉阳王屋时的旧识，集中有赠白道者诗；惠禅师自然也是这段时期即已结识的旧隐了。

由此看来，李商隐跟佛教的关系，几乎是与道教同时发生的。道与佛，也一直在他身上起着作用，所以后来崔珏《哭李商隐诗》说"只应物外攀琪树，便着霓衣上绛坛"，就是兼包佛道二教而说。

要这样看，我们才能理解义山集中某些含义不明的作品，对他的生命形态，也较能掌握。义山有仙道的向往、有人间功业的追求，乃是大家所熟悉的。可是在义山本人来说，他对于佛法，也是非常痴迷的。《自桂林奉使江陵途中感怀寄献尚书诗》说得

---

① 张谱也承认这个异文。见卷四。

好："白衣居士访，乌帽逸人寻；佞佛将成缚，耽书或类淫。"居士与逸人，可以简单代表佛道二教，上两句表明自己经常与二教中人来往，下两句则述说自己的造诣。[①] 所谓缚，见《维摩经》，经云："何谓缚？何谓解？贪着禅味是谓菩萨缚，以方便生是谓菩萨解。"义山用这个典实，表面上诚然非常谦退，事实上却自负得紧，所以《明禅师院酬从兄见寄诗》又云："贞吝嫌兹世，会心驰本原；人非四禅缚，地绝一尘喧。"据《楞严经》载："一切苦恼所不能逼，名为初禅；一切忧愁所不能逼，名为二禅；身心安稳得无量乐，名为三禅；一切诸苦乐境所不能动，有所得心，功用纯熟，名为四禅。"四禅并非根本，故云会心驰本原。义山大概自认学佛功夫已经达到了菩萨解缚之间，所以才有这一类话。《别臻师二首之一》又说："昔去灵山非拂席，今来沧海欲求珠；楞伽顶上清凉地，善眼仙人识我无。"灵山为世尊说法之地，义山自称是从灵山讲会中来，已经很了不得了；次句竟又说自己是想要寻找代表佛法精奥的摩尼宝珠（善友太子乞摩尼宝珠于龙王之耳，见《报恩经》），自抬身份之余，当然也充分揭明了自己整个人生蕲向，在于求得人生的究竟归宿或目标，即使人世，亦非拂席逃叛。

传统的笺注家，以冯浩、张尔田为代表，显然并未注意到义山这一类作品所流露的意识。因此，义山从新旧《唐书》以下，就都在"背恩无行，恃才诡激，放利偷合"的评价旋涡中打转。有人肯定他，有人批判他，但没有人理解义山所追求的，并不是现实层面的利害或遇合，而是整个人生问题的安顿；锦瑟无端的

① 白衣居士，出《楞严经》；乌帽，则见《隋书·礼仪志》："隐居道素之士，被召入谒者，黑介帻。"因此这两句是指佛道中人。

惘然，也正来自沧海求珠不可得的憾痛。[①] 这样，义山的生命形态及其内容，当然就被贬低了；他的“忧生念乱”（张谱语），也只能被看作是个人得失的悲喜或对时局的感愤，不是真正对人生发出一声深沉的忧生之嗟！

其实，义山正是因为生命中有这样深刻的忧生之嗟，所以才会毕生向往佛与道，并在晚年摆脱一切地刻意佛事。由文献上看，他越到晚年，越虔诚奉佛。[②] 集中所录，除了《同崔八诣药山融禅师》作于武宗以前，《忆往岁与澈师同宿》作于桂林之外，多半属于随柳仲郢入蜀后所撰。另外，他又在常平山慧义精舍藏经院，创石壁五间，金字勒《妙法莲华经》七卷，并写了《四证台记》《弥勒院碑》《为八戒和尚谢复三学山精舍表》《佛颂》等文。随柳仲郢还朝以后，居西京永崇里，更有与僧彻一段故事，宋赞宁《高僧传·悟达国师知玄传》载：

> 李商隐者，一代文宗，时无伦辈，常从事河东柳公梓潼幕，久慕玄之道学，后以弟子礼事玄。时居永崇里，玄居兴善寺，义山苦眼疾，虑婴昏瞽，遥望禅宫，冥祷乞愿。玄明旦寄天眼偈三章，读终疾愈。迨乎义山卧病，语僧录

① 冯注解沧海月明珠有泪，引鲛人泣珠事为说。然鲛人有泪，非珠有泪也；且鲛人泣泪成珠，乃在岸上，与沧海月明无关。张谱卷四则谓锦瑟为自伤之词，即骚人所谓美人迟暮，甚是。但谱又说沧海句指李卫公毅魄久与珠海同枯，简直匪夷所思；张氏《李义山诗辨正》也并不用这种说法，而说沧海句指己，言流涕时多。其他各家解法很多，但似乎无人认为这是指理想的失落。

② 《樊南乙集》自序，写于大中七年，自云方愿打钟扫地，为清凉山行者。清凉山，指五台山。道经称五台山为紫府山，内经则以为清凉山，《华严大疏》中也有这种称呼。序又说：“于文墨意绪阔略，为置大竹箧，涂逭破裂，不复条贯。”“四六……非平生所尊尚，应求卒备，不足以为名。”这种态度，跟他在《樊南甲集》序中，自以为能集韩文杜诗彭阳章檄的意兴风发，迥然异趣。

僧彻曰："某志愿削染，为玄弟子。"临终寄书偈诀别云。凤翔府写玄真，李义山执拂侍立焉。

义山与知玄相遇，在大中八年左右，但此传叙述在回京以后；而义山因病还归郑州时，玄弟子僧彻正充左右街应制赐紫，也不见得能亲与接闻临终之语。所以我们很怀疑这段记载的真实性。大抵义山与知玄僧彻确有往来，但详情却未必如此处所述。僧徒记僧事，例多浮夸，好抑人以尊己，例如《佛祖统记》云："元和元年，诏沙门知玄入殿间道，赐号悟达国师。玄五岁能吟诗，出家为沙弥，十四讲经。李商隐赠以诗云：十四沙弥解讲经，似师年纪止携瓶。沙弥说法沙门听，不在年高在性灵。"元和元年义山根本尚未出世，怎能赠诗？这种记录就明显是错误的。《佛祖统记》既误，《高僧传》自也不能尽信。因为害怕瞎眼而祷告，义山性格中固然也有这柔弱的一面，可是把他跟知玄的交往，系于知玄的法术神通，便不免太小觑义山对佛理的深湛造诣了。①

## （二）李商隐学佛的原因

义山集中有关知玄与僧彻，只有一首《奉寄安国大师兼简子蒙》。这首诗引起很多争执，释道源认为是指大达法师端甫，钱牧斋认为是知玄，张尔田则认为只有僧彻才住过安国，但如果指

① 张尔田曾驳斥《佛祖统纪》的记载，却认为"知玄一传，即出僧彻所述，事皆征信，不必怀疑"，甚实这两篇记录性质并无不同。

僧彻，似又不必称其为大师。[1] 另外《别智元法师诗》，释道源与钱牧斋都认为即是知玄，诗说：

> 云鬓无端怨别离，十年移易住山期；东西南北皆垂泪，却是杨朱真本师。

这首诗，冯浩、张尔田驳得很有道理：唐时女冠也称法师，天下无云鬓之和尚，故此诗必非赠知玄，而是赠女冠智元。但是，通过这首诗，我们也许更容易明了李商隐学佛学道、佛道交杂的原因。

以时代来说，唐代中叶，正是士大夫普遍学佛法的时代。《癸辛杂识》云："唐世士大夫重浮屠，见之碑铭，多自称弟子，此已可笑。柳子厚道州文宣庙记云：春秋师晋陵蒋坚，易师沙门凝辩。安有先圣之宫，而可使桑门横经于讲筵哉？此尤可笑者。然樊川集亦有敦煌郡僧正徐州学博士、僧慧苑除临坛大德制。则知当时此事，不以为异也。"（《全唐文记事》卷一〇七引）可以观一时风会。在这个时代里，不仅士人学佛，即使道教中人也常摭采佛理，以阐发道教宗旨，故《玉涧杂书》说："司马子微作《坐忘论》七篇……道释二教，本相矛盾，而子微之学，乃全本于释氏，大抵以戒定慧为宗，观七篇之序自

---

① 详钱牧斋《朱长孺笺注李义山诗序》（《有学集》卷十五），及张谱卷四。我认为安国大师可能既非知玄，亦非僧彻，而是安国寺红楼僧广宣。广宣事迹，见于昌黎、香山、梦得诸人集中；本诗题名奉寄，应该是长者，广宣的身份正相吻合。据《新唐书·艺文志》载，令狐楚与广宣唱和，有诗一卷。或许李商隐早年在令狐楚幕中时，即曾与广宣来往了，所以诗中有"忆奉莲花座，兼闻贝叶经"之句。

见。”[①] 在这种风气习染之下，义山要避免与僧人来往或研习佛理，本来就不是很容易的事。

但就另一方面说，唐代道教与佛教的界限也是非常清楚的：信佛出家者称为僧尼，信道者则为道士女冠；僧尼衣袈裟、剃发，道士女冠羽衣道服、蓄发作髻；僧尼住寺，道士女冠居道观；道士女冠先隶宗正寺、后改司封检校，僧尼先隶司宾、后改祠部；且道士有仕进之途，僧人则无。[②] 两教也彼此相倾轧，最著名的就是唐武宗与李德裕因信道而发动的会昌法难，几乎完全摧毁了唐代佛教徒辛苦建立的基业，使许多大宗派一蹶不振。李商隐亲身经历了这次法难，而他与李德裕、杜悰又有相当的关系，何以还会在佛道交哄斗争得最激烈的时候，兼习二教呢？[③]

---

① 亦见《全唐文纪事》卷一百七。案佛道两教之诤论，由来已久，入唐以后，由于朝廷有三教讲论的制度，民间的传教活动中也不免有此混淆。因此到了唐期中叶以后，三教已经有逐渐融合的趋势，以佛理说道家宗趣，只是这种趋势中一个常见的现象。同书同卷又载“杨绾为中书侍郎平章事，雅尚玄言，宗道释二教，尝著王开先生传以见意”，此与牛肃《纪闻》所纪牛应贞“学穷三教，博涉多能”（《广记》卷二七一引）之类，也都显示了这种趋向。另参龚鹏程《孔颖达周易正义研究》（师大国研所硕士论文，1979 年）、《江西诗社宗派研究》（台北：文史哲，1983 年）。

② 详见张之淦《柳文探微小识》（《大陆杂志》六五卷三、四期；收入《遂园书评汇稿》，台北：商务）“佛道不分”条。

③ 案：《通鉴》二四八会昌五年五月下：“祠部奏括天下寺四千六百、兰若四万、僧尼二十六万五百。”八月下又云：“壬午，诏陈释教之弊，宣告中外。”此名为会昌法难，但会昌元年，帝已举赵归真等八一人建九天道场，亲传法箓，度明经、进士为道士；四年，又以赵为右街道门教授先生；五年春，于尊号中中旨加道字。因此会昌灭佛，实由武宗主持，而赵归真怂恿附会之。李德裕虽也信奉道教，自称上清玄都大洞三景弟子，又与杜悰、崔铉，李让夷等人率文武百僚上徽号，称武宗为仁圣文武章天成功神德明道大孝皇帝。然而与赵归真不睦，会昌四年更曾上谏武宗不宜亲近。且据《旧唐书·李德裕传》载：“五年，武宗上徽号，（李）累表乞骸骨，不许。德裕病

原因可能就在“东西南北皆垂泪，却是杨朱真本师”这两句话上。李商隐一生屡以杨朱自喻，如《西溪》诗“苦吟防柳恽，多泪怯杨朱；野鹤随君子，寒松揖大夫；天涯常病意，岑寂胜欢娱。”《荆门西下诗》“洞庭波阔蛟龙恶，却羡杨朱泣路歧”之类，均属自伤之作，这在其他诗人集中是很罕见的情况。造成这一现象的主要原因，是由于李商隐本人特殊的生命形态中，有一种强烈的寻求生命之寄托的倾向。他常感身世悠悠，对于时间，尤有深刻的感怆，每每在物华繁盛时，便兴起众芳芜秽、繁华消歇之感，像《夕阳楼》《岳阳楼》《乐游原》这一类诗，都是如此。他之伤春，而且以伤春作为人生的一种情调，也未尝不是由于这种特异的性格。①

像这一种人，才会时常有“无端”之感，犹如当年卫玠渡

---

（接上页）月余，坚请解机务。”可见他对武宗的做法，也不是很赞同的。《通鉴》对此，记叙颇不尽合理实，既在会昌五年八月诏陈释教之弊，毁佛灭法之前，夹叙一段李德裕请废寺材修太庙；又在后面记李德裕劝幽州使勿纳僧人，且谓“主客郎中韦博以为事不宜太过，李德裕恶之，出为灵武节度副使”，仿佛灭法之事，全由李氏主持发动，这是错误的。另外，会昌以后，灭佛的风气及舆论，并未止息。宣宗四月听政，十月即受三洞法箓于衡山道士刘玄静；大中五年，孙樵又上书请汰佛寺；六年冬十二月，中书门下又奏严禁私度僧尼；十一年，遣中使迎回会昌六年被流放的道士轩辕集；十二年，李义山死在郑州，而次年宣宗即因为吃道士虞紫芝的药而发疽崩。故义山奉佛最虔诚的这段时间，刚好是朝士奉道最炽盛、佛教势力最黯淡的阶段，更是两教交恶最激烈的时期。

① 伤春，始于《诗经·豳风·七月》：“春日迟迟，采蘩祁祁，女心伤悲，迨及公子同归。”传：“春，女悲；秋，士悲。感其物化也。”笺：“春，女感阴气而思男；秋，士感阴气而思女。是其物化，所以悲也。悲则始有与公子同归之志，欲嫁焉。”详钱锺书《管锥编》，第130–133页。义山之伤春，实异乎此。因为义山说：“年华无一事，只是自伤春。”（《清河》）“通谷阳林不见人，我来遗恨古时春。”（《涉洛川》）“对泣春天类楚囚。”“莫惊五胜埋香骨，地下伤春亦白头。”（《与同年李定言曲水闲话戏

江，而说：“对此茫茫，不觉百感交集。”义山就有这样怅触无端、百感沓来的情况，如《锦瑟》的“锦瑟无端五十弦”、《别智元法师》的“云鬓无端怨别离”、《潭州》的“今古无端入望中”、《属疾》的“秋蝶无端丽、寒花只暂香”等，无不是这样忧来莫名，愁去莫止。

而这番无端的哀感，来自生命内部最深邃处，所以基本上是无法排遣的；但义山的悲哀，就在于他一直想要替无可排遣的无端之哀，寻个安顿。他在情感上、在事业上乃至于仙佛之向往上，都不只是纯粹的沉溺、发泄或遭遇挫折后的逃避，而是有寻找内在安顿的人生渴求。他一生不断在作这样的找寻，所以也徘徊在情爱、仙佛与仕途之间，往复交缠，茫茫然不知涯际。这样的人生，可说是矛盾极了、悲苦极了，他不晓得什么才真能安顿他自己、什么才真是人生的归趣，因此，他从内在的体验上，开始逐渐理解到杨朱泣歧的意义。因为歧路，代表一种抉择；路固然通往目的地，但选择本身就是令人迷惘、狐疑甚至痛苦的。抉择时诚然可以有坚持理想的昂扬，但选择必然也代表某一部分的割舍。生命濒临割舍，已经是一种难堪的痛楚了，偏偏这些岔路又令人无法确知自己的抉择与割舍是否可以正确无憾，在此，于人又不能不有所怀疑。杨朱之所以临歧而泣、阮籍之所以穷途痛哭，哭的都是这种人生抉择的悲

---

（接上页）作》）“细意经春物，伤心属暮愁。”（《即目》）“曾苦伤春不忍听”（《流莺》），这些伤春的作品，有些可以用艳情来解释，有些却显然与思念女子欲娶之意无关。因此注家有时以艳情为说，有时则说是悼亡、是政治讽喻、是唐人以下第为伤春。但我们以为，义山如此刻意伤春（所谓刻意伤春复伤别），伤春在他的生命中一定占有一种感情的主导地位，否则何以能说“我为伤春心自醉，不劳君劝石榴花”或“天荒地变心难折，若比伤春意未多”？故而我们觉得伤春不是思得女子，乃是义山生命情调中无端而有的一种美人迟暮、众芳芜秽之感！

哀。但是，不幸的是，李商隐的悲哀比他们更甚，因为他不但徘徊于歧路，有人生失路之感伤哀痛，更深沉地，他也晓得这些路，可能没有一条是可以安顿人生的路。所以，在两性关系上，他歌咏情爱，肯定情之尊贵，但同时，他又确信情爱只是虚幻，“莫讶韩凭为蛱蝶，等闲飞上别枝花。”（《青陵台》）在人与外在世界的关系上，他追求现实世界的政治秩序与功业，有“欲回天地入扁舟”的抱负，有理想主义之气质，但同样的，他对这样的事功及评价，也感到不可信任，而且历史兴亡，在时间的淘洗之下，现实世界的事功更是显得脆弱无意义，集中如《李卫公》《旧将军》《过伊仆射旧宅》《筹笔驿》《武侯庙古柏》《咏史》《茂陵》等诗，都表现了这种意识。同理，在人与超越世界的关系上，他也是既向往仙道，视之为生命中的终极归趣，又对这种安顿方式感到幽渺难凭，否则就不会说“八骏日行十万里，穆王何事不重来”（《瑶池》）。这岂不是一种矛盾吗？是的，李商隐就生活在这层层矛盾之中，徘徊于这不可消解而又必须执着的伤痛之中。他说“却羡杨朱泣路歧”，正是因为杨朱所泣，只是人生之抉择的苦痛，他则根本无路，只能站在原地，伤情地高吟“东西南北皆垂泪”！

佛教，跟道教一样，都是李商隐在追寻人生归宿以安顿自我时的一条道路，代表了他对超越的形上世界之关怀与向往，希望能通过人与形上的结合，跃离现实生命的沉沦与痛苦。他曾作《夜忆往岁秋与澈师同宿》《题白石莲华寄楚公》一类诗，对有交往的和尚深致怀念，这种怀念，即包含了他对佛家境界的歆慕。而他那一些情诗，也在某种意义之上，跟他对佛家境界的蕲向有异曲同工之妙，所以钱牧斋为释道源所撰的《李义山诗集序》才会说：

义山无题诸什，春女读之而哀，秋士读之而悲，公真清净僧，何取乎尔也？公曰：佛言众生为有情，此世界情世界也。欲火不烧燃则不干，爱流不飘鼓则不息。诗至于义山，慧极而流，思深而荡，流漩荡复，尘影落谢，则情澜障而欲薪烬矣。春蚕到死，蜡烛灰干，香销梦断，霜降冰涸，斯亦箧蛇树猴之善喻也。且夫萤火暮鸦，隋宫水调之余悲也；牵牛驻马，天宝淋铃之流恨也；筹笔储胥，感关张之无命；昭陵石马，悼郭李之不作。富贵空花，英雄阳焰，由是可以影视山河，长挹三界，疑神奏苦集之音，阿徙证那含之果[①]。

义山认定爱情、人间功业乃至仙道都是虚幻的，刚好在意义上是由执着与追求，进而到洞知一切执着与追求都属虚妄，而近于佛家的讲法。他末年以佛为归宿的主要原因，当亦在此。如果我们朝向外在的解释来看这个问题，恐怕就很难体察到这中间的曲折幽微了。

## （三）李商隐与僧佛有关的诗作

通过以上这样的理解来看义山诗，诗境便开阔深广了许多，而义山与僧佛有关的诗篇，也较易明白其意趣。

李氏与僧佛有关的诗并不很多，但表现的层面却很广。其中第一类是对佛家及其所开显之世界的描述，例如《咏三学山》诗：

五色玻璃白昼寒，当年佛脚印旃檀；万丝织出三衣妙，贝叶传经一偈难。夜看圣灯红菡萏，晓惊飞石碧琅玕；更

① 见钱氏《有学集》卷十五。

无鸚鹉因缘塔，八十山僧试说看。[1]

这种诗，不但与李商隐描述道教及其所开显的世界同一机杼，也是唐人一般的写法。一方面刻绘实景，一方面广泛而灵巧地运用佛家典故，像圣灯一词，传灯以昭无住之心，是佛家常用语，但也呼应了三学山神灯的奇迹。这跟杜甫《望牛头山诗》所云“牛头见鹤林，梯径绕幽深；春色浮山外，天河宿殿阴；传灯无白日，布地有黄金；休伤狂歌老，回看不住心”，正复相似。[2] 大抵唐人写佛与僧，还很少禅趣证悟的意涵，即使是王维、白居易，也是禅语多而禅味少，且喜用释家典，义山亦不能例外，如《奉寄安国大师兼简子蒙诗》：

忆奉莲花座，兼闻贝叶经。岩光分蜡屐，涧响入铜瓶。日下徒推鹤，天涯正对萤；鱼山羡曹植，眷属有文星。

蜡屐铜瓶，用《高僧传》释僧会事。其《四证堂碑》也用过这个典：“石磬朝吟，铜瓶夜满。”从前纪晓岚曾批评他这一类诗说：“禅偈为诗，易坠恶趣。以东坡语妙天下，犹时不免于俚鄙，况下于此乎？无挦撦内典之迹，而山水清音，味含禅悦，则善之善

---

① 本诗与《游灵伽寺》诗，张尔田存疑，《年谱会笺》卷四：“以上（游灵伽寺等）八首，皆非本集，由后人采摭附入者。又《佛祖统纪》载李商隐赠知玄七绝，《浩然斋雅谈》载李商隐晋元帝庙诗七律，《万花谷别集》载李商隐重午七绝，《续集》载李商隐咏三学山诗七律，亦皆不似义山者。”但《咏三学山》诗，就用典的手法及典故本身来看，应该是义山的作品。

② 三学山神灯，详《法苑珠林》。又，剜身以作千灯，又见义山《唐梓川慧精舍南禅院四证堂碑》，亦用《法苑珠林》引《菩萨本行经》。冯注皆未详。

矣。”讲得很对。[1]但唐人一般做法即是如此，试看王维《夏日过青龙寺谒操禅师》，白居易《读禅经》《感悟委缘题如上人壁》一类诗，不也都是语木声希，挦撦内典以成篇吗？固然我们不能说其他人咏僧佛的诗也不好，就等于义山诗这样的创作形态是合理的，但讨论历史时，我们理应存有一份同情。味含禅悦的作品，自宋以后，较擅胜场，乃是文学创作史上处理题材后出转精的现象，我们正不必据此以讽嘲古人。

不过，这样挦撦内典的作品，近乎客观的描述，并无多少作者主观的情感与思想寄存其中，义山本身并不是这种创作形态的诗人，所以他大多数与僧佛有关的作品，都不是如此的。他有些诗，确实可以看作是他在追寻人生安顿时的一种感伤，譬如《游灵伽寺》诗：“尽日伤心人不见，石楠花满旧琴台。”以及《题白石莲花寄楚公》诗：

> 白石莲花谁所共？六时长捧佛前灯。空庭苔藓饶霜露，时梦西山老病僧。大海龙宫无限地，诸天雁塔几多层。漫夸鹙子真罗汉，不会牛车是上乘。

莲花养神、灯前礼佛，见徐陵孝义寺碑，《涅槃经》“若于佛法，供养一香灯，乃至献一花，则生不动国”。又，《佛升忉利天为母说法经》“摩耶夫人两乳血出，犹白莲花而入如来口中”，首二句盖用此典。冯注未及详。但冯浩解释这首诗后四句说：“下半喻职官之多、阶品之积，乃我不得效用朝家，而惟寄身使府，

[1] 纪批曾遭张尔田痛驳。实则纪氏并没有讲错，而且纪氏的讲法，是受到王渔洋论神韵禅趣的影响以后形成的。晚清常熟一带有些诗人，如沈曾植、张尔田，务反神韵之空疏，竟又回到以佛典堆砌成诗的路子上去，粘皮滞骨，反而不好。

譬之说法，徒叹小乘耳。”却很有意思。他纯从外在的得丧遇合来解释，可是由诗意看，后四句是从“时梦西山老病僧”这一句中生出来的。所以后四句不可能一下荡开，而与佛境界无关；何况，大海龙宫，不也正与义山沧海求珠的愿望互相呼应吗？因此，我们觉得这是义山在向往佛家义理时，对自己存在处境的一种感叹，故题名忆。是由白石莲花，现在的佛灯与白石莲花，想到西山的“老病僧”，再想到楚公所代表的佛家境界（注意“时梦”二字），而与自己现在的处况作一对照与思省，诗境无限延伸扩大。这位楚公，不知是谁，然而西山之西，与《忆住一诗》所说“帝城钟晓忆西峰”之西，正复相似，难道这西山即是他少年时学佛之地吗？

同样地，义山怀旧中兼有对佛家世界之向往的作品，还有许多，如《题僧壁》：

> 舍生求道有前踪，乞脑剜身结愿重；大去便应欺粟颗，小来兼可隐针锋。蚌胎未满思新桂，琥珀初成忆旧松。若信贝多真实语，三生同听一楼钟。

按：徐陵东阳双林寺傅大士碑：“割身奉鬼，闻半偈于涅槃；卖髓祠天，能供养于般若。理当刳心靡吝、摧骨无疑。”《弥勒所问本愿经》：“往过世有王天子，号曰莲华。王见一人身体病癞，曰得王身髓以涂我身病乃愈。王子即破身骨，以得其髓，持与病者。”又，《千佛因缘经》：“雪山有婆罗门，名牢度跋提，白夜叉言：我今不惜心之与血。即持利剑破胸出心与之。”义山首二句应即用此典，冯注亦未举出。旧松忆僧，且明言若确信贝多真实之语，则己必与僧同听此一楼钟声，题旨较白石莲华忆楚公尤晰；义山后来在蜀中，曾以金字勒《妙法莲华经》七卷于壁，亦当是此类诗作意识的延续。

比这些作品更为明显的，是《北青萝》诗：

残阳入西崦，茅屋访孤僧。落叶人何在，寒云路几层？独敲初夜磬，闲倚一枝藤。世界微尘里，吾宁爱与憎？

“北青萝”，题不知何义，其实出自《高僧传》。义山《四证堂碑》说：“陇右沙门，尚餐松叶，奚求往哲，度青萝之猎客。”即用此典；而且此诗独敲初夜磬句，也见《四证堂碑》。因此，此诗是借访僧的行动，象征自己对于佛世界的追寻，所谓落叶人何在，寒云路几层，正是说明自己追求之诚之笃。诗中借着孤僧、人何在、寒云、独敲、闲倚一枝，点明了这种追寻乃是个孤寂的旅程与探索；而所谓访孤僧，更揭示了他探寻的目标。这种目标，与《别臻师》诗也是一致的。《别臻师》之二：

苦海迷途去未因，东方过此几微尘？何当百亿莲华上，一一莲华见佛身。

微尘世界，见《涅槃经》。《法华经》又云：“假使有人磨以为墨，过于东方十国土，乃下一点，大如微尘；又过千国土，复下一点。如是展转，尽地种墨，是诸佛土。若算，师知其数否？”《梵网经偈》云：“我今卢舍那，方坐莲花台；周币千华上，复见千释迦；一华百亿国，一国一释迦；各坐菩提树，一时成佛道。”佛家论世界，有一切法界、虚空界等世界，见《华严经》；徐陵《齐国宋司徒寺碑》也有众生无尽、世界无尽，芬若披莲，远如散墨的说法。李义山在这儿，就是说众生迷惑，如在广大苦海之中，如果能让人人得道，皆为释迦，岂不甚妙！前文曾说义山有通过形上超越世界的追寻以安顿人生之企图，这类诗是最明显的证据了。[①]

由于他对佛法有这样的向往及对人生有广大的悲愿，所以对于僧人不守佛法，格外感到无法忍受，例如《僧院牡丹诗》所谓粉壁荡水、缃纬卷灯，以及枝轻露倚、色浅依僧之类，冯浩说他写得太刻薄，大伤诗教。就诗来说，诚然不够敦厚，但他之所以会表现出这么强烈的憎厌与讥讽，未尝不是因为他有向往佛法以求安顿的心愿啊！

另外，义山咏僧人，既多是表现他对佛境界的向往，当然在诗艺上便会尽量避免堆垛刻画，而倾向于铺展一个清淡幽远的境界，以景托境，而显禅心，例如《华师》：

孤鹤不睡云无心，衲衣筇杖来西林。院门昼锁回廊静，秋日当阶柿叶阴。

写景极宁静、极清雅，而且深得禅趣。因为鹤惊露则不眠，何况是孤鹤？但此处所谓孤鹤，犹如《北青萝》之所谓孤僧，关键在于“无心”二字。《楞严经》不是说过“有色无色，有想无想，若非有色，若非无色，若非有想，若非无想”吗？这首诗就是写这种无心之境。其次，例如《访隐诗》：“路到层峰断，门依老树开，月从平楚转，泉自上方来。”上方指僧舍，故此诗是访僧而非寻道士；层峰路断，树倚门开，也充满了禅趣，可以跟义山其他咏僧佛之诗合看。像这一类写法，是义山

① 义山这种企图，表现在他一生对释与道的向往和追求上，晚年虽说归于佛，其实也仍只是意义上的归，对道教并未排斥或背弃。所以《云笈七签》载道士胡宗居梓州紫极宫时，梓之连师，及柳仲郢幕下如周相公、李义山等，皆加敬致礼。义山集中，有《道兴观碑》《道士胡君新井偈铭》等，均是这段期间所作。可见义山到晚年，并不曾“弃道归佛”，而只是觉得佛家义理对他自己尤为亲切罢了。

所惯用的，如《忆住一师》："炉烟消尽寒灯晦，童子开门雪满松。"《同崔八诣药山访融禅师》："岩花涧草西林路，未见高僧且见猿。"[①]《游灵伽寺》："碧烟秋寺泛湖来，水打城根古堞摧。"《访隐者不遇》："秋水悠悠浸野扉，梦中来数觉来稀；玄蝉去尽黄叶落，一树冬青人未归。""沧江海石樵渔路，日暮归来雨满衣。"这些清幽淡远的写法，与《无题》《锦瑟》一类风格，有显著的差异。因为它来自一种特殊的心态，我们必须了解这种心态，才能深入玩索这些作品。

## （四）结语

李商隐与佛教的关系，早在钱谦益为释道源、朱长孺义山诗注作序时，即已提出来了，可以说是第一次正式出现有关李商隐的论题，其次才是有关义山政治人格的评价问题。但是三百年来，论者几乎倾全力去探讨义山政治与道德的问题，而对他与佛教的关系，漠视不论。其实，正如钱牧斋说的，有关义山与佛教关系的研究，一定会影响到我们对义山人格的理解，所以也一定会改变我们对义山政治人格的解释。[②]

本文就是通过整个义山人格成长及发展的历程，来说明他学

---

① 这位崔八，可能是与义山一同习佛的朋友，所以诗开头就说"共受征南不次恩，报恩惟是有忘言"；另外义山又有一首《酬崔八早梅有赠兼示》，云："维摩一室虽多病，亦要天花作道场。"用佛家典。

② 钱氏《朱长孺笺注李义山诗序》："余往为源师撰序，推明义山之诗，忠愤拙郁，鼓吹少陵以为风人之博徒，小雅之寄位，其为人诡激历落，厄塞排笮，不应以浪子嗤点。……少陵云：余亦师粲可，又云身许双峰寺。谢康乐言学道必须慧业，未有具慧业而不通于禅者。灵山拂席、沧海求珠，岂可香篋金缕、裁云镂月之流比类而诃之哉？"

佛的原因、经过和结局，解说他对人生的看法，提供一种新的诠释方式。文章当然写得不太详尽，但我相信，这也许能为读义山诗者开拓一个较宽广的视野、较深刻的层面。

必须附带一提的是，本文最先是受了张之淦老师的启发，1978年写成《玉溪生与佛教》，发表在《淡江文学》第九期。1982年辑入我的《读诗隅记》中。后来又被选入台湾中山大学所编《李商隐研究论文集》，1984年出版。现在重写，补充了一些材料，诠释观点上也略有寸进。为学艰难，个中甘苦，诚不易为知者道；我写这篇文章，是很有感触的。

1984年12月31日写于淡江大学中文系

# 六　晚唐的禅宗与道教

偶读《景德传灯录》，见其中有涉及禅宗发展史者数事，颇有趣。先予摘录杂考之，再综合起来，谈一谈唐末佛道之关系。

## （一）论易卜

《景德传灯录》卷十一曾载：

> 漳州浮石和尚，上堂云："山僧开卜铺，能断人贫富、定人生死。"时有僧出难云"离却生死贫富、不落五行，请师直道"，师曰："金木水火土。"

解脱死生，超越轮回，乃禅家之大事，故僧人以此为问，浮石和尚则就五行占卜作答。这种对答，是禅宗常用的一种诡辞，所谓不落五行，即是五行。《金刚经》最常见此运用，如"所谓佛法者，即非佛法""佛说般若波罗蜜，则非般若波罗蜜""诸微尘，如来说非微尘，是名微尘。如来说世界非世界，是名世界"之类。完整的论式，应该是"P 即非 P，故是 P"，如"庄严佛土者，则非庄严，是名庄严”。禅宗特别喜欢以这种逻辑显无自性空，熟悉禅宗义理者，对此必不陌生。① 正因为如此，故引起我们注意的，不是浮石和尚的开示，而是他借喻于开卜铺及用五行立说。

五行非佛家名相，卜筮非禅家所为。佛家论五行，是指地水火风四大与空大，合称五大。密教五大，始有以五大配五方五佛之说。但其中善无畏仍以地水火风空，顺其次序，配东西南北中；不空则取五行木火土金水，配东南中西北、青赤黄白黑，分别指大圆镜智、妙观察智、平等性智、成所作智、法界体性智。② 浮石和尚显然不是采用这个讲法，他谈的，只是一般的卜法。据同书同卷所载仰山慧寂禅师事考之，当属易卜：

> 师问一僧“汝会什么?”僧曰:“会卜。”师提起拂子曰:“这个六十四卦中阿那卦收?”僧无对。师自代云:“适来是雷天大壮，如今变为地火明夷!”

浮石和尚论卜，尚是借喻，这个僧人却是真会占卜的。不只他会卜，慧寂也会，故论卦能如此之熟。依他所解卦象来看，当时所用，并非《火珠林》一类卜法，而是正统易卜。雷天大壮，是乾下震上之象，象曰:“雷在天上，大壮，君子以非礼弗履。”变而为地火明夷，是离下坤上之象，象曰:“明人地中，内难而能正其志。”仰山的意思，大概是说卜筮非禅家事，劝这个僧人要端正其志，用晦而明自性。取譬颇为善巧，所论卦变，则可能是用虞氏易说。即乾二之

① 参见吴汝钧《佛教的概念与方法》，台北：商务，1988年，第30页。《般若经的空义及其表现逻辑》，特别是该文第六节。

② 用丁福保《佛学大辞典》说，见其书“五大”条。

坤，故为离，震初又变为坤，所以才能由大壮变成明夷。[①]

当时僧人善于运用这种易卜以论禅理，还有一个旁证，即是该书卷四“舒州天柱山崇慧禅师”条。问：“达摩未来此土时，还有佛法也无？”师曰：“未来时且置，即今事作么生？”曰：“某甲不会，乞师指示。”师曰：“万古长空，一朝风月。”良久又曰：“阇黎会么？自己分上作么生，干他达摩来与未来作么？他家来，大似卖卜汉相似。见汝不会，为汝锥破卦文，才生吉凶。在汝分上，一切自看！”僧问：“如何是解卜底人？”师曰：“汝才出门时便不中也。”

把达摩东渡喻为卖卦卜者，可见卜卦的经验在当时僧人中是极为普遍的；僧人对于占卜之原理，如易象与五行，也是颇为熟悉的。

## （二）谈鬼神

佛家言鬼不言神。真谛《佛说立世阿毗昙论》卷七《受生品》谓造恶业者，死后生鬼道、禽兽道、地狱；造善业者则生下品家、长者家、婆罗门家、刹利家……以至生天。天有三界诸天等等，天有天王管辖，亦有城郭园池林树珍宝等，诸天天人即生活于其间。汉魏六朝佛家各教派及经典对于天堂地狱的描述，虽然极为纷纭复杂，但其基本理论大抵如此。[②] 当时神灭与神不灭之争，主要关键就在于“疑人死神灭，无有三世”（僧佑《弘明

---

① 虞翻卦变之例凡四，一曰乾坤二五互之，以成坎离；二曰不正之爻，变而之正，以成既济；三曰以爻位消息，推卦之所由来；四曰震巽特变。详屈万里《先秦汉魏易例述评》，台北：学生书局，1985 年。

② 佛家天堂地狱说，详萧登福《汉魏六朝佛道两教之天堂地狱说》，台北：学生书局，1989 年。

集后序》），因为若无三世轮回，则地狱天堂诸说便均不能存在了。但这个“神”，是与“形”相对的神气神识，不是鬼神的神。诸天亦但有菩萨，并无神祇。

可是唐代的禅宗和尚，似是已用神祇的观念来看待佛陀了。《五灯会元》卷五神山僧密禅师条云：“裴大夫问僧：‘供养佛，佛还吃否？’僧曰：‘如大夫祭家神。’”暗指孔子所谓“祭如在”。这就是用儒家的神祇观了。不只如此，他们似乎又吸收了若干民间通俗信仰，例如：

> 金陵牛头禅第三世慧方将入灭时，见有五百许人，髻发后垂，状如菩萨，各持旖华，云：“请法师讲。”又感山神现大蟒身，至庭前如将泣别。（《景德传灯录》卷四）嵩岳破灶堕和尚隐居嵩岳时，山坞有庙甚灵，殿中唯安一灶，远近祭祠不辍，烹杀物命甚多。师一日领寺僧入庙，以杖敲灶三下，云：“咄！此灶只是泥瓦合成，圣从何来？灵从何起？怎么烹宰物命？”又打三下，灶乃倾破堕落。须臾，有一人，青衣峨冠，忽然设拜师前。师曰：“是什么人？”云：“我本此庙灶神，久受业报，今日蒙师说无生法，得脱此处，生在天中，特来致谢。”师曰：“是汝本有之性，非吾强言。”神再礼而没。（同上）

这两个例子都吸收了民间的神祇信仰，说山神化形为大蟒、灶神寄托于灶，但均在轮回业报之中，可受法师点化。此一讲法，看似荒诞，实甚重要，可以看出禅师与鬼神的关系，亦可见禅宗如何处理它与民间信仰的问题。故后世对此“破灶堕”公案，均极为重视。《五灯会元》卷十九谓临济宗五祖法演弟子清远佛眼，即系阅《传灯录》此一因缘而得悟者。[①]

类似“破灶堕”的例子，还有《传灯录》卷四的嵩岳元珪禅师事、卷十一婺州金华山俱胝和尚事、卷十四石头希迁大师事等，然发明无多。较有意思的，是卷十一筠州末山尼了然与灌溪闲和尚的对答：“闲和尚问：‘如何是末山？’了然云：‘不露顶。’闲云：‘如何是末山主？’了然云：‘非男女相。’闲乃喝云：‘何不变去？’然云：‘不是神，不是鬼，变个甚么？’闲遂服膺。”鬼神虽能幻化变形，但不为禅师所重，于斯可见。另外，卷八又载：

> 池州南泉普愿禅师，拟取明日游庄舍。其后土地神先报庄主，庄主乃预为备。师到，问：“庄主争知老僧来，排办如此？”庄主云：“昨夜土地报道和尚今日来。”师云：“王老师修行无力，被鬼神觑见。”有僧便问：“和尚既是善知识，为什么被鬼神觑见？”师云：“土地前更下一分饭。”

后来玄觉曾参此公案，问云居锡曰：“什么处是土地前更下一分饭？”云居锡曰：“一是赏伊罚伊，只如土地前见是南泉不是南泉。”此解恐未谛当，南泉之意似乎只是赏而非罚，只是自愧行止有迹，故被鬼神觑着。[②]

这显示禅家自信其境界高于鬼神，认为鬼神仍受业报，故要常来听法，且不能窥测禅师底蕴。不过，这只是一种信念，所以有时不免参差。如卷十一讲某夜“山神告俱胝和尚曰：‘不须离此

---

①《五灯会元》卷十九：“适寒夜孤坐，拨炉见火一豆许，恍然自喜曰：‘深深拨，有些子，平生事，只如此！’遂起阅几上《传灯录》，至破灶堕因缘，忽大悟。作偈曰：‘刀刀林鸟啼，披衣终夜坐，拨火悟平生，穷神归破堕。事皎人自迷，曲淡谁能和？念之永不忘，开门少人过。’”拨火，系沩山灵佑事，详《传灯录》卷十一。

② 有迹与无迹，详次节。

山，将有大菩萨来为和尚说法也。’果旬日，天龙和尚到庵”，不又是行迹为鬼神觑着了吗？虽然如此，理想上仍以禅师修为应至他人无法揣度为高，详下文。

## （三）说心通

《传灯录》卷五载惠能大师法嗣西京光宅慧忠国师：

> 时有西天耳三藏到京，云得他心慧眼。帝敕令与国师试验。三藏才见师，使礼拜立袜右边。师问曰：“汝得他心通耶？”对曰：“不敢。”师曰：“汝道老僧即今在什么处？”曰：“和尚是一国之师，如何却去西川看竞渡？”师再问：“汝道老僧即今在什么处？”曰：“和尚是一国之师，何得却在天津桥上看弄猢狲？”师第三问，语亦同前。三藏良久，罔知去处。师叱曰：“这野狐精！他心通在什么处？”三藏无对。

这是个有名的公案，唐代宗时事也。后来有僧问仰山：“大耳三藏第三度为什么不见国师？”仰山曰：“前两度是涉境心，后入自受用三昧，所以不见。”又有僧以此问玄沙，沙说：“汝道前两度还见么？”玄觉云：“前两度若见，后来为什么不见？”……能不能被耳三藏觑见，与能不能被山神觑见是一样的问题，而这个问题因为涉及修行次第及功夫境界，故争论也较多，大家的解释也都不一样。有些解不出来，便只好以不解解之，椎破五连环，如：“僧问趙州曰：‘大耳三藏第三度不见国师，未审国师在什么处？’赵州云：‘在三藏鼻孔里。’僧问玄沙：‘既在鼻孔里，为什么不见？’玄沙云：‘只为太近。”’这都是叫人勿执粘滞缚的话，却不是解释问题的答案。

但这并不是个新的论题，早在庄子《应帝王》中即有一“壶子四示”的故事：郑国有神巫，名叫季咸，能知人死生祸福，列子引他去见壶子。第一次季咸见壶子面如一滩湿灰，认为壶子快要死了。第二次，则见到壶子又有了生机。第三次，他看不见；抱怨壶子没有斋戒，要他斋戒了再来相。第四次，见了壶子，因壶子“示之以未始出吾宗”，他完全无法觑相掌握，只好逃走。

> 郑有神巫曰季咸，知人之死生存亡、祸福寿夭，期以岁月旬日，若神。郑人见之，皆奔而走。列子见之而心醉，归，以告壶子，曰："始吾以夫子之道为至矣，则又有至焉者矣。"壶子曰："吾与汝既其文，未既其实，而固得道欤？众雌而无雄，而又奚卵焉？而以道与世亢，必信，夫故使人得而相汝。尝试与来，以予示之。"明日，列子与之见壶子。出而谓列子曰："嘻！子之先生死矣！弗活矣！不以旬数矣！吾见怪焉，见湿灰焉。"列子入，泣涕沾襟以告壶子。壶子曰："乡吾示之以地文，萌乎不震不正。是殆见吾杜德机也。尝又与来。"明日，又与之见壶子。出而谓列子曰："幸矣子之先生遇我也！有瘳矣，全然有生矣！吾见其杜权矣。"列子入，以告壶子。壶子曰："乡吾示之以天壤，名实不入，而机发于踵。是殆见吾善者机也。尝又与来。"明日，又与之见壶子。出而谓列子曰："子之先生不斋，吾无得而相焉。试斋，且复相之。"列子入，以告壶子。壶子曰："吾乡示之以太冲莫胜。是殆见吾衡气机也。鲵桓之审为渊，止水之审为渊，流水之审为渊。渊有九名，此处三焉。尝又与来。"明日，又与之见壶子。立未定，自失而走。壶子曰："追之！"列子追之不及。返，以报壶子曰："已灭矣，已失矣，吾弗及已。"壶子曰："向吾示之以未始出吾宗。吾与之虚而委蛇，不知其谁何，因以为弟靡，因以为波随，

故逃也。”

这个故事，郭象注说：“至人，其动也天，其静也地，其行也水流，其止也渊默。……其于不为而自尔一也。今季咸见其尸居而坐忘，即谓之将死；观其神动而天随，因谓之有生。诚应不以心，而理自玄符；与变化升降，而以世为量，然后足为物主而顺时无极。故非相者所测耳。此应帝王之大意也。”扣住“无心任化”来讲应帝王，恐怕较接近庄子本义。但是，这个故事在唐代道士成玄英手上，意义就不一样了。成玄英是位有佛学修养的道士，他看这则故事，不免就试着用他的佛学知识去处理。所以他说：“壶子示见，义有四重。第一示：妙本虚凝，寂而不动。第二示：垂迹应感，动而不寂。第三示：本迹相即，动寂一时。第四示：本迹两忘，动寂双遣。”这就是用“本／迹”“动／寂”以及“本迹两忘，动寂双遣”来处理壶子之四示了。①

这一处理方武，与《坛经》所述惠能语，若合符契。惠能云：“吾今教汝说法。……说一切法，莫离自性。忽有人问汝法，出语尽双，皆取对法，来去相因，究竟二法尽除。”不就是成玄英的“寂——动——动寂双遣”吗？但是，禅家在这个时候并未意识到此一论理模式，一直要到百丈大智，才将此一论法总提为“三句”，或称“三关”。故万松行秀《从容录》云：“三句之作，始于百丈大智，宗于金刚般若。”

三关，名初关、重关、牢关，实即有、空、中三重境界。各以一句表示之，故名三句。但三关中的中道，可以有两种表示

① 自成玄英以后，用佛理解此四示，已成通套，郭象注的解法反而不再流行。详见巴壶天《艺海微澜》，台北：广文书局，1971 年，第 42 页《禅宗三关与庄子》。有关成玄英采用佛家义理解释《庄子》，另详本书《成玄英庄子疏与佛教》一文。

法，一是双照明中，一为双遮明中。双照是空有相即，即成玄英所说的“本迹相即，动寂一时”；双遣双遮，是空有两泯，即成玄英《庄子疏》所说的“本迹两忘，动寂双遣”。所以三关有时可演为四句，恰好与成玄英所理解的壶子四示相符。

换言之，禅宗虽得《坛经》之提示，但仍未能发展出一套具体的说法方式，其后各家说法悟道时又各有不同之因缘，所以必须依其基本教义来发展说法形态与论理模式，以总摄各种应机的状况，此即百丈三关、曹洞五位正偏、临济四料简等说所以形成的原因。夷考他们创立此类说法的经过，则《庄子》一书应是极为重要的借径。“大耳三藏”的故事，更是与“壶子四示”有密切的关联。禅家得此启发，对其创立三关说，实有极大助益。再详下文。

## （四）参同契

《碧岩录》云：“石头因看《肇论》，至此‘会万物为自己’处，豁然大悟。”这个故事，《五灯会元》卷五论之较详。曰：

> 师因看《肇论》至“会万物为己者，其唯圣人乎!”师乃俯几曰：“圣人无己，靡所不己。法身无象，谁云自他，圆鉴灵照于其间，万象体玄而自现。境智非一，孰云去来？至哉斯语也。”遂掩卷，不觉寝梦：自身与六祖同乘一龟，游泳深池之内。觉而详之：“灵龟者，智也；池者，性海也。吾与祖师同乘灵智游性海矣。”遂著《参同契》曰：“竺土大仙心，东西密相付。人根有利钝，道无南北祖。灵源明皎洁，枝派暗流注。执事元是迷，契理亦非悟。门门一切境，回互不回互。回而更相涉，不尔依位住。色本殊

质象，声元异乐苦。暗合上中言，明明清浊句。四大性自复，如子得其母。火热风动摇，水湿地坚固。眼色耳音声，鼻香舌咸醋。然依一一法，依根叶分布。本末须归宗，尊卑用其语。当明中有暗，勿以暗相遇。当暗中有明，勿以明相睹。明暗各相对，比如前后步。万物自有功，当言用及处。事存函盖合，理应箭锋柱。承言须会宗，勿自立规矩。触目不会道，运足焉知路？进步非远近，迷隔山河固。谨白参玄人，光阴莫虚度。”

石头希迁因《肇论》而开悟，未必有代表性，因每个人悟证的因缘并不一样，但《肇论》确实是禅家所极重视的书。《虚堂和尚语录》载：“韩文公问僧（无德禅师）：‘承闻讲得《肇论》，是否？’云：‘是。”’可见当时禅宗有讲《肇论》者。《碧岩录》又载：“陆亘大夫与南泉语话次。陆云：‘肇法师道天地与我同根，万物与我一体，也甚奇怪。’”南泉指庭前花。召大夫云“时人见此一株花，如梦相似”，则又可见当时对《肇论》是有讨论的。

陆亘与南泉之论，系在文宗太和初年。他之所以会觉得《肇论》的讲法奇怪，是因为“天地与我同根，万物与我一体”，源出《庄子·齐物论》，与佛教的涅槃思想并不一致，僧肇作《涅槃无名论》，乃是以庄子之齐观妙悟解释涅槃灭度。但南泉则认为境由识显、幻由心生，心物相融相即，“有无齐观，彼己莫二”，认同了僧肇的说法。

有趣的，是石头希迁之得悟，也即在这一点，即“会万物为己”这一句。所谓“圆鉴灵照于其板，万象体玄而自显”云云，纯系以老庄玄理解释佛家义。

南泉系南岳下三世，石头则为青原下二世，宗派不同，但皆同参《肇论》而有所契悟。而且，如上文所述，石头更因契悟万物与我为一之理而造《参同契》，希望参玄之人勿虚度光阴。

这篇五言古诗四十四句的《参同契》，后来被视为曹洞宗的圣典。历来诠解甚多，如法眼之注、觉范之科段、雪窦《瀑泉集》、永觉《洞上古辙》等，对此均有阐析。一般认为它对当时喧腾一时的南北分宗说有所调停，且能揭示禅宗的宇宙观。但它的基本观点，是庄子的齐观妙悟；它的书名，则与易学上的名著、亦为道教中讲丹法的圣典《参同契》同名。盖《参同契》或称《周易参同契》，东汉魏伯阳作，乃以月象之晴、晦、圆、缺、进、退、上、下，言烧丹之鼎炉火候。姑不论石头希迁是否亦有取于魏伯阳之说，他自证心得，而采用了这样一本书籍的旧名，本身就很值得玩味。

此若与文章开头时我们所举僧人卖卜论易之事合看，岂不就更有意思了吗?

## （五）唐末禅宗发展史的一种解释

以上几则僧人论易卜、鬼神以及他心通的事例，分开来看，并没什么意义，也不引人注意。但并在一块儿，我们就会发现它似乎显示了这时禅宗的一种趋向。

因为易卜及鬼神信仰固然为当时民间所流行者；他心通，基本上也是一种巫术，“郑国有神巫”的季咸，其艺能便与大耳三藏相似。这些信仰或卜卦测相，都是想预断人之贫富与生死，故浮石和尚云“山僧开卜铺，能断人贫富、定人生死”，季咸也是“知人之死生存亡祸福寿夭，期以岁月旬日，若神”。对人生命运祸福吉凶之预测，乃是一般民众所关切之事。佛教在中国社会中传播发展，存活于此气氛中，不能不对此状况有所回应。但回应的方式颇为分歧。直接转为配合俗世福报，为人消灾祈福，应付未来之困厄、预示来生之幸福，是最常见的一种，此即佛教的世俗化。禅宗并不采此途向，它对于一般民间鬼神命相之说也很熟悉，但只是借势，借着这些民间信仰与卜卦测相，再予转化而说佛理，把预卜前知之术，视如“他心通”。而如何处理有关他心通之类神通的问题，正是当时禅宗在禅定修为上主要的突破。盖依小乘禅法，修习四禅之行者，到一定阶段，多有神通感应之力。这些神通包括神足通、天耳通、天眼通、他心通、宿命通、漏尽通等。早期修禅定者，类皆以具神通自喜，如《安般守意经》康僧会序，即谓：“修安般行者，厥心即明。举明所观，无幽不睹。往无数劫、方来之事、人物所更、现在诸刹……无遐不见，无声不闻。”许多著名高僧宣教时要令群众起信，仰赖的都是这些神通。但溺于神通，即成魔障，《景德传灯录》卷廿七载天台慧思禅师“尽夜摄心坐夏，经三七日，获宿智通，倍加勇猛。寻有障起，四肢缓弱，不能行步”。可见禅宗之禅，殊不以追求神通感应为宗旨。[①]

禅宗在佛教内部批评神通感应。这种禅观，也同样适用于卜筮前知与鬼神信仰等问题上。因此，处理这类问题，禅宗并不觉得困难。可是，禅家之反对卜相感应，并非一味峻斥排击了事，而是熟习易数，对一般民间信仰亦有所吸收。这种态度，使得从南北朝以来一直处于对抗状态的佛道关系渐趋缓和。隋唐之间，佛道争论仍然十分严重，但我们会发现，禅宗是较少产生佛道之争的佛教宗派，其原因或即与此态度有关。而且，这种态度一方面吸收了若干非佛教的因素，一方面又保住了佛教义理的基本性格。上文所举《景德传灯录》所载之事例，亦不难让我们了解当时这个新兴宗派何以能传教成功，在中国社会民间获得广泛的信从。

---

① 详何国铨《中国禅学思想研究——上不密禅教一致理论与判摄问题之探讨》第二章第二节，台北：文津，1987 年。

这种态度，非仅一策略而已，对其宗派之发展，应有实质的影响。

阿部肇一《中国禅宗史——南宗禅成立以后的政治社会史的考证》对于禅宗之所以能在唐代末期蓬勃发展，曾提出一种解释。他认为长安洛阳逐渐没落，且会昌法难使得华北佛教如华严、唯识及净土念佛等宗派生存困难，是北方佛教逐渐衰微的主要原因之一；当时江南经济安定，吴越及闽王朝之宗佛政策又加强了这个态势。但这些政治社会乃至经济状况，并不能算是南宗禅整体发展之直接因素。他以雪峰义存为例，认为在晚唐禅宗之发展中，出现了吸收道家与道教的现象。如义存本人玄学式的佛教，或圆寂禅师拥徒至王真君成仙的怡山之类事迹，均可证明当时禅宗在理论层面，因吸收了道家玄学性格，故颇能为士大夫知识分子接受；而在道教方术、鬼神信仰、符咒命相方面之汲取，亦使禅宗具有国民性，与当时庶民社会甚能契接。因此，"依佛教正统理论，去接受民族的宗教性或民间的宗教性"，才是南宗禅得以蓬勃发展的原因。[①]

他的看法非常准确。从前文所举之事例观之，应可补其举证之不足，而证成其论断。但是阿部肇一认为，当时佛教吸收道家理论与道教术数，只不过是为了因应社会传教之需要，其本身并不认同道学，故在史书中未曾出现像魏晋时期那样以"般若空"去与"无"相对比的事。如此，把禅宗发展过程中融摄道家学理及民俗信仰的现象，仅视为一应机策略，是否恰当？

依本文所论壶子四示、参同契两节来说，禅宗在发展其理论的过程中，确曾借径于道家与道教。特别是曹洞宗，绝不能说不是融汇道佛而成者。石头希迁因读《肇论》而悟入，著书自述心得则曰《参同契》，是再明显不过的证据了。其后洞山

① 阿部肇一书，关世谦译，台北：东大图书公司，1988年。

良价撰《宝镜三昧》《五位君臣颂》，亦均与《参同契》有密切之关系。这两篇文献，诸祖释解极多，但众说纷纭，也不肯指明它与《周易参同契》的关系，所以讲来总是描头画脚、模糊懵懂。其实，所谓宝镜即指月亮，故曰："夜半正明，天晓不露。""正中偏，三更初夜月明前。"以月亮的偏正圆缺，配《易经》巽、兑、大过、中孚、离卦，就构成了他的一套五位君臣说。这是因为《周易参同契》系以月象讲烧丹之火候，所以洞山良价转用之如此。一讲烧丹火候之深浅，一以分判修证功夫之深浅，所指虽异，理论殊无不同。我们应该更认真地面对这类现象，才能深入了解禅宗史。

替《景德传灯录》撰序的杨亿，在其《武夷新集》卷七中就有一首诗很有意思，颇能显示佛教在唐末五代乃至宋朝初年这种吸收参会道教的状况。他说：

> 迹寄浮屠教，心将汗漫游。无眠长达曙，却立动经秋。秘诀神仙授，灵苗洞壑求。诛茅探虎穴，投杖涸龙湫。丹熟炉应冷，禅余室更幽。登山不累息，入夏亦重裘。名已标真籍，身犹隐沃洲。逍遥访岩穴，迢递别林丘。偏览缙云境，还浮一叶舟。三千功欲满，鹤驭恐难留。

本诗是《送觐道人归故》。此一道人乃是僧人，但他寄迹浮屠，虽在禅室静参，却又求神仙之秘诀、烧丹鼎之炉火。此类参禅而又求仙的僧人，亦可见诸杨亿另一首《送僧归越》，说此僧"中林宴坐赤髭繁，水月禅心出世间。说法音同海潮震，随缘身比岳云闲"，但是"曹溪嫡嗣多参见，碧落仙乡循往还"，岂非亦为禅师而兼学仙者乎？

杨亿的佛学素养以及他和宗门人士交往的情谊，绝不至于弄不清楚禅和道教丹鼎的分别，所以他的诗应该是真切地显现了当时禅宗发展的实况。这种行为，表露于思想层面的，就是像前文所提到的曹洞宗理论那样。这类理论，历来均未从道教《参同契》这个角度去理解，因此讲起来总是迷头雾影，不知所云。释行策曾伤悼曹洞宗旨后世已难知晓，谓《人天眼目》等书所述皆多舛误，故作《宝镜三昧本义》，以六种图来说明。其一是《宝镜三昧图说》，二是《正偏回互图说》，三是《三叠分卦图说》，四是《五变成位图说》，五是《二喻显法图说》，六是《六爻摄义图说》。其图如下：

（一）宝镜三昧图说

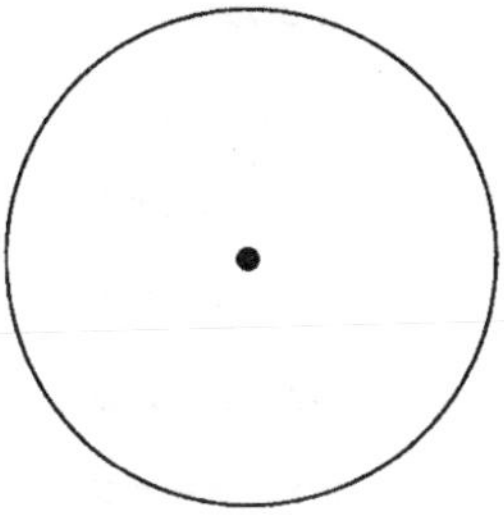

向上一路，千圣不传。随义悉檀，故形文采。此在儒乘，谓之太极。本不可名，强名太极。……今论此相，人我法中，有种种名，华严名此为一真法界，法华名此为一实相，涅槃名此为秘密藏。六道众生具此昧，此为第八阿赖耶识，名如来藏性。三世诸佛，转此证此，为第九庵摩罗识，名大圆镜智。历代祖师，悟此传此，为最上秘密宗旨，名宝镜三昧。

（二）正偏回互图说

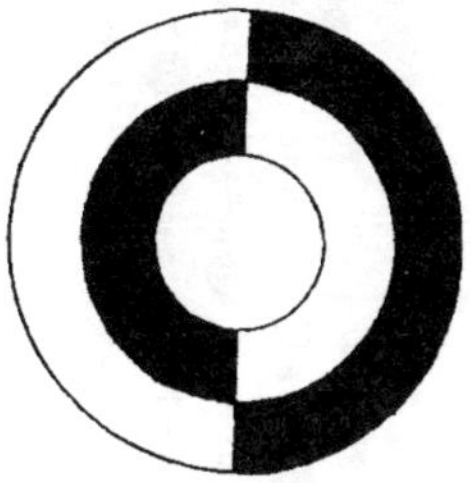

此圆两仪既判，黑白已分……黑白是奇偶二数。……所谓黑者，于位表正、于相表暗、于时分表夜、于界处表内、于人伦表内、于人伦表君父、于二家表主、于法界表理、于二智表实、于二门表本、于四十二位表果。所谓白者，为偏位、为明相、为书分、为外界、为臣子、为宝家、为事法界、为用门、为修德、为功动、为权智、为迹门、为因位。

（三）三叠分卦图说

先将本卦六爻，分为三叠，以象三德，所谓而为三者也。

（四）五变成位图说

以初一爻为正中偏，盖全理即事。故此正中即有偏，但偏相不可见。譬如朔日之月，暗中明相不可言无。故《参同契》云：当“暗中有明，勿以明相观”是也。……次以第二一爻为偏中正，盖全事即理。故此偏中即有正，但正相不可见。譬如望日之月，明中暗相决定是有。故《参同契》云：当“明中有暗，勿以暗相遇”是也。

（五）二喻显法图说

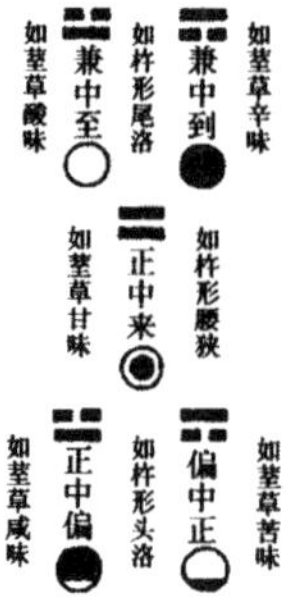


此圆理趣较前愈妙。前约正偏单复以配位，今约总别阔狭以显法味，阔狭是显法相。所如茎草味、如金刚杵是也。以此二喻，双显五位之法，是谓玄之又玄众妙之门也。今先明总别者，喻中茎草为总五味为别。法中离卦为总，五位为别。……天一生亲水为初爻阳位。水日润下，象初爻居一卦之下，润下作成，故为咸味也。地二生火，是为二爻，附位。火日炎上，象二爻自下而上炎上作苦……故约五行配五位味也。

（六）六爻摄义图说

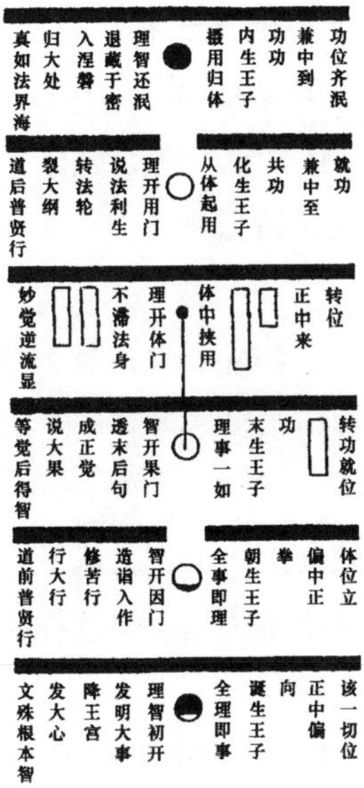


方山长者制论，动辄以八卦五行阴阳义理配释。岂皆出偶然耶？且河岂偶出图？洛岂偶出书？伏兮氏岂偶画卦？而数圣人者，妄着言象而玩索之耶？既非偶然，即此重离一卦中圆具世出世间一切法，若广摄义类，则诸佛教网、列祖纲宗，罄无不尽。

以上一、二两圆与周敦颐得自陈抟之太极图完全一样，也是《道藏》中图。

这六个图，显然是以阴阳五行八卦来讲佛理。他虽称大圆宝镜是太极，事实上同时也是月象，所以黑表示夜、白表示昼，而以黑为正、以白为偏。又，《二喻显法图》及《六爻摄义图》之中的圆圈黑白，也只能由月象的明晦进退来解释。而其所谓三叠分卦、五位成变、六爻摄义，都是以离卦示意的，与道教内丹法之坎离交姤图也完全一样。他虽辩护道："非取离为心火之卦义也，而本卦自具三叠五变天成之妙趣。"但若易卦之中，仅此一卦具如此妙趣，那又何必论易，专谈离卦可也。这均可见后世禅门仍然讳言《参同契》及《五位君臣颂》之来历，不肯直承它与《周易参同契》之关联，才会半隐半现，弄得参禅人如堕五里雾中。

我当然不是说曹洞宗旨即是调和坎离、攒簇五行，而是说，当时禅宗对道教阴阳五行及丹道之说颇为熟稔，或许也颇有躬行其道、参采其法者。石头希迁、洞山良价等人亦由此获得启发，融会其理以言禅。当时进行这类工作者，想必不止希迁等一二人。《闲居编》卷五载宋初释智圆《寄瑞应经疏及注阴符经与体玄上人》诗云：

> 《瑞应》《阴符》尽索看，封题欲寄意盘桓；自惭才识非通敏，不得同归得异端。

他对体玄上人似不甚满意，对于把《阴符经》和佛经视为同路者的态度也很不为然。但这样的诗，正让我们看到了当时讲究会归禅与道的一种风气。上人而号“体玄”，与希迁所谓“谨白参玄人，光阴莫虚度”，也似乎都把参禅视为参玄了。

值得注意的，是这种会合禅宗与《阴符经》《参同契》之作风，也正是晚唐宋初道教发展的基本路向。

道教丹鼎烧炼之学，发展至晚唐，有了革命性的转向，由外丹转而讲内丹。这个转变虽然起于隋代，唐代亦有伏流渐盛之势，但真正具体成型，风靡一世而成为道教丹道之大宗，夺外丹之席，树内修之帜，则在晚唐五代。钟离权、吕洞宾逐渐成为尔后各丹派之共同宗师，即代表着这种革命性的转变已成为正宗势力。

而内丹学最主要的典籍就是《周易参同契》和《阴符经》。宋张伯端《悟真篇》云：“《阴符》宝字逾三百，《道德》灵文只五千；今古上仙无限数，尽于此处达真诠。”又有《读周易参同契》云：“一自虚无，兆质两仪，固一开根，四象不离，二体八卦，互为祖孙。”都可以看出二书在丹道之士心目中的地位。所以其书后序说：“修生之要在金丹，金丹之要在神水华池，故《道德》《阴符》之教得以盛行于世。”张伯端是南宗丹法的主要宗师，因此以上这番话并不只是他个人的观点，而同时也不只是南宗丹法的观点，因为其他各派也都是依据《参同契》《阴符经》而发挥的。

但宋代内丹学的兴起，运用《参同契》《阴符经》，并将之内观化，形成一套坎离交姤、五行攒簇的修生延命之术，只是它的特点之一。内丹学的另一个特点，则在于结合禅宗，以讲性命双修。

《悟真篇序》说：“老释以性命学，开方便门，教人修种以逃生死。……迨夫汉魏伯阳引易道交媾之体作《参同契》，以明大丹之作用；唐忠国师于语录，首叙老庄言以显至道之本末。如此岂非教虽分三，道乃归一。奈何后世黄缁之流，各自专门，互相是非，是致使三家宗要，迷没邪歧，不能混一而同归矣。”可见张伯端是主张三教归一的。其中《参同契》本来就是合黄老、炉火、易道为一的，儒道已合，现在再与禅宗结合起来，就是三教同归了。其同归之法，系以炼丹修生为养命，以明心见性为修性，合称为性命双修之法。《悟真篇》末尾有禅家歌颂，包括《性地颂》《三界惟心》《心经颂》《圆通》《宝月》《读雪窦禅师祖英集》《戒定慧解》《即心是佛颂》《禅定指迷歌》等等，都是合会禅宗的。书中又有绝句称：“释氏教人修极乐，亦缘极乐是金方；大都色相惟兹实，余二非真谩度量。”也将金丹和释教合论。释智圆所谈到的那种同归禅宗和《阴符经》之办法，显然也就是《悟真篇》最明显的特征。

《禅宗歌颂》有注语谓：“《悟真篇》中先以神仙命术诱其修炼，次以诸佛妙用广其神通，终以真如觉性遣其幻妄，而归于究竟空寂之本源矣。”若如其说，则张伯端岂非亦是禅宗？与体玄上人有何不同？但此处并不想争论他们的宗教归属问题，只是借此事例说明宋代丹道发展的一个基本路向而已。

换言之，在禅宗参采道教理论以求会归或有所创造发展之际，道教本身也正在试图与禅宗会通融合。双方所采取的经典、借以沟通融会的桥梁，又都是《参同契》与《阴符经》。这是宗教史上极罕见亦极有趣的现象，也是辨明晚唐以迄宋初这个禅宗与道教发展史之关键时期最应注意之处。历来的研究者，在此都讲不清楚，我的说明，希望能对大家有点帮助。

# 七　释“学诗如参禅”

——兼论宋代诗学之理论结构

参诗之说，起于北宋，影响后世极大。拟喻学诗如学禅，与学仙、学道之喻一样，都是中唐以后三教融合创新文化的一种表现，也具体显示了宋代的诗学意识。本文即拟由此追索宋代诗学的基本理论结构，说明“学诗如参禅”这句口语所代表的观念以及它和宋代诗学复杂的理论关系。有关宋代诗学的理论结构，本文以唯识宗“三自性”（遍计执性、依他起性、圆成实性）为描述系统。这是宋人论诗时就已经采用的理论架构，而其中之关键则在“转识成智”；学仙、养气与参禅，即代表了三种不同的转识成智途径。透过本文的诠析，将有助于了解宋代诗学的内涵。

宋朝，是我国诗学理论发展中虑周而体备的时代；这个时代最突出的理论，就是“学诗如参禅”。以禅喻诗，代表了宋代诗学已提升到形上层次的思考，也显示了中国文学思想的精神所在。本文即拟由此线索，勘探宋代诗学的整体理论结构，并点出中国文学（艺术）之精神。

## （一）本文研究之观点与方法

### 1. 研究途径之再思

参诗之说，始发自苏轼；而学诗诗则以吴可为首倡。其本身都属于以禅论诗的范畴。以禅论诗，自宋以来，谈者纷纷，通常的理解是：诗人受到禅宗的影响或诗境等于禅境、诗与禅融合为一。推而广之，则一般也常把宋代富有（知性）内省精神的艺术和文化，看成是佛教禅宗的产物；以为唐宋的诗和诗学发展，是受了禅宗的影响。[①] 这类流行而美丽的错误，似乎是因为不甚了解文学影响的范围、性质和功能，也未详勘两者内在的流变和义理结构所致。

试举一例，稍事说明：我国的书法、绘画，都有南北宗之分。画之分南北宗，始于明代，董其昌《画桦室随笔》卷二、莫是龙《画说》十五条及陈眉公《偃曝谈余》卷下等，都曾用禅宗的南能北秀来譬拟王维、李思训的画风差异，认为北质实而南虚旷，但并未直指文人画的产生即是受到禅宗影响渍润而然。[②] 后人则推求过甚，指实王维曾撰《六祖能禅师碑铭》，而其诗画之闲淡超远，则都是受了禅宗的影响。其尤甚者，乃更以为诗中之王孟及妙悟神韵一系，亦如禅之南宗，举渔洋禅髓论诗之语为证。——这些论者，似乎并未考虑到：王维某些诗，用禅宗义理来解释，固然超超玄著；但若用天台、华严、法相，乃至老庄

---

① 如 Arnold Silcock 著《中国美术史导论》（王德昭译，台北：正中书局，1961 年）第 105 页即如此说。另见杜松柏《禅学与唐宋诗学》（台北：黎明书局）、《禅宗成立前后中国诗与诗学之比较》（《中外文学》七卷六期）等。

② 诗与画之南北宗问题，可参钱锺书《中国诗与中国画》（《文学研究丛编》第一辑）、徐复观《中国艺术精神》（台北：学生书局）第十章。

义理来诠表，亦无不可。王维本人更曾担任八十卷《华严经》的翻译工作，何以知道他定属禅宗呢？至于以南北宗论诗文，始自《文镜秘府论》南卷论文意、贾岛《二南密旨》。宋吴沆《环溪诗话》更曾把杜甫、韩愈、李白共称为一祖二宗。但这些绝对不可以用禅家祖师及南北宗妄加比附，因为诗文之分“祖”“宗”，本于历代宗庙制度；而诗风之有南北，又恰好跟禅家南北宗的性质完全相反，与明末以后所说的南宗北宗也不同。[①] 何况，即使依明末以后南北宗的划分来看，神韵妙悟亦不当属禅宗影响，被视为南宗的王渔洋就曾说：“近世画家专尚南宗，而置华原、营丘、洪谷、河阳诸大家；是特乐其秀润、惮其雄奇。余未敢以为定论也。不思史中迁固、文中韩柳、诗中甫愈、近日之空同大复，不皆北宗乎？中丞（宋牧仲）论画最推北宋数大家，真得祭川先河之义。足破聋瞽，余深服之。其诗之工，又无论矣。”若不知神韵妙悟实出自襞积重重的宋诗，则于此真无法索解；而夸大扭曲了禅与艺术间的关系，离题恐怕就更远了。[②]

---

① 详龚鹏程《知性的反省——宋诗的基本风貌》(《中国文化新论》文学篇二，台北：联经)、《试论江西诗社宗派的形成》(《古典文学》第二集，台北：学生书局)。

② 见宋牧仲《西陂类稿·论画绝句》王渔洋评点。渔洋论诗，虽以神韵著名，当时人则称其为清秀李于鳞，原因就在于妙不关文章者，正来自襞积细致之中。观《香祖笔记》及《古夫于亭杂录》一再强调宋景文诗无一字无来历之说，不难窥见此中消息。渔洋之根柢如此，故论诗特重黄山谷，以为“涪翁掉臂自清新，未许传衣蹑后尘”“豫章孤诣谁能解，不是晓人休浪传”，又说“山谷与摩诘貌相似”(《带经堂诗话》卷廿七引《居易录》)。持论如此，故能合骨力沉稳与兴象脩然者为一。《带经堂诗话》卷三引《蚕尾文》云：“唐宋以还，自右丞以逮华原营丘洪谷河阳之流，其诗之陶谢沈宋射洪李杜乎？董巨其开元之王孟高岑乎？降而倪黄四家以逮近世董尚书，其大历元和乎，非是则旁出，其诗家之有嫡子正宗乎！”不但将王维诗分文开处理，又合古淡闲远与沉郁厚实为一，而统称为南宗，其言若与评点宋牧仲诗不同，其实就渔洋之诗学根柢来看，并无扞阂。

“参诗说”的情形与此相似。自北宋人创此名词以来，参诗学诗便常常与禅学合并讨论。东坡《跋李端叔诗卷》所谓“暂借好诗消永夜，每逢佳处辄参禅”，就是说诗之佳者，应如禅之能耐人细细参悟领会。[①] 这“参”字，本是佛教名词，并论自无不妥，但是，我们以为：

（1）宋代佛教之与士大夫关系深密者，实不只于禅宗。东坡山谷等人，固然以濡染禅学著名，可是东坡向他弟弟子由借阅的，却是华严宗典籍《法界观》。渔洋论东坡时也说：“淋漓大笔千年在，字字华严法界来。”（《冬日读唐宋金元诸家诗偶有所感各题一绝于卷后》）此与沈德潜所说“海外何愁瘴疠深，华严法界入高吟”（《归愚诗钞》卷六《书东坡集后》），于义正同。任渊评陈后山诗，以为“读后山诗，如参曹洞禅，不犯正位，切忌死语”（《目录》），而后山自己也说“可复参侬一味禅”（《寄晁载之兄弟》），但事实上后山所习亦包华严。文集《华严证明疏》曰弟子陈师道与妻郭悟，同心共施，因华严大师宗永，买《大方广佛华严经》一部八十一策云云可证。就作者而言，诗有所谓的“禅意”，其根柢却未必来自禅宗。就评者而言，所谓诗家三昧，亦本《华严经·十定品》，而借喻者则不止于诗歌而已。如东坡《送南屏谦师》“来试点茶三昧手”，借以喻茶道；陈简斋《陈叔易赋王秀才所藏梁织佛图诗邀同赋因次其韵》诗“沦精入此三昧手”，借以喻丝。我们既不能说煎茶织丝是受了禅宗的影响或其境界同于禅宗，又确知许多作者的“禅趣”，其实并不来自禅宗，便应知道禅与诗本无必然的或历史的关联。

（2）禅学与诗，并无必然的关系，所以李东阳《怀麓堂诗

---

① 见《潜溪诗眼》。然范氏以为“盖端叔诗用意太过，参禅之语，所以警之”，未免误会东坡原意。其所以误会者，正因未人之论学诗如参禅，目的是要自得、要自然。范温先入为主，故不免于误会。详后文。

话》就非常露骨地说："僧最宜诗，然僧诗故鲜佳句。"僧人之萧瑟淡泊，本来与诗人很像，但彼毕竟非诗人，其诗亦无佳句，则是因为诗人与僧人对文化和生命的掌握不同，禅之性质，与诗人生命及创作并不相应。为什么呢？因为禅宗本以《楞伽经》为主，其后六祖惠能始依《金刚经》"应无所住而生其心"，悟到"一切万法不离自性"，以"直指人心，见性成佛"为宗旨。这自性与空宗所说者不同，乃是指每个人自己的真性；既是真性，便无生起，故真生起万法的乃是心而非性。心本是幻妄缘识之心，但因本性的作用，于幻境上不生念，便是般若清净心，故云"性在身心存，性去身心坏"。这种理论进路和内容，与诗大不相应：诗人应物抒感，物色之动，心亦摇焉，禅宗却要人不在色、声、香、味、触、法上生心。诗人含毫吐臆，与境乎会，禅宗却要人心无所住，在幻境上不生念，存在地实践地自悟本心本性。因此，依禅宗义理来讲，绝对开展不出"诗"来，不仅因为他们不立文字而已。后代之所谓诗禅，都是单拈一端，赋诗断章，以供譬况，例如严羽说"大抵禅道在妙悟，诗道亦惟在妙悟"，妙悟是诗禅都讲求的一套方法，但其目的指向则不相同，方法的根据亦不同，甚至方法本身也不同（禅必须顿悟，诗家之悟则总在渐修，故吕居仁《童蒙训》说："作文必要悟入处，悟入必自功夫中来。"《传灯录》卷廿六则说精修用功只是干慧，无与根本），绝不能并为一谈。曾茶山曾说学诗如参禅，然其所谓禅，其实却是儒者之养气，便是个最值得深思的例子。① 因此，综合地看起来，

① 《诗人玉屑》卷一："赣川曾文清公《题吴郑所刊东莱吕居仁诗后语》云：诗卷熟读，治择功夫已胜，而波澜尚未阔；欲波阔之阔，须令规模宏放，以涵养吾气而后可。……（赵）蕃尝苦人来问诗，答之费辞，一日阅东莱诗，以此语为四十字，异日有来问者，当誊以示之云：若欲波澜阔，规模须放弘；端由吾气养，匪自历阶升；勿漫功夫觅，况于治择能；斯言谁语汝？吕昔告于曾。"

宋代与诗发生关系的既不限于禅宗，以禅论诗又不专就禅宗内部义理来论，参诗说的内涵便不能只以禅来分析，须就普遍的哲学层次予以思考，由诗人生命成就处观察之。

（3）如上所述，将诗道之参悟和禅家的证解相提并论，可能会忽略了两者本质上的若干差异。因为诗人的慧业必须涉及知解、勒成文字，与无言寂寥、言语道断的禅，并不相同，故刘克庄《跋何秀才诗禅方丈》就说："诗家以少陵为初祖，其说曰：语不惊人死不休。禅家以达摩为祖，其说曰：不立文字。诗之不可为禅，犹禅之不可为诗也。何君合二为一，余所不晓。"（《后村大全集》卷九九）元遗山《陶然集诗序》也以为："诗家之所以异于方外者，渠辈谈道不在文字、不离文字；诗家圣处不离文字、不在文字，唐贤所谓情性之外不知有文字云耳。"（《文集》卷三九）诗是语言艺术，其创作活动即是一种对符号本身的觉察，不像禅家视言语为津筏，因此在文字方面，两者无可比论。[①] 要论，只能就修持的功夫和进境上论，元遗山《陶然集诗序》就是这样处理的，所谓"方外之学，有为道日损之说，又有学至于无学之说，诗家亦有之"云云，皆就诗人情性生命发展之程序上谈。然而，即使是修持之功夫和进境，诗人与禅客亦各异趣，因为：一、动机和归结处不同，功夫与进境自不一样。二、诗人之由技进于道，在于人格修养之完成，而其人格修养则不来自见性与顿悟。三、所谓学至于无学，实包括诗人抟合文字的能力而言。以遗山《杜诗学引》为例，他说："窃谓子美之妙，释氏所谓学至于无学耳。……夫金屑丹砂

① 近人颇有辑宗门语录所传说法偈子为诗集者，其实偈子与诗不论其形式是否相同，都不应混为一谈，犹如道士金丹歌诀和宇庙签条，不能视之为诗一样。故《丹铅总录》卷十九讥嘲陈白沙、邵尧夫诗，是"传灯录偈子也，非诗也"；方回《桐江续集·清滨上人诗集序》亦云："偈不在工，取其顿悟而已，诗则一字不可不工。"

艺术参桂，识者例能指名之，至于合而为剂，其君臣佐使之互用、甘苦酸咸之相入，有不可复以金屑丹砂芝术参桂而名之者矣。故谓杜诗无一无来处可也，谓不从古人中来亦可也。”把杜诗融溶古人字句而浑化无迹，视为学至于无学，显然与禅人修持之道大相径庭。——在这种种不同之下，诗人仍不妨借禅喻诗，应可了解他们是站在文学本身的精神及文化特质上来考虑的，绝非以禅为基点来掌握诗与诗人。六朝以前，中国并无禅宗，故诗人取义仅及老庄和孔门诗教；唐朝中叶以后，始渐借佛家名相义理以阐说诗学，其缘故亦即在此。

（4）基于以上各种理由，个人以为：无论是以禅论诗或参诗说，都不是受禅宗影响而有的观念，只是在宋代诗学意识之发展中、中国艺术精神之凝形中，诗人默察澄观其生命与诗歌创作之种种曲折而提出来的观念架构。这一观念架构，事实上又与宋文化及宋代所有诗学内部问题息息相关，不能孤立地处理。但因为它与当时所有问题互有关联，而禅宗又是当时的重要思想系统之一，诗家即假借“禅”来譬况、来说明。这种说明，当然也不必非禅莫办，只要是当时重要的思想系统，都能假借运用裕如，譬如《能改斋漫录》卷五说：“鲍慎由《答潘见素》诗云：‘学诗如登仙，金膏换凡骨。’盖用陈无已《答秦少章》‘学诗如学仙，时至骨自换’之句。”[1] 李勤《十章兼寄云叟之三》“学诗如食蜜，甘芳无中边，陈言初务去，晚乃换骨仙”（《日涉园集》卷二）、《泊宅编》“陈去非谓余曰：陈无己之诗，如养成内丹”之类，都以道教丹鼎来譬况诗人生命成长的过程。

① 又见《漫斋语录》。《苕溪渔隐丛话》又云：“无己诗云：学诗如学仙，时至骨自换。山谷亦有学诗如学道之句，若语意俱胜，当以无己为优。王直方议论不公，遂云陈三所得，岂其苗裔耶？意谓其出于山谷，不足信也。”后山所云，未必即出自山谷，但江西宗派中人，无不注意及此，则是可以确定的。

至于方回《诗思十首之九》所云“生年同孔氏，传道仰文公；烂却沙头月，谁参到此中”（《桐江集》卷廿八），更是以儒门道学为参诗法业。足证此事与禅无关，借儒、借道、借佛为喻，皆无不可。只不过宋代佛学以禅宗较盛，故诗人取譬，常染宗门习气罢了。[①] 在李唐则不然，像王昌龄论诗，即有“改他旧语，移头换尾，如此之人，终不长进，为无自性”之说。（所谓无自性，是空宗般若学的义理。《中论·观有无品》第十五说：诸法皆因缘生，所以非独立实有，是假名，是空，故无自性，只能依他起性。王昌龄借此比喻劣等诗人只会抄摘仿袭，依其他作品因缘而生，本无自性，毫不长进，全无真实独立之价值。）足见以禅诗或学诗如参禅，其根本理论建构，在诗而不在禅，不是禅之义理架设使诗之发展如此，也不是“诗人以参禅之法用之于诗”[②]，而是借仙道禅佛哲理之与诗相通者来点染、来阐发诗中奥秘。故皎然《诗式》说：“高手如……盖皆诣道至极者也。向使此道尊之于儒，则冠于六经之首；贵之于道，则居众妙之门；精之于释，则彻空王之奥。”诗之精诣，是可与禅之最上妙义相似，也能和儒学或寂寥芴漠之道相通的。

综合上述四项理由，本文不拟重蹈旧辙，而将尝试以一种佛学的普遍义理结构，来哲学地论释诗人生命的圆成，并解释有关“参诗说”所牵涉的各种诗学内部问题，希望能借此彰显整个宋代诗学的重心与精神，即不局限于禅宗，更不可能认为参诗说即是两宋禅学向人生或诗歌延伸的产物。这是一种全然不同于过去的研究方式，所采取的说明性理论结构，就是《解深密经》所提

---

① 由上举数例，可以知道：在北宋末期，“学诗如参禅”尚未成为一句口头禅，故或喻为学仙、或喻为学道、或喻为养内丹、或喻为服金膏，至南宋则普遍以参禅来拟喻了。

② 清徐增《而庵诗话》亦云“作诗除去参禅，更无别法”，与此同误。

出的“三自性”。

### 2. 解释系统的建立

本文的解释系统，是根据以下几种考虑而建立的：

（1）义理本身的原因。

首先，佛教传入中国以后，支分派衍，若以天台华严两宗判教的观点来看，所谓藏、通、别、圆，或大乘始、终、顿、圆，其中实包含甚多问题，譬如天台《法华经》与华严之《华严经》同为一乘教义，但一乘中又分同教一乘与别教一乘，若别教一乘是为圆教，则天台是否为圆教就很难判定了。近代方东美视《涅槃经》与天台《法华经》为一乘圆顿教，但只是共教，唯华严别教始能信圆果满、成就最高的宗教情操；劳思光则谓天台华严与禅宗皆属一乘、又皆归于真常；牟宗三《佛性与般若》一书却力陈天台三观乃是大乘观法之通式，而禅宗在义理上则不能独立，只能与天台华严合会。[①] 这类争议，宋代即已有之，天台与禅宗之互争，可勿具论；天台本身亦因此而启山家与山外之争，《释门正统》五《庆昭传》云：“自兹二家观法不同，各开户牖，枝派永异，山家遂号（奉先源）清、（庆）昭之学为山外宗。”即指此事。这些争议，牵涉到个人对佛学义理的认识和判教标准的差异，甚难梳理。但依笔者个人来看，禅宗依其历史，实属有宗如来藏清净心系统，故与华严宗关系十分密切；可是它后来的理论发展，则颇接近天台。而且，单就义理来看，禅宗亦无独立的宗义，其独特处不在义理，而在特

① 见方东美《华严宗哲学》（台北：黎明书局）、劳思光《中国哲学史》（台北：三民书局），牟宗三《佛性与般若》（台北：学生书局）下册第三部。

殊的接引方式。[1] 因此，专就禅宗而言，若要讨论"以禅论诗"之禅，亦须就有宗唯识理论之如来藏清净心系统或空宗以后的天台般若学系统来论，否则即只能空洞地说些"参""悟"和不相干的枝叶问题。因为禅宗的特色在不立文字和接引方式，诗家既不能脱离文字表现，又不能棒打拳踢，就这一个层面来谈禅与诗，其实是挂搭不上的。

其次，再就唯识与般若两系统来看，般若空宗发展至天台、唯识有宗发展至华严，才成为实教而非权教。故华严判教，以般若和瑜伽唯识之学为大乘始教、《起信论》和一切如来藏清净心系统为大乘终教。依解释学的立场来说，唯有权教才能作为一种系统分析的解释架构，透过它，才能开权显实、发迹显本；否则圆教实教本身就是圆实无争的，实在无法说明。[2] 因此，无论我们是否视禅宗为一圆顿教，就整个佛学立场上看，借用权教来解说都是必要的。权教中，般若乃是共法，以般若智照见一切法空，在有宗也不能不讲，所以我们若要在权教中选择一种分析的理论，只能求诸唯识法相。

再次，以唯识本身义理言之，其与般若之学最大的差异，在于唯识除承认一切法空之外，更要进而研究形成"空性"的

---

① 详龚鹏程《林明峪禅机序》(台北：联亚)。其意与牟宗三较为接近，认为禅宗本身并无理论体系及思考法则，其思考方法即是简化了的天台华严观法(此所以《传灯录》中即攀引天台智者大师为禅林达者)，只不过配合他们特殊的接引方式和不立文字的精神表现出来罢了。但牟氏不承认禅宗不立文字的精神，具有与他宗对抗的特色，未免极端了些。因为不立文字固然不是禅宗独有之义，但他宗并未以此表现其精神与价值，禅宗强调此事，形成特色的情形确是不容置疑的。

② 这就是前人根据禅义来分析"以禅论诗"，而总是模糊玄妙、无法捉摸的原因。大抵说来，境界义，仍可借圆教实教所开显的境界来遮表；过程义，则断不能不以权教来说明。"学诗如参惮"云云，注重的是个"学"字、"参"字，这都是功夫历程之义，所以宋人才用三自性的理论来诠析，观下文自见。

"理"，所以它多了有关现象论的成分。换言之，唯识乃讨论物质之形变和心灵之识变的一套学问。这套理论，用来解释诗人生命之成长及诗篇构成的原理，也较其他各宗派合适。例如诗家之所谓"悟入"，历来皆是描头画脚、捕风捉影，弄不清何以要悟、如何悟、悟前悟后之境界差异如何，但如借用"转识成智"（觉悟）的义理来说明，就清楚多了。阿赖耶识执着自我，与现象界之迷妄互相杂染，不能超越解脱，是人生最大的困窒；但如果人能破除执妄，不沾滞于一切认知对象，自证本心，转识成智，则一切宇宙法界皆能显其究竟真实，所以龚相的《学诗诗》说："学诗浑似学参禅，悟了方知岁是年；点铁成金犹是妄，高山流水自依然。"（《诗人玉屑》卷一引《南濠诗话》）点铁成金，是文字技巧间事；而悟则属生命修养的层面，诗家所重，固在此而不在彼也。

（2）研究对象的性质。

首先，我们都知道：研究对象的性质，决定研究的范畴与方法。依宋人所论参禅学诗的性质来看，它与宋代普遍的"言意之辨"深具关系。言指形式结构的考虑，意指义理内涵的追求，而言究竟能不能尽意，自《易经》《庄子》以下，一直是个争议不休的论题。龚相学诗诗云"学诗浑似学参禅，语可安排意莫传；会意即超声律界，不须炼石补青天"，就是言不尽意的哲学立场。这个立场大抵为宋人之共识，所以论诗、文、书、画都普遍讲求"韵""味"，追求言外幽旨，对义理追求的重视也在炼字锻句等形式要求之上。如《中山诗话》就说"诗以意为主，文词次之。或意深义高，虽文词平易，自是奇作"，语与龚相若合符契。[①]

---

① 龚诗第二句"语可安排意莫传"，出自陈简斋诗"忽有好诗生眼底，安排句法已难寻"（《春日》）。第三句"会意即超声律界"，出自范温"东坡作文，工于命意，必超然独立于众人之上"（《诗眼》），都是言意之辨的问题。

时人所重者既在意，那么所谓学诗如参禅，自然就会关切到作者本人的人格修养和识解等问题。例如山谷说："丈夫存远大，胸次要落落。"(《次韵杨明叔见饯十首之七》)《苕溪渔隐丛话》前集卷五引《潜溪诗眼》说："学者先以识为主，禅家所谓正法眼藏。"韩驹《赠赵伯鱼论参禅学诗诗》说："尔曹气味那有此？要是胸中期不俗。"都指向诗人本身修养的层面。[①]

其次，言与意的关系，在宋代每与道器关系的思考合并讨论。文（器）究竟是贯道、载道还是达道，正是当时各派诗评文论争议的中心，对"文"本身的价值，看法也不一致。但基本上他们都主张"文与道俱"，诗文和作者本人生命之探索绝不能分开，比如黄山谷《书王知载朐山杂咏后》云："诗者，人之情性也……其人忠信笃敬，抱道而居，与时乖逢、遇物悲喜……因发为呻吟调笑之声，胸次释然，而闻者亦有所劝勉。"（题跋卷二）就指出了诗的生命，并不外在于道，诗人生命若得圆成，诗道也才能完就。因此吕本中论"活法"，即主张要从无意于文处，求诗之圆美如弹丸。[②] 这种思考进路，正是南宋时期参禅学诗说的典型，故吴可学诗诗即说："学诗浑似学参禅，自古圆成有几联？"诗语之不能圆成，即在于作者不悟。

---

① 这种思考模式，亦影响及于元明，如元叶颙云"笔端妙语诚须识"(《樵云独唱诗集·军中彦士》)，明钟惺云"要以古人眼，深著今人诗，直期于见道。迂岂至阿私。亦自关吾戴，安容苟尔为"(《选蔡敬夫诗讫寄示三律》)之类，辄可与此相发。正因为宋人这些见解，已逐渐成为中国文学与艺术精神之所在，所以本文在讨论时，也偶引宋元以后文献以供参验，并示其影响承袭之迹，读者幸勿误会我们是以后证前。

② 见吕居仁《夏均父集序》(《四部丛刊》影旧钞本《后村先生大全集》卷九五《江西诗派》引）。陆游有《答郑舜卿诗》，谓："文章要须到屈宋，万仞青霄下鸾凤。区区圆美非绝伦，弹丸之评方误人。"（诗稿卷十六）意若不慊于圆美弹丸。但事实上是陆游对吕氏此语有所误解，因为陆游本人也主张"外物不移方是学，俗人犹爱未为诗"（诗稿卷四六《朝饥示子聿》）。

再次，经觉悟之作用，而转识成智，由“遍计执性”转入“圆成实性”这一生命提升的历程，正是唯识论所欲解释的。借用这一套解释系统，不仅在义理上非常相应，对宋代诗学意识及其实践而言，亦是应有之义。这由上文所谈言意、道器的思考转折处，可以清晰地看出；何况，首倡学诗如参禅的吴可，亦曾标明了“圆成”在学诗历程中的重要性呢！

（3）解说时的方便。

首先，南北宋诗人借禅或金丹大道来说明、譬况诗之性质及诗人的创作活动时，禅或仙道都只是个描述系统。而一切描述，都是约定的（conventional），被描述者本身并未规定或安排，而是描述者选择一种语言形式予以设定，并约定俗成的。每个观察者，都可以就其本身之立场，选择描述该事件的独特“语言”，这些描述，若不自相矛盾，就都可以是对等的（equivalent）描述。我们可以在许多对等的描述中，选择一个描述系统，称之为模范系统（normal system）；这个模范系统之所以“模范”并不一定是因为真，而是因为它经济、方便、适用。[①] 例如数学中欧氏几何就是几何学的一个模范系统，这一系统并不是要把几何纳入一个预铸的铁靴里去，而是为了解说几何学的具体内容。于诗亦然，我们必须选择一个模范系统，以便展开我们对宋代诗学的描述。

其次，哲学的说解，必须通过语言，必须采用描述的系统观点，因此也势必落入假谛，成为第二义。真谛空谛虽非无法描述，但其描述的方式必须是“异法门”的诡谲遮诠方式，而

① 详郑正博《语言形式的约定原则》（《鹅湖月刊》四卷九期）、卡纳普《卡纳普与逻辑经验论》（冯耀明译述，环宇出版社，1971 年）。此所说语言的约定原则，也可以补充前注所说学诗如参禅逐渐成为口头禅的原因。

非系统分析的表诠。[1] 所以上文才说圆教实教本身之圆实无诤，无法说明；所以才不得不借用权教，选择有可诤性、有戏论性的唯识宗“三自性”，作为解析的模范系统。佛教中以为佛说不能免于戏论性，是因为佛不能无方便；研究时的描述，也是一种方便。

再次，这个描述系统，不但是我们所选用的，也是宋代批评者所使用的。《诗人玉屑》卷十九引《玉林诗话》：“方北山有绝句云：舍人早定江西派，句法须将活处参。参取陵阳正法眼，寒花乘雾落毵毵。”可见江西宗派和南宋受江西影响的诗学，唯一关键即在“参活句”处；而参活句，又旨在“圆成”，观吴藏海《学诗诗》可证。[2] 这实性圆成的理论，出自《解深密经》，意在追探虚幻现象世界产生的原因，并寻求人生实践过程中应如何提升与超拔。宋诗的思考途径，与此正相吻合，所谓“学道期日损，哦诗亦能事”（《谢幼盘文集》卷一《读吕居仁诗》）。诗学合于道学，诗人自须勘破虚妄、提升自我，务使吟咏声发，尽

---

① 不仅佛家义理如此，道家如老子所说“道可道，非常道”，亦是此义。

② 好句圆美如弹丸、活法，都由吕居仁所倡。活句须圆，“圆”者在意不在辞，非诗语流利之谓，故谢迈《读吕居仁诗》有云：“居仁相家子，敛退若寒士。学道期日损，哦诗亦能事。自言得活法，尚恐宣城未。……徐侯南州杰，论文极根柢。读君诗卷终，曰此有余地。期君高无上，二谢以平视。要当掣鲸鱼，岂但看翡翠。”（《谢幼盘文集》卷一）必须学道日损，始为诗文根柢，其意亦可见诸《诗人玉屑》卷四，文曰：“苟无意与格以主之，才虽华藻、辞虽雄赡，皆无取也，要在意圆、格高。”“物象为骨，意格为髓。”宋诗最高的评价标准，在于高格，而格主乎意，意圆则格高，则为活法。金王若虚尝有诗云：“妙理宜人入肺肝，麻姑搔痒岂胜便？世间笔墨成何事，此老胸中具一天。”“百斛明珠一一圆，丝毫无限彻中边。似渠屡从群儿谤，三害三光万古悬。”（《滹南先生文集》卷四五《王子端云：近来徒觉无佳思，纵有诗成似乐天。其小乐天甚矣，余亦尝和为四绝》）不但说明了乐天精彩处在思理而不在文字，其论圆亦本吕氏故蹊。

为志意外谕之言；比辞缀文，趋向道德沛然之旨。充其体于立意之始，从其志于造语之际，故有“换骨”“成丹”之喻，而无刻镂雕琢之病。谢逸所云“大抵文士有妙思者未必有美才，有美才者未必有妙思，唯体道之士，‘见’亡、‘执’谢，定、乱两融，心如明镜，遇物便了，故纵口而笔，肆谈而书，无遇而不贞也”(《溪堂集》卷一《林间录序》)，正可代表南北宋一般的见解。廓闻见而去偏执，转识成智，以臻实性圆成的思考途径，也极明显。今天我们研究宋诗，若不紧扣这条线索，要想观察当时的批评标准、理解宋代诗学的整体内容，便不可能。

### 3. 本文的解释系统

继空宗般若学而兴起的唯识宗思想，是根据《楞伽经》《解深密经》《瑜伽师地论》《摄大乘论》等著作，将宇宙的发生过程、人生的变化程序，借着识的层次，揭开一切奥妙。在《解深密经》里，对于人面对宇宙万象时已觉和未觉的境界，曾提出三自性的观念予以描述。所谓三自性，是指遍计执性、依他起性、圆成实性。

所谓遍计执性，是说一般人透过经验意识的活动，而察识到一切外在对象世界，于是便误以为这一切外境皆属本来实有，遂产生妄情。这种妄情之形成，是因执着于自我之虚妄意识活动而来的。

依他起性，是说万法皆因缘所生，无自性而依他（其他种种因缘）起性；人若能知因缘，自然了解一切法皆非经验意识之投射，而是依他起性，人之触、受、爱、取，亦皆为因缘所涵，这样就可免于遍计执。如白居易诗云“峡猿亦无意，陇水复何情？为到愁人耳，皆作断肠声”，就是针对猿啼声悲的说法，作一义理上的翻转。秋声之苦、猿啼之悲，在于人内在意识之凄怛，投射于外，所谓“心绪逢摇落，秋声不可闻”（苏廷硕《汾上惊秋》)，正是我执使然。如果了解秋声之厉乃物与人之因缘触受所致，即能免于遍计所执。然而，这在义理上固较遍计执为高，却仍不免溺于猿水等现象，不能照见本真。譬如遍计执见一绳而以为是蛇，依他起则径谓此为绳，不知其本体原即是麻也。①

以上两性都指出了人生幻妄的成因，了解幻妄，并透过“转识成智”(转俗谛为真谛)的觉悟历程，即能归入圆成实性。就唯识学来说，觉悟大略有以下三种方法：

(1)八识中，阿赖耶识本身即为真常净识，具有觉悟的能力，可转其他各识。此为《楞伽地论》之说。

(2)八识之外，另立一第九识：阿摩罗识，以转八识。此为摄论宗之说。

(3)视阿赖耶识为染净同依，迷染未觉时是阿赖耶识，觉悟即为清净如来藏，由心生灭门转入心真如门。此为《大乘起信论》之说。②

---

① 三性是唯识学通义，但因前后期唯识学发展不同，对它们的解释亦颇有差距。遍计所执性、圆成实性，皆玄奘改译，真谛原译为分别性和真实性。由玄奘的《成唯识论》立场来看，以依他起泯遍计执，就能现到圆成实性；但依真谛所译《三无性论》所说，则分别性与依他起性事实上纠结不可分，都是俗谛；因为依他就是染浊依他，其中就存有分别性。本文因为只是借用唯识学的描述系统，所以在此合并两家说法，态度与纯讲哲学不同，特予声明。

② 这里也将成唯识论的看法并入合叙。理由是成唯识论视阿赖耶为藏识，其中含有无漏种子，可以经由熏习而转化为真如，确与《大乘起信论》的基本理论相近；且成论事实上无法转识成智，所以也无法别立一条。成论的困境，请参看方东美《华严宗哲学》第十三章《就缘起论漫谈中国大乘佛学思想演变过程中严重的疑难》、劳思光《中国哲学史》第二卷第三章、霍韬晦《如来藏与阿赖耶——从思想史上考察》(《鹅湖月刊》四卷八期、九期)、本书《孔颖达〈周易正义〉与佛教》。

不论以何种方式开悟，一旦已知识心之执，即能超越成心，契会道真，达到生命的圆成。吕居仁诗说："文章有活法，得与前古并；默念智与成，犹能愈吾病！"（诗集卷七《大雪不出寄阳翟宁陵》）正是指诗人作诗之所谓活法，不是技巧形式上的事，而来自他本身对生命的体认，唯有转赞成智，解脱溺心浮沉、为境所牵之苦，实性圆成，才能物我圆融，触处无碍，"不烦绳削而自合"。此所以张孝祥诗有云"句法能如此，胸中定自奇"（《于湖居士集》卷九《赠王茂升》），"先生义概云天薄，千载参渠活句禅"（卷六《和揔得居士康乐亭韵》），汪藻亦云"精神还仗精神觅"（《浮丘集》卷卅《赠丹丘僧了本》）。艺术精神之体现，正须由此求之，故郭若虚才会说"凡画，气韵本乎游心"（《图画见闻志》卷一），他们的意见，在此是相当一致的。

句法活法，都来自生命境界的充实和提升，其主要原因之一，即在于诗文都以气为主，所以作者必须经由养气的功夫，来求得诗文的极诣。上文曾举吕东莱说，以为要想跟古人并驰争先，必须具活法，王十朋恰有一句相类似的话："余尝语所学：文当气为先，气治古可到，何止科第间？"（《前集》卷四《别宋孝先》）。足见所谓活法，亦须来自养气持志，故陆放翁云："文章当以气为主，无怪今人不如古。"（《桐江行》）换言之，学古人者，并不在摹仿声腔笔调，而在学其治气，若能涵养吾气，则古人境界之高，亦不难到。方回《读子游近诗后次前韵二首之一》说："孰肯剖肠湔垢滓，始能落笔近风骚。"（《桐江集》八）盖即此义。一般论者多以为宋人讲句法、论夺胎换骨，是只在技巧上用功夫，但事实上宋人几乎人人诟病纯形式的追求，不但认为诗须以理、以志、以道为归，更直接主张"李杜胸中有佳趣，诗酒聊以发其悟"（陈棣《蒙隐集》卷一）。因此，其所谓学古，便谈不上摹拟或剽窃，因为所学者是在于古人所秉有的志、意，而所用以达成的功夫则在养气和悟。[1] 姜夔《白石诗说》说得好："格出于意，先得意也；吟咏情性，贵涵养也。"这个意，并非沿袭古人之意，而即是诗人之意，是胸次玲珑所具有的佳趣和对人生实有体悟的伦理礼义之情。[2]

这套功夫和生命修持历程，当然也可见诸儒者之养气持志或道家之去执，不是专受禅宗影响而有的观念。譬如吕居仁《学道诗》即说"学道如养气，气实病自除"，气实病除，恰与上文所举圆成实性以治病之说相符。另外，金李纯甫则有诗云："老蜣被衲染尘缁，转丸如转造物儿；道在屎溺传有之，定中出幻婵娟姿。金仙未解羽人尸，吸风饮露巢一枝。倚杖而吟如惠施，字字皆以心为师。千偈澜翻无了时，关键不落诗人诗。屏山参透此一机，髯弟皤兄何见疑？"(《中州集》卷四《为蝉解嘲献臣伯玉不平蝉解》)以老庄之胜义，合参悟之玄机，其所取径，仿佛与吕东莱不同。然转成心为道心，认为诗不能徒求于文字，则又与东莱若合符节。所以吕氏《学道诗》下文又说："但能严关键，百岁终不枯；道苟明于心，如马得坚车……所以季路勇，不如颜氏愚。"所谓关

① 由学句法诗法而到得古人之意，以周必大《跋米元章书》讲得最清楚："因古人之法，而得三昧自在之力，此词此字之所以传世。"(《益公题跋》卷九)这是由志学到从心的过程。推求词源、择用句法，岁锻月炼数十年，然后经大彻大悟后，笔端有口，句中有眼，心声心画，唯意所适。另详题跋卷四《跋杨廷秀石人峰长篇》，卷五《跋文与可草书李贺铜仙人辞汉歌》《跋东坡秧马歌》。

② 姜夔诗说"三百篇美刺箴怨皆无迹，当以心会心"，既是以心会心，则所谓句法自须内求于己，此所以《梅澜诗话》载赵师秀论句法云："饱吃梅花数斗，胸次玲珑，自能作诗。"《诚斋集》卷四也说"不是胸中别，何缘句子新"(《蜀士甘彦和寓张魏公门馆用予见张钦夫诗韵作二诗见赠和以谢之》)，又云"句妙原非作"(《明发弋阳县》)，句妙非由"作"来，与气韵之不可"学"，原理正复相同，皆天机而非人巧也。

键在于明心，正与李氏所论相发；且吴曾《能改斋漫录》卷十一《致心平易始成诗》条更说："吕与叔尝作诗云：'文如元凯方成癖，赋似相如只类俳；唯有孔门无一事，止传颜子得心斋。'杨仲立云：'知此诗，则可以读三百篇矣。'"为诗文者在心，尤与吕李所论切合。李纯甫之后，金元遗山亦云："廓达灵光见太初……诗家关捩知多少？一钥拈来便有余。""好句端如绿绮琴，静中窥见古人心。"(《感兴》。按，遗山此句本之南轩弟子游诚之诗，诗见罗大经《鹤林玉露》卷六引）以道心为作诗之关键悟入处，可说是英雄所见略同。而其言论之相似处，则来自于对生命的共同体认。这点很可代表宋金诗论的特色，也是取禅悟以喻诗的主要原因，例如讲学诗如参禅的包恢就曾说：

> 在心为志，发言为诗。……不反求于志，而徒外求于诗，犹表邪而求影之正也，奚可得哉？……惟其志如此，故其诗亦如之……如李如杜，同此其选也。李之"宴坐寂不动，湛然冥真心"、杜之"愿闻第一义，回向心地初"，虽未免杂于异端，其志亦高于人几等矣。……所惠佳句，大旨虽正，未能无病……大抵真到宏处，其言不假妆点而自合……却幸在在心为志上加功。不然抑末也！（诗集卷六《别后寄舍弟卅韵》）

论诗而专注在明道于心、在心为志上，这种思想模式，在诗学中，我们可以用两句吕居仁的诗来说明，那就是："笔头传活法，胸次即圆成。"（诗集卷六《别后寄舍弟卅韵》）

## （二）宋代诗学之理论结构

### 1. 遍计所执的创作形态

形成这样一种观念内容，当然和宋人对诗本身及整个诗歌创作活动的看法有关。

宋蔡梦弼《杜工部草堂诗话》引洪迈《容斋随笔》，说诗基本上乃是“以真为假、以假为真，均之为妄境耳”。诗为什么多是妄境呢？

就认知论来说，外在世界一切，都必须透过认知主体——我——的活动，才能具现其一切相；而认知主体，也必然会跟经验世界主客对立地形成各种关系。清醒时固然是透过见、闻、知、觉，与境相接，种种好恶取舍，萌生心中，不能暂止；即使在睡梦中，梦中的世界也依然是以我的认知“对象”出现。以至认知心不断游离奔竞于外在的对象上，与物相摩相刃、随物流荡，境既有顺有逆、心便执是执非。不但使自我陷于无限的追逐中，以有涯逐无涯，不能自拔；其所认知的，事实上也只是有限且具分别性的。这不是虚妄是什么？庄子《齐物论》说：“其寐也魂交，其觉也形开，与接为构，日以心斗……其溺之所为之，不可使复之也。”就指出了心识流转、哀乐荡人的虚妄性。

人与经验世界的关系，除了认知活动外，还有情意活动的关系。情意活动包括生物本能、生理欲望、意念造作等，它本身必然会借着感官与外物交接，并使内心执滞于某一对象而不舍，例如见一女子而爱悦不已，见一大官而歆羡不已，终身役役而不见其成功，茫茫追索而不知其所归，顺其心则喜、逆其心则怒。喜怒的关键，倒不在乎外境顺逆，而在于主观意识对于顺逆之境的执着。这种执着，是人类一切痛苦烦扰的根源，所以范成大说：

"古人赋多情，无事辄愁苦。"(《观禊帖有感》)愁苦的根源，就在于执着自我，以致成为"遍计所执"[①]。阿德勒（Adler）心理学尝谓好誉恶毁之权力要求，是人一切心理中最根本的需索，人之一切心理病态及各种自傲自卑情绪之产生，皆由此要求之不能充分满足而来，义亦类似于此。

本来认知我的活动，也可以开展出逻辑认识的系统，成就科学的知识，但因诗本身乃是"缘情而绮靡"的活动，因此认知活动遂恒在情意活动的控制之下进行[②]，以我观物，物物皆着我之色彩，成为自我意识的投射，泪眼问花、愁肠听雨，雨声花色，莫不凄然魂断。名实未亏，而哀乐为用，以诗人之妄执，表现出一种狂花客慧、背觉合尘的境界，龚定庵诗所谓"幽光狂慧复中宵"（忏心），正是指这种迷而非觉的顽痴之境。虽然他们在创作时，具有意向性，但这种创作，原则上允许产生一些丰富而出人意表的意象，可以构建另一个奇妙的宇宙来替代现实人生，而且可以一种非逻辑的表述程序来陈述作者内在的渴求，揭露作者

---

① 遍计所执，即是识心之执。凡知性、想象，以及感性所发的感触直觉，皆属识心。而这一切识心之执，在佛家说来，都是情。华严贤首大师说遍计是"情有理无"，情有是因为执着定相而产生虚妄，理无是因为所见并非物如实相。这种区分，用来解释宋诗，非常方便，因为宋人的哲学立场，正是以性为正、以情为邪的。情是人欲而非天理，故宋诗主于理而不主于情。《朱子语类》卷二二九论文上"言文士之失曰……今晓得义理底人少，间被物欲激搏"，可以参看。

② 陈含光《论诗绝句》："如醉如狂画不成。诗人岂有理堪评？""待向宗门细细探，七情颠倒苦沉酣；诗家自是魔非佛，一语为君来发凡。"是我国论诗绝句中对这层执妄讲得最精刻的。据此而谈诗禅之异，当然较一般所说立文字与不立文字之分深入。另外，他有自注云："诗人之情，当如醉如痴、如狂如寐，乃为至再，理与情相敌，故最忌理语……理语而不出于情则不佳。"也说明了诗人的认知活动恒在情意活动的控制下进行（唯陈氏误以是非分别见是诗中所不需要的元素，未免未达，因为情执必起分别见）。

意识活动的内容，例如李益“早知潮有信，嫁与弄潮儿”、张先“不如桃杏，犹解嫁东风”之类，贺裳《皱水轩词筌》就称之为“无理而妙”，表现一种悖谬于事理的顽痴之情与偏执之意，并成为传诵人口的好诗。这是诗的符质之一，所以刘熙载《艺概》说：“文善醒、诗善醉。醉中语亦有醒时道不著者，盖其天机之发，不可思议也。”钱振钟《诗话》上卷也说：“诗自有一种诗理，不可以理绳之。”这种诗理，其实就是一种情溺的耽执，如醉如狂，不可理喻。[1]

这种醉，基本上是由诗人之我执而来的，但有所执必有所系，因此其本身乃是不自由的，故亦必有所憾。朱弁《次韵刘太师苦吟诗》云“痴迷竟作禽填海，辛苦真成蚁度丝”（《中州集》卷三），痴迷辛苦，身与心仇，自是诗家本分。且人心思绪，百态纷扰，腾沸于体内，不能自已；思之来也无端，则断如复乱、乱如复乱；兴之发也无定，则倏忽无见、惝侻难寻。诗人究竟不是哲人，他透过认识活动，而在经验世界捕捉到的形象，乃是分别心与差别相的组合，本有迷妄之可能。他本身的生命，也可能只是一股盲流，落在苍茫宇宙中，受造物者所拨弄。不但心识中积蓄的印象和经验会递兴递减，瀑转滋旁，其本人也常因生命的飘忽无端而产生无名的惆怅。因此，他心灵的表象作用，便也愈发显得畸零不整。宋人说诗家多是“天地之畸人”，明代竟

---

① 钱氏诗话尝云这种不可以理绳之的诗理，唯诗人知之。但事实上这是具有普遍性的认识问题，在哲学中可属于主观的观念论，视物为我主观意证内容所决定。在西方，此义最先见诸笛卡儿，其后则有贝克莱，至休谟而此说乃定，谓实在等于知觉（Esse=percipi），近代则由此而发展纯粹经验论等。然此类理论在哲学中亦如在诗学中所遭遇之批评，如罗鸿诏《认识论入门》即说：“主观的观念论中有一种奇怪的思维倾向，在实践行为上难以容纳的，甚或可说是背理的；这不独素朴的实在论者觉得如此，即我们大家都觉得如此的。”（台北：商务）

陵派钟惺、谭元春等人则批评诗人是“幽情单绪”。他“孤行静寄”“独行冥索”于天地之间，狂歌以当哭，哀乐以为欢，茫茫四顾，若噫若叹，这种不畸于天则畸于人的生命形态，说明了我执虽是常人共有的生命现象，但因诗人格外陷溺其中，其心理状态也就特别不平衡；而且常人可以认知逻辑的“我”，纾解情识活动造成的愁苦，诗人则反而让情意支配了认知活动，以至于一往不返，以哀情孽意自缠自缚，激荡沉沦而不可解。韩愈赠孟东野序云“凡物不得其平则鸣”，倘将诗人的道德涵养或知识暂置勿论，则诗人的生命和性情，泰半是不平衡且有缺憾的。所谓太上忘情，其下不及情，他们与此世界相感相应，造成其所以不能已于言者，则在于一片深情。诗的传达，发动于情，而生命之所以不能证入真源，也只为了不能忘情的缘故。此即陈含光所说的“诗家究是魔非佛”，陈散原诗“胸腹作魔一大事，只留惘惘在灯前”(《冬日徐园看残菊，晚归遇乙庵，出观新句》)，也是此意。

情痴理障，其实都是修道之碍，所以称之为“魔”，白居易诗说:“自从苦学空门法，销尽平生种种心；唯有诗魔销未得，每逢风月一闲吟。”[①] 又说:“人各有一癖，我癖在章句，万缘皆已消，此病犹未去。”癖就是偏执，由于内在之魔尚未消除，故有此癖，它是生命中病痛之所在，因此也只具有负面的价值。宋陈简斋《雨诗》“小诗妨学道”(卷十五)及范成大所说“诗人类痴顽”(卷十三《自冬徂春道中多雨，至临江宜春之间特甚，遂作

① 以诗为魔，自中唐以来，渐成俗语，盖凡能令人沉耽消散者，皆可名为魔也。如《诗人玉屑》卷十九“刘良左生平用力为诗，见称于范石湖，诚斋亦喜其‘睡魔正与诗魔战，窗外一声婆饼焦’之句”，是其例。

苦语》)，都指出了这种意味。[①]

就哲学发展的立场来看，要能领会到这层意味，首先必须先察觉到：因妄情我执而认识的经验世界，并非实相。自然现象的经验世界，本来是随序之相理、桥运之相使，穷则返、终则始，如如流行，无有定相的。但人所见所察之宇宙则有定相，这是因为人透过我执的意识，而决定了物之存在，把一切存有物认为是具有实在性的存有。不但茅庵梅影视为真实，凡当风而泣、对景言愁之际所见物象，亦以为即是物之本身。中唐哲学的突破（philosophic break through）以后，诗人才开始意识到有关“认识”的问题，知道这种误以为能够直接把握实在的想法，其实极为幼稚，像白居易“峡猿亦无意，陇水复何情”、杜牧“秋声无不觉离思，梦泽蒹葭楚雨深；自滴阶前大梧叶，干君何事动哀吟”(《齐安郡中偶题》)、欧阳詹“啼猿非有恨，行客自多悲”(《闻猿》)之类说法，都接近大乘有宗根识与分位假法之说，“识”见一白纸，并非物界或大种界之本相，只是物界或大种界中某一部分与我眼根相待而显之相罢了。这个相，又常因观者意识内容不同而赋予不同之意义，一失其本，背离弥甚。故宋葛立方《韵语阳秋》卷十六就直截了当地说：“人情对境，自有悲喜，而初不能累无情之物也。”这层道理，中唐以前，罕人理会，宋人则言之津津，《鹤林玉露》《艇斋诗话》等书都曾引山谷等人的诗，加以说明。

如此，由识心本执所决定的万物实有性，既属虚幻，识心本身亦是妄情，妄情起灭，变转不已，诗人若不能由此超越出来，

---

① 其他类似之语甚多，以下数例，较为著名：放翁《读唐人愁诗戏作》：“清愁自是诗中料，向使无愁可得诗？”“此怀岂独骚人事，三百篇中半是愁。”(《诗稿》卷八十）范成大：“诗人多事惹闲情，闭门自造愁如许。”(《石湖集》十七《陆务观作春愁曲甚悲，作诗反之》) 二人观点互异，正是对诗人是否应留居于愁中的思考。

则终究不能免于凋瘁，伤身害性，流荡不返。[①] 宋人对这点是深有体认的，所谓诗能穷人，其穷并不仅指外在的饥寒、流徙、获罪，而更指内在情意的汩荡；且因为僻执愈甚，诗人外向世界的开拓，也愈形困难，终致蹭蹬蹶踬不已，形成生命中的大病痛。吕居仁《学视诗》“若看林中蛇，妄想从何起？忽闻一妙语，初无强料理；回观积年病，乃是一念使。谁能明此心？香山老居士”（卷四），便明显指出：诗人宿疾，在于妄念，因遍计所执而见到无数幻影（蛇），唯有明心养气，转此成心为道心，才能超越妄执（强料理即是执），销除诗魔。金王若虚所云“穷愁须理遣，不必泪沾巾”（《忆之纯》第三首《滹南集序》），于此可谓针芥之应。

### 2. 依他起性与反省之路

遍计执性，主要是就诗人“胸腹作魔”的情况而说。因诗人自然生命的奔驰、生理欲望和心理情绪的激荡以及意念系统的造作，兴起许多无名的悲诧，因成心之执着而执相，以自我之狂醉而幽疑惘惘，元卢挚《商调·梧叶儿》曲子说“新来瘦、

---

① 诗能穷人之说，起自宋代，基本上是由中唐之认识到诗人生命的僻执而来。韩愈《荆潭唱和集序》：“和平之音淡薄，而愁思之声要眇；欢愉之辞难工，而穷苦之言易好也。”启其先声。欧阳炯、欧阳修继之，加以强化，则成为诗穷而后工的理论。所谓诗而后工，一般皆就诗人外在的不得意而说，其实欧阳修已说诗人之穷包括了“不得施于世”和“内有忧思感愤之郁积”两方面（《梅圣俞诗集序》）。周必大也说：“昔人谓诗能穷人，或谓非止穷人，有时而杀人？盖雕琢肝肠，已乖卫生之术；嘲弄万象，亦岂造物之所乐哉？唐李贺、本朝邢居实之不寿，殆以此也。”（《题罗炜诗稿》）诗能杀人，说虽惊人，其实正紧扣住了诗人内在的病痛。杨万里《陈晞颜和简斋诗集序》说：“大抵夷则逊、险则竞，此文人之奇也，亦文人之病也。而诗人此病为尤焉。惟其病之尤，故其奇之尤。…然则险愈甚，诗愈奇；诗愈奇，病愈痼矣！”（卷七九）论之最晰。

忒闷过，非病酒，为诗魔”（《席间戏作四章之二》），就说明了这种内在的耽执，能照境摄境，却并不与境发生互相感应的关系。故诗人对景生情，或写物叙事之际，宣泄其怅惘难酬的哀乐，表达他对时空飘移的感伤等，事实上仍依他起性，而非遍计执性。

所谓依他性，其实本与遍计执性不可分（因为现象必与认识发生关系），而现在要分开来讲，势必先对依他起性稍作一点哲学上的界定。所谓依他起性，包含两个层面：一是指“执”之依他而起，受现象之导引支配而产生；一是说现象本身亦依他而起，人若知诸法无自性，乃依他起性，如幻如化，即可以不执。

诗人的情痴理障，本即是执，但这执因何而有？不是在他与现实世界相互依存感兴时，应物斯感、感物斯应而来的吗？明徐祯卿《谈艺录》说得好：“情无定位，触感而兴。”无定时无执，依他则有执，这是第一个层次，是《文心雕龙·物色篇》所谓“岁有其物，物有其容，情以物迁，辞以情发”的层次。在这个层次里，一切法不只是激萌情感的触媒而已，它对诗人之情执更有决定性的作用，处秋则悲、逢春则喜，正如弗莱（Northrop Frey）在《文学的原始类型》一文中所说，作者的心境，常被希望新生的春或萧条肃杀的秋所支配，带动深刻的情感反应，《文心雕龙》也说：“春秋代序，阴阳惨舒，物色之动，心亦摇焉。……是以献岁发春，悦豫之情畅；滔滔孟夏，郁陶之心凝；天高气清，阴沉之志远；霰雪无垠，矜肃之虑深。”

情既随物兴起变迁，则诗歌也必然须借物象予以表达，所以《文心雕龙》紧接着上文之后宣称：“是以诗人感物，联类不穷，流连万象之际，沉吟视听之区。写气图貌，既随物以宛转；属采附声，亦与心而徘徊。”这是第二个层次。诗人在其存在活动的经验场域之中，流连沉吟，而直接地把感动他的物、事、图写出来，或间接地把他的情感透过经验的类比过程叙述出来时，物、象都是极重要的“诗之元素”。循此以往，诗人必然会发展出一种窥情于风景之上、钻貌于草木之中的“形似”之风，外师造化、摹写自然。由齐梁“近代以来，文贵形似”，到元结《箧中集序》说“近世作者，更相沿袭，喜尚形似”，大抵代表了六朝三唐的风格走向。[①]

这种走向，较诸遍计所执，自是略胜一筹。遍计所执，是挟成见而执情强物，心既有执，则不能见物态之万殊，其观物也，实与列子所说亡斧者视邻人之子无异；我既有障，物遂失真，以致诗境成为幻境，犹如法国批评家包兰（Paulhan）所说，艺术是有欺瞒性的，它交给读者一个幻象，使读者迷惑。柏拉图之不愿意让诗进入理想国，原因亦即在此。[②] 依他起性则不然，它不以物象着我心境，只观一切法之因缘和合、生灭变异，而见物之情与我相为映发。因为万法依他，依因缘而生，而因即是阿赖耶识种子，所以成玄英《庄子齐物论疏》说:“众生心识，变转无穷，审而察之，物情斯见矣。”物起我情、我情观物，于是两相映照，风景即是心境（Un paysage quelocnque est un  état de láme），与人

---

① 有关六朝形似之风，参看王文进《论六朝诗中巧构形似之言》（师大国研所硕士论文）。与王文不同，我们以为三唐六朝固然诗以形似为主，画也尚未完全脱离形似之风。南齐谢赫之六法中，气焰生动其实是与经营位置、传模移写、随类赋彩、应物象形等形似之风相结合的；唐张彦逮也以为绘画应该“详辨古今之物、商较土风之宜，指事绘形，可验时代”（《历代名画记》）。到张璪才开始说“外师造化，中得心源”，这是种极大的转变。另详钱穆《理学与艺术》（《中国学术思想史论丛》六）、钱锺书《谈艺录》第66页。

② 根据柏拉图的讲法，自然是完美而永恒理念的不完美模拟，诗人和艺术家则模拟自然，因此艺术和诗在他的理论体系中地位甚低，离真实有两层。此与佛教所云现实是一种幻象，而诗只是幻象的幻象相似。

心消息相通。

这就是为什么在哲学上或艺术批评上，我们常认为“依他起性”即是已悟境界的缘故。劳思光《中国哲学史》卷二以为：就佛家义理来说，一旦遣遍计执而显依他起，即是由未觉转向已觉，圆成实性不过是说明已觉境界的“理”而已；钱锺书《谈艺录》第62页也直接由破除执心、以显物境，讲到情景相发即是非我非物的境界。但是，依他起性事实上是两头通的，就依他起除遍计执，即能见到圆成实，固然不错；但染浊依他，其中就仍有分别见存在，而且情景虽然相发，物我之相却未刮除，钱钟书所云“相未泯，故物仍在我身外可对而赏观；情已契，故物如同我衷怀，可与之融会”，正是依他起的性质。一方面固可以物我交融，非物非我；一方面却主客对立，有物有我。

既然是主客对立，自然就牵涉到遍计执的认知关系和情意活动等问题。一切法与阿赖耶识交互相引的结果，可能不再执相，却会执生。有迷执的依他起，即有各法之相貌显现；并因此相貌再起虚妄分别，即是分别性的相惑。缘“相”而起“惑”，其非究竟了义，显然可知。[①]

如何由迷执依他转入清净依他，而成为圆成实性，是宋代诗学的主要内容之一。他们对六朝三唐追求形似的作风，颇为不满，认为：“取成于心，寄妍于物；融会一法，涵受万象，此唐人之精也。然厌之者，谓其纤碎而害道。”（《叶水心文集》卷十七

① 《韵语阳秋》卷十六：“人之悲喜，虽本于心，然亦生于境。心无系累，则对境不变，悲喜从何而入乎？渊明见林木交荫、禽鸟变声，则欢然有喜；人以为达道，余谓未免着于境者也。”上半段说明了依他起与遍计执本不能分；下半则说明了依他起并非究竟义。

《徐晖墓志铭》[1]）取成于心、寄妍于物云云，即上文所说遍计执性的创作方武；融会一法、涵受万象，即前文所举依他起性的创作形态。这些创作形式，为什么会害"道"呢？可见他们的批评，原有哲学上的考虑，因为宋人那种不讲"形似"的作风，目的就是要透过分别性的物，而追探超越的道或理。

叶梦得《石林诗话》说："诗禁体物语，此学诗者类能言之。"《许彦周诗语》也说："写生之句，取其形似，故词多迂弱。"体物，即深入观察物形、物态、物情，而借语言文字表现出来，非以物来就我之性情，而是以我即物，体贴其性情容貌，巧构形似。诗禁体物，则是不以形似为贵，如苏东坡所说"论画贵形似，见与儿童邻；赋诗必此诗，定知非诗人"，晁说之《谢邵州五即博诗卷》则说："念彼形似徒，涩舌吞杜菌。"（《嵩山集》卷

---

① 宋人对唐诗颇为不满，除叶适此文外，如惠洪云："世称唐文物特盛，虽山林之士辄能以诗自鸣。以余视之，如双井茶，品格虽妙，然终令人咽酸耳！"（《石门文字禅》卷廿六《题权巽中诗》）张耒云："唐人作诗，用思甚苦，而所得无多。"（卷五八《答李援惠诗书》）皆可为代表。"得"也是指得道而言，因不得道，故终令人咽酸。赵汝回《云泉诗序》"世之病唐诗者，谓其短近，不过景物，无一言及理。……人之于诗，其心术之邪正、志趣之高下、气习之厚薄，随其所作，无不呈露……自然而然。初非因想而生见者……故作诗贵识体，尤在养性，不养性则无本，不识体则无法"，指出了唐人之所以不得道的原因，在于：A 因想生见，B 寄妍于物。此与叶适所论相同，故可视为当时之共，许多宋诗研究者都以叶适本文是在替唐诗张目，以羽翼四灵，但事实上叶适本人对四灵及唐诗皆不满意，序王木叔诗时曾说"争妍斗巧，极外物之意态，唐人所长也；反求于内，不足以定其志之所止，唐人所短也"，正可为《徐道晖墓志铭》作一注脚，也可见其宗旨本是一贯的。

以上这些说法，可能是熟悉《沧浪诗话》的读者所无法接受的，因为沧浪认为唐诗全在兴趣，不在形似。这个问题，《诗人玉屑》卷十九引《玉林诗话》即已提出（"水心所谓验物切近四字，于唐诗无遗论矣。然与严沧浪之说相反"）；其根本原因，在于严羽是以宋诗见唐，故所谓唐诗妙境，实只是宋诗高处而已，非唐诗本貌。

五）他们一致认为诸法不但皆属因缘所生（缘起）、亦非实有（性空），故在现象上不应起执。体物，就是执定一个对象；赋诗必此诗，也是执相，因为诗本身也是因缘所生法。诗人面对诗创作时，虽然不能没有一个诗篇结构作为“对象”，但基本上此一对象是可以因创作形态之不同而予以转化消除的。不是无“诗”即是无“己”。譬如绘画，董迪《广川画跋》卷六《书范宽山水图》说“神凝智解，无复山水之相”，即是无“诗、画”；东坡《书晁补之藏与可画竹第一首》说：“与可画竹时，见竹不见人。岂独不见人，嗒然遗其身。其身与竹化，无穷出清新。庄周世无有，谁知此凝神？”则是无“我”。无，是一种功夫，消除主客对立的功夫。唯有解消对象，独立无待，才可以无穷出清新，而不必赋诗定此诗。虽作诗，而能忘言得意，体物得神；虽写象，而能超以象外，进入道的领域。象尚且须超，则似与不似，自非诗人画家所关心的了。《梦溪笔谈》卷十七说得好：“书画之妙，当以神会，难可以器求也。世之观画者，多能指摘其形象位置、彩色瑕疵而已，至于奥理冥造者，罕见其人。……雪中芭蕉，此乃得心应手，意到便成，故造理入神，迥得天意。……欧公《盘车图诗》云……忘形得意知者寡……此真为识画也。”[1] 得心应手，意到便成，则无复山水蕉雪之相，忘形忘相，而独见真实、见“道”。宋人之所谓句中有眼者，其意盖即在此：

> 凡诗之言有眼者，盖不滞于题，诗外有所见，大抵谓道也。岂特风花雪月，区区以自蔽惑而已？（李季可《松窗

---

① 诚斋《送彭元忠县丞北归诗》：“近来别具一双眼，要蹈唐人最上关。三春弱柳三秋月，半溪清冰半峰雪。只今六月无此物，君能唤渠来入笔。”（卷十六）A 六月无冰雪柳月，却要入笔，颢然与雪中芭蕉相同，强调诗人忘形得意的一面。B 忘形得意为唐人最上关，此所谓关，是用禅宗三关的哲学理论。C 诚斋所见唐诗，与沧浪相似，皆因宋求唐者。

百说》诗眼条）[①]

不滞于题，就是作诗不定为此诗，是《漫叟诗话》所说的不可太着题；不只蔽惑于风花雪月之间，则为《天厨禁脔》所说的言意不言名，物外见道。据他们的看法，诗虽亦写物，但此物却不应是意识与概念活动的“对象”，唯有超以象外，不为物之名相所囿，才能表现一超越层次的道。宋人之所以称赞杜甫“虽皆出于风花，然穷尽性理，移夺造化”，就是因为他能由象见道。[②]

在这儿，“道—象”“理—物”“意—形”，是一种类似的区分。物指经验世界诸相，而它们是透过人类意识与概念才被认知的；但是，就知性的认知活动而言，凡经验知识皆有其概念系统的封闭性，其相之呈现，也具有分别对立性。诗，基本上是描述物的，但因为经验世界即受类概念（class concept）所指涉，语言又是概念的外在化，当然就仅能及于经验世界。可是经验世界，正如上文所述，具有封闭性、分别性，所以它本身即有所执，语言又仅能指向经验世界，则它当然无法描述超越之道。这便构成

① 此所谓诗中有眼，与五七言第一二五字炼字之说不同。说创自黄庭坚，其《赠高子勉诗》云“拾遗句中有眼，彭泽意在无弦”，又评东坡“我携此石归，袖中有东海”，曰：“此皆谓之句中眼，学者不知此妙，语韵终不胜。”（《冷斋夜话》卷五引）语又见范温《潜溪诗眼》，据范氏记山谷语云“学者先以识为主，禅家所谓正法眼藏”，“直须具此眼目，方可入道”，温即据其说以作《诗眼》一卷，称：“识文章者，当如禅家有悟门。”此与惠洪所说“句中眼者，世尤不能解。语言者，盖其德之厚也，故曰有德者必有言”（《冷斋夜话》卷四），都显示了诗眼主要是指作者本身的人格识解而言，具诗眼，才能诗外见道；不滞于题，而有余韵无穷。一般论山谷句眼，皆就炼字而说，大谬。其误盖始于潘大临，另见吕本中《童蒙诗训》论响字条及陆游《老学庵笔记》卷五李虚己学诗条。

② 宋人经常讨论杜陶是否见道的问题（大抵多为肯定），其原理正在于当时人极强调由象见道。

了“言不尽意”或“意不可言传”的问题。陈简斋《春日》诗“忽有好诗生眼底，安排句法已难寻”（诗集卷十），讲的就是这个问题。

欲了解这一问题，须分几方面来谈。

第一，语言之限制及现象本体之区分。

语言在表达意义时，意义所涉及的对象，可能是经验对象（如形、色、声、名等），也可能是超越对象；语言对于前者颇能充分把握，对后者则往往力有不逮。因此诗人若要由象见道，势必超乎言外，释居简《北涧集》卷四说：

> 少陵何人斯？曰似司马迁。太史牛马走，于此何有焉？瞢者瞢不理，知言超言前。正如春在花，春岂必丑妍？又如发清弹，意岂必在弦？（《大雅堂诗》）

春由花显、意以弦传，花与弦代表声色，这是语言所能及的范围，但意与春呢？庄子《天道篇》说得好：“意之所随着，不可以言传也。”成疏：“意之所出，从道而来，道既非声非色，故不可以言传说。”春由花显，但花乃是分别性的经验对象，故有妍丑可议；道由言见，而语言却是有为性的符示工具，故有限制。花弦两喻，正是成疏非声非色之说，居简用此两喻来说明知言者必须超以言外，不能仅及于经验概念所可及的范围之内，因为道是不可言传的。执着于语言文字，更不可能真正了解诗道，所以下文他又接着说：“山谷）至今百岁后，此意唯心传；炎宋诸王孙，传癖不复痊……夺胎换骨法，妙处尤拳拳。……亦有老斫轮，堂下时蹁跹。”道不能以言传，不能以相见，故只有以心传了。所谓传心者，以心见道，即是吕居仁所说明道于心之意。遗山诗“诗印高提教外禅，几人针芥得心传”（《感兴》），“诗为禅客添花锦，禅是诗家切玉刀。心地待渠明白了，百篇吾不惜眉毛”（《答俊学记学诗》），论此义亦不愧为山谷嫡传。可惜南宋以后，学江西山谷诗者，多只能在文字上用力，未得其道，仅得其癖。癖即是执，执于文字，正与庄周斫轮之喻所讥讽的得其糟粕无异。居简此诗，与当时普遍的觉悟相似，都是主张诗外求诗，得意、得心，而不斤斤于语言文字之技巧形似。不但摹拟古人是法执，徒然死于句下（如吴可《学诗诗》所云“学诗浑似学参禅，头上安头不足传；跳出少陵窠臼外，丈夫志气本冲天”）；费力推敲锻炼，亦非诗家正道。元张观光《屏严小稿》论诗云“三百余篇岂苦思？个中妙处少人知。籁鸣机动何容力，才涉推敲不涉诗”，还是客气的讲法；若江西诸子，则竟直斥言语雕琢为“俗”了。[①] 俗即俗谛，不近道真。这是就他们认识到语言之限制的一方面而说的。[②]

再就本体与现象的划分来看。遍计执是执相，依他起是执生。但《庄子·至乐篇·成疏》说“从无出有，变而为生”，执生也可说是执有。有是象，执有执象，即是执于用而未见其体。因为据宋代哲学的一般看法，理是体、象是用，有体即有用，而且即用可以见体。譬如海水，海水显现为众沤，海水是本体，众沤则是本体散而在个别事物上的呈现；一个个的沤，绝非海水之

---

① 宋人论诗、文、书、画，皆以刻意求工者为俗。太精、太切、太工，在评价上都不高，故《竹坡诗话》云：“诗人造语用字，有着意道处，往往颇露风骨。不惟语稍峥嵘，兼亦近俗。”《剑南诗稿》卷四八“恨我未免俗，吟讽勤雕镌”（《夜雨》），亦是此义。

② 依此，辞不能达意，故宋人所谓辞能达意者，必须即是能言外见意，苏轼《答谢民师书》“求物之妙，如系风捕影，能使是物了然于心者……是之谓辞达”，是明显的证据。达者，达物之妙，故须捕捉其形象之外者。陈模《怀古录》卷上所说“杜诗……辞皆足以达其意也……而可怜之意，自溢于言外矣”，即是此理。章士钊《柳文探微》通要之部卷九论文一，痛斥言尽而意不尽之说，而主张辞以达意，殆不知此也。

全体，但这个本体，也并非超脱在无数沤水之上而独在的。[①] 犹如春显于众花，但妍媸分别的一朵朵花并非春之本体，因为道是全整无封闭性的存有；即用可以见道，花可以见春，但花只是全体之春的直接显现，而非即是本体。[②] 诗人借言显意，借象见道，与由花见春相似，都是由用见体，故《漫叟诗话》说："前辈谓作诗当言用勿言体，则意深矣。"[③]

作诗言用不言体，是因为即用可以见体，故有言外之意。《朱子语录》卷四二说："文振说樊迟问仁曰爱人一节。先生曰：爱人知人是仁知之用，圣人何故但以仁知之用告樊迟？却不告以仁知之体？文振云：圣人说用则体在其中。曰：固是！盖寻这用，便可知其体，盖用即是体中流出也。"与漫叟所言若合符节。既然每一物上皆可见其体用，则不但说体用在其中，用由体中流出，离用也不能见体，故姜夔《诗说》云："文以文而工，不以文而妙，然舍文无妙。"诗能有体有用、亦可即用见体，却不能有体无用。《诗人玉屑》卷十"体用"一节，曾引胡五峰论晦庵诗有体无用一段，可为此说佐证：

> 先生送胡藉溪有诗云："瓮牖前头列翠屏，晚来相对静仪刑。浮云一任闲舒卷，万古青山只么青。"胡五峰见之，因谓其学者张敬夫曰："吾未识此人，然观其诗，知其庶几能有进矣；特其言有体而无用，故吾为是诗以箴警之。"

---

① 《诗人玉屑》卷一道章泉谓可与言诗条载有诗两首："山穷云起初无意，云在水流终有心。倘若不将无有判，浑然谁会伯牙琴。""谁将古瓦磨成砚，坐久归迟总是机。草自偶逢花偶见，海沤不动瑟音希。"上首言勿执于有，下首海沤不动，言不惑于象而见其体。此所以可与言诗。

② 可参阅刘若愚《中国文学理论》，杜国清译，台北：联经，第 109 页。

③ 据《冷斋夜话》说，言其用而不言其名，或"比物以意，而不指言一物"，就是象外句。

五峰诗云："幽人偏爱青山好，为是青山青不老；山中出云雨太虚，一洗尘埃山更好。"

浮云舒卷聚散，譬喻现象随时变灭；青山不老，譬喻道体兀然自存。胡五峰的意思是说不能舍用见体，云自山出，即是用由体中流出，云又降雨，也是一事之上又有体用；用能显体，故雨后青山应当比无用之体美好。这里之所谓体用，与春花、海沤之喻稍有差异，因为里面另外牵涉了一个"物自身"（being in itself）的问题。

第二，现象的两种区分。

依上文所说，朱熹的诗以青山喻体，这种譬况，跟春和海不甚相似，因为山也是现象之一，胡五峰何以说它是有体而无用呢？同例，陈简斋《春日》诗所谓安排句法已难寻的，也是春日眼中所见的景物、现象，若说语言所能指涉的正是经验的现象世界，何以简斋又有语言难寻之叹？

如果以遍计执性所执的相和佛家所说的"物如实相"来说明，以上这个难题自将迎刃而解。所谓执相，是因为它成为认知主体的对象，而认知心是识心的一种形态，所以它是由识心之执而有的一种"现象"（appearance）。物如实相，则类似康德所说的"物自身"（或译物自体），是物以其自身本来面目而存在。这种存在，并不是另一个对象，而只是同一物之另一面显现。这相因为是物以其自己的身份而存在，因此它也是物的自在相，未受到识想之扭曲。自在相并非对象（object），故不能被识心所知，它只是海德格所说的"内在的自生相"（eject），所以也"不生不灭、不常不断、不一不异、不来不去"。万古青山只这么青，就是以这种不生不灭、不常不断的物如实相呈现着。《诗人玉屑》卷一引龚相《学诗诗》云"学诗浑似学参禅，悟了方知岁是年；点铁成金犹是妄，高山流水自依然"，卷十九引方北山诗云"舍人早定江西派，句法须将活处参；参取陵阳正法眼，寒花乘雾落毵毵”，皆须就此来理解。——点铁成金，是文字技巧上的功夫，犹有执于文字；高山流水自依然、寒花乘雾落毵毵，则是物如实相，为悟后所见。前者虚妄，后者真实。“岁”是指时间和人识心发生交感后，成为人内在经验的知识；“年”则指时间光阴本身。由经验我（empirisches ich）的感官世界认识，回到物自身（zurück zu den sachen selbst），中间须有一“悟”。

悟，指转识成智、转俗成真。因为在现象与物自身的超越区分中，物自身非感性主体与认知主体所能知（因为这些都只是有执的识心），要能知物如实相，须以无执的智心，来静观万物皆自得，见其自在相。譬如庄子所说之天籁：风吹万窍，众窍激声，是为地籁；比竹喁声，则为人籁；地籁人籁，都是心灵仍在因果条件之序列所见，所以是有待；至于天籁，则吹万不同，使其自己心灵超越了条件之序列，独观每一物之物如实相，皆具天地之大美，此则可以无待。天籁地籁与人籁，并非不同的声音，而是不同的心灵观点所致。故姚鼐曰：“丧我者闻众窍比竹，举是天籁。有我者闻之，只是地籁人籁而已。”[①] 丧我，即是如何无待的功夫，这功夫是要人丧“我”、无“己”、无“耦”，由主客相对而提升到绝对的境地。换言之，人犹人也，而今之槃几者非昔之槃几者，其差异即在心灵层次之不同；同一物，以识执之心见之为现象，以智心见之则为物如实相，两者为层次之差异，而非对象之不同。因此，是否能由象见道、是否能解脱识执而无待，在心，不在物。心若能悟、能无我，则“以法眼观之，无俗不真”。康德所谓“物自身的概念与现象之概念间的区分，不是客

① 朱自清不解此理，《论逼真与如画——关于传统的对于自然和艺术的态度的一个考察》一文引清王鉴《染香庵跋昼》“形影无定法，真假无滞趣，惟妙悟人得之；不尔，虽工未为上乘也”语，而质疑：“他这些话并不曾解决了他想象中的矛盾，反而越说越糊涂。”（《朱自清古典文学论文集》第 122 页）其实朱氏虽糊里糊涂，王鉴、姚鼐却是清清楚楚的。

观的，而只是主观的”(《康德遗稿》，E. Adlckes 编次，第653页)，殆即此义。堕形体、黜聪明，伦与物忘，大同乎涬溟，自能廓除理障，直观其自在自然之道。《韵语阳秋》卷十二“妙明真心，不关诸象”，与李伯时画自在观音时所说“世以趺坐为自在，自在在心，不在相也”，都具同一体认。而这种体认，又可见诸陈善《扪虱新话》上集卷四：

> 天下无定境，亦无定见。喜、怒、哀、乐、爱、恶、取、舍、山河大地皆从心生。此心在焉，则管蒯不可以代匮、糟糠不可以下堂，是未尝有正色也；心不在焉，则鼓吹不及池蛙、丝竹不如山鸟，是未尝有正声也：舌欲甚味也，而世有餐痂之士；鼻欲喜香也，而海上有逐臭之夫。天下事如是多矣。杜子美曰“感时花溅泪，恨别鸟惊心”，至于闷时则曰“出门惟白水，凭几亦有山”，山水花鸟，此平时可喜之物，而子美于恨闷中惟恐见之。盖此心未净，则平时可喜者，适足与诗人才子作愁具耳。是则果有定见乎？论者多怪孟东野方叹出门之碍，而复夸马蹄之疾，以为唐诗人多不闻道；此无他，心见不同耳！故释氏之论曰：心净则佛土皆净，信矣！

这份文献，不但与上文所说“宋人察觉到因妄情我执而认识的经验世界，基本上是虚幻的”的思考内容相符合，更由此展开心净则佛土皆净的体会。所谓无定境，是说诸法皆由识显，依他起性，生无自生。所谓无定见，是说识心流转，变灭无常，相无自性。识心既执是执非、乍喜乍悲，境当然也就随之变转无定。陈善的讲法，是就依他起之上，加以遍计执，故说山河大地皆从心生。因为是遍计执，所以底下举证也只谈色香味等经验知识，而这些以感触直觉为底子的经验知识，正是执的知识。若能放下此执，清净其心，自然转识成智，转俗成真：智心所见，即不再是执妄的世界，而是般若浮土了。此处显然是用如来藏清净心系统讲法。心既有真常心和妄心的分别，所见之境自有现象和物自身的差异。若以心为体，则现象和物自身都是用，不过物自身是本体界的存有，而现象只是现象界的存有，故上文举朱熹诗以青山为体、白云为用，只一事之上显其体用而已，真正的本体依然是心。

这种思考路向，亦可见之于天台宗。《般若经》说“不坏假名而说诸法实相”，《维摩诘经》说“但除其病而不除法”，天台遂据此而讲“法门不改”“除无明有差别”，认为法本身无论好坏，都是客观的，问题只在孰与不执。执是病，不执即无病，（吕居仁诗所说的积年之病，就是指这种执）所以只除病不除法。因为法对识而言，是有执相的现象；对智而言，却是如相实相。人通过止观的功夫，即能掌握清净法门，见到真正如如存在的实相，故知礼《十不二门指要钞》说“圆家断证迷悟，但约染净论之，不约善恶净秽说也”，断、证、迷、悟，是自己功夫上的事，善、恶、净、秽则是万法物如本有之事，修道人只论前者，不必管后者。因为心若能净，境无不净者。智𫖮《四念处》卷四说：“实相即一实谛，亦名虚空佛性，亦名大般涅槃。如是，境智无二无异，如如之境即如如之智，智即是境。……亦名三寂三昧，亦名色寂三昧；亦是明心三昧，亦是明色三昧。”即指此理。心得神解，则真意实谛，靡不具呈，境智无二，主客合一，斯与《韵语阳秋》所云“渊明深入理窟，但见万象森罗，莫非真境，故因见南山而真意具焉”（卷四），唇吻不殊。诗人作诗，本来即是与至道同一关捩的。

诗人作诗，既与至道同一关捩，则消除识执，以智心照境，自为不二法门。所谓诗思多生于杳冥寂寞之境，而志意所知，往往出乎埃尘之外。[①] 试看陆放翁《示子聿诗》“正令笔扛鼎，亦未造三昧。汝果欲学诗，功夫在诗外”，而这诗外功夫就是：“岂惟凡骨换，要令门开。”（卷五七《读梅宛陵先生诗》）只在文字上下功夫，即或笔力可以扛鼎，亦无与于真实，工而不妙。因为语言所能捕捉的是经验现象，却无法掌握超越对象。而这种经验对象又随执识流转而变灭，所以只有转识成智、转俗成真，物自身才能呈现。龚相《学诗诗》“会意即超声律界，语可安排意莫传”“欲识少陵奇绝处，初无言语与人传”，告诉了我们为什么要传心，因为整个提升生命的关键、由虚妄转入真实的关键以及诗句由俗转入高妙的关键，即在透过转识成智而“悟入”。[②]

### 3. 转识成智的功夫进程

“诗人满腹着清愁，吐作千诗未肯休”（《诚斋集》卷十《红叶》），因为执着，而且是耽执，造成诗人性格的偏宕与痛苦。五官之动，迷而不反，以至于贼莫大乎德有心而心有睫。这种识执，宋人称为“病”。病之起，即为妄念之执，则所谓诗病，便只是由作者内在之妄念延伸到诗句中去的疵累。此所以宋人论“诗病”，每兼就思想内容和法度形式两方面来谈（前者如苏辙《诗病五事》，后者如姜夔《白石诗说》）；但若要治病，则势必拿住根本紧要处。宋人这类观念，起自山谷吕居仁，山谷《次韵向和卿诗》：“覆却万方无准，安排一字有神；更能识诗家病，方是我眼中人。”首句即陶钧万物之意，第三句言更者，方为主旨

① 参见《韵语阳秋》卷二，杳冥寂寞皆形容心与道化的境界。又，《放翁文集》卷十三“夫文章，小技耳，然与至道同一关捩。唯天有下有道者，乃能尽文章之妙”（《上执政书》），亦可参看。

② 刘应时《读放翁剑南集》“饱参要具正法眼，切忌错下将毋同；茶山夜半传机要，断非口耳得其妙”（《颐庵居士集》卷上），即指悟人在心而言。

所在，故后文又云“觅句真成小技，知音定须绝弦；景公有马千驷，伯夷垂名万年”，听于无声、视于无形，可以见其推崇陶渊明之故：以渊明意在无弦而又能淡泊其志也。一般雕琢章句、安排句法者，不足以知此，故其病亦不可瘳。

因内在的魔心不除，于境便有所癖。就诗而言，其所癖者又在于文字。吕居仁《寄江端本诸人诗》不是说了吗：“误沾文字癖，虚觉鬓毛斑。”（诗集卷七）呕出心肺，尽精力于诗，但文字本身却非真实、不能尽道。[①] 学者若不能跨出文字所指涉的经验概念世界，朝向超越的层面，则其精力只是虚掷，其诗亦终不免于只是癖而已。

面对内在妄念与文字执癖这两项困局，若借东坡的话来说，一要解除识心之执，了解诗和诗人“不比狂花生客慧”；二要超越文字之癖，彻知“赋诗必此诗，定知非诗人”。张磁《南湖集》卷五就曾用两句话来概括此二事：“胸中活底仍须悟，若泥陈言却是痴。”换言之，整个问题的关键，在于悟；若悟，则识执自去、言语不泥。

悟，具有功夫的过程意义。本来诗必须悟，是吕本中《童蒙诗训》中早已揭示的，但吕氏同时又警告诗人：“悟入必自功夫中来，非侥幸可得，如老苏之于文、鲁直之于诗，盖尽此理也。”学诗既如学仙，换骨自非一日之功。但所谓功夫，并非刻意苦学、日日斫炼，而更在于涵养胸襟：

> 意到语自工，心真理亦邃。（谢逸《溪堂集》卷一《读陶渊明集》）

---

① 罗大经《鹤林玉露》卷六：“绘雪者不能绘其清、绘月者不能绘其明、绘花者不能绘其馨、绘泉者不能绘其声、绘人者不能绘其情，然则语言文字固不足以尽道也。”

要将余事付风骚，已悟玄机窥佛祖。（谢薖《谢幼盘文集》卷三《有怀觉范上人》）

蝇头小楷写乌丝，字字钟王尽可师；忽悟庖牺初画象，功夫原不在临池。南窗薄暮雨如丝，茗碗熏炉共论诗。天地悠然人意表，忘言相对坐多时。（《丁鹤年集》卷一《雨窗宴坐与表兄论作诗写字之法》）

未悟之前，是识心执心；既悟之后，则解缚去执，能见物如实相、天地之悠然，这就是实性圆成的阶段。然而，既然在依他起性之上着遍计执，必须借转识成智的功夫进程，才能见圆成实，则一切功夫自都必须落在怎么样转化识心为智心之上。

这种转化，正如前文所述，可以有许多不同的途径，唯识学本身即有三种方法，天台也可以以止观的功夫达成。依宋人诗文评论的观点来看，在佛家方法之外，如道家庄子的心斋坐忘或儒者的道德主体，也是当时人所极重视的。譬如陈后山文集卷十九《谈丛》里，记载韩斡有匹走马图，绢坏了，马足也毁损不可见了，李伯时却说："虽失其足，走自若也。"足已失去，便是象已不存，而走自若，正是意仍可见。元刘静修评论此事，就引用庄子《齐物论》中嗒然丧我的理论，说："足不能行气自驰，天机深处几人知？世间无物能形此，除我南窗兀坐时。"南窗兀坐，主要是致虚守静的一套功夫，借着这套功夫而丧我，消除我执；而忘象，消除对象之执。所谓丧、忘，可依胡塞尔（Edmund Husserl）现象学的观点稍作说明：据他的看法，经验活动的客观对象，可以存而不论，中止判断；而由感官世界走入超越世界，"由经验我（bmpirisches ich）的感官世界认识，到超越世界之真实境界之间，有一条通路。要走向这条通路，第一步就是经验我存而不论"。风花雪月诸象，是经验我的感官认识，但经由"丧我""忘象"之后，却可由感官世界的认识通往超越世界，忘象见道、忘言得意，得“象外之象，境外之境”（季洪《芸庵类稿》卷六《橛株集序》）。这不是技巧闲事，更不可由形迹上求，所以刘静修才说世间无物能形容此一南窗兀坐、嗒然丧我的境界。这个境界，即是董迪《广川画跋》中所说画者凝念不释、伦与物忘，则“心术之变，化有而出，举天机而见者皆山也，故能尽其道”（《书李成画后》）的境界。举天机而见之山，乃是实相如相。必须如此，然后文字与线条才能尽其道，因为它本身已经超以象外，呈现出一种超越的层次了。谢逸所谓体道之士，见亡执谢，则心如明镜，遇物便了，意即在此。[①] 宋诗所强调的忘言得意、不贵形似，都可以透过这条线索来理解。

由此可知，每位艺术创作者，都跟生命的证验者相同，一定得悟，可是每个人悟入的方法却未必相同，禅家开悟，也是人人不同。不过这种不同并非目的或原理之异，所以依儒、依道、依佛也无根本之殊，且其方法本身也可以纳入同一义理进程中合并讨论。例如陈善《扪虱新话》下集卷一：“老杜诗当是诗中六经，他人诗乃诸子之流也。杜诗有高妙语，如云‘愿闻第一义，回向心地初’，可谓深入理窟，晋宋以来诗人无此句也。‘心地初’乃庄子所谓游心于淡、合气于漠之义。”事实上心地初乃佛家语，他却并于儒道两家义理中，来说明杜之所以高妙。又，周必大《益公题跋》卷九“侍读胡公平生宋启梵夹、效膜拜，戏为证老作此庵记，而释理超诣，便得儒释之妙”（《跋此庵记》），亦复如此。可见在同一义理进程底下，只要是能转化执癖、呈显本心，由物象超越至于道意而圆融不二者，都能提供给诗人作为依据。

以下，我们便大略说说这转识成智的几种途径。

① 有关心如明镜之喻，可另详刘若愚前引书，第 95—98 页。

## （三）转识成智的几种途径

林希逸《竹溪鬳斋十一稿》续集卷廿九："放翁曰'俗人为俗诗，佛出救不得'，此语最佳。但何以为不俗、何以为俗，此须分别得仔细，方可下笔。"离俗全真、转俗成真，一直是宋诗第一序列的要求；所谓俗人，并非市井民氓之谓，而是俗学窒之、俗虑汨之的人。

唯有解脱缠缚，"怀抱清真"，才能免俗。[①] 但解脱缠缚却有不同的途径，而途径虽不相同，所造则一。放翁《与儿辈论李杜韩柳文章偶成诗》所云"未言看到无同处，看到同时已有功"（卷廿八）即指此言，可见放翁于此深有体悟。然而陈仁子序其集时，却忙不迭地问："世之诗，陶者自冲淡处悟入、杜者自忠义处悟入、苏者自豪迈处悟入，吾不知放翁诗悟入，当自何处？"（《牧莱脞语》卷七）

陈氏此问，我们未必能够回答，但宋人几种转识成智的悟入之途，却可以概略介绍一下。

我们的分析模式，是葛立方在《韵语阳秋》中所推荐的。该书卷十二载："柳展如，东坡甥也。不问道于东坡而问道于山谷，山谷作八诗赠之，其间有'寝兴与时俱，由我屈伸肘；饭羹自知味，如此是道否'之句，是告之以佛理也。其曰'咸池浴日月，深宅养灵根。胸中浩然气，一家同化玄'，是告以道教也。'圣学鲁东家，恭惟同出自。乘流去本远，遂有作书肆'，是告之以儒道也。"道有三途，所造则同；诗人之欲见道，盖亦同此。

---

① 怀抱清真，见《剑南诗稿》卷十七《暮春诗》。另详刘后村《跋傅自得文卷》《跋毛震龙诗稿》。

### 1. 儒家：由道德意识显露自由无限心

无论途径之异同，整个问题所关涉到的重点大抵有三：一是作者本身如何悟入的问题。二是作者与外物关系的问题。三是作者如何创作的问题。

儒者处理这些问题，基本上是由泯除识之执知，而挺立道德实体这条路子来的。换言之，其重心在于作者本人人格的修养。修养深厚，则如水有渊源，诗文皆沛然若自其胸中流出；不假外求，故亦可免于现象之执着。李纲云“信笔辄千余言，理致条畅，文不加点，信乎道学渊源自其胸襟流出”（《梁溪先生集》卷一六三《书陈莹中书简集》），周必大云“观其字如其诗、诗如其人，后世不待识面，当知为伊洛胜流矣”（《益公题跋》卷十《跋汪季所藏朱希真帖》），都代表了共同的体认。①

由诗既可以观人之涵养，则涵养之道究当如何？固可以有许多不同的看法，但总其大妥，则不外读书与治心养气二事。这也是儒者尊德性与道问学的传统，然而二事先后次第却很难论定。

尊德性而道问学，可以黄山谷为代表，山谷《书旧诗与洪龟父跋其后》说“龟父笔力可扛鼎，他日不无文章垂世，要须尽心于克己，不见人物臧否，全用其辉光以照本心。力学有暇，更精读千卷书，乃可毕兹能事”（文集卷卅），不但直以养心为“学”，更认为读书与治心不可偏废。此与白石《诗说》谓“思有窒碍，涵养未至也，当益以学”，以学为涵养之一端者，正复相同。

道问学而尊德性，可以朱熹为代表。朱子早年以为知言而后始能养气，知言即指知识思虑格物致知；晚年则以涵养致知两相穿透。这种转变，并非其哲学立场有所迁移，而是转识成智一般

---

① 宋人论渊源，恒包括两方面：一是内在的心源，二是外在的师友传习。

的现象。[①] 前者就其功夫言，后者就其悟入之后的状况言。换句话说，也必须读书养心二者兼摄，涵养才算周至。

以下分别说明之。

（1）治心养气

晁补之曾说黄山谷“于治心养气，能为人所不为，故用于读书为文字，致思高远，亦似其为人”（《鸡肋集》卷卅三《书鲁直题高求父杨清亭诗后》）。治心养气，何以能令人文章致思高远呢？作诗文又何以必须借治心养气以求致思高远呢？

就宋人的哲学观点而言，天地以生生为心，生生之仁，又内具于人，所以经由仁心之发露，人可以见天地之心。但天本身只是一元之气，这一元之气运行周布，则为云汉星斗、春夏秋冬，为“文”。天地之心见于元气成文，人心之仁自亦如之。只有人得其气之正，不偏不塞，此心才能通贯天地，人文也才能秩然相应。张耒所说“词生于理，理根于心，苟邪气不入于心、僻学不接于耳目，中和正人之气溢于中，发于文字语言，未有不明白条畅”（《答汪信民书》），即是此义。文与心之中和，自须于理气之间求之。

以气言之，文固出于气，才亦根于气——文为天地元气之所发露，故欲为文，须先养气。刘宰《漫堂文集》卷廿四说：“文章所以发天地鬼神之秘……必其气之清也，故物不得而汩之；必其气之直也，故物不得而挠之；必其气之和且平也，故物不得而激之；必其气之果毅奋发也，故物不得而沮之。……故论者曰：文章以气为主。”（《书单敬仲诗卷后》）这个气，是由人心之仁所

① 朱子中年从胡五峰之说，先察识后涵养；晚年则数经变易后，主张涵养与致知如车之两轮、鸟之双翼，不可分割，且相穿透，认为“存养之中便有穷理功夫，穷理中便有存养功夫”（《语类》卷六二）。但就为学次第言，则“须当以涵养为先”（《语类》卷一一五）。

发，理论上应是纯善中和的。但性理本身不能活动，能活动发露的是气禀之才情。才情有善有不善，所以必须通过后天的功夫，使其符合于性理，此则有待于养。[1] 职是，所谓养气也者，应是使情气之动合于性理。朱子《答张敬夫书》："感于物者心也，其动者情也。情根乎性而宰乎心，心为之宰，则其动也无不中节矣，何人欲之有？"（文集卷卅二）人欲就是识执[2]，诗必须得性情之正、发性情之和，当然要透过养气的功夫，使其中节，宰乎心而得乎理。魏了翁说文辞"根于性，命于气，发于情，止于道"，讲的就是这个道理。文或人若能止于道、得乎理，就将像孔子一样，从心所欲，无人而不自得了。汪藻所云"理至而文随之，如印印泥、如风行水上，纵横错综，灿然而成者，夫岂待绳削而后合哉？"（《浮溪集》卷十七《鲍吏部集序》）之所以为宋人论文的最后祈向所在，道理亦在于此。

养气，是要使情气之动合于性理，勿受外物所汩荡。这是偏于泯除识执之知的一面，但只有这一面功夫是不够的，儒者之精彩处尤在道德实体之挺立，此即须治心。前引赵汝回《云泉诗序》说作诗若能养性识体，则诗随人格之所养而自然呈露，初非因想生见云云，最可说明此义。

养性识体，是要人自得其良心，并以此自得而见天地之生机。韩元吉《南涧甲乙稿》卷十六《深省斋记》说：

---

① 理气，在宋儒的讲法中分歧很大，但基本上当是就气以显理，视气为宇宙流行运化的实现原理，在气化流行中显其善否。

② 识执，包括情欲与知识，已在上文论遍计执与依他起时申述颇详。这不是佛家独有的看法，而是儒者传统的区分，《礼记·乐记》"知诱于外"，郑注"知犹欲也"；《易》乾元"各正性命"，疏："天本无情，何情之有？而物之性命，各有情也。所秉生者谓之性，随时念虑谓之情。"都显示了知虑与情欲原本不分。

> 世之人盖有闻钟盘之声，而自得其良心，以进于道者，非钟盘使然也。……杜子美《游龙门寺》诗“欲觉闻晨钟，令人发深省”，子美平生学道，岂至此而后悟哉？特以示禅宗一观而已。是于吾儒实有之，学者昧而不察也。曾子曰“吾日三省吾身”，夫识其遗忘，谓之省；审视其微，亦谓之省。人能内省其身，如识其遗忘与审视其微，则所以存其心者盖当如何！

赵汝回的讲法是要诗人知体、养性，韩元吉则要人存心、内省。试比较他们的说法，就可知道此心此性，即是道德之实体，是仁、是良心，而存养此一良心，则又有赖于反省和识察的功夫。这就显示了：无论采取任何途径来转识智，都以得心为主，佛家如此，儒家亦然。此可与前文所述者相印证。且显仁必在克欲，也说明了消除识执与显现智心仍是不可分的。识其遗忘、察其几微，微，指欲念之浮动而言，所以反省识察，实际上即是恭敬存养、克己复礼的一套功夫，为儒者“悟入”所必需。黄山谷所谓尽心于克己，全用其辉光以照本心，不但开宋人以克己存养论诗之渐，也与宋代一般的哲学体认相通。南宋时，上蔡、龟山、湖湘、朱熹等各系理学，对于仁的理解，虽有异同，但克己去私，以明其本心，大抵则是相同的。[①] 朱子尤其主张必须通过识察才能成其涵养，文集卷七七有《克斋记》一文，以为克塞人欲，则其心蔼然若春阳之温，亦可与韩元吉说互参。

由道德意识所显露的这颗心，蔼然若春阳之温的心，其实乃是自由无限心。所谓自由无限，是因为心体仁体本为人人皆具的良心，克私去欲之后，仁体呈露，此心之体既无所壅蔽，

---

① 上蔡、龟山及朱子等各系理学，对于仁的争议，详刘述先《朱子哲学思想的发展与完成》（台北：学生书局）第一部第四章。

则皇皇四达，感通无碍、觉润无方，其用遂亦无所不行。以自得其心来见天地之心，所以无碍，所以“活”；因见天地之心，所以人虽有限而可以无限，可以超越客观条件的限制与阻碍，知命乐天、不忧不惧，所以又是自由。宋人诗论中喜欢称赞某某人外物不移、虽遭横逆险巇而夷然温粹，具见所养，即是就这一面而说的。

（2）读书

宋人论诗文，都极重视书卷，这点不待强调，人人皆知。然而，读书其实是与治心养气密不可分的，试看陈后山《答江端礼书》说“文……正心完气，广之以学，斯至矣”（文集卷九）及韩拙《山水纯全集》说“天之所赋于我者性，性之所资于人者学。能因其性之所悟，求其学之所资，未有不业精于己者也。古人以务学而开其性”，便知无论文章或书画，莫不讲求积学养心，而这点实隐含了宋代诗学中一个绝大的问题。

原来宋人一直认为作诗必须以积学穷理为功夫，但诗之真正成就处却不在于学问，而在心灵之超越，所以必须要“悟”。严羽所谓“诗有别材，非关书也；诗有别趣，非关理也。然非多穷理，则不能极其至”，就是这个传统下的产物。[①] 于此讲诗道在于妙悟，其言当然与周必大、楼钥等人相同：

> 公由志学至从心，上规赓载之歌，刻意风雅之什，下逮左氏、庄、骚、秦汉、魏、南北朝、隋唐以及本朝，凡名人杰作，无不推求其词源，择用其句法。五六十年之间，岁锻月炼、朝思夕惟，然后大悟大彻、笔端有口、句中有眼，夫岂一日之功哉？（《益公题跋》卷四《杨廷秀石人事长篇》）

---

① 详后文论转识成智的禅宗途径处。

诗……非积学不可为，而又非积学所能到；必其胸中浩浩，包括千载，笔力宏放……而后为不可及。(《攻愧集》卷五二《雪巢诗集序》)

与武子评诗，谓当有悟入处，非积学所能到也。……山谷晚年诗，皆是悟门。……遽读之或不易了，而中有理窟，览者当自知之。(同上，卷七十《书张武子诗集后》)

悟，非积学所能到，但必须积学至此，然后有悟，不学则无悟也。且悟入之后，即是从心欲之境，则所谓悟者，当指心而言。包恢《与留通判书》论此义最明："今之学者，终日之间无非倚物。倚闻见、倚议论、倚文字、倚传注语录，以此为奇妙活计；此心此理，宋始卓然自立也。"(《敝帚稿略》卷二）读书在儒家，为闻见之知；此心此理之卓然自立，则属德性之知。"阅之多、孝之详、炼之熟、琢之工"，目的固然在于剥落皮肤、求造真实，但若不能自得，则亦无用。魏了翁所云"须从诸经字字看过，思所以自得"，罗大经所云"不求之六经固不可，徒求之六经，而不反之吾心，是买椟而弃珠也"(《鹤林玉露》卷六），皆就诗文而言，恰与陈后山桴鼓相应，只不过后山较强调诗人须借书中学问来超拔扩充心灵罢了。山谷《题宗室大年小年画》说："若（大年）更屏声色裘马，使胸中有数百卷书，便当不愧文与可矣。"(文集卷廿七）亦是此意。因其性之所悟，务学以开其性，这两句话真是讲得好极了。

另外，由志学到非积学所能到的境地，也就是元遗山所说学至于无学。《诗人玉屑》卷一《赵章泉诗法》条云"问诗端合如何作？待欲学耶无用学。今一秃翁曾总角，学竟无方作无略。欲从鄙律恐坐缚，力若不加还病弱；眼前草树聊渠若，子结成阴花自落"，讲的也是学至于无学。无学无作，而草花树子自我呈现。这便牵涉到作者与外物的关系和作者如何创作的问题了。

儒者转化僻执与障溺而悟入，归结处既在此心仁体之自立自得，则透通此一道德实体，不难观见天地之心；且可以观此天地之心所即物而在的物，而见其自得。“仁之为道，乃天地生物之心即物而在”，语虽出自朱子《仁说》（文集卷六七），但罗大经《鹤林玉露》讲得很清楚：“古人观理，每于活处看。……故曰‘观我生观其生’，又曰‘复见天地之心’，学者能如是观理，胸襟不患不开阔，气象不患不和平。”所谓观理，是指即物而穷理之理。心能观物，但何种心观何种物，由观物之活，正可反映出心中甚活，所以文中又强调“如是观理”。如是，指观物之方法态度而言。

这种态度，亦见诸罗氏同书卷八，文曰：“杜少陵绝句云‘迟日江山丽，春风花草香。泥融飞燕子，沙暖睡鸳鸯’，上二句见两间莫非生意，下二句见万物莫不适性。于此而涵泳之、体认之，岂不足以感发吾心之真乐乎？大抵古人好诗，在人如何看，在人把做什用。如‘水流心不竞，云在意俱迟’‘野色更无山隔断，天光直与水相通’‘乐意相关禽对语，生香不断树交花’等句，只把做景物看亦可，把做道理看，其中亦尽有可玩索处。大抵看诗，要胸次玲珑活络。”——唯胸次活络，才能见物见诗之活，已如上述。但此处事实上是诗人观物，而读者又观诗。诗人即或观物得活，能见天地之心；仍有赖读者之修养始能知见，否则则以为只是景物现象而已。任渊注后山诗，警告读者“读后山诗如参曹洞禅，不犯正位、忌参死语。若以色见、以声音求，是行邪道，不见如来也”，原因即于此，这仍是种超越的区分。某些人之所以能不以声色景物求诗，能“把做道理看”“把做什么用”，是因为他们观物的态度，不是认知地指向景物事件本身，而是因涉及物而引起他们有关行为思想方面的思考，反求诸己，在自己的良心上见物我无碍。这就是宋人所说的“用”与“活”。

活即不滞碍之意。于活处观物，则鸢飞鱼跃，固是心活也是物活，这样才能在现象景物之外，看出一层道理；于活处作诗，也能因象见道、即物穷理，具有含蓄之美。这种美，兼指道德之美与美学意义之美两方面。吴子良《荆溪林下偶谈》卷二谓意尤远而语加活者，意含蓄而语不费，属于后者；《鹤林玉露》卷五谓杨慈湖诗句意清圆，足观所养，则兼含二者。宋人之所谓活法，尤当如此理解。[①]

至于用，则不含美学的意义，亦与实际事物的作为无甚关系。那位“所造诣有在言语之外者，非世俗所能测”的戴石屏，在《论诗绝句》中说“陶写性情为我事，留连光景等儿嬉；锦囊言语虽奇绝，不是人间有用诗”（诗集卷七），认为流连光景、雕琢语言，皆是依他起性，无与真实，唯有陶写性情，才能见道、才是有用。这种观点，颇可代表当时的评价标准，故罗氏《鹤林玉露》亦云：“天以云汉星斗为文，地以山川草木为文，要皆一元之气所发露，古人之文似之。巧女之刺绣，虽精妙绚烂，才可入目，初无补于实用，后世之文似之。”（卷一）此语不但可为戴诗注脚，以一元之气所发露论文，也点出了诗人创作时的态度。

天地以一元之气发露为文，人亦以其气流显为文。这种流显发露，乃是自然而然的，如风水相触、如泉源喷涌，只是自然地呈现，非作出来的。作，代表人为的创造，自然则为天机畅发、不假思索模拟而至。张元幹《亦乐居士集序》所云“韩杜门庭，风行水上，自然成文，俱名活法”（《芦川归来集》卷

① 但禅家之讲活法，多偏重于“活句”方面。参活句禅者，乃是不粘滞于语言文字之意，对于诗人的观物态度则较少涉及。

九），即指此言。[①] 施德操《北窗炙輠录》讲得更透彻："子美读尽天下书，识尽万物理，天地造化、古今事物，盘礴郁积于胸中，浩乎无不载，遇事一触，辄发于诗。渊明随其所见，指点成诗，见花即道花、遇竹即说竹，更无一毫做为。"（卷六）妙识物理，盘薄胸中，即是"含蓄"；含蓄既厚，遇事辄发，初无意于造作；而见花道花、见竹说竹，则是其心无所系累，所以能照见物如实相，"以物观物，而不牵于物；含咏情性，而不累于情"（魏了翁《费元甫陶靖节诗序》）。这是在道德主体流行中，心与行为物一体呈现，心固自得，物亦现其如相实相自在相。物既是自我呈现，则非"写物"甚明。写物形似之所以不佳，乃因其不能自得，故《诗人玉屑》卷十引《复斋语录》说："诗吟函得到自有得处，如化工生物，千花万草，不名一物一态。若无自得，只如世间剪裁诸花，见一件样，只做得一件也。"涵养自得，则物不待雕琢剪裁、揣摸刻绘，以物观物，物物自然呈现。

诗人观物时的情形如此，其作诗亦然，在"物色人眼来，指点诗句足"的情况下，诗并非"作"出来的，而是自我呈现的，所以杨万里有诗云"好诗排闼来寻我，一字何曾捻白须"（《晓行东园》），"炼句炉锤岂可无，句成未必尽缘渠。老夫不是寻诗句，诗句自来寻老夫"（《晚寒题水仙花并湖山》）。

诗句自我呈现，所以是天机而非人力，"默契神会，不知其然而然"。这种机籁鸣发、不假造作的诗观，显然有两点值得注意：一、以上整个理论结构，与《易传》关系邃密，由天地生物

① 风行水上成文，是宋人常用的譬喻，《困学记闻》卷廿说苏洵《仲兄字文甫》是衍《毛诗·伐檀》释涟为风行水成文之语。但《毛传》此释，当亦衍自《易·涣卦》"象曰：风行水上，涣"。另详钱锺书《管锥编》第118页。

讲到观我生观其生、复见天地之心，正是显露自由无限心，而物皆见其自己，一如人之自得其良心在其自己：物皆见其自己、呈现其本来面目，则是佛家所谓如相实相。吕本中《题晁恭道善境界图诗》“畴昔相从三十年，如今休去不逃禅；知君参见法轮老，始知苍苍便是天”，讲的就是这种儒释之妙的境界。同诗第二首说“境界本来无善恶，人间何处有新图。欲知个里真消息，腊月寒松永不枯”，发挥尤切。既悟之后，只是中和，静动言为皆自然而然，无所谓善恶；而心有本源，自也无碍自在，虽腊月亦不枯萎。二、作品出于自然，无意造作，即产生以文为寄寓的创作态度，终身言而未尝言；而作品本身则形成文以见道、意余于文的状况，亦与《易》之象相似。吕本中《夏日诗》“闭门观易象，反复看如何？妙处元非画，微言不在书”（诗集卷十五），与沧浪所谓诗妙处如相中之色、镜中之象，言有尽而意无穷云云，正可互参。清宋大樽《茗香诗论》说“易取象、诗谲谏，犹之寓言也”，于此可谓善于祖述。

当然，这条途径之精彩处犹不在此。因为无论是含蓄，或由文以见道所导出的气韵风神之说，都可见诸佛道两家转识成智的径路。但唯有经由惩忿窒欲而挺立道德实体这条路子，才能透出对社会的关怀。

儒者一方面慎乎所养，一方面学问充富，“寤寐食息，必念于是；造次颠沛，必念于是，则将超然悬解、躐等顿进，径至妙处，一日万里”（李廌《答赵士舞德茂宣义论宏词书》），达到佛家所谓妙悟、道家所谓换骨的境地。这一境地，主要是在自我道德主体的挺立与修持，以存心养性为其功夫。而存心，又以敬以直内、义以方外为其精一操存之道[①]，所以理论上必不止于自我安顿为已足，必须再透出义以方外的一方面，展示其对社会人群

① 详朱熹《文集》卷六七《观心说》。

的关怀与责任。魏了翁《答丁大监黼书》说：

> 愈疾古诗见怀唐律，蔼然有怀人忧世之意。非但词工味隽，而所示近著，又以见二三年间乐天知命、从容自得之趣。（文集卷四六）

乐天知命、从容自得，这种由道德意识所显露的自由无限心的作用，正是与怀人忧世之意完全结合为一体的。此所以为“适用”。戴复古、真西山、罗大经等人之所以抨击雕绘章句、留连光景的作品，原因就像许尹在《黄山谷诗集注序》中所说的：“曹、刘、沈、谢之诗，非不工也，如刻绘染縠，可施之贵介公子，而不可用之黎庶。……唯杜少陵之诗，出入古今，衣被天下，蔼然有忠义之气。”蔼然，是形容仁者之言的状词。可见所谓忠义之气、忧怀黎庶之意，本是内在仁心所发，义以方外，出乎自然。李纲《道卿邹公文集序》曰：“士之养气刚大，塞乎天壤，忘利害而外死生，胸中超然，则发为文章，自其胸襟流出。……唐韩愈文章号为第一，虽务去陈言，不蹈袭以为工，要之操履坚正，以养气为本。……进谏陈谋，屡挫不屈；皇皇仁义，至老不衰。”（文集卷二二八）颇能说明此义。士先涵养胸中之浩然，存此仁心，则义可以不蕲然而见诸外。

因为义是不蕲然而见诸外的，所以是自然流出，与发为文章相似，而非有意为之。既非有意为之，则其吟咏情性之间，自然能见礼义之所止，伤闵哀思，若有所讽谕，这就是“兴”，是葛立方所说观物有感而近乎讪的兴，也是上文所说如《易》之有象的谲谏。这种谏讽，与讪谤不同的是它本身并无直斥痛詈之辞，只在文外见其兴谕感讽之意，其本身即是意余言外的一种表现，故亦能兴起读者的仁心。真德秀《跋南轩送定叟弟赴广西任诗》十三章说：“棠棣之作，至今千载矣，蔼然忠厚之情、恻然闵伤之志，读者犹为兴起。南轩先生此诗，于怡怡之中，有切切偲偲之意，虽使不令兄弟观之，友悌之心尚当油然而生，况绰绰有余者乎？”（文集卷卅六）殆即指此而说。

本来文学艺术若就其美学价值而言，诗篇是否具有道德意识，是否能导出社会的关怀，与论之所以为诗，并无直接而必然的关系。但基于下列两点考虑，宋人势必要强调这层意义：（1）就一切文学艺术之欣赏与创作而言，欣赏与创作之所以可能、其本身何以存在，这一类文学艺术的根本问题，事实上即是哲学的问题。西方美学自始即隶属哲学之内，是个最明显的例证。同理，在讨论诗文时，宋人认为欣赏与创作之所以可能，必须预设人心主体可以互相感通才行。而因为人心可以感通，读者才能透过作品，谛听作者的生命与呼吸，并兴起自我的仁心，这就是他们论兴、论诗之教化功能的基础。换言之，由哲学预设到文学之美感及社会功能，这紧密贯串的一整套理论，不管后人是否同意，都必须承认它们并未用道德原理来替代文学原理，而是论诗文与艺术问题应有之义。（2）在一个反省观照的时代，窥探文“心”，对个人精神志气与境物接运关系作一省视，本是极为自然的现象。但思索所得，未必相同，对创作及欣赏所持的态度，亦复相异。转识成智，是他们共同的路向，但如何转，转后境界如何，皆不免小有参差，这点我们只须看看宋人往往将杜陶合论，而又说杜甫如六经、陶如老氏的情形，便可知道。挺立道德实体，开展社会关怀，正是儒者气象与佛道妙悟不同之所在，无怪乎他们要屡屡言之了。

### 2. 道家：以虚静心消除造作而显一切有

这样的分别，当然只是一种分别罢了，宋人在论哲学文学时，往往求同多于别异，我们只能说含道应物、澄怀味象，是儒道之所同，不过在应物时小有差异而已（道家主要在讲诗人应物而不伤，儒者或更要讲应物而化物）。程伊川吕与叔论诗文，就是引庄子“心斋”为说的。

为什么要以心斋来论诗文是否知本呢？陆放翁《夜坐示桑甥诗》“好诗如灵丹，不杂膻荤肠；子诚欲得之，洁斋祓不祥”（诗集卷十九），颇能点出此中消息。[①] 宋人论学诗，辄曰如学仙、如养成内丹、如金膏换凡骨，这虽是受当时宗教背景影响而产生的一些比拟，但也可知诗人作诗，虽有灵丹一粒，可以点铁成金，也必须涤肠去垢，始能得之。斋祓，就是荡识遣执的功夫。其功夫的目的，不在诗语的刻镂，而在识心之转化。《画苑补益》载张怀论画有曰：“昧于理者，心为绪使、性为物迁，汨于尘坌、扰于利欲，徒为笔墨所使，安足以语天地之真哉？”心为绪使，故不能忘我；汨于尘坌，故不能忘象；徒为笔墨所支配，故不能忘言。此即为俗！转俗，才能成真。

这种创作的进程，基本的了解是：艺术并不只于媒介之表现，如何使用笔墨线条文字媒介，是作者的技巧，但艺术创作本身，当是技进于道的过程。放翁称赞梅圣俞杜甫的诗是“岂惟凡骨换，要是顶门开；锻炼无余力，渊源有自来；平生解牛手，余力独恢恢”，便是承认诗人可由锻炼之精，渐至于有余之境，忘其为技与习，而独得道真。由技与习而到忘其为技与习，则其创作，已在不用心、不用意之中完成了。山谷《题李漠举墨竹》，说古人绘事妙处，类如轮扁斫斤，不能以教其子，“近也崔白画竹，几到古人不用心处”（文集卷廿七），便是技进于道的最好说明。这其中，技进于道，正如轮扁庖丁，必须得乎手而应乎心，心识其所以然，而手亦能著其然，始能成为一种艺术创造，否则

① 心“斋”与祓垢，其实也都是《易·系辞上·传》所说“圣人以此洗心，退藏于密”的洗心。《传》又曰：“圣人以此斋戒，以神明其德”，注“洗心曰斋”。庄子本之，云“汝斋戒，疏瀹尔心，澡雪尔精神”（《知北游》），“愿刳形去皮，洒心去欲”（《山木》）。

即只能止于美的观照和内在的修养，这便是道学家与艺人最大的不同。[1] 东坡在《书文与可筼筜谷偃竹记》中，将手如何应心的锻炼称为“学”。因此我们也可以知道技进于道的艺术创造历程，其实即是学至于无学的历程。一位大作家，基本上必须手能应心，然后才能得心应手。心与手合，物与心合，则其能达人所不能达者，事实上即是能见人所不能见、能想人所不能想。周必大等人称画与诗是心画，原因即在于此。诗文若为心声心画，则其高妙与庸俗，正是心境澄浊之外显；欲使诗文佳妙，即非治心不可。心斋之作用，就在于此，它是整个转识成智的中心，也是诗人是否能够化俗成真的关键。

就技进于道的艺术创作而言，得心应手，必须凝神不纷，“官知止而神欲行”。心斋也是如此，它是转化成心的功夫，希望透过这种功夫，官知止而神欲行：“勿听之以耳，而听之以心；勿听之以心，而听之以气；听止于耳，心止于符。气也者，虚而待物者也。唯道集虚，虚者心斋也。”（《庄子·人间世》）——这些不同的认知态度中，听之以耳的是感官知觉，听之以心的是概念思考，所谓心止于符，是指外物与概念的符应，所以成疏说“心有知觉，犹起攀缘；气无情虑，虚柔任气”，情虑知觉与攀缘符应之知都属识知，心若止于这类认知方式，则其为妄心无疑。如

---

① 心手相应，参看钱锺书《谈艺录》第 247 页、《管锥编》第 507 页。又，因为是得乎心而应乎手，所以也是不能言传的，庄子轮扁之喻，又见诸欧阳修《书梅圣俞稿后》：“乐之道深矣，故工之善者，必得于心应于手，而不可述之言也。听之善，亦必得于心而会于意，不可得而言也。”（外集卷廿三）诗为乐之苗裔，当然也是如此。所谓茶山夜半传机要，断非口耳得其妙者，与《宗镜录》卷四引古教所云“无一法可得”“无智亦无得”“不得一法，疾与授记”等，正相符合。《困学记闻》卷十说“庄子所谓传，传以心也。屈子所谓受，受以心也。目击而存，不言而喻。耳受而口传之，离道远矣”，似乎也认为凡得乎心而应乎手之艺术，传习者也应以得乎心为要，不是声闻知见之类知识所能处理的。

何由妄心转入常心（常心见《德充符》）？只有借心斋的功夫了。妄心与常心，并非两颗心，而是心的两种不同状态；前者为妄心执心，此类妄执，若能经由集虚养气、断除知障等功夫，即能廓扫尘翳，成为虚静心。

虚静心虚而待物，所以能见物之本然。荀子曰“心何以知道？曰虚一而静”，就是指此而言。它由忘知而呈现，故为虚、为静；因为虚，所以意识自身的作用和被意识的对象才能同时呈现；因为静，所以富、贵、严、显、名、利不能在心上起执。东坡《送参寥师》所言“欲令诗语妙，无厌空与静；静故了群动，空故纳万境”，于此体会甚切。空与静都不是指诗句而言，而是说唯能虚静其心者，才能照见万境、才能掌握群动，不以物扰心，而优游自得，诗语才能妙。游诚之诗“闲处漫游当世事，静中方识古人心”，陆放翁诗“人情静处看方见”，都是就此而言。因为这种静，是存心之静，故外在形迹之静动与否实不相干。《鹤林玉露》卷六：“列子曰‘仲尼废心而用形’，渊明诗云‘形迹凭化往，灵府常独闲’说得更好。盖其自彭泽赋归之后，洒然悟心为形役之非，故其言如此。果能行此，则静亦静、动亦静，虽过化存神之妙，不外是矣。”渊明上句之根，即在下句，灵府独闲，是用庄子《德充符》物不足以滑和之意。灵府虚湛，自然行迹随化，动静无碍。此与朱子论心之所以为体者寂然不动相似：“寂而常感、感而常寂，君子即可以此致中和。”（见文集卷卅二《答张敬夫书》）

致中和，必须同时讲到天地位、万物育，于虚静心亦然；但偏重在万物皆自得这方面：以虚静心观一切物，而物皆在其自己，各以其物自身呈现。东坡《书王定国所藏王晋卿画著色山诗》“我心空无物，斯文何足观。君看古井水，万象自往还”（诗集卷三一），就是说至人之用心若镜，物各以其本貌呈现。因其面貌并不被我所扭曲，所以静观万物，物皆自得。这，就是虚静心的作用——以“无”刮除一切造作与胶着，而观照以显一切有。

“无”，是指洗濯尘垢，断绝知见的功夫，在庄子即名为心斋、坐忘。

老庄哲学中，无，本有功夫与境界二义，像苏辙《祭文与可》文中所说的文氏画竹“遇物赋形，得于无心”，就是由功夫转化而出的境界。这种无的功夫，可以概括老子的“无为”“无知”“无欲”“无身”“虚其心”“致虚极、守静笃”，庄子的“无己”“无功”“无名”等，而都落实在心上。心有执有知，所以要去执忘知，层层剥落，以显纯粹意识。《齐物论》一开始就谈“吾丧我”，《逍遥游》也载尧“往见四子藐姑射山，窅然丧其天下焉”，可见其对这一问题的重视。丧，即是忘，成疏说：“丧之为言忘，是遣荡之义。”郭注也说：“都忘内外，然后超然俱得。”遣、荡、丧、忘、涤除玄览、损之又损，其目的都在无为，使物无所容心，而达到无为而无不为的境地。这种进路，颇与宋人之论克私去欲相似，故其归趣，亦往往合辙。[①]

这种合辙，当然也是基于文学本身的考虑。朱子《书屏山先生文集后》说：“其精微之学、静退之风，形于笔墨，有足以发蒙蔽而销鄙吝之萌者。”陆游序曾裘父诗集，也认为诗的最高境界，应能让“读之者遣声利、冥得丧，如见东郭顺子，悠然意消”，这都是就文学作品的效应上说的。但，要让人如见东郭顺子，须得自己是东郭顺子。这就非用庄子这套心斋坐忘的功夫不可了。

正如郭象所讲，忘，必须内外皆忘，才能超然自得。在内，

---

① 所谓都忘内外，是连忘也须忘的。不但无是非利害之辨，亦泯人我心物之分，浑沦冥漠，内外皆尽，达到《维摩诘所说经·文殊师利问疾品》第五“空病亦空”，《肇论·般若无知论》第三“圣心虚静，无知可知，可曰无知，非谓知无”的境地。

必须忘我；在外，则必须忘物、忘象。诗人本来皆不免于偏执，甚且以此偏执自乐。方勺《泊宅编》卷上尝说韩诗多悲、白诗多乐，袁文《瓮牖闲评》卷五也说“情之惑人甚矣，自非胸中有过人者，而能以理自遣，不为陷溺者几希矣”，清赵吉士即本此说，谓:“诗本性情，多悲多乐，不免性情之偏。”诗人本身是性情有偏的，而其所以有情有偏有执有病有愁有苦有大患者，为其有身。他们虽然也常因其本身才性、感情、思想秉赋之异常，及对理想世界追求之渴望，而隐含有宇宙万物的同情或哀矜，体念出人世靡常、我执非真的道理，但那往往仍只是一种知解，并未切实深下无己的功夫。是以闭门造愁，吐作千诗；而诗里清愁，又惹闲情；如斯辗转，遂至沉溺不可收拾，不死不已。要想脱执解缚，唯有在生活或艺术创作中，实践地忘我。东坡谓文与可画竹时，见竹不见人，“岂独不见人，嗒然遗其身”，就是说文氏在艺术创造活动中，能因神凝智解，而消解我执，与竹冥化。郭熙谓画家诗人，“不因静居燕坐，明窗净几，一炷炉香，万虑消沉，则佳句好意，亦看不出；幽情美趣，亦想不成”(《图画见闻志·画意篇》)，则说艺术家必须在生活上体验虚静，以养其心、澄其虑。前者径用《齐物论》，后者则与庄子《达生篇》梓庆为鐻，必斋以静心，然后成见鐻，完全相同，也是一种神凝智解的功夫。神凝，故可以“斋”来形容，东坡子由都曾说文与可画竹，是“纵横放肆，久而凝神；晚岁好道，耽悦至理，洗濯尘翳，湛然不起”，可见这种实践的忘己功夫，实乃诚敬笃实、真积力久所致。伊川喜教学者静坐，又以主敬代替主静，原理亦与此相似，非可以放闲随意得之，而须以斋敬之心处之。一位艺术家若能凝神不释，自然神与物化；能主客合一，自然遗去机巧；能意冥玄化、遗去机巧，自然陶融太和，如醇酹、如享太牢，在沛然充足中，显现心之自由与无限。这便是技进于道的境界了。

所谓神与物化，正是《鹤林玉露》卷六记曾无疑论画草虫所说的："不知我之为草虫耶？草虫之为我耶？"我与物、主与客之间，无一毫间隔，化合为一。董迪说范宽作画"神凝智解，无复山水之相"者，即是此境——忘象之境。

忘象也者，如前文所举雪中芭蕉、六月冰峰之类，皆是忘象所得。作者玄览冥契，自然无定象可执，所以它与忘我是相依而生的。在虚静心的观照下，见物我之同一，将外物所附着的知解诱引，完全消纳丧忘，于是我执遂也因丧失了对象而无所挂搭，由内至外、由外至内，层层摆落，而显虚灵不昧、觉而能照之心。

在这种情况下，物我自然玄同为一。这是主客合一或无主客对立的超经验观悟，我见物之自然，我本身也随物之自然呈现而存在，人见其人、物见其物。此事在哲学修为中不难理解，但在艺术创造中却成为一种吊诡。因为无论作诗、画画、或弹琴，都必须观象而不能忘象；其经营与表现，更须借助线条、文字和音符。此即有"迹"，有迹便有执者，便不能见道。此所以宋人要说"小诗妨学道"，而老庄也要强调言不尽意了。然而，事实上语言与线条等，乃是无法抛弃的，《容斋随笔》便说"老庄灭绝礼学，忘言去为，而五千言与内外篇，极其文藻"（卷十六），直接指出这层吊诡。要解开这个吊诡，只有仍回到老庄的系统里去，采取"言无言"的态度。

本来所谓忘言，即类似前文所说佛家异法门的遮诠方式。因为以言不能尽意，故所言者并非意之本身；但言毕竟不能完全抛弃，那么就只好"忘"了。忘言，故其言乃是"言无言"、其无言乃是"渊默而雷声"：无言之中有至言妙道，而至言妙道虽澜翻泉涌，言之不穷，而终若未尝言。王夫之《庄子解》："庄子既以忘言为宗，而又繁有称说，则抑疑于矜知，而有成心之师。且道惟无体，故寓庸而不适是非；则一落语言文字，而早已与道不相肖。故于此发明其终日言而未尝言之旨。使人不泥其迹，而一以天均遇之……而得鱼兔以忘荃蹄。”（《解寓言篇题旨》）即指此义而言。

以东坡为例，他曾有诗说“师已忘言真有道，我除搜句百无功”，有道僧人之忘言，本是与诗人搜句恰好相反的态度，但等到诗人转而说“清吟杂梦寐，得句旋已忘”时，便是虽得句而未尝得句，虽言而忘言了。且句而曰得，又显示了文章本天成，诗句本身乃是自然浮现的，诗人天机辐辏，妙手偶得，并非自我创造而来，故又有诗云：“春江有佳句，我醉堕渺茫。”曰醉、曰梦，其实都是“放入括弧”（einklammern）中止判断的处理方式，也就是忘。他并不否定诗句可以为一客观的存在对象，但他忘了；他是诗人，但是也已忘言了。

这种处理方式，为道释所同。山谷《文集》卷七七《题赵公佑画》：“余未尝识画，然参禅而知无功之功，学道而知至道不烦，于是观图画悉知其巧拙功楛、造微入妙。”“无功”亦见庄子《逍遥游》，可见此处山谷乃会合而言之，态度与东坡相同，故其论言与默亦相似。《听崇德君鼓琴诗》：

> 两忘琴意与己意，乃似不着十指弹。禅心默默三渊静，幽谷清风淡相应。丝声谁道不如竹？我已忘言得真性。罢琴窗外日沉江，万籁俱空七弦定。（外集卷二）

琴（客）我（主）两忘，言相俱遣，即是崇德君琴声的高境，弹者既不似十指所弹、知音亦在绝弦，岂不与董迪《广川画跋》卷四《书李营丘山水图》所说“为画而至相忘书者”、卷六《书记室藏山水图》所说“初若可见，忽然忘之”，手眼相似吗？非言非默，所以言无言，终身言，未尝言；终身不言，未尝不言。这是因为所言者为物自身，而物自身是物以自己而存有，因此言虽出自我口，却等于非我所言，我本身并无心无情附丽于物上。

关于前者，苏辙《墨竹赋》讲得最好：“始也余见（竹）而悦之，今也悦而不自知也，忽乎忘笔之在手与纸之在前，勃然而兴，而修竹森然。——虽天造之无朕，亦何以异于兹焉？”（《乐城集》卷十七）竹虽是我手所画，而且画在纸上，但那却只是物自身之呈现，天机森然，并无造之者。其所以如此，是因作者忘言，而且绝待，故竹纸笔皆非耸立在我面前的对象。[①]

关于后者，真德秀《送萧道士序》讲得最精彩：“今子戒于言而归于默。善矣；顾未能亡琴与诗焉。是知多言之害，而未知多艺之累也。子默然而笑，曰：‘有是哉？然琴以养吾之心，而吾本无心；虽终日弹，而曰未尝弹可也。诗以畅吾之情，而吾本无情，虽终日吟，而曰未尝吟可也。琴未尝弹，与无琴同；诗未尝吟，与无诗同。曾何累之有哉？’余曰：‘子之言达矣！’”（文集卷廿八）以无心无情应物，何晏所谓圣人无情，人哭亦哭，人恸亦恸，陶潜所谓真意既得，方欲辨之，即已忘言，都是此说的远源。他们视有心有情于物，为知识与耳目的错觉或陷溺，所以摆脱自我情识的执着，因物付物，借无心而忘言。[②]

透过这些方法来忘言，究竟有什么好处呢？一真绝待的“道”，固然是超绝言鉴，非语言所能见能尽，但诗所表述的经验并不等于“道”，何以也必须忘言呢？

忘言在艺术创作活动中最大的好处便是：唯有忘言，才能

---

① 这种创作形态，正是《五灯会元》卷二一昙颖达观章次记谷隐蕴聪语所说的“此事如人学书，点画可效者工、否则拙，未能忘法耳。当笔忘手，手忘心乃可也”。由这条引文，不但可以知道当时谈艺者每征引哲学以为譬况，也可以看到他们用艺术创作来譬喻修道法则的例子。

② 此即无心无意于文，吕本中批评曹植《七哀诗》宏大深远，“非复作诗者所能及，此盖未始有意于言语之间也”（《与曾吉甫论诗第二帖》）。无心无意于文字，则其创作便不是“作”，正是言无言的形态。

发挥语言最大的功能，并最精确地表现宇宙。杜夫润（Mikel Dufrenne）所说“艺术家的语言，越缺少表现力——亦即越沉默、越谨慎、越非个人——他越能表现自己”，或可为此提供一个注脚。[①] 凡是越注重语言表现的艺术家，其执溺愈重，因为他在创作时，对象兀然森然矗立眼前，他一方面受这个对象（文字）所牵引、限制，无法超越文字所提供的认知经验而独观万物；一方面又视文字为外在的敌手，与之搏斗，努力地去驯服它、锻炼（依自己的意思去扭曲）它。其结果便是陷落在文字中，左缠右缚，如涉大海。山谷说今之诗人，玩于辞，以文物为工，终日不休若舞，故其声譬如候虫（文集十六《毕宪父诗集序》），指的就是这种情况。[②] 放翁也宣称“恨我未免俗，吟讽勤雕镌”（《夜雨》），“林逋语虽工，竟未脱缠缚”（《湖林梅开》），并叮咛诗人：“叮咛一语宜深听：信手题诗勿太工。”（《和张功父见寄》）文字工巧，只是俗调，避俗求雅，唯在信笔。信笔，正是无所用心之意，与“忘”有相同的效果。

《苕溪渔丛话》前集卷十九引《蔡宽夫诗话》说：

> 子厚之贬，其忧悲憔悴之叹，发于诗者，特为酸楚……卒以愤死，未为达理也。乐天既退闲，放浪物外，若真能脱屣轩冕者，然荣辱得失之际，铢铢校量，而自矜其达，每诗未尝不着此意。是岂真能忘之者哉？亦力胜之耳。唯渊明则不然，观其《贫士》《责子》与其他所作，当

① 详刘若愚《中国文学理论》第100页。

② 文字本身有其局限，亦具虚妄性。前者如黑格尔、尼采等人所说，文字宣示心蕴既过而又不及，或如歌德所说，事物之本质特性非笔舌所能传；后者如边泌谓语言能幻构事物，斯宾诺莎谓文字为迷误之源。皆可与此处所论相参证。

忧则忧、遇喜则喜，忽然忧乐两忘，则随所遇而皆适，未尝有释于其间，所谓超世遗物者，要当如是而后可也。

透过一切无的功夫，剥除人我言象诸障，而显万法自在，则其虚静心自不胶滞于任何人、事，此则能与世淡然相忘。如陶渊明之类，便是宋人所欣赏的一种典型。然而我们若再看郭思言其父郭熙作画时，“每乘兴得意而作，则万事俱忘”，便可知道，艺术创作本身便是剥除梏桎、淡然忘世的工作，一位心法无执的作家，不但可以借诗画而忘世，也忘了诗画本身，不用智巧，臻于无待。

无待，是从一切形器之拘限中，得到大自由、大解脱，如楼钥《攻愧集》卷七十《跋东坡题韩幹马诗》所云。就作者而言，其无待必须摆落的“待”（对象、凭借），包含一切人事与所要创造的艺术作品两方面，已如上述。前者是忘我忘世，后者是忘象忘言。一切艺术评价的标准，即以能否经此忘丧而无待来判断。例如山谷《毕宪父诗集序》分析诗的三个层次：以文物为工者，如候虫之声；不得其未尝忘我忘世；第三种才是渊默而雷声的大雅之声。陆放翁也有类似的区分，文集卷十五《曾裘父诗集序》说：“若遭变遇谗，流离憔悴，自道其不得志，是亦志也。然感激悲伤，忧时闵己，托情寓物，使人读之，至于太息流涕，固难矣。至于安时处顺，超然事外，不矜不挫，不诬不怼，发为文辞，冲淡简远，读之者遗声利、冥得丧，如见东郭顺子，悠然意消，岂不又难哉？”意指山谷所说后二者而言，高下显然可判。且放翁此文专谈诗人之志，而不及其艺术表现，也可以让我们知道山谷所说寂寞无声的无待之境是包括这两方面的。

今若不管诗人之志，专就艺术表现来看，则我们也应该考虑两方面：一是忘言的创作活动本身，二是忘言时作者与其描写对象之关系。

就如山谷、放翁一样，当时人多认为诗歌创作活动中，境界最高的应是忘言的创作形态。徐瑞《论诗》诗："大雅久寂寥，落落为谁语？我欲友古人，参到无言处。"(《松巢漫稿》)邓允端《题社友诗稿》："诗里玄机海样深，散于章句领于心。会时要似庖丁及，妙处应同靖节琴。"都代表了这种看法。靖节琴，就是彭泽意在无弦的无弦琴。琴意既在无弦，诗意亦当忘言无言。[①]何以如此？言以表意，但意却非言语所能尽，因此读者必须因言以求意，勿泥言语以为即是意，所以要忘言而得意；至于作者亦然，技巧与语言本是工具媒介，意虽借此以传达，言语却非道意本身，所以山谷才说"觅句真成小技，知音定须绝弦"，陷落在文字窟里的人，是不能了解诗意的。葛立方《韵语阳秋》卷三说："刘梦得称白乐天诗云'郢人斤斫无痕迹，仙人衣裳弃刀尺；世人方内欲相从，行尽四维无处觅'，若能如是，虽终日斫而鼻不伤，终日射而鹄必中，终日行于规矩之中，而其迹未尝滞也。山谷尝与杨明叔论诗，谓'以俗为雅，以故为新，百战百胜，如孙吴之兵，棘端可以破镞；如甘蝇飞卫之射，捏聚开放，在我掌握'，与刘所论，殆一辙矣。"呼应山谷，颇得其实。诗人唯有在忘言的艺术创作活动中，才能摆脱语言的限制，发展其无限可能。且诗人既能转识成智，以法眼观之，无俗不真；其语言之运用，当也应能化俗为雅，捏聚开放，在我掌握，"无穷出清新"。这种推论，完全合理。但我们应注意：诗既以忘言无声为最佳，画本身却是无声诗，因此这一诗往往与画相同，东坡云"诗画本一律"，又说"味摩诘之诗，诗中有画"；山谷也认为苏李画枯木道士，是"取诸造物之炉锤，尽用文章之斧斤"（文集卷一）；此与欧阳修《盘车图诗》所讲"忘形得意知者寡，不如见诗如见画"（文集卷二），原理相同。画既画意不画形，诗若不能忘言得

① 禅家有时也把本心称为"没弦琴"。这也是艺术创作与人生境界之追求完全密合的例子。

意，何以能如画呢？

就作者创作时与描写对象之关系而言，也会碰到同样的问题。就如子由论文与可画竹，是天造之无朕那样，在忘言绝待之中，艺术创作本身乃是天机而非人力，“得句若有神”。其所以为天机者，在于作者不但不以作品为一对象（忘言），其所面对的宇宙万物，他也不视为一峙立在我身心之外的对象，不是扪毛辨骨、揣色侔声，而是身与物化、人与画会，得其性、尽其情，故能传其神。其画物写物，不以目视而神遇，一出于玄心与达观，所以物皆自得，自我呈现。换言之，这是在创作时，以我之凝神，来掌握物之神，而相与俱化。晁补之《跋李遵易画鱼图》说：“遗物以观物，物常不能度其状……大小惟意，而不在形；巧拙系神，而不以手。”（《鸡肋集》卷卅二）即是此意。前两句谓观物之态度，必须以遗物的方式为之，嗒几翛然去智，以观天机之动，不以物为对象，忘象而得意，则物之精神特性才能呈现；中两句说观物得其意、得其神，而不可执着于物象，艺术创作时亦然；后两句则说艺术创作之高下，在于作者能否以我之神见物之神，却不在手笔技巧之中。

关于我之凝神，可以董迪评李咸熙画的话为代表，他说咸熙“于山林泉石，盖生而好也。积好在心，久则化之；凝念不释，神与物忘，则磊落嵌奇蟠于胸中，不得遁而藏也”。因神凝，而至物忘，自我与物化合为一，正是郭熙所谓“欲夺造化，莫神于好……目不见绢素，手不知笔墨，磊磊落落，杳杳漠漠，莫非吾画”之境。作者由摹拟外物，变成自己与物共同参与天地之造化。

关于得物之神，是与得物之形相对而说的。张耒诗：“少年词笔动时人，末俗文章久失真；独爱诗篇超物象，只应山水与精神……”（卷廿六《李贺宅》）凝神不分的创作形态，本是官知止而神欲行的，以此精神观取外象，其所见当然亦属象外之精神，而非象内之妍媸，得“象外之象，境外之境”（李洪《芸庵类稿》卷六《橛株集序》）。东坡题文与可墨竹说与可竹石“荒怪轶象外”，又说李龙眠《阳关图》“画出阳关意外声”，关捩皆与此同。唯其超以象外，得物之精，故其作品有韵味。山谷《题摹燕郭尚父图》说：“凡书画当觏其韵。往时李伯时为余作李广夺胡儿马……余因此深悟画格，此与文章同一关纽，但难得人神会耳”（文集卷廿七），韵味是因得其神而来，观者欲赏其韵，亦当以神会之，此文讲得非常清楚。葛立方《韵语阳秋》卷十四分析欧阳修、苏东坡等人的不论形似之说，云“非谓画牛作马也，但以气韵为主耳”，也是此意。宋人论诗文之“高格”，亦往往以此辨之，故邵博《闻见后录》卷廿七说：“意不在以者，太史公之于文、杜少陵之于诗也。独长安中隐王正叔以余为知者。”前面，毫无问题，是以形似和神似为价值判断的依据；最后一语，则似乎可兜回我们的论旨上：这不是道家形态的转识成智途径吗？

### 3. 禅宗：经三关而透脱

道家之渊默忘言，在宋朝诗人画客的理解中往往与禅合论，如前所述，谓禅心渊静则可忘言得性者，实不鲜见。据晁迥《法藏碎金录》所说：“白乐天有诗云‘是非都付梦，语默不妨禅’，余因拟之，稍加增易，别为七字句云：‘色空辨相何妨道，语默由心不碍禅。’”（卷四）“是非都付梦，南华真人指归也；语默不妨禅，竺乾先生指归也；和会发明，西鄂居士指归也。”（卷五）可知当时人在这里往往是会合庄禅而说的，语默既皆不妨，故未必定属言语道断，这才可以开展出诗来。

然而，老庄以忘为功夫，当“无”以观其妙，禅宗却不许用功夫，即用功夫亦无一定之法则，这便与老庄异趣，也与诗无关了。无谓不许用功夫？这并非指禅宗之禅定禅观不是修行功夫，而是说它与一般的功夫含义不同。一般哲学或宗教之讲求内心修养时，若要求此心之自主，必以求得此心之能止能定为其目标；而其功夫下手处，则都是求此心之止于或定于其知之对象，而更与之冥合。《大学》的“定、静、安、虑、得”或老庄之虚静观照，皆是如此。禅宗则不然，禅观禅定功夫，只在对一义一境已知已解而更求定止于其中而观之时，才有禅定禅观可说。[①] 苏辙《书白乐天集后》二首，论此义甚晰：“欲两不堕，必辨真妄，使真不灭则妄不起，妄不起，而六根之源，湛如止水，则未尝息念而念自静矣。如此乃为真定；真定既立，则真慧自生，定慧圆满而众善自至，此诸佛心要也。”（《乐城后集》卷廿一）所谓两，是指动念与息念，一般修行功夫，都是拨乱反正的路子，如儒者之克己去私、老庄之无知无欲，都主张浇息妄念，则本心虚灵可显。独此不然，先辨真妄，唯有对真性已知已解时，妄心自然不起，慧善自然而至，日夜游于六根而两不相染。这事实上乃是无功夫的功夫，未尝息念而念自静，就是说未尝用修行功夫而能达成修行的目的（已达此目的，而欲定止于其中游观，才须要禅观禅定的功夫）。《传灯录》所说精修用功无与根本，正须如此理会。

一入手即擒住根本，明心见性，自然成佛，这在理论上固然精彩，但实际修行时却很难如此，仍不能不有一定的修行次第。早期的禅观，多主张须历种种位次（如五停心、四背舍等）以成观。慧能以后，既以明心见性为宗旨，理论上即不得不排斥修行次第之说，如永明禅师《万善同归集》中引《思益经》云“人正位者，不从一地至十地”，并说：“《楞伽经》之寂灭真如，有何次第？何乃捏目生华，强分行位？”但事实上唯识法相的《楞伽经》本身是讲修行位次的，禅宗虽在理论上否定修行位次，而实

① 参见唐君毅《中国哲学原论·原道篇》（台北：学生书局）卷三第十四章《宗密论禅原与禅宗之道》第三节。

际修持中却不能舍弃，所以又为调停之说云："于无次第中而立次第，虽似升降，本位不动……"这种理论上的转变，证诸后期禅家实际参悟的情形，尤为明显。

据宗密对禅宗的分析，禅家略可分为三宗：一为息妄修心宗，息我法之妄，修唯识之心，为禅宗之渐教，与天台及神秀门下意趣不殊。二为泯绝无寄宗，万法本来空寂，法界固为假名，心亦无有，故无法可拘、无心可修，石头、牛头、径山属之。三为直显心陆宗，自性本来清净，若明本心，立地成佛。宋代禅学，如临济、曹溪、洞山诸宗，大抵都属第二、第三类，而尤以直显本心为主。但是这些直显本心的禅师们却无不讲究参禅，参本身即功夫义。这种功夫固然是"于无次第中立次第"，不须有一定的次第，而可随机自运，构成禅机，然其为功夫自若。不但如此，禅师之参悟，也必求人印可，《宋元学案·衡麓学案》引胡寅《崇正辨》说"自达摩而后，凡参禅悟彻者，必求人印证"，即指此言。何以要印证呢？因为无任何功夫之保障时，直指、立地，其所见之心所明之性，究竟是邪魔？外道？小乘？还是大乘？印证就是要对参禅者境界和功夫作一估量。[①] 禅本身是不讲功夫的，修行中虽不能不有功夫，却无一定次第；可是这一印证、这一估量，却显出次第来了。

这个次第，便是禅宗的"三关"之说。三关之作，始于百丈大师。而禅宗自南岳青原二支以下，五家七派，花样百出，参其旨归，则都不外乎三关。有趣的是：三关与华严四法界、

---

① 《沧浪诗话·诗辨》"禅家者流，乘有大小，宗有南北，道有邪正。学者须从最上乘，具正法眼，悟第一义。若小乘禅、声闻辟支果，皆非正也"；《诗人玉屑》卷五"韩子苍云：作诗文当得文人印可，乃自不疑"，"公云：诗道如佛法，当分大乘、小乘、邪魔、外道"。

天台五略二谛，原理几乎完全一致，所以宋人往往喜欢讲禅教合一，如本嵩《华严七字经题法界观三十门颂》一书，就以禅宗的具体譬喻华严的真空观、理事无碍观、事事无碍观中之各门；法眼宗之十玄六相、曹洞宗之依理事言五位君臣，也有取于华严。至于永嘉玄觉《证道歌》及临济之“重、破、夺”等，由天台转手，尤不待论。教外别传者，浸假而同于教下，关键就在功夫之不可舍。

就诗来说，诗人消除生命中的杂染、勘破文字的执障，都是息妄修心宗，而非直显心性或泯绝无寄。后者开展不出诗来。诗人论参禅功夫，也仅就辨诗道之正邪与得人印可上说，初不管诗人是否能无念寂照、直显本心。如沧浪之辨大小乘与邪魔外道，韩子苍之论诗文须得文人印可乃自不疑，都与参禅学诗之说有密切的关系。尤其是韩子苍，一方面讲饱参得正法眼，一方面又主张诗须本之于学[①]，可见参诗也者，着重其功夫义，其功夫之进程，则为三关。不同的功夫，显出不同的境界，故三关同时也显示了参禅学诗者的造诣。

再就禅与老庄的分际来看，直显心性的禅宗，认为一切众生皆具如来智慧，为其本觉。觉则为佛，不觉即有妄想、即为众生，确与庄子丧我则为天籁、执我则为地籁、人籁之说相似；但庄子心斋坐忘皆其功夫，禅则无此功夫，有之，则为三关之说所显现的功夫境。巴壶天《艺海微澜》一书中曾举庄子《应帝王》篇壶子四示一段，与禅宗三关相比较：

---

① 韩驹论诗人须本于学，见《诗人玉屑》卷五。严羽也说：“若以为不然，则是见诗之不广，参诗之不熟耳。”所以他主张采汉魏晋宋南北朝沈宋王杨卢骆陈拾遗开元天宝李杜大历十才子元和晚唐苏黄以下等诗而熟参之。这几乎是无书不读了。

| 《庄子·应帝王》有关壶子四示一段原文 | 成玄英说（见《庄子疏》） | 释德清说（见《庄子内篇注》） | 杨文会说（见《南华经发隐》） | 胡远濬说（见《庄子诠诂》） |
| --- | --- | --- | --- | --- |
| 郑有神巫，曰季咸，知人之生死、存亡、祸福、寿夭，期以岁月旬日如神。郑人见之，皆弃而走。列子见之，而心醉，归以告壶子曰：“始吾以夫子之道为至矣，则又至焉者矣”。壶子曰：“吾与汝既其文，未既其实，而固得道欤？众雌而无雄，而又奚卵焉？而以道与世亢必信，夫固使人得而相汝。尝试与来，以予示之。”明日列子与之见壶子，出而谓列子曰：“嘻！子之先生死矣，弗活矣。不以旬数矣。吾见怪矣，见湿灰焉。”列子入泣，涕沾襟，以告。壶子曰：“向吾示以地文，萌乎不震不正，是殆见吾杜德机也。尝又与来。” | 壶子示见义有四重，此第一示，妙本虚凝，寂而不动也。 | 此下三见，壶子示之心不测之境，此即佛门之止观，乃安心之法也。地文乃安心于至静之地，此“止”也。 | 此以奢摩他显真谛，理证空如来藏。 | 地文示以纯坤，老子所谓归根也。而巫咸但见其静，故谓之死。 |

续表

| 《庄子·应帝王》有关壶子四示一段原文 | 成玄英说（见《庄子疏》） | 释德清说（见《庄子内篇注》） | 杨文会说（见《南华经发隐》） | 胡远浚说（见《庄子诠诂》） |
|---|---|---|---|---|
| 明日又与之见壶子，出而谓列子曰：“幸矣，子之先生有瘳矣。全然有生矣。吾见其杜权也。”列子入以告。壶子曰：“向吾示之以天壤，名实不入，而机发于踵。是殆见吾善者机也。尝又与来。” | 此第二示，垂迹应感，动而不寂也。 | 天壤谓高明昭旷之地，此即“观”也。 | 此以三摩钵提显俗谛，理证不空如来藏。 | 天壤示乾坤交媾，老子所谓虚而不屈，动而愈出也。巫咸但见其动，故谓之有生。 |
| 明日又与之见壶子，出而谓列子曰：“子之先生不斋，吾无得见焉。试斋，且复相之。”列子入以告壶子。壶子曰：“向吾示之以太冲莫胜，是殆见吾衡气机也。鲵桓之审为渊，渊有九名，此处三焉。尝又与来。” | 此第三示，本迹相即，动寂一时也。 | 言动静不二也。初偏于静、次偏于动，今则安心于极虚。动静不二。犹言止观双运，不二之境也 | 此以禅那显中谛。理证空不空如来藏。衡气机，止观平等也。 | 太冲莫胜，示以太极，《阴符经》所谓相胜之术也。而巫咸但见其动静无端，故谓之不斋。 |
| 明日又与之见壶子，立未定，自失而走。壶子曰：“追之！”列子追之不及，反以报壶子曰：“已灭矣！已失矣！吾弗及也！”壶子曰：“向吾示之以未始出吾宗，吾与之虚而委蛇，不知其谁何，因以为弟靡、因以为波流。故逃也。” | 此第四示，本迹两忘，动寂只遣也。 | 宗者谓虚无大道之根宗。安心于无有，了无动静之相，即佛氏之摄三观于一心也。 | | 至未始出吾宗，则示以无极，而动静泯绝。巫咸莫测谁何，宜其走矣。 |

上列表中成玄英、释德清、杨仁山等人所释四示境界，均援用佛理，“虽有四示，实为三关”：有→空→双照双遣。宋人之所以能以庄合禅，基本上亦建立在此一基础上。明乎此，而后可以论转识成智的禅宗途径。

叶梦得《石林诗话》卷上：“禅宗论云门有三种语，其一为随波逐浪句，谓随物应机，不主故常。其二为截断众流句，谓超出言外，非情识所到。其三为涵盖乾坤句，谓泯然皆契，无间可伺。其深浅以是为序。余尝戏谓学子言老杜诗亦有此三种语。”云门三句即是三关，据《五灯会元》十五《德山缘密章》，此三句可依《起信论》一心开二门之说为释：涵盖乾坤为一心门、截断众流为真如门、随波逐浪为生灭门。万物生灭流转、心识随之，故为随波逐流，如“春照阳和花织地，满林初哢野莺声”，如“落花游丝白日静，鸣鸠乳燕青春深”，妄念流转，对外境攀缘不止。这是有境，是重关，是立一切法之假谛。外止诸缘、息灭妄念，则为截断众流，石林以“百年地僻柴门迥，五月江深草阁寒”、天柱静以“昨夜寒风起，今朝括地霜”拟之，都是指其刮除剥落或远离一切境之攀缘，“远离愦闹，心如墙壁以入道”。这是初关，是空境，是泯一切法空谛。至于涵盖乾坤，则统一切法之中谛，首山念以“普天匝地”、石林以“波漂菰米沉云黑，露冷莲房坠粉红”、柏子地以“祥云弥宇宙”拟之，表示十方虚空、地水火风，诸色声香味触法，尽是本分，皆是菩提，无一物非我身，无一物非我自己。境智融通、色空无碍，获大自在，所以是牢关，是最上关。[①]

① 历来对石林这段文字皆无解释，张健《宋金四家文学批评研究》第206页、金英淑《叶石林的诗论》（韩《中国语文学》第二辑）虽有解释，但因二氏对佛学完全外行，遂把涵盖乾坤解为技巧高妙，把截断众流释为开门见山，把随波逐浪视为不用典不说教，均大谬。

这重关、初关、牢关，就是石林所说“其深浅以是为序”的修道历程，可见功夫之深浅；所以他又说：“若有解此，当与渠同参。”学诗如参禅云者，应从此处谈起：

参透黄陈向上关，肯将风月乞扬播？（刘克庄《后村大全集》卷十九《又和张使君》八首之五）。

士贵切磋宁独学？僧虽苦硬有同参？（同上卷廿二《寄题徐仲晦》）

少日曾经诸老学，传家自有祖师关。（张孝祥《于湖居士文集》卷七《次韵黄子余》）

受业初参且半山，终须投换晚唐间；国风此去无多子，关捩挑来只等闲。（杨万里《诚斋集》卷卅五《答徐子材谈绝句》）

吾友萧东夫，今日陈后山……邻邑黄永丰，与渠中表间。黄语似萧语，已透最上关。（同上，卷卅六《答赋永丰宰黄岩老投赠五言古诗》）

要知诗客参江西，正似禅客参曹溪。（同上，卷卅七《送分宁主簿罗宏材秩满入京》）

在这些文献里，所谓参三关而透达向上一关，指的都是功夫进程，例如杨诚斋所说，学诗须由半山上溯晚唐、再进接国风，拈定关捩，则其事不难，正如禅家之一镞破三关。这样的讲法，完全不触及心识转变或见性修心等义理问题，而只表示了一种诗学的功夫意义（虽然这种功夫意义必须建立在类似严沧浪、韩子苍那样划分诗道的基础上，才能成立；但所谓大小乘声闻辟支果等分判，原是佛家通义，与天台华严之判教相同，与禅家义理本身并无必然关联）。在此处论学诗如参禅时，参可能就只是指多读多看多作多学等纯粹用功的层面，而这也是宋人论参诗时最基本的层面。参之参之，经之营之，以待其不日成之，则豁然透悟，四窍玲珑。韩驹《赠赵伯鱼诗》所云“学诗当如初学禅，未悟且遍参诸方”，叶茵《二子读诗戏成》所云“翁琢五七字，儿亲三百篇；要知皆力学，未可以言传”，均指此言。

这种功夫（参），是始境而非终境，是用功处，而非归趋处，所以叶诗又说觉悟之后，“殊途归一辙，飞跃自鱼鸢”。

飞跃自鱼鸢，是指“觉”“得”之后，见物自身活活泼泼自得自在。这在理学家亦常如此说，可见从释从儒，其参和学之目的并无二致；而参诗之参，除了功夫意义之外，也还常有目的的指向。这是宋人论参诗时的第二个层面。上文所举刘克庄及杨万里最后一语，都显示了诗人参诗，所参之对象或参诗时的心理活动，皆与其目的指向有关，也与作者本身对诗歌创作活动之体认有关。试看葛天民《寄杨诚斋诗》所说：“参禅学诗无两法，死蛇解弄活泼泼；气正心空眼自高，吹毛不动全生杀。生机熟语却不俳，近代唯有杨诚斋。才名万古付公论，风月四时输好怀。知公别具顶门窍，参得彻兮吟得到。赵州挥在口头边，渊明诗写胸中妙。”可知参诗是以四窍玲珑、透辟无碍、活泼自在为目的；认为一旦参彻，则气正心空，所见即是所吟，口边胸中了无窒碍。这种看法，当然必须了解他们对诗歌创作活动的体认，才能确实地明白。

根据他们的看法，诗道有邪正之分，文章也有皮骨之别。皮者文字声律，骨者胸襟性情；学者若想换骨洗髓，不堕入邪魔外道，就必须参。参是以悟为目的的，悟者悟心；心若能活泼无碍，则口头笔下无不外现为跳脱自在。戴复古《论诗绝句》中有云：“欲参诗律似参禅，妙趣不由文字传；个里稍关心有悟，发为言句自超然。”徐瑞《雪中夜坐杂咏》也说：“文章有皮有骨髓，欲参此语如参禅；我从诸老得印可，妙处可悟不可传。”参是功夫，悟是归趣；参是深究于文字之间，悟是参到无言之处；参而未悟，只是力学不成的半截人；参彻而悟，则胸中流出，心底快活，触处皆诗，自不必学，也不必“作”。戴徐诸氏所论，大抵即是这类见解。张镃《题尚友轩诗》说“作者无如八老诗，古今模轨更求谁？渊明次及寒山子，太白还同杜拾遗，白傅东坡俱可法，涪翁无己总堪师。胸中活底仍须悟，若泥陈言却是痴”（《南湖集》五），也是此意。诗人之参诗，犹如禅客之参公案，未悟时遍参诸方，悟后一齐放下。若执着于公案诗句，则仍是痴，不是悟。换言之，诗人之“未悟且遍参诸方”，正是为了“一朝悟罢正法眼，信手拈来皆成章”。

“信手拈来皆成章”这种悟后之境，所强调的大致有三点：一是无言之言，二是无法之法，三是触见成句。

所谓无言之言，是说诗人本为心悟，而非笔传，他虽有丰富的知解知识、熟稔的诗学训练，但基本上他的心灵或性情，若无诗人之敏感或其他特质，便不能成为一位诗家。所以诗人之所以为诗人，主要是心悟。语言本身乃是媒介工具，其所能触及者亦只是经验现象，甚至只是美的幻觉（esthetie illusion），如果作者不能自悟本心，而想将他人文字所表述的现象或幻觉转化为自我的心源，那便是笔传学语，而非心悟创作了。对此，诗人们呼吁：

> 心非言传，则无方便；以言传之，又成瑕玷。（惠洪《石门文字禅》卷廿）
>
> 李北海以字画之工，而世多法其书，北海笑曰：学我者拙，似我者死。当时人不知其言之有味，余滋爱之。盖学者所贵，贵其知意而已，至其踪迹绳墨，非善学者也。（同上，卷廿三）
>
> 忘言之言，未始有言也；可道之道，未始有道也。（宋祁《文集》卷四五《云门录序》）

言既不足以传心，所以必须得意忘言。不独观览诗文时必须忘言得意，即使在创作时，也讲究忘言而言，山谷所说“我已忘言得真性”，是一明显的例证。

既是忘言而言，则其创作亦属无法之法；无法之法，即是活法。活水死水之分，始见于东坡《书蒲永升画后》[1]；于诗，亦有死法活法之分，《石林诗话》卷中：“今人多取其（杜甫）已用字模仿用之，偃蹇狭陋，尽成死法；不知意与境会，言中其节，凡字皆可用也。”活法因基本上只是心活，所以任何表现均可，本无一定规律。张元斡认为“风行水上，自然成文”，就是活法；张孝祥认为“纵横运转，如盘中之丸”，也是活法。此都极尽形容之妙。尤其是弹丸之喻，自吕居仁以来，诗家无不奉为圭臬，杨万里云“句似金盘柘弹流”（《和李子寿喜雨口号》）、“炯如柘弹走盘圆”（《和尤袤》），都可以看出他们主张活法，是希望“句法天然自圆熟”的。如鱼跃、如鸢飞、如水流、如风动，其中并不掺杂个人意念的造作，而是自然成文，意与境会。

这种意与境会的活法，就是我们所说的触见成句。诗人在此，犹如“千载参渠活句禅”的悟道老僧，心机既活，则死蛇解弄，万物无不以其本来面目示现，他信手拈来，无非禅机，更不必有心做作。山谷教徐俯作诗“不可凿空强作，待境自生则自佳尔”，即是此意。南宋以后，如杨梦信《题亚愚江浙纪行集句诗》“学诗原不离参禅，万象森罗总现前；触着见成佳句子，随机饤饾便天然”，张镃《携杨秘监签舟诗》“造化精神无尽期，跳腾踔厉即时追；目前言句知多少，罕有先生活法诗”，《觅句诗》“觅句先须莫苦心，从来瓦注胜如金；见成若不拈来使，箭已离弦作

① 见《经进东坡文集事略》六十卷。他认为蒲氏“性与画会，始作活水”，与叶梦得把“意与境会”视为活法的创作基础，机杼相同。

么寻”，《诗本诗》“诗本无心作，君看蚀木虫。旁人无鼻孔，我辈岂神通？风雅难齐驾，心胸未发蒙。吾虽知此理，恐堕儿闻中”等，皆属山谷嗣响。张氏《觅句诗》后二语，即东坡“作诗火急追亡逋，清景一失后难摹”之意，注重触境成句的“触”，犹如风水相触，亦是此理。在入境交触中，作者无心以应物，而见物如实相，万法森然，活活泼泼展现于眼前。这，就是参禅或参诗的最后境界：境智融通、色空无碍的最上关。

要能见这种物我无碍的最上关，必须具备一双“正法眼”。杨万里《送彭原忠县丞北归诗》“近来别具一双眼，要踏唐人最上关”，范温《潜溪诗眼》“学者先以识为主，禅家所谓正法眼；直须具此眼目，方可入道”，讲的就是这双眼。山谷所云“句中有眼”，也须如此理解。

由上所述，可知转识成智的禅宗途径，乃是冀求作者能够由参而悟，悟此本心圆觉，则一切自然实性圆成，不堕文字障中。三关之说，即在点明这种功夫的历程，学诗者苦参硬参，遍考前作，然后在最上关的关卡上豁然大悟，打通关隘，跨入本体现象相即相涵的圣凡无碍境地。李之仪《与季去言书》所说“说禅做诗本无差别，但打得过者绝少”（《姑溪居士前集》廿九）就是说诗人要勘破文字之执障，而进入牢关，必须具有大魄力大见识才行。此处即需有悟，悟了才能打得过。换言之，转识成智，关键即在此一转，宋人每教学诗者要拈住关捩、要悟，正显示了这是整个问题的中心。曾茶山《读吕居仁旧诗有怀》云“学诗如参禅，慎勿参死句。纵横无不可，乃在欢喜处。又如学仙子，辛苦终不遇。忽然毛骨换，正用口诀故。——居仁说活法，大意欲人悟”，辛苦参习、退笔如山，只是功夫，为学不能没有功夫，功夫却非终极归趣，倘不拈住这个关键诀窍，便很可能终身不悟，所以张炜《学吟诗》又说：“池塘春草英灵处，水月梅花颖悟时。我亦学吟功未进，每将此理叩心师。”池塘春草、水月梅花，皆自然呈现的物如实相，要见此相，须叩悟本心，此处说得极为清楚。

由此，我们可以发现：在参透三关的历程中，拟喻学诗如参禅的先生们，在消除情念、断绝妄缘、照见诸幻皆空等方面，几乎毫无发挥；他们重视的是直显心性而彻悟这一方面。这，当然十分吻合禅宗的特质。但是，正如前文所说，在实际修行时，必须具有功夫，这功夫不只是要求学者参公案参诗而已，它的目的在悟。目的既然在悟，便须在心上下功夫；若完全不谈息妄修心，功夫又着在哪儿呢？试看所有学诗如参禅的文献，他们对随波逐浪、截断众流等心识活动，虽然谈及甚少，但对诗人朝向文字这种外境攀缘，却非常在意，不断警告诗人禅客勿参死句，勿执着于文字。然而，要不执于文字，必须先是心法无执，唯其“无”心，始能“无”言。要“无”心，即不能不借重修行息妄的功夫。禅者在此，并无功夫，于是整个讨论便很容易由“无言”而滑入庄子的系统，例如上文所举张镃《诗本》诗，谓诗本无心、如虫蚀木，在山谷《题李汉举墨竹》一文中就是以庄子的轮扁斫轮来解释的（文集卷廿七）。我们虽不必如徐复观那样，断言一切以禅论诗文艺术者，讲的其实都只是庄子[①]，但也应知道，在所有转识成智的途径中，禅宗的途径最为奇特，看似热闹，其实门庭最为寥落。而且因它本身与诗文创作不甚相应，所以以参禅拟喻作诗时，纠葛也最多。一般学者，不了解这些纠葛，往往发生误会。例如郭绍虞《中国文学批评史》下卷第二篇论严羽之妙悟，误以为严羽只谈学者须从最上乘具正法眼，而不太着重功夫方面的一旦超悟。正是因为他不了解悟与功夫方面的纠葛所在，所以认为前者本诸范温、后者则为江西诗人所重。其

---

① 见徐复观《中国艺术精神》第 371-347 页;《中国文学论集续编》第 1—21 页。

实范温《诗眼》之说，源自山谷，原为江西诗人之共识，故诚斋才有“要知诗客参江西，正似禅客参曹溪”之说。郭氏误分为二，遂成了笑话。又如严羽《沧浪诗话》中论“悟有浅深、有分限，有透彻之悟、有一知半解之悟。汉魏尚矣，不假悟也；谢灵运至盛唐诸公，透彻之悟也”，几乎所有的研究者都搞不懂他的意思，认为沧浪既说汉魏晋唐诗为第一义，又说汉魏不假悟、晋唐为透彻之悟，“不免有些虚玄，措辞失于含混笼统”[①]。实则第一义与小乘声闻辟支果等，均指其成就之高下而言，不假悟云云，则指其功夫进境而言。透过功夫修持而悟，其悟有深有浅，谢灵运至盛唐，是悟而透彻的，所以其成就是大乘的境界。但同属大乘境界的汉魏诗，乃是本来如斯，自然呈现，不待功夫历练，故与晋唐不同。学者不能没有功夫，所以他要人“功夫须从上做下”，博取楚辞汉魏晋唐诗集，朝夕讽诵，酝酿胸中，“久之自然悟入”。换言之，就参之功夫言，才有悟的问题；如果只是直显本心，照见山河大地，则亦无所谓悟。就三关来看，悟亦是一种功夫的历程，必有此功夫、必经此历程，才能入道。包恢《答傅当可论诗》说“前辈尝有‘学诗浑似学参禅’之语，彼参禅固有顿悟，亦须有渐修始得”（《敝帚稿略》卷二），只是惑于禅者顿悟之谈，不知所谓一旦顿悟，即是渐修所得；但他发现了学诗参禅之说必须要讲渐修，识力仍是超人一等的。我们今天处理参诗的问题，对于这些前车之鉴，自须格外留意。因为这种参诗如参禅的讲法，才是宋代深受理学渍润的文人诗客所能接受的，严羽朝夕讽诵以待其久而自然悟入，不是与朱子《大学补传》所说“至于用力之久，而一旦豁然贯通焉，则众物之表里精粗无不到，而吾心之全体大用无不明”同一路数吗？

真德秀《跋杨文公真笔遗教经》一文，更曾对这条路向有说

① 见张健《沧浪诗话研究》（台大“文史丛刊”）第22页。

明："自禅教既分，学者往往以为不阶语言文字，而佛可得。……今观此经以端心正念为首，而深言持戒为禅定智慧之本。至谓制心之道，如牧牛、如驭马，不使纵逸，去瞋止妄、息欲寡求，然后由远离以至精进，由禅定以造智慧，具有渐次梯级。非如今之谈者，以为一超可到如来地位也。宜学佛者患其迂而不若禅之捷欤？以吾儒观之：圣门教人，以下学为本，然后可以上达，亦此理也。学佛者不由持戒，而欲至定慧，亦犹吾儒舍离经辨志，而急欲大成。……儒释之教，其趣固不同，而为学之序则有不可易者。"(《西山题跋》卷二)

### 4. 结语

一国的文学，必与其思想背景有密切之关联，而我国之文学创作和批评，又特别重视作者人格生命之完成，因此，整个诗论或艺术精神之发展，往往与思想之架构及走向相符应。宋代之诗论及其他各种艺术理论，虽然流派庞杂，各人异辞，但其整体结构仍是可以勾勒的，其基本原理仍是可以描述的。我们的描述，借用了唯识宗转识成智的理论模式。此一模式，大抵为儒道释三教所共有，故宋祁《笔记》卷中说："释迦文殊，剟言之瘢、刮法之痕，与中国老聃、庄周、列御寇之言相出入。大抵至于道者，无古今华戎，若符契然。"值得注意的是，这一模式不但显示了儒道释三教的基本特质，也是宋代或我国文艺理论的基本结构。我们可以断言：要了解整个宋代诗学，除此之外，别无他途；而金元明清的文艺评论，基本上仍衍宋之绪，故亦不能自外于此一途径。[①] 虽然他们本身不一定能如宋人那样，对创作或批评活动有充分自觉，但幢幢来往于此一思想文化系统中，大筋结大根本

① 在此必须特别提醒读者：诗学文献中，虽然基本架构相似，而时代前后自有参差，派别不同，论点亦多争议，其中个别差异仍是很大的。

处仍是不可移易的。

从前的研究者，因为对此较无认识，其研究自然颇有些指鹿为马的错误。例如郭绍虞，对宋诗可谓用破功夫，但其议论，如“宋诗纯形式主义”“反对浮华，为江西诗人时至骨换的关捩所在”“陆放翁证悟到炽热的现实生活才是创作的无尽宝藏。以此为前提，艺术技巧才能有用地为积极的思想内容服务”等，可谓触处皆误。[①] 郭氏如此，其他自不必论。近数十年来，能认识到这一模式特质之重要性者，似乎只有徐复观、刘若愚、叶维廉三氏。

徐复观《中国艺术精神》一书，对超越主体的抉发，与庄学精神在诗画方面的展现，论析甚精。但他忽略了儒释两家也都能开展出这一艺术精神；以至于把魏晋以后的艺术精神发展完全归功于庄学之影响，并认为此一艺术精神只宜于山林淡泊之士，欠缺社会投入的一面。因此，就他的讲法，几乎根本无法处理学诗如参禅的问题；对宋代以后诗学理论的整理，也罕有助益。这点可以用徐氏自己的文章来证明。像他在《宋诗特征试论》一文中，对参诗的问题便毫无解释，对诗与人格修养的问题也一笔滑过，对山谷诗之剥落浮华、澄汰感情，则以感情之理性化为说。殊不知澄汰感情，透见物之本性实质，正是转识成智的功夫，唯有转化情识，才能进入道的境界。理性本身也是识执，识执加上识执，怎么可能“要求诗像庄子之所谓道的境界与形象”呢？这些都是徐氏明而未融之处。至于魏晋与宋以后之艺术精神不同处，他也不太清楚。

刘若愚《中国文学理论》一书，特辟形上理论一章，根据徐氏所论，更加推衍，并援引现象学批评家杜夫润（Mikel

① 参见郭氏《宋诗话考》第10、79、86页，及其主编之《中国历代文论选》中册第222、136页。

Dufrenne）之说辅助说明，非常清楚。然而，他虽一再申言表现理论与形上理论之不同，但事实上，所谓形上理论与表现理论乃是不可分的，必须就诗言“志”上说，才能发展出参悟之说，严羽《沧浪诗辩》劈头就说学者入门立志须高，可以隅反。而且，像表现理论、审美理论、技巧理论、实用理论等平列的划分，是否能表现中国文学理论的整体结构呢？据我们所知，技巧理论、形上理论等之间，并非分隔的，而是一个系统之内的层次划分，因此在评价时也有高下。像戴复古、黄山谷等人在参悟说的系统中谈诗之实用问题，即不能脱离这一理论系统而单独地了解。所以我们有必要将这几类理论重新调整为立体的架构，许多理论间的复杂关系也才能得到清理。

徐氏强调的心斋坐忘，其本人曾以纯粹意识来说明，刘若愚称之为二度直觉（second intuition），叶维廉则名之为具体经验或纯粹经验。《严羽与宋人诗论》一文中，叶氏认为像苏东坡虚怀纳物那样的理论，正是直取具体世界或自然本身而摆脱知性干扰的直觉主义（intuitionism），而黄山谷等人则偏重法度格律的一面，因此而形成宋代诗论的两大发展。这当然是种误解，误解来自于叶氏对山谷之所谓“眼”及严羽之所谓“悟”不太了解，以致把主张无意于文的山谷视为“刻意用心创作的诗人”，把主张多读多讽诵的严羽视为不待功夫而悟。不过他文中也提到了两个值得深思的问题：一是严羽禅悟之说似乎来自宋儒；二是这类理论带有心学的色彩。这两个问题，叶氏无力处理，但它在我们这一解释系统中则都有完整的解答。①

现在我们推荐的这一理论系统，不但能补充上述诸家的缺憾，也能符合并解释宋代所有诗学文献，说明中国艺术精神的特

① 此处所谈，仅就涉及宋代诗学的部分而言。其他相关的文章与论旨，可参郑树森《现象学当代美国文评》（《中外文学》九卷五期）。

质。而这一特质在与西方对照时更具特色：西方文学批评的理论，夙以重视逻辑分析、情欲之挣扎与冲突、悲剧精神为特色。而此一特色，可说是全属于遍计所执、依他起性等识执的范围；转识成智，经由纯粹意识之直觉而达成的自由与无限，在他们认为，乃是人所不能达到的，只有上帝才具备此一能力；因此它们是不能提升的，要提升只有迅速转入宗教，在皈依中得到澄静与安宁。

我们必须指出：不能经由纯粹意识之直觉而展现人的无限，乃是西方哲学最大的局限。人不能具有这一直觉，见物自身便不可能；不能见物自身，物便永远是人类识心之执的对象，形成主客对立的世界观；由此世界观发展出来的，乃是认识论、范畴、法则、逻辑、数学、理性等。[①] 然而，这一切认知或感情对象之存有，可能正如佛家所说，是虚幻的。人如何肯定它们的存有和价值呢？这就只好归为上帝了。以笛卡儿为例，笛卡儿怀疑一切事物的真实性，认为只有凭借着理性之光所察照出来的一些基本原理才是真理。理性之光是什么呢？即是“我”，我的思维。笛卡儿曾说“我思，故我在（Jepense，donc je suis）”，这个我，是个思维我，思维的本体。这是一切存有被肯定的基础。不过，此一思维我之存在，必须承认另外两个实体：上帝与物质世界。上帝是人类先天本有的观念（所谓内在观念，innate idea），也是我之所以能恒存的保证；而因为上帝存在，它令我们感受到的物质世界也必然存在。这种哲学见解，把中世纪以前人类的存有观念拉回到对自我主体的关注上，实为一大进步。但笛卡儿最大的困局，就在于他不能摆脱西方哲学传统，要由理性、透过上帝来肯

① 悲剧精神，基本上必须建立在“对立”上，人与外在世界对立，形成命运悲剧的问题；人与自我对立，则形成性格悲剧的问题。性格悲剧之所以为一种根源性的挣扎与撕扯，正因为它本身是矛盾的。

定物之存在。上帝虽然是整个肯定的保证，可是有内在的上帝观念并不能保证上帝是真正的实体存在，所以在他的哲学中，真正的实体只有“我”，而这个我与客观的物质世界又无路可通，这便如何是好呢？

在知识论中，“所有想借由概念来扩展我们对象先验知觉的尝试都已失败了”之后，康德提出了新的处理方法：将对象划分为“现象”与“本体”（thenomenon and nounenon），物自身本体的对象，是人类纯粹理性所无法达到的领域，唯有假借一种人类所没有的直观模式，才能察见。这种直观模式，蔡美丽译为睿智的（intellectual），牟宗三则译为智的直觉。基本上他承认具有此一直观能力的乃是“无条件者”（the unconditioned），是不在因果序列中的第一因，是上帝。但是，人类的纯理性批判只能想到本体，却不能对本体有任何“先天的综合知识”，我们对本体依然不能了解。所以到了最后，康德在第二版《纯粹理性批判》的序文中，只好说：“我发现必须否定知识，以让位给信仰。”信仰意志自由、灵魂不灭、上帝存在。①

海德格尔常说西方哲学自柏拉图开始就走错了路，因为他们将存有自我们的世界搬走了。亚里士多德以迄中世纪哲学家固无论矣，即使是康德，仍然认为就纯粹理性而言，本体是不可知的。胡塞尔与海德格尔的现象学方法，就是要突破此一困境，找回一个被排斥掉的世界。

胡塞尔的存而不论（epoche）方法，是要把外在世界和自我存而不论，单独处理二次存而不论之后的纯粹意识，处理超越主体（transcendenta subjectiuity）。他把传统的主客对立化解为意识内容（noema）和意识作用（noesis），而意识作用本身乃是一种指向性，意识内容必须有指向性才能构成。于是主客合而为一，

---

① 另详蔡美丽《存在主义大师——海德格哲学》（环宇出版社）第二章。

跨过了西方哲学里的鸿沟。

海德格尔沿用了现象学的方法，并宣称现象学即是本体论。然而，这套方法其实仍是认识论的老路，脱胎于笛卡儿，对本体之掌握，似乎仍有困难，海德格尔本人的哲学著作迄未完成，便是一个例证。

相对西方这个蹇困的传统，中国哲学不需要上帝，便很自然地能在主客合一中求得自由与无限，实在是桩值得欣慰的事。在认识论系统中，人们对诗歌的了解，必须透过认知活动，思维地观察，运用逻辑与分析；在主客合一的系统中，则诗本身不能视为外延的知识对象，必须与主体发生联系。

这里我们稍就外延真理与逻辑概念分析二者，加以说明。海德格尔尝云：凡通过概念、范畴等概念的分解（conceptual analysis）活动，而将一对象之各方面表示出来的，都是表象的思想（representative thought），这类思想不能进入存有论之堂奥。又，凡不牵涉主体而可以客观判断（objectively asselted）者，都只能成为外延真理（extensoinal truth）。——诗歌之鉴赏与批评，基本上乃是一种主客交融的美感过程，因此它必须是不能客观判断的内容真理（intensional truth）；它不能以知性的语言和概念的分解活动来获得，因此它的批评方式，也毋须以诗的语言来唤起读者的美感，成为创作的批评或抒情式的批评（Lyrical criticism）。[①]《周易正义》豫卦象辞《疏》说："凡言不尽意者，不可烦文其说，且叹之以示情，使后生思其余蕴，得意而忘言也。"正是我国诗评语言与观念最好的说明。

这种观念，和没有悲剧精神一样，都应视为中国文学的优点。所谓优点，是就转识成智的理论系统所揭示的层次划分和西

---

① 抒情式的批评，详高友工《文学研究的美学问题》(《中外文学》七卷十一期、十二期）。

方思想本身的障碍而说的。[1] 我们深知价值判断非仅不易，也易引起误解，但即或不用优劣等字眼，我们也当知道彼此殊异的原因和状况。而不应如朱光潜之流，随随便便地就说中国诗长在哲学思想荒瘠的土壤中；亦不应如老庄哲学轻视努力，主张人类回到原始时代的愚昧……[2] 至于新批评一派所强调的纯就作品本身予以客观分析，并诟病中国文学评论缺乏逻辑分析一类看法，尤应放弃。这是我们从宋代诗论中籀释出中国艺术精神时所附带论及的。

① 这点，将另文处理。另外，有关如何产生转识成智思想形态之原因，它与中国艺术精神之关系等问题，也将待另文再谈。

② 朱光潜说见《中西诗在情趣上的比较》（《诗论新编》，台北：洪范书店，第131—145页）。

# 八　袁中郎的佛教与文学

## （一）不被人知的袁中郎

袁中郎的文集，在清朝常遭禁毁，事详孙殿起《清代禁书知见录》。其人其书，也正以此“异端”之形象而为近人所推重。但所谓异端，无非说他是儒者中的非正统派罢了，并不真以为他便是个异端学人。所以很少人真正注意到袁中郎与佛老的关系，即或发现袁氏也有许多佛学著作，仍不免漫然视之。周作人《重印袁中郎全集序》说得妙：

> 中郎喜谈禅，又谈净土，著有《西方合论》十卷。这一部分我所不大喜欢。东坡之喜谈修炼也正是同样的一种癖。伯修与小修、陶石篑、石梁、李卓吾、屠长卿也都谈佛教，这大约是明末文坛的普遍现象……至于是否够说信仰，那我就不好代为回答了。[①]

① 周氏此文，是替刘大杰校订本《袁中郎全集》（时代图书出版公司）作的序，写于1934年。

周作人从文人的异端精神这方面去推崇袁中郎，但对袁氏论佛学的部分，既无法喜爱，又缺乏足够的学识去了解，故只能存而不论。六十年来谈文学史者，全部采取了这个态度，不但对其论佛学处视若罔见，亦假设袁中郎讲佛学的部分是可以和其文学见解及人格形态分开的，切掉不谈，并无妨碍；或者，论者竟亦可以热烈称赞其人其文而不喜其谈佛论禅；或率直地相信此不过文士谈禅，未必定与信仰及思想有关。这是一种多么奇怪的态度呀！

然如此论学，尚可说是安于无知。若钱伯城《袁宏道集笺校》一类著作，既不敢承认不懂佛学，遂径谓袁氏之佛学毫无价值："按，宏道于佛学并无深研，观其《西方合论》，仅能以念佛诵号教人修行，可知与一般佛徒相差无几。"（卷五《曹鲁川》笺）[①]

其实，是钱氏对佛学毫无了解，所以竟会说"宏道有《西方合论》十卷，为谈禅之作"，而不知其为谈净土也，见卷十一《张幼于》笺。此处他也连这位跟袁宏道论学的曹鲁川是谁都不晓得。按，此公乃吴梅村之外曾祖，梅村尝述其为学曰：鲁川"著书数百卷，其论浮屠氏与孔子之道合""理学专门家，孔释水乳合。诸方大尊宿，推重唯鲁川。教律与论藏，一一手撰述"（见《梅村家藏稿》卷五一《照如禅师生塔颂》）。曹氏是当时讲佛学的大行家，而向袁氏请教；袁中郎对佛学，能说是无甚深研吗？且袁氏自称："仆自知诗文一字不通，唯禅宗一事，不敢多让。当今劲敌，唯李宏甫先生一人。其他精炼衲子、久参禅伯，败于中郎之手者，往往而是。"又说他哥哥"伯修与王以明皆真切学佛人"（卷十一《张幼于》）。可知他们兄弟对学佛是认真的，

---

① 钱伯城：《袁宏道集笺校》，上海古籍出版社，1979年。本文引用袁宏道诗文，皆出于此本。

造诣也很精深。若谓此等自夸语，不能作数，则处明末佛学正盛之际，谁敢发此妄语？张汝钊《袁中郎的佛学思想》一文，盛称其佛学造诣，实是有见于此。

张氏一文，是至今论袁氏佛学思想仅有的文字。其后融熙又有一书评，对蕅益大师称道袁中郎“少年颖悟，坐断一时禅宿舌头”云云，提出了一些商榷，然亦发明无多。[①] 且皆专就佛学而论，佛学与其人格形态、文学见解之关联亦未齿及，其弊殆与周作人之类无异。我是个“嗜好与俗殊酸咸”的人，对公安派及晚明文坛之理解，原本即与时贤不同；对于上述这些讨论袁中郎佛学思想的不妥当现象，也很觉得遗憾。故愿试就所知，谈谈这个问题。

### （二）参究人天性命之学

中郎十八岁便曾与舅公龚惟长、龚惟学在二圣寺整理佛藏。该寺即惟长所建。可知袁氏家族本来便与佛教关系密切，而中郎研究佛学为时亦甚早。[②]

---

① 张氏《袁中郎的佛学思想》亦收入注一所引书中，钱氏《笺校》辑为附录，可以参看。融熙评文，收入张曼涛编《现代佛教学术丛刊》之十五《中国佛教史论集》六，明清佛教史篇，大乘文化出版社，1977 年。

② 见卷一《初夏同惟学、惟长舅尊游二圣禅林，检（藏）有述》，诗云：“昏黑谈经人不去，知君学佛意初浓。”“我亦冥心求圣果，十年梦落虎溪东。”似极幼小时即接触了佛学，寺则为其舅惟长所建。检佛藏事，另详卷四十《补藏疏》。自称：“二圣寺藏经，余与龚惟学先生次其目，惟长先生补其亡。”是亦曾用心矣。然此时只能说他与佛教人士颇有往还，对佛教也有文献及名相上的接触，尚不能遽谓其于佛教已有钻研。对佛教态度认真起来，事在其后，故与曹鲁川书说“走弱冠即留意禅宗”。依此言之，“十年梦落虎溪东”云云，凑典而已，非实事也。

但中郎之学佛，途径并不是如此直接的。他的启蒙老师是万莹。万氏旁通阴阳、堪舆、农圃、医术、易数，袁中郎父子兄弟祖孙皆从受学，故此种杂学的性格可能影响袁氏兄弟甚大。一方面使得他们为学不以儒家自限，对于儒家以外的学问均能感到兴趣；一方面也从阴阳易数这类学问中开启了自身的玄理性格。中郎集卷三《陶石篑兄弟远来见访，诗以别之》说他们朋友间："欲穷人外理，先剖世间疑；五行因何起？天地何高卑？鹄乌何白黑？日月何盈亏？生胡然而至？死胡然而归？天胡然而喜？鬼胡然而悲？"此等清谈，所谈似乎就是从阴阳易数堪舆中衍生出来的论题，而其核心，则在于生死问题。

万历二四年中郎在吴县时，曾与王辂以明笺，谓苦乐相生，唯"知苦乐之说者，可以长不死矣"。王以明"年二十即契无生之旨，一时如李卓吾、陶石篑、袁伯修俱为性命交"（见《湖北诗征》），是中郎的举业师，也是他论佛学的好友。但此处所谈却只是长生之道，这显示了什么呢？高世泰《三楚文献录》记"蔡复一抚黔，过而问学，辂著《师卦解》一卷报之"，显见王辂对易学也甚为通晓。这个线索，让我们再钩合上文所举中郎与陶石篑兄弟谈玄事，便会发现它和陶氏兄弟访中郎时"或言是山人，或言星相师"很有关联。陶石篑后来信佛甚笃。但他们这批朋友，原先却多是从论易谈玄这方面进入探究生命问题之领域的。

中郎兄弟更是如此。中郎《叙小修诗》云："弟小修……独喜老子、庄周、列御寇诸家言，皆自作注疏，多言外趣。旁及西方之书、教外之语，备极研究。"（卷四）这是由老庄再旁通到佛家的路子。他哥哥伯修也是如此。卷二八《途中怀大兄诗》："从兹稍谈仙，习静学观鼻。朝坐一丝香，暮禅半幅被。阖门杜色声，精神转强锐。蒙庄不去手，卓有出尘志。几年客金马，渐识宗门事。乞差既还里，刻苦相摩砺。旦寻复昏披，研惟空有谛。"可见伯修不但也是从老庄进到佛学，更曾躬习道教静坐之法，以求长生。而中郎之学佛，正是由伯修导领的。卷四十《募建青门庵疏》曰：

> 往余为童子时，与诸巾冠者游，见圆顶而缁者，则群指曰杨、墨。稍长，读于史书，旁及二氏，笑曰："此何与予舆氏舌？"而是时士竞操觚案，以谀时目，故亦习子史及释、老之浅易者。士之入伽蓝者，揖必至踝，见僧乃不怒。迨先伯修既以中秘里旋，首倡性命之说，涵盖儒、释，时出其精语一二示人，人人以为大道可学，三圣人之大旨，如出一家。见行脚之稍能谈者，揖而坐上座，事二氏先师有礼，而所谓精蓝禅室者，遂亦数数修饰，浸循有大国风。

这段话清楚地说明了中郎学佛是受了伯修的影响，且对佛教有一个从排斥到接纳的心理历程。当然，他之所以能如此迅速地转变，乃是因早受万莹之教，对易理命数等天人之际的课题已有感会，又时与友人核究玄理，故亟欲穷极性命使然。其借以通入佛学奥区者，则为老庄也。

他于万历廿二年有诗云："蒙庄去已久，斯意竟谁陈？"（《夏日邹伯学园亭》）万历廿六年三十一岁时则与弟小修同著推阐庄子义理之书，卷廿二《答李元善》称"寒天无事，小修著《导庄》，弟著《广庄》，各七篇。导者导其流，似疏非疏也。广者推广其意，自为一庄"，即指其事。万历卅五年，亦即他卒前三年，又有诗示曾退如，云"近日蒙庄通大旨，间烧藜火注《逍遥》"，是其于庄子思想可谓始终不替。凡此皆非专就佛学论中郎者所能知也。

世又以中郎师事焦竑，焦竑师罗汝芳，汝芳师颜山农，颜氏师王艮“得泰州心斋之传”，遂常由所谓左派王学处寻中郎之学脉，亦大谬。焦竑自有《老子翼》《庄子翼》，但解庄与中郎殊不相同。中郎对焦竑与李卓吾的佛学造诣当然也十分佩服，可是并非从他们那儿学来什么佛学见解。[1] 中郎兄弟于万历十八年始晤李卓吾，时中郎已成学，中道所撰中郎《行状》说这一段，极为精彩：

> （万历十七年）上春官，时伯修方为太史，初与闻性命之学，以启先生。先生深信之。下第归，伯修亦以使事返里，相与朝夕商榷。……如是者屡年，亡食亡寝，心醉如痴。一日见张子韶论格物处，忽然大豁，以证之伯修。伯修喜曰："弟见出盖缚，非吾所及也。"然后以质之古人微言，无不妙言。……时闻龙湖李子冥会教外之旨，走西陵质之。李子大相契合，赠以诗。

中郎的师友学术渊源，使他很早便接触到人天性命之学。但触机所发，影响最大者则是其兄伯修。伯修带他进入了佛学的领域，并使他将儒释老庄的藩篱一齐打破。透过庄子，进窥佛理之堂奥。精修得悟后，始持之与古今学说相印证。访李卓吾于麻城，不过求其印可而已。印可之后，当然会令其更为精进，但不能说中郎之文学

---

① 焦竑虽为中郎之师，但比袁宏道老寿，卒于万历四十八年。其论禅之语不甚显著，论老庄则重在“因”，强调以恬养和、因顺万物；对史学用功尤深。此皆与袁中郎不同。且焦竑中年学变，倾心罗汝芳，中郎则谓罗氏仅为别传之正脉络（见卷四三《答陶周望》），此亦可以证焦袁之异。

见解与禅学思想是由李卓吾处得来。[①] 中郎好称人善，如彼云："潘云松留吴二日，与之肆谈，甚快。今世讲学无出此公上者，有眼如天，有胸如日，有口如河。"（卷五《小修》）但我们很难据此便说潘氏与他真有什么思想上的关联。同理，中郎有时固然也称李卓吾为"龙湖师"，但那只是礼貌性的尊称，并不表示思想上真有师承关系。他有时也称李卓吾之弟子无念为"无念师"，师者，谓其为禅师耳。且中郎自谓"禅宗一事，不敢多让，当今劲敌，唯李宏甫先生一人"时，是何种口气？明属敌体，非隶传人。这是讲学术史的人首应辨明的。中郎集卷五与潘氏书有云："不肖终要自己寻一出头，或仙或佛，决不敢从他人问路。"生死大事，自知自证，讲得如此斩截明白，而谓其为龙湖传人，可乎？卷十一与徐崇白书说得更好："一切文字，皆戏笔耳，岂真与文士角雌较雄耶？至于性命之学，则真觉此念真切，毋论吴人不能起余，求之天下，无一契旨者。俗士不知，又复从而指之，可笑哉！"此为中郎真实语，论中郎者，须于此具眼。

## （三）受用处在破执任性

与伯修商榷磨砺而渐开悟的袁中郎，在和李卓吾初晤之际，

---

① 袁小修说中郎见李卓吾后"始知一向掇拾陈言，株守俗见，死于古人语下，一段精光不得披露。至是浩浩焉如鸿毛之遇顺风"，即是形容这种更为精进的状况。但我们应注意，此时李卓吾也对中郎大为倾倒，故题其《金屑》曰："诵君金屑句，执鞭亦忻慕。早得从君言，不当有《老苦》。"所以这是两个人印证功力而相契合，非中郎单向地承受李卓吾之教诲或影响。袁中郎后来或称李卓吾为师，系因其师焦竑早与李卓吾订交之故。讲思想史者，在此往往夸大了李卓吾对袁中郎的影响；谈文学史者，又常把李卓吾的思想看成是"公安派文学之思想基础"（钱笺本第 76 页），均属误说。

所开悟的境界是什么呢？在佛学中，所得者又是什么？

前曾谈到，袁中郎自小受学即对性命之学有所启发，后来伯修所教导者亦是性命之学。穷究生死，便成为袁中郎最主要的人生关怀。万历二十三年在吴县做县令时与王以明函谓："作吴令甚辛苦，吴中人无语我性命者，求以明先生一毛孔不可得。"（卷五）深以为憾。次年则有与龚惟长书，云拟辞官："若得如愿，尚当与尊穷极微茫，直抵佛位，人生事如此而已矣。"其与伯修书，谓："顾湛庵是我辈人，不知生死心如何？"又与管志道书，云："寄吴两载，相知相爱，不尽无人，但其道义相与、倾吐肝胆者，唯足下一人。初意欲俟乱绳少解，铅刀稍闲，便欲追随，究竟儒佛之奥、商略生死之旨。"又次年辞官，在无锡与徐渔浦书又说："穷天地之奥妙，发性命之玄机，究生死之根源，别儒佛之同异，足下傥有意乎！不肖愿执鞭策而从事矣。"（皆见卷六）同年，往杭州，与朱司理书亦云："近又闻黄山之中有一异人，甚得无生之旨，益深企慕，将遂策杖而往。如能因病发药，疗我百劫纠缠之病，不肖将祝发而从事，永作方外人矣。"（卷十一）凡此，均可见中郎念念不忘参究生死问题。这个问题，是他的人生核心关怀，重要性远在创作诗文之上。

由于他的根本关切在于了脱生死，所以他不是就佛学来讲如何了生死，而是以其关怀为核心，儒道释各家，凡有助于解答这个问题的，都被运用吸取来，并不专守学术的客观分界与门户。这就不是学究式或教徒式的路子，而是讲究如何"受用"的方式了。[①]

---

① 这与当时许多提倡三教合一的论者也很不同。一般论者乃是就三教义理之异同处，辨证归向，而提倡三教合一，以劝人修行。袁中郎则反之，他是为了自身生命问题的解决而理解、择用三教的，故无三教应否归一的问题，也不会站在某一教的立场上去护教。

然则此时袁中郎自觉于三教义理之受用处为何？曰：破执任性而已。

例如卷五《王以明》说："人有苦必有乐，有极苦必有极乐。知苦之必有乐，故不求乐；知乐之生于苦，故不畏苦。……中郎近日受用如此。"不求乐，不避苦，不切苦乐，当下担承，"当此之时，百骸俱适，万念尽销"。此乃是以不执着于苦乐，而求"可以长不死"。斯义又发于《广庄·养生主》，文曰：

> 养生者，伤生者也。夫生非吾之所得养者也。天之生是人，既有此生，即有此养，草木无知，亦能养生，若必自养而后生，尽天地之夭乔枯死久矣。……圣人之于生也，无安排，无取必，无侥幸，任天而行，修身以俟，顺生之自然，而不与造化者忤。是故其下无伤生损生之事，而其上不肯为益生葆命之行。古之善养生者有三家：释曰无生、儒曰立命、道曰外其身而身存。既曰无生，即非养之所能生也。既非养之所能生，则不以不养而不生明矣。立命者，顺受其正。顺受故不欣长生、不悲夭折。……外其身者可以存身，则内其身亦可以亡身。①

他的基本观点就是破执，指出生死、祸福、功德与灾害等均不可执着，因为苦乐并存、利害同生，所以人若利生益生，同时

---

① 中郎此处所论，即显然与罗近溪不同。近溪参祖师禅，《明儒学案》卷三四载："问：如何了生死？曰：识得原无生死便是了。"此罗氏之宗旨也。中郎之说则与袁了凡较为接近，袁氏编《功过格》，教人诵准提咒，并说："孟子论立命，曰夭寿不二、修身以俟。……一切觊觎、一切将迎皆当剿绝矣，到此地位，纤毫不动，求即无求。不离有欲之中，直造先天之境。"袁黄主张"修"，与袁中郎这个时期的见解殊不一致，然其言立命、修身以俟、不求，却是接近的。中郎对袁了凡也很尊敬。

也就会害生伤生。只有不求乐不避苦，不刻意去养生也不故意去伤生，才能得生命之自然。此即所谓“任天”。他本此见解去诠释儒道释三家的义旨，充分显示了一种三教汗我的态度。

依这样的态度，他把三教义理并合为一，显露出一种融合三教的架势，认为三教在处理生死问题上有其一致性。据他看：“夫释者之为生死，人皆知之。孔学之为生死，虽巨儒大儒，未有能遽知之者。……人天导师，非孔谁归？庄子去孔圣未远，七篇之中，半引孔语，语语破生死之的。”（《广庄·大宗师》）三教不仅都在处理生死问题，其义理归趣也是一样的。

然此乃基于解决他本身生命安顿之需要而消化三教，故对实际存在之三教即不能无所批评，不能不认为现实存在的三教均无法体现这种三教真正的精神。如《大宗师》云：“文章之士，以立言为不死，是故著书垂训，砥毫吮墨，仰面观屋。神仙之士，以留形为不死，是故锻精炼气，留心龙虎坎离及诸大丹药物之术。三乘之士，以寂灭为不死，是故耽心禅观，趋向虚无。远离一切幻垢无明。”三教人士，中郎皆谓其有所执，“终属有为，舍此趋生，焉知大道？”①

这基本上是吸收了老子“祸福相生”的观念，以此破执，而契会于佛教人我法空之说，故曰：“我见尚在，处人间世之道未尽

① 袁中郎针当时佛道两教均有批评，卷四《题江进之城隍疏簿》：“往岁见羽流缁徒，每每借此以脂膏其腹，灵宇未就，而主者已充囊盈箧。上者为子母钱，下者为酒肉、为狭巷曲邪之用。”卷十七《良乡三教寺记》又说：“今道士之纤吝不足论。”卷二《白铜儿诗》更是把儒道释都嘲谑了一番，说道士“房中素女术无成，汞里金丹采不得”，和尚“山僧醉后颜如赪”，儒生则“生乏白金献天子，死无黄纸赂阎罗”。因此，他不是因为对当时实际宗教的向往而研究佛学，钻研其义理，而是为着安顿本身生命问题之需要，在探索性命问题时，希望钻研三教义理有助于他解决生死大事。此乃亲行实证之路，非知解学人之路，亦非信徒教士之路。

也。”（《人间世》）并认为唯有如此方能安于天生之自然，即以此解释庄子，以此为他自己的人生观。卷四《识张幼于箴铭后》说：“性之所安，殆不可强，率性而行，是谓真人。今若强放达者而为缜密，强缜密者而为放达，续凫项、断鹤颈，不亦大可叹哉？”正是这种思想。

这种思想可以扫去人对世界的贪欲，破除执障。如中郎在吴县任官，不久即辞归。某些人便解释道：此乃当时朝政紊乱，所以中郎只好逃归山林；或者说：这是由于中郎喜欢追求精神自由，不想受拘束，所以辞官以避为吏之苦。[①] 其实依中郎之见，苦乐并生，“有官之乐，即有官之苦。有病之苦，即有病之乐。官乐相随，是消息理；苦乐相生，是轮回趣”（卷六《王孟夙》），岂有刻意求乐避苦之理？何况同卷《与江进之》一函讲得十分清楚：“年丈欲弟‘忍’者，忍苦乎？忍病乎？若忍苦，则吴县亦不甚苦，弟与兄游戏亦能办此，此不必忍也。”且为吴令亦不全是苦，卷五与龚惟长函云：“甥尝谓吴令苦乐皆异人。而其任吴令者，见苦而不见乐，又不免畏过其实。甥意独谬谓不然，故虽苦其苦，而亦乐其乐。”谓其为畏苦逃去，又岂有是理耶？彼之决意辞官，是因为：“人生欲愿，决无了时。爱富贵之心，甚于爱生；恶贫贱之心，狠于恶死。茫茫不返，滔滔皆是，即贤智者不免焉。愚哉！贪哉！病中勘得此机甚透，故果于拂衣。”（卷六《顾绍芾秀才》）做了官，就会想做更大的官，终身攀缘外境，不断驰逐，所以他才决意舍去，此即为其破执思想之一种表现。人一旦能破除对外境的执着，便不会被外境所干扰了。卷六与伯修函说：“前陶石篑兄弟见访。自言为闻见所累。弟谓灵云见桃，此亦见也；香严击竹，此亦闻也。闻见安能累人哉？”就是这个道理。

除了要不执着于世事外境，亦应勿执于理。卷六《陈志寰》

① 见刘大杰校订本《袁中郎全集》之《袁中郎的诗文观》。

云："眼前与人作障，不是事，却是理。良恶丛生、贞淫猬列，有什么碍？自学者有惩刁止慝之说，而百姓始为碍矣。……黄者是金、白者白银，有什么碍？自学者有廉贪之辨、义利之别、激扬之行，而财货始为碍矣。诸如此类，不可殚述，沉沦百劫，浮荡苦海，皆始于此。"对外物起分别心、对事理有分别见，素为老庄所反对，其欲绝圣弃智者，端为此故，禅宗之无执思想也正契合于此，故中郎曰："是非之衡，衡于六根，六根所常，执为道理。诸儒墨贤圣，诘其立论，皆准诸此。"（《广庄·齐物论》）"法不棼，民不谲；道不棼，士不歧。吾欲为网罟，彼即为深阱，网罟者，深阱之始也。吾欲为法律，彼即为舞文。法律者，舞文之始也。"（《应帝王》）万历廿五年在无锡与朱司理书，自愧尚不能与人合污，亦是此意。文曰："名根未除，犹有好净的意思在。于是有誉之为隽人则喜，毁之为小人则怒。"此是有病，而病即在于尚有执念。

### （四）不拘格套独抒性灵

破执任天以得性命之自然，其说虽根柢于老庄，亦诚得力于禅宗。中郎在这一段时期对禅诵是很用功的。

卷十一与王百谷函曰："眼前事如牛毛……唯有禅诵一事，近可以消遣时日，远可以乞果来生。不肖所以自励励足下者，唯此一事耳。"卷十四《戊戌初度》诗又说："灰心竟日疏庄子，弹舌清晨诵准提。"同年其父生日寿诗复云："社中诸法友，勉力事禅那。"此与次年寿其兄伯修生日诗"花下兄弟睦州禅，梦中烟月油江渡"云云，都显示了他们全家正努力修禅。

但禅宗之破执，是连禅本身也不能执着的。中郎之有得于禅者，即在于彻底发挥这种遣执荡相的精神。如卷廿一《答陶石篑编修》："世岂有参得明白的禅？若禅可参得明白，则现今目视耳听发竖眉横，皆可参得明白矣。须知发不以不参而不竖、眉不以不参而不横，则禅不以不参而不明，明矣。"一意参禅，便是执着于禅，所以他说应以不参明禅。其次，卷五《与管东溟》有言："天台去书，议论甚妙。但以圆剌见地，以分判教体，未免意圆语滞。何也？若见定圆，则圆亦是方。……见若定圆，见必不深。教若定方，教必不神，非道之至也。夫见即教，教即见，非二物也。公试思之，见即教，《金刚》以无我相，灭度众生。教即见，《楞严》以一微尘，转大法轮。"见谓见性，指禅宗。中郎这段话是说：学佛虽以见性为极诣，但教亦不可废；且若执着于见，则见亦不成为见。见不定是见，教不定是教，依此当然又可以说禅教一致了。然"无执""不定"也者，却是真正禅宗的态度。同卷《与曹鲁川》：

既谓之禅，则迁流无已、变动不常，安有定辙？而学禅者，又安有定法可守哉？且夫禅固不必退也，然亦何必于进？固不必寂也，亦何必于闹？是故有脱屣去位者，则亦有现疾毗那者；有终身宰执者，则有沉金湘水者。……且佛所云小始终顿等教云者，岂真谓诸教之外，别有一圆教哉？正以随根说法，故有此止啼之黄叶耳。不知诸佛出世，小即是圆，何必舍小？圆亦是权，何必取圆？

修禅定兼及论华严法界，和前举与管东溟一书适可同参。卷九《示云上人》言"笑杀观世音，圆通却成碍"，亦是此旨。卷十《碧晖上人修净室引》更举了一个例子，谓净室僧碧晖无室无徒，颇为自在，"近日始有教之修净室、学坐禅者，余谓碧晖自此多事矣。"在佛教中执定始终顿渐圆通藏别等区分，即无必要；修禅定者亦不必有定法。卷十一《徐同卿》：

定功果有效，其益无量。但不知所守者，中黄邪？艮背邪？抑数息邪？夫定亦难，有出有入，非定也，故曰："那伽常在定，无有不定时。"即出即入，亦定也，故曰："恰恰用心时，恰恰无心用。"……若大定则即疾是定，即老亦定，艳舞娇歌，无处非定。……仆少时曾于中小立基，枯寂不堪。后遇至人，稍稍指以大定门户，始得自在度日，逢场作戏矣。

此亦言修禅定者不可执着定法，不可执意要定也。中黄、艮背、数息，皆炼士修养吐纳之法，如林兆恩即行艮背法。中郎少年时也曾用功于此，所谓"小定却疾，中定却老"；至此乃悟大定无心自在之旨，以不定是定矣。[①] 类似之语，又如卷十八《八识略说叙》云："即城邑为娑婆者，笼统之所蔽也；谓娑婆非城邑者，边见之所执也。即异为同，同相本空；由同观异，异亦不立。……是故趋寂而求者，知生灭之为识，而不知寂灭之亦识也。……合之则娑婆见，故烦恼即菩提海；分之则界限立，故湛入归识边际。"唯无执者能去此界限，所以性宗与相宗也可以不必区分。无执的精神，通贯在他的佛教观、人生观及禅定功夫论等各方面，乃是显而易见的。

这种破执任性的态度，当然会使他不满于任何格套成法，亟欲脱粘解缚。卷廿一有书答梅客生说："来书云'实实有佛，实实有道，实实要学'，甚妙甚妙。……格套可厌，气习难除，非真英雄，不能于此出手。"学佛，要能精进，就得不断破除执障，层层扫涤，抛舍一切旧习格套，以求"苟日新，又日新，日日新"。这个立场，放在诗文创作上说，即是"不拘格套，独抒性灵"。卷廿一《答张东阿》：

① 另参卷二十一《答陶石篑》末尾毕担夫为例的那一段。

唐人妙处，正在无法耳。此六朝汉魏，唐人既以为不必法；沈宋李杜者，唐之人虽慕之，亦决不肯法，此李唐所以度越千古也。兄丈冥识玄解，正以无法法唐。

无法，有两层意思，一是指不效法某种典式，执谓唯此典式乃为佳构。二是指创作本身就没有一定的法则，故卷廿二《答李元善》云："文章新奇，无定格式，只要发人所不能发。句法字法调法，一一从自己胸中流出，此真新奇也。近日有一种新奇套子，似新实腐，恐一落此套，则尤可厌恶之甚。"①

弟少也慧，十岁余即著《黄山》《雪》二赋，几五千余言。虽不大佳，然刻画饤饾，傅以相如左冲之法，视今之文士矜重以垂不朽者，无以异也。然弟自厌薄之，弃去。……唯夫代有升降而法不相沿，各极其变，各穷其趣，所以可贵。……今闾阎妇人孺子所唱《擘破玉》《打草竿》之类，犹是无闻无识真人所作，故多真声，不效颦于汉魏，不学步于盛唐，任性而发。（卷四）

这段话第一部分叙述小修由法古到不法古的过程；第二部分强调诗文创作不应执着古法；第三部分再赞美当时之民歌因不学任何人，只"任性而发"，故是真声。此真声、真人之真，即《识张幼于箴铭后》所谓"性之所安，殆不可强，率性而行，是谓真人"之真。真人而曰无识，则是"不在识上做活计"之意。破执任性之说，得

① 为文如此，为人亦然，卷五《徐汉明》谓："有种浮气不切，依凭古人之式样，取润圣贤之余沫，妄自尊大，欺己欺人。弟以为此乃孔门之优孟、衣冠之盗贼，后世有述焉，吾弗为之矣。"也是说做人不能拘于格套。

诸蒙庄禅宗，而通于诗文，湛然可见。中郎《潘庚生馆同诸公得钱字诗》尝称："每于诗外旨，悟得句中禅。"诗禅同一机轴，原不仅在句中而已，文心本于禅境，故能破法去执也。

## （五）才性生命的转向与修持

然而，所谓"性"可以有好几种解释，如袁中郎《与仙人论性书》说："一切计较，皆缘见性未真，误以神识为性。既误认神……便将形与神对、性与命对。性与命对，故曰性命双修；形与神对，故曰形神俱妙。总总过计，皆始于此。"（卷十一）他反对道教的性命双修，认为那个"性"只是神识，并非"真性"，真性是净秽不能遗、万念不能缘、智识不能入的。这时，性显然被区分成两种，分别以"真神真性"及"神识"来指涉。

此可见袁中郎对于性义是能够掌握的，禅宗所谓明心见性之性，乃超越的本心明觉，而非神识才性，这封信里讲得非常清楚。若识得这个性，用《宗镜录》的话来说，就是"真如之性，灵通自在，照用无方。……于一切处，无系执、无住着、无所求，于一切时中，更无一法可得"（卷四九）。用马祖道一的话来说，则是："无造作、无是非、无取舍、无断常、无凡无圣，只如今行住坐卧应机接物尽是道。"中郎破执任性诸说，无非发明此理。

但见性时行住坐卧是道，并非自然的行住坐卧本身即是道。中郎未能辨此，故其《识张幼于箴铭后》讲"率性而行"、《广庄·养生主》讲"任天而行，顺生之自然"时都误以自然之才性为真性，故说只要任此天生才性以应机接物，则行住坐卧均可得大自在，艳舞娇歌，无处不是。

如此言性，便成一才质主义，甚且流遁于情欲之中。像他序小修诗，主张"独抒性灵"；然所举出说明者，则仅为小修"性喜豪华，不安贫窘。爱念光景，不受寂寞”“沉湎嬉戏，不知樽节”“不胜其哀生失路之感”等部分，谓此为“任性而发”，实则不过表现了小修的情欲嗜好而已。他称道这样的创作态度，亦不以此种人生为非，仿佛是与其修道参禅相矛盾的。可是事实上正是因为中郎以才性为说，始能成此妄见。

《识张幼于箴铭后》和同卷《识周生清秘图后》论庄子才不才之说，都可以看出他以才质言性的方向。卷五《与龚惟长先生》更是以“目极世间之色，耳极世间之声，身极世间之鲜”，荡尽家产，狼狈托钵，恬不知耻为人生之大快活。如此以纵欲为真乐，殊乖禅家宗趣。难道中郎于此，真的缺乏自觉，无法辨明吗？似乎又不尽然，他在该文中说：“大抵世间只有两种人，若能屏绝尘虑，妻山侣石，此为最上；如其不然，于情极意，抑其次也。”什么才是最高境界，他很清楚。但可能是出于少年矫激的心理，使他故意提出绝去俗情的另一端来揭扬，他后来常说早年持论往往矫枉过正，就是这种情况。也可能他只是在识解上见性，本身才性生命仍不能摆脱矜才使气及情欲嗜好之牵动，所以只好从理论上替自己的行为进行合理化的辩护。

随着年龄渐长，阅历渐深，修为渐密，中郎在这一方面颇有改变。例如万历廿五年他在杭州净慈寺见莲池大师时，还沾沾自喜地说：“僧之好净者，多强人吃斋。余不能斋，而莲公复不强我，凡锡甑瓶盘之类，为仆子所膻，亦无嗔怪。二可喜也。……余弟最粗豪，莲公不厌。余性狂僻，多诳时，贡高使气，目无诸佛，莲公不以为妄。五可喜也。”（卷十《纪药师殿》）这时的中郎，仍是任才使气的；他也以莲池能欣赏并包容他的才性之偏而欣赏莲池。到万历廿七年，不吃斋且赞美和尚不强人吃斋的袁中郎却吃起斋来了。卷廿二《答顾秀才绍芾》云：“近日渐学断肉，此亦是学（陶）隐居之一端，将欲并禁诸欲，未免为血肉所使。常自谛观宦情不断之根，实在于此。受用几数，而贪恋若是！

吁，可笑也已！然竟亦须断之。”不仅持斋断肉，更反省到过去生命中的病痛就在于贪恋情欲，而拟禁断诸欲了。

这种转变，并非孤立的。袁小修所撰宏道《行状》说：

> （万历廿七年）先生之学复稍稍变。觉龙湖等所见，尚欠稳实。以为“悟”“修”犹两毂也，向者所见，偏重悟理，而尽废修持，遣弃伦物，偭背绳墨，纵放习气，亦是膏肓之病……遂一矫而主修，自律甚严，自检甚密。

可见本年乃中郎学思之一大转关。病昔日纵于嗜欲习气之弊，转而强调修、强调学啦。例如其《金刚证果引》批评当时之狂禅。廿七年又有一函答无念，谓：

> 所云意识行不得一着子，不知念禅如何受用？世间未有名闻利养心不除、烦恼火焰炽然，而可云意识行不得者也。……生与公全不修行，我贡高，其为泥犁种子无疑，此时但当恸哭忏悔而已。公今影响禅门公案，作儿戏语。向谓公进，不知乃堕落至此耶？公如退步知非，发大猛勇，愿与公同结净侣。若依前只是旧时人，愿公一字亦莫相寄，徒添戏论，无益矣。（卷廿二）

无念乃李卓吾弟子，但中郎责其为戏论、全不修行，语气颇为峻厉，责人而亦自悔其旧也。同年《答陶石篑》曰：“妙喜与参政书，初入门人不可不观。书中云‘往往士大夫悟得容易，便不肯修行，久久为魔所摄’，此是士大夫一道保命符子……兄试看此书，与近时毛道所谈之禅，同耶否耶？近代之禅，所以有此流弊者，始则阳明以儒而滥禅，既则豁渠诸人以禅而滥儒。禅者见诸儒汩没世情之中，以为不碍，而禅遂为拨因果之禅。儒者借禅家一切圆融之见，以为发前贤所未发，而儒遂为无忌惮之儒？不惟禅不成禅，而儒亦不成儒矣。”抨击当时汩没于世情、肆无忌惮之狂禅风气也极激烈，对阳明等人殊为不满。其他强调修与学，则与《答无念》相似。次年又有一函寄李卓吾，谓：“世人学道日进，而仆日退，近益学作下下根行。孔子曰‘下学而上达’，枣柏曰‘其知弥高，其行弥下’。始知古德教人修行持戒，即是向上事。彼言性言心、言玄言妙者，皆虚见惑人，所谓驴撅马椿者也。”对卓吾亦提出了针砭。[①]卓吾此时已撰《净土决》，已不仅限于禅学，但中郎觉得他对于戒的部分尚少注意，所以希望他能“发明持戒因缘”，因为戒行才是救世良药。

从偏重悟理、讲无执境界、打通后壁说话，一转而强调下学、修持守戒，对于自己之纵放习气、放肆情欲痛切反省，是一大变。他在万历卅四年回顾旧事时，说明这个转变，乃是“变为苦寂”：

> 近溪少年亦是撇清务外之人，故已登进士，犹为僧肩行李；已行取，犹匿山中。后来经百番锻炼，避之如毒蛇，仇之如怨贼，而后返吾故吾，故吾出，而真圣贤真佛子出矣。此别传之正脉络也。弟少时亦微见及此，然毕竟徇外之根，盘据已深，故再变而为苦寂。若非归山六年，反复研究，追寻真贼所在，至于今日，亦将为无忌惮之小人矣。夫弟所谓徇外者，岂真谓借此以欺世哉？源头不清，致知功夫未到；故入于自欺而不自觉，其心本为

① 万历廿七年《答陶石篑》：“弟近日始悟从前入处，多是净妙境界。一属净妙，便是恶知恶解。”（卷廿二）中郎的修证，大抵前期在于超凡入圣，后则知不能只在圣界，须做下学功夫，而逐渐由圣回凡，渐次达到圣凡一如。

性命，而其学则为的然日亡。无他，执情太甚，路头错走也。(《答陶周望》)

少年时借口无执以游戏人间，放肆情欲，是徇于外境，为物欲所汩没。但矫厉持戒，刻意苦寂以疗之，亦不免于另一极端，矫枉而过正，并非中道。所以说那也是务外撇清，仍不免于执情。必须迟至此时才可谓齐一变至于鲁、鲁一变而至于道。然非有初变时一番修证功夫，亦终不能抵此境界。

幡然改悟，主修主学，自然也就使其文学理论发生了变化。早期一意破执，但抒情而已，不必法古；纵使所抒之“性灵”仅为情欲嗜好，亦自不妨。现在则认为“学”还是很重要的。如万历廿七年《答陶石篑》言：“世间骚人全不读书，随声妄诋，欺侮先辈。前有诗客谒弟。偶见案上所抄欧公诗，骇愕久之，自悔从前未曾识字。”他为什么会批评当时文人多不识字不读书呢？因为他自己便对其早年妄诋先辈颇为痛悔。故同年《与冯琢庵师》云：“宏近日始读李唐及赵宋诸大家诗文，如元白欧苏，与李杜班马真足雁行，坡公尤不可及。宏谬谓前无作者，而学语之士乃以诗不唐文不汉病之，何异责南威以脂粉？”他三十二岁始读唐宋诸大家集，并抄欧诗，可见其早年乃专恃才情肆口。[①] 此时评王李诸子亦较和恕，《叙姜陆二公同适稿》说：徐祯卿、王世贞“二公才亦高、学亦博……今之为诗者，才既绵薄、学复孤陋，中时论之毒复深于彼，诗安得不愈卑哉？”重视学问在诗文创作中的地位，与彼称道其“门人某等留心学问，其为文根理而发，

① 此一时期中郎用功读唐宋诗人集，又见卷廿一《答梅客生开府》：“邸中无事，日与永叔、坡公作对。”《答陶石篑》：“弟近日始遍阅宋人诗文。”《与李龙湖》：“学中又有廿一史及古名人集可读，穷官不须借书，尤是快事。近日最得意，无如批点欧苏二公文集。”

无浮词险语，是可喜也”（卷十八《叙四子稿》），可谓同调。次年又有替江盈科写的《雪涛阁集序》，针对“法”“复古”等问题提出了新的解说：

> 夫法因于敝而成于过者也。……有宋欧苏辈出，大变晚习，于物无所不收，于法无所不有，于情无所不畅，于境无所不取，滔滔莽莽有若江河。今之人徒见宋之不法唐，而不知宋因唐而有法者也。

这里，他不再昌言无法，反而从有法这一面去推崇宋诗，不再说“唐人妙处正在无法”一类话了。而且，这时中郎的主要批评对象已是“今之人”，即不法古的不学之人，而非言复古的先生们。故下文接着说“夫复古是矣”，以复古为是，早年恐不肯做此语。盖此时他已不再原则性地反对复古，只反对“以剿袭为复古”者而已；不再原则性地主张无法，说“代有升降而法不相沿”，而从法本身的变化上讲诗文之发展。因此，对于江盈科“信腕信手，皆成律度”的作品，也不再满意了，谓“此进之矫枉之作”。此等矫枉之作，系因“古今文人，为法所困，故逸士辈出，为脱其粘而释甚缚”使然，充满了破执任性的姿态，故近平近俚近徘，乃早年中郎与江氏共同主张者，今则惜其矫枉过正矣！袁小修说他诗文至此，“又进一格”，即指此种转变。[①] 小修《游居杮录》卷九说：“（中郎）诗文，如《锦帆》《解脱》，意在破人之执，故时有游戏语。……然其后亦渐趋严谨。”讲的也是这件事。

---

① 朱彝尊《静志居诗话》卷十六说“中郎谓其（江盈科）矫枉之过，所谓笑他人之未工，忘己事之已拙，文人通病，大抵然矣”，并未了解中郎批评江氏的用意。

## （六）鼓吹西方弥勒净

### 1. 思想史的意义：力矫禅林通病

中郎撰《西方合论》即在万历廿七年，次年伯修序之。其书以华严教判，疏释净土，曾得到蕅益大师极高的评价，后来张明教又有标注行世。它代表中郎由禅宗转向净土的思想。

中郎对净土本不陌生，如万历廿五年其《与方文馔论净土》即深信人死后往生西方净土之说，谓净土是真有而非譬况，这是因为他与云栖莲池大师相游处的缘故。但当时他只说："莲池戒律精严，于道虽不大彻，然不为无所见者。至于单提念佛一门，则尤为直捷简要。"（卷十《云栖》）未甚推许。其师友中兼论净土者，则有李卓吾。李氏《净土决》鼓吹弥勒净土，杂采永明延寿《万善同归集》、宗本《归元直指》等书而成，中郎对之亦无深契。

待中郎写《西方合论》十卷，思想已生变化，始渐接近云栖的立场。

圣严《明末佛教研究》一书，谓中郎此著"乃明末净土诸书中，最具气魄的一种。……本书所用名数法相与一般净土教迥异，使读者颇有新鲜感"，颇为推崇。但他又认为"此书思想并无太多净土思想的突破处，除在理观上加深加广，开拓了净土法门的视界之外，对于实际修行生活的指点及方法的改革，未见新貌""正由于作者重视形式的雄伟壮观，使净土教有气象万千之势，故有些叙述及组织，乃属不切实际的铺张"。[①] 这样的批评，完全错误，未注意到中郎转向净土的关键。

盖中郎原本认为云栖悟道未深，但一心念佛、戒律精严，亦堪敬重。后来自觉到自己和时人参禅者多偏于悟而修证不足，

---

① 释圣严：《明末佛教研究》第二章，东初出版社，1987 年。

始转而强调修戒。故其言净土，不同于一般论净土者。他在发明净土义理之外，更欲借言净土以矫时人重悟废修之病。宗趣如此，何必指点实际修行生活或改革修行方法？指出专意修戒，念佛往生之价值，证明净土是圆极之教，不逊于禅宗，才是他的重点所在。

且他在《西方合论·引》中说得很明白，彼以十十无尽，圆融周遍论净土，乃是因自己和佛教“迨于今日，狂滥遂极。谬引唯心，同无为之外道；执言皆是，趋五欲之魔境”，所以他才提倡净戒，非徒以示一形式上的雄伟壮观而已。

> 《楞伽》传自达摩，悟修并重；清规创始百丈，乘戒兼行。未闻一乘纲宗，呵叱净戒；五灯嫡子，贪恋世缘。昔有道士夜行，为鬼所着，宛转冢间。有甲父见之，扶掖入舍，汤沃乃醒。道士临别谓甲父曰：“羁客无以赠主人，有辟鬼符二张，愿以为谢。”闻者笑之。今之学者，贪嗔邪见，炽然如火，而欲为人解缚，何其惑也！余十年学道，堕此狂病，后因触机，薄有省发。遂简尘劳，归心净土。礼诵之暇，取龙树、天台、智者、永明等论，细心披读，忽尔疑豁。既深信净土，复悟诸大菩萨差别之行。如贫儿得伏藏中金，喜不自释。

归心净土，代表他对自己从前贪恋世缘、堕于狂病的悔改。故主张净戒，以期悟修并重、乘戒兼行。这个立场，在伯修序中讲得尤其透辟。伯修谓当时禅门宗风日衰，人之根器亦劣，偶于佛祖机锋及知识语言处，悟得本来成佛处与当下即是处，便任意游嬉：

> 言戒则曰：本无持犯，何必重持轻犯？言禅则曰，本无定乱，何必舍乱取定？……争人争我，说是说非。甚至

以火性为气魄，以我慢为承当，以谲诈为机用，以诳语为方便，以放恣为游戏，以秽言为解粘。赞叹破律无行之人，侮弄绳趋尺步之士。偏显理路，故穷玄极妙，莫之踪迹；尽划行门，故纵意任心，无复规矩。……不念世间情欲无涯，堤之尚溢。如何曰以圆滑之语，大破因果之门，决其防藩，导以必流，自误误他，安免沦坠？

当曰人欲横流之弊，即由谈禅说悟者开之。所以他也倡言念佛，认为念佛可以提醒参禅之心，而借参禅也可以坚定净土的信仰，走一种禅净合一、悟修并重、乘戒兼行的路子。他更举袁中郎为例，肯定了此种悔改的价值：

石头居士少志参禅，根性猛利；十年之内，洞有所入。机锋迅利，语言圆转，寻常与人论及此事，下笔千言，不蹈祖师语句，直从胸臆流出。活虎生龙，无一死语。遂亦自谓了悟，无所事事。虽世情减少，不入尘劳；然嘲风弄月，登山玩水，流连文酒之场，沉酣骚雅之业，懒慢疏狂，未免纵意。如前之病，未能全脱。所幸生死心切，不长陷溺；痛念见境生心，触途成滞。浮解实情，未能相胜。悟不修行，必堕魔境，佛魔之分，只在顷刻。始约其偏空之见，涉入普贤之海。

他们兄弟不只是亲情骨肉，更是修道同参，故本文对于中郎学问的进境，描述既亲切又深刻。从这段话里，我们即可发现中郎撰述净土宗论，乃是由衷而发，一方面表达了他悟今是而昨非的喜悦，一方面显现他这个时期的净土见解，另一方面则是企图借此扭转当时禅林及居士佛教的风气。其在思想史上的价值，远超过李卓吾的《净土决》。

### 2. 思想内容分析：借华严以判摄

再从思想内容上看，袁中郎对净土的理解与阐述是否“并无太多突破处”呢？圣严法师说中郎之论净土，徒求形式壮观，铺张不切实际，只不过，将《阿弥陀经》举扬为圆极教者以中郎为始，为一大特色而已。但是“为了维持他把净土教的《阿弥陀经》置于圆极的地位，也不得不对华严宗的李通玄长者批评一番”，评价并不太高。事实是否果真如此？

净土思想，系指相信诸佛与佛土乃确实存在，人活着时接受佛的摄护，死后也期望能往生于佛国净土的想法。净土，系相对于人现世存活之秽土而言。此乃佛教徒之基本信仰，属于佛教之通义，故各宗均有此思想，教行普遍弘通。其自立为宗，迟至元明始然。因此从元明以后净土立宗的角度看，早期唐宋间，天台、华严、禅诸宗之讲净土者，便被称为台净融合、禅净双修等等，其实乃是以天台言净土，以华严言净土，以禅言净土或以法相言净土等等。如天台自荆溪、湛然以后，有义通、遵武、知礼、元照等宣说净土，誓生西方。华严自法藏而后，有李通玄、澄观、宗密等讨论净土。凡此之类，至明代仍存旧式。因为念佛主要是一种宗教的修持功夫，相信依这样的修持便能往生净土，则是基于宗教徒的信仰，其本身并不需要理论。但辩护佛确能往生，说明各色人等如何往生、各能生于何种净土，分辨净土之性质等问题，各宗均可依其本身之思路去解说，如此即构成净土之不同论释。

袁中郎论净土之特殊处，就在于他主张禅净合一，但其理论主要却是从华严宗来的。

中郎之有得于华严，早在其论禅时已然。前文所举万历廿四年《与曹鲁川书》即谓“华严迥出常情”，并以华严之事理无碍来解释禅宗的圆融不执。但这时中郎的思想尚偏于去执的一面，所以他同时也以禅的精神去解释华严的判教，谓小始终顿圆等，小即是圆，圆亦是权。这种情况，就像他次年批评永明延寿一样。永明延寿于五代宋初见禅宗之执理迷事而提倡禅净双修，立十门以明净土，曰理事无碍、权实双修、二谛并陈、性相融即、体用自在、空有相成、正助兼修、同异一际、修性不二、因果无差，影响极为深远。然而，正偏于去执超悟的袁中郎，对此不甚能欣赏，谓："永明入处廉纤，欲于文字中求解脱，无有是处。后来念佛修净土，皆因解脱不出，心地未稳，所以别寻径路。今《宗镜录》中，可商者甚多，一见当知之。"（卷十《南屏》）显见此时他尚不认为必须从事理无碍的讲法去念佛修净土，对舍禅悟而修净土者亦殊不以然。

万历廿七年中郎转向净土后，对《宗镜录》的态度也不一样了。万历卅一年，他定居柳浪，日课其书数卷，久之，"逐句丹铅，稍汰其烦复，摄其精髓"，抄成《宗镜摄录》。据袁小修的品题，是"减去录中数万言，而全书毕具；爪甲粗删，血脉自如"（《珂雪斋文集》卷三）。于永明宗趣，盖已契合，而最主要者即在于以理事无碍来论净土，遂亦采用华严之判教。

《宗镜录》自称"剔禅宗之骨髓，标教网之纪纲"，据卷三四云，教指华严。其书引《华严经》及贤首宗理论亦最多，卷四六更说："若究竟欲免断常边邪之见，须明华严之相义门，则能任法施为，自亡能所。"可见它是以华严教理阐释禅家的心性。但永明也只由此一心讲唯心净土，呼吁众生定心、专心，发愿往生而已，对净土本身是缺乏解说的。袁中郎在此，乃不能不接之以华严李通玄居士之说。

净土为诸经之通说，然关于其土之性质及所居之人物，叙述不一。综合经典所说，予以分类，始于慧远。区别净土为事净土、相净土、真净土三类。其中真净土又分为真土、应土，或法性、实报、圆应三种。谓人之业因不同，所感之土便有差别。自斯而后，论者蜂起。李通玄，是唐开元年间人，号枣柏大士，曾撰《华严疏》四十卷、《新华严经论》等，广就诸经论所说，分别十种净土，并判摄其权实。十净土者：

一、阿弥陀净土。凡夫未证法空，故示专诚忆念之法，使其心能一分清净，以生净土。此土“权”而非“实”。

二、无量寿观经净土。未信法空者，使其观想色相而生净土。亦权而非实。

三、维摩经净土。以神力暂现的足指安地净土，为实报土，然境不宽广。

四、梵网经净土。二乘菩萨示现之一分报土境界，尚未圆满。

五、摩酰首罗天净土。乃为权敔菩萨、染净未亡者说，故尚非实说。

六、涅槃经净土。以释尊实报土为无胜净土，乃为三乘权敔一分染净未亡者而说。

七、法华经之三变净土。为染净未亡之权教菩萨而说，仍非实说。

八、灵山净土。引权教菩萨，令知即秽而恒净，实而非权。

九、唯心净土。心净即佛土净，自证己心，故为实净土。

十、毗卢遮那佛所居净土。乃莲花藏佛国土，包净秽又无秽无净。

上下彼此无自他相，一一佛土皆遍法界，故为真正实说之报土。

袁中郎吸引了李通玄这十种净土论，亦分净土为十，但他是倒过来讲的：一、毗卢遮那净土。二、唯心净土。三、恒真净土，即灵山上所指净土。四、变现净土。五、寄报净土，如摩酰首罗天。六、分身净土，涅槃经净土。七、依他净土，如梵网经。八、诸方净土，佛佛各有净土，皆是实报土。九、一心四种净土（凡圣同居土、方便有余土、实报无障碍土、常寂光土），十方刹土，随心异见，约人天三乘，即前二种土；约菩萨佛，即后二种土。十、摄受十方一切有情不思议净土，即阿弥陀西方净土。

中郎之书，名为《西方合论》，就是把诸经论中对于西方净土的讲法综合起来说。诸经论之叙西方，各不相同，欲予综摄，即如判教。李通玄的判摄，为中郎提供了一个基本架构。但是净土诸说因各宗所奉经典不同，在价值判断上本来就不一样。阿弥陀佛西方极乐世界乃《阿弥陀经》《无量寿经》等之说；灵山净土与变现净土，为《法华经》之说;《华严经》则讲莲花藏世界。李通玄是华严宗，故以莲花藏世界为真正实说之报土，认为西方净土只是权不是实。袁中郎是主阿弥陀净土的，所以他一方面将莲花藏世界（毗卢遮那净土）解释为阿弥陀，谓:“毗卢遮那，即无量寿表义，岂有胜劣？只因如来为一分取相凡夫故，说有阿弥陀在于西方。”此事实上就是李长者的第一阿弥陀净土。另一方面则将阿弥陀净土改称为摄受十方一切有情不思议净土。同时，在《部类门》中判《华严经》为“纬中之经”，而推阿弥陀、无量寿诸经为“经中之经”。《教相门》又说华严及弥陀经都是“应理圆实宗”。此皆可见袁中郎基本上是依华严而论净土，但又转而推崇阿弥陀。以此融摄经谕，发明一念往生之义。规模闳阔，义理精深，实在是净土论著中的巨构。圣严法师法眼偶误，但见其批评李长者处，而不见其以李长者之说为骨干，又不能明其宗趣，故评价其书显有未谛。至于蕅益大师说中郎此书“字字从真实悟门中流出，故绝无一字蹈袭，又无一字杜撰”，推举虽隆，也未能辨其持说之底蕴。

应该指出的是：袁氏论净土，宗趣本异于蕅益智旭。因为明代言净土者，多依天台教旨，如永乐间之密庵著《净土指归集》《阿弥陀经略解》，妙叶著《宝王三昧念佛直指》，隆庆间之宗本著《归元直指》等皆是。李卓吾《净土决》主要就是选抄宗本之书而成的。同时如无尽传灯依天台三谛三观论一心不乱，蕅益大师亦以天台为说，曾著《法华经玄义节要》二卷、《法华经会义》十六卷等，此均依天台教旨而言净土者。《蕅益选定净土十要·第四》更云："作论通经，阐扬净土，则当以天台智者大师《十疑论》奉为髦弁。"[①] 在这种潮流中，袁中郎以华严论净土，当然显得较为特殊，故蕅益批评他："台宗堂奥，尚未诣极。"可是袁中郎对天台宗也不欣赏，《题碧空禅人诵（法华经）引》说"余每读《法华经》即不能终卷"，并叙其读经时之疑问若干条（见卷五四）。所以他论净土原本就与蕅益宗派不同，蕅益智旭无法了解其理论依据也是十分自然的事。

## （七）端重自守以归平常

中郎之学思，进展至此，逐渐强调修、戒，除了在理论上偏向净土外，也注意到僧伽纪律之问题，对明朝政府无法有效管理僧人深致不满。卷五四《新建众香林碑记》提出了他管理僧徒的办法：

---

① 圣严对于智旭的思想另有解释，认为智旭思想可能是以《楞严经》为中心，只是利用天台教观作为注释经论的方法。见《明末中国佛教之研究》，关世谦译本，台北：学生书局，1988 年。但他这种讲法也不妨碍我此处的推断。

> 一曰"置邮"。邮即古之丛林也。郡邑大者三四，小者一，凡客僧至而他投者，以奸论。二曰"署师"。师即丛林主人也。取其贤而能不苛者，庸而能自洁者，暂寄而不长子孙者。方僧小过，则以规绳从事，大则付之邑长二。其谁敢不肃？

有关丛林的制度，又详卷四十《众香林疏》《题供僧籍》等。这些主张，在佛教史上当然都很有意义，从袁中郎本身思想的发展上看，也可以发现这代表了他对生命游惰放纵的改悔。

陈眉公曾评袁中郎肃整僧徒纪律的构想曰："如此纪法，便省游惰之习。"反对社会上民众游惰，一如反对个人游惰生命，这与中郎早年之以狂放自喜是全然异趣的。万历卅五年他撰《寿刘起凡先生五十序》，便特别提出"端重"来和"豪少年之轻逸"作对比，并以自己为例，说："当余少年盛气时，意不可一世士，见乡里之铢寸守者，意殊轻之，调笑玩嫚，见于眉睫。中年以来，饱历世故，追思曩日所怀，可愧非一。"对于自己少年时"浮慕意气，时有矫激""拂情以为逸"，深表惭悔，而推崇"端重自守""不为过情之行以饰耳目"之风。此类口吻，正与万历卅七年彼主陕西乡试时所作对策程文之批评任诞相同。该文第五问，特别针对狂者人格重作解释，认为张良、谢安、李白、郭子仪等人"正吾夫子之所谓狂，而岂若后世之傲肆不检者哉？夫傲肆不检，则《鲁论》所谓饱食终日无所用心者，游谈不根之民而已矣"。这篇文章，乃"专为学狂而无忌惮者发"，也为那种"流连光景，颓然自放"任诞虚无而自托于孔门曾点者发。针砭时俗，甚为痛切。

当是时，曩之任情肆他以快意气者，乃渐趋于平淡矣。袁小修所撰中郎《行状》载："其学亦日趋平淡。常语中道曰：'吾觉向来精神，未免泼散。近日一意收敛，楼成，每日坐三炷香，收息静坐。'又曰：'四十以后，置粉黛、纵情欲，便非好消息也。'语多如此，不悉记。"用中郎自己的文章来说明，那就是《游苏门山百泉记》所言："举世皆以为无益，而各惑之，至捐性命以殉，是之谓溺。溺者，通人所戒，然亦为通人所蔽也。溺于酒者，至于荷锸；溺于书者，至于伐冢；溺于禅者，至于断臂；溺于山水者亦然。""有大溺者，必有大忍。今之溺富贵者，汩没尘沙，受人间摧折，有甚于水者也。抑之而更拜，唾之而更谀，其逆性反情，有甚于笑者也。"以嗜好为惑溺，持论自与早年不同。

修证至此，情欲嗜好渐次收摄消散，生命亦逐渐端重自守，不追逐风花光景，也不炫耀才情，而向往一种素朴平淡的境界。《寿刘起凡先生五十序》说得好："孔子曰：道不远人。彼所谓端重自守者，皆人情也，而余辈拂情以为逸，不惟无效，而且于道日远。"[①] 道不远人，平淡自然即是道，常人自然的行住坐卧，事实上便通于最高的境界，他说："三教之至，涂之人谁不具者？饥餐倦眠，夏絺寒裘，此亦仙之摄生也。遇于途则揖，于门则徐，此亦儒之礼教也。呼之则应，引之则行，此亦禅之无住也。达者之谓圣，充者之谓贤，日用不知谓百姓。"（卷五四《寿曾太史封公七十序》[②]）又说："今之学者动喜奇气劲节，其流弊与沉溺欲海者则一。噫！此东汉诸君子所未梦见者也。夫学

---

① 卷四四《德山尘谭》："常见初学道人，每行人难行之事，谓修行当如是。及其后，即自己亦行不去，鲜克有终。可见顺人情可久，逆人情难久。故孔子说：'道不远人，远人不可以为道……'"可与此处所论合观。本文又论儒家顺人情，批评"拂情以为理"者。熟悉晚明思想状况的读者当可立刻看出这里含有反对只讲"理"的意思。然而，中郎固然反对孤悬一理以絜量人之行为，主张"理在情内"，其所谓情却不是五四反传统者所讲的情欲。否则他以端重自守为人情，便不可解。

② 又见《德山尘谭》"一切人皆具三教"条。

不至于道，而趋天下之所重，其所重处即炎也，吾趋之之心则犹贡谀也。……气之所激，偶尔见奇，而造物者岂以是奇哉？”（《寿邹南皋先生六十序》）[①] 反对矫厉，也反对徇溺，谓平淡平常，归于自然者，始通乎大道。其见解如此，故于王学之流衍如心斋一派深致不满：

> 夫阳明之学，一传而为心斋，再传而为波石，三传而为文肃，谓之淮南派。淮南王担荷，而其子孙喜为拔俗之行，其弊至为气魄所累。语云："字经三写，乌焉成马。"淮南之后而为悍然不顾，其一短也。公证处不可知，大要夷然一出于粹，又淮南诸孙所未有。文肃别派为渠上人，渠之传多在楚，而喜为任诞，公能矫之以行履。（卷五四《寿何孚可先生八十序》）

心斋一派，正所谓能赤手搏龙蛇者，故中郎说他们不免为气魄所累；王学流弊，在于游谈无根，所以中郎又说应该矫之以行履。什么样的行履呢？庸言庸行是也。唯其为庸言庸行，所以才是常道。若反常以求新奇，则反而会酿生灾祸：

> 行出于仁义孝友，庸行也。有一人焉，破常调而驰格外，寂寞至于不可甘、泛驾至于不可羁络，则相与侈而传之。进稗官而退史籍、敢于侮圣人而果于宗邪说，其初止于好新耳。以为不奇则不新，故争为幽眇之说以撼之；又以为不乖常而戾经则不奇，故至于叛圣贤而不自觉。世道

① 《德山尘谭》："问：何谓无忌惮？答：不知中庸之不可能，而欲标奇尚异以能之，此人形迹虽好看，然执着太甚，心则死矣。世间唯此一种人最动人，故为夫子所痛恨。"又说学道须"安心与世俗人一样"。

人心至此，几于白日之昏霾，而阴几偏天下矣。嗟夫！汉之衰也以意气，晋之衰也以清虚，宋之衰也以议论。夫意气、清虚、议论，三者皆非致衰之道也。然意气不已则为标目，标目不已则为悍激，是故有戈矛剑戟之象焉。清虚不已则为任诞，任诞不已则为弃蔑，是故有被发左衽之象焉。议论不已则为分竞，分竞不已则为牵制，是故有削弱局促之象焉。（卷五三《陕西乡试策问第一问》）

要改善这种弊病，唯有“信法而守常”。早年以破法去执自负的袁中郎，至此始可谓归根复命矣。豪华落尽，浮嚣俱去，归于平淡真淳，其所谓真，所谓自然，实与早岁不同。用禅宗的话来说，即是经过“见山不是山”的曲折后，再回到“见山是山，见水是水”的境界，其曰真曰自然同，其真与自然则大异了。这时，他对世事时局的看法，是归于道揆法守：“修祖宗之常法，而归阁部之常职。”“综名实以课功能，一甲令以定职业，宗礼教以甄流品，崇真儒以明正学。”对文学的看法也是如此。

万历廿九年，中郎在扬州，迎伯修之柩，登平山阁与江浦诸友论文时，即作诗云：“文心喻烟水，吞吐几重重。”（卷廿六）文心曲折，乃是深识为文甘苦之言，与早期一味赞美“独抒性灵”、推崇闾里妇孺歌谣为真诗，恰好相反。那时只晓得强调内在情感之发抒，而对如何发抒以及文章构成之法则均毫不在意，甚且以能破除此种法则自负。现在则重新发现为文并不如此简单，必须透过博学的功夫、沉潜陶炼的人生修证过程，才能使情感具有值得表达的内容；而欲表达此种内容，又须透过文字的锤炼，真积力久，方能逐渐达到“无意于文”的自然境界。[①]

万历三六年他撰《行素园存稿引》曰：

① 中郎主张无意于文，另参卷四一《议雪照证卷末》。

物之传者必以质，文之不传，非曰不工，质不至也。树之不实，非无花叶也；人之不泽，非无肤发也。文章亦尔。……古之为文者，刊华而求质，敝精神而学之，唯恐真之不极也。博学而详说，吾已大其蓄矣，然犹未能会诸心也。久而胸中涣然，若有所释焉，如醉之忽醒，而涨水之思决也。虽然，试诸手犹若掣也。一变而去辞，再变而去理，三变而吾为文之意忽尽，如水之极于淡，而芭蕉之极于空，机境偶触，文忽生焉。风高响作，月动影随，天下翕然而文之，而古之人不自以为文也，曰是质之至焉者矣。大都入之愈深，则其言愈质，言之愈质，则其传愈远。夫质犹面也，以为不华而饰之朱粉，妍者必减、媸者必增也。（卷五四）

所谓质，就是指生命的品质。只有生命的品质好，才能保证文章的品质。而此高品质之生命内涵，又须刊落浮华，方能臻至自然之境。[①] 此即中郎之文学晚年定论也，与其人生修证历程适相符应。袁小修说他在主陕西乡试以后，诗文“较前诸作，又一格矣”，是不错的。

此时中郎对儒佛之态度亦有了些变化。在佛教部分，继续修净土，而放弃了禅宗的路子，说：“净业如筑土御水，厚则不溃。训讲如饥儿入市店，只取充腹，过则为痞为困闷。参上乘禅，如刘项打天下，成则为帝，败则为垓下之戮。净业可以行证，训讲可以知开，唯禅也不可行不可知。”（卷五四《题宝公册》）在儒佛关系及价值抉择上，则渐归于儒家。

① 中郎注意人品，又详《陕西乡试录序》，卷五四。特别是“夫士之有品，犹文之有质”那一段。

万历卅二年中郎《为寒灰书册寄郧阳陈玄朗》认为儒佛一致:“佛氏以生死为一大事,而先师云‘朝闻道,夕死可矣’,是亦一大事之旨也。……余尝谓唐宋以来,孔子之学脉绝,而其脉遂在马大师诸人。及于近代,宗门之嫡派绝,而其派乃在诸儒。”这是从宗旨上说儒佛一致的。另一篇《明教说》则从另一角度说二者一致:“天地位,万物育,此震旦古佛之教也,非身提而面命也。十方消殒,此西方圣人之教也,非黄卷赤轴也。不殒则不位,不位则不殒。殒与位,似相反而实相成也。”这类儒佛一致论,在义理上均不能成立,但我们应注意他立说之用意。中郎大约是以儒为主轴,试图融摄佛教,并借这种融摄来改革当时儒家的弊病。例如他批评当时儒者之流入二氏,是“彼以治世之外,别有一种性命之学,其说莽荡而无归,而稽之实用,若觅鸟迹于空,而求风浪于水也。其懒慢不耐世故者,则又曰吾姑且为二氏。……二氏之学虽偏,然亦何尝舍人以为仁耶?”(《陕西乡试策问第四问》)其基本论理方式,是说二氏宗旨不异吾儒,吾儒真正精神血脉也不应自我放弃,本文可视为一典型。同例又如《寿存斋张公七十序》云:

> 江左之士,喜为任达,而至今谈名理者必宗也。俗儒不知,叱为迂诞,而一一绳之以理。于是高明玄旷清虚澹远者,一切皆归之二氏,而所谓腐滥纤啬卑滞扃局者,尽取为吾儒之受用。吾不知诸儒何所师承,而冒焉以为孔氏之学脉也。……公盖白首于泮宫黉舍之间者,一旦舍其窟宅,而逃于虚无恍惘之乡。公之心殆丑夫腐滥纤啬之儒,故欲去而远之,而不知孔门之儒非也。颜之乐、点之歌,圣门之所谓真儒也。(卷五四)

他反对弃儒而入二氏者,故其基本立场是说:佛老两家的货色,孔家本铺也有，不必外求。但既要求二氏于孔门，则其所抉发之孔门精华，便不能不以“孔颜乐处”为标目。此宋明理学家论儒释关系之常蹊也。自北宋濂溪以降，都是如此讲求，伊川就试，即论孔颜乐处。不料中郎之为学，迂曲盘旋，而亦卒归于此，这不是强调中郎具有反理学倾向的人所能发现的。

中郎这种态度，事实上乃是一种儒家本位之立场，犹如理学家讥笑那些入于佛老者是：“抛却自家无尽藏，沿门托钵效乞儿。”故表面上讲佛孔不二，实以孔子为依归。（虽然在所谓“孔学”的真实内涵上可能已掺杂了佛教化的内容）其《陕西乡试策问第一问》，明以儒道为常道，适可见其祈向。他批评当时之风气云：“今日之风尚，抑尤有可愕者，民服于奇淫，士竞于吊诡，丑宿儒之所共闻，而傲天下以不可知。言出于六经、语、孟、常言也；有一人焉，谈外方异教奥僻不可训之书，则相与诵而法之。”言辞甚为恺切。因此，我们大抵可以说中郎到了晚年，在境界上认为平常是道，追求一种平淡自然，如潦水尽而寒潭清之生命状态，扫弃风华。在人生归向上，是顺着早年孔佛不异及“人天导师，非孔谁归？”等讲法，逐渐放弃了禅悦，而主张儒道才是常道。至于生死问题，则继续修净业，以求往生。

## （八）对袁中郎之再认识

中郎卒于万历三十八年，年仅四十三岁。中郎死后，其弟小修有《珂雪斋记梦》一文，说他梦见中郎已经往生西方极乐世界了。这个梦，替中郎一生亟思解答的人生生死问题，做了一个完美的答案。倘真如小修所述，则中郎求仁得仁，殆可无憾。

可是中郎短暂的生命，却为人间留下了许多问题。

中郎基本上不是个文人。他“生死情切”，乃以修道证果之心处理自己的生命；文字，只是修证过程中的一点记录而已。他对自己的文字毫无矜喜之意，但对自己的禅悟戒行却十分看重。这样的人，活在当时，无疑是寂寞的。他第一次赴京，即有《家报》谓："天下奇人聚京师者，儿已得遍观。大抵趋利者如沙，趋名者如砾，趋性命者如夜光明月，千百人中，仅得一二人，一二人中，仅得一二分而已。"在吴中为令，又说："吴中人无语我性命者。"（卷五）凡此均可见中郎所追求的是解脱生死大事的性命之学，原本无意在文学上与人絜长较短。

但当时人显然都把他看成一位文人、一位慧业才子。中郎对此情境，死亦不免于怅怅。他论诗文，好作游戏语、惊人语、矫激语，除了扫执去缚思想使然外，这个心理因素实不能不予注意。如云："世人喜唐，仆则曰唐无诗。世人喜秦汉，仆则曰秦汉无文。世人卑宋黜元，仆则曰诗文在宋元诸大家。"（《与张幼于》）如此论事，近乎与人斗口，立异以鸣高，自非庄论。他自己又何尝不晓得此皆权说而非实话？但他就是故意要如此说，把一般文人视为神圣重要的诗文祈向问题滑稽地颠覆一番。只有修持渐深、矜气渐平之后，这种情形才逐渐减少。

可惜的是，言辞既已出口，便成为真实的事物，会形成具体的影响。中郎的矫厉语、游戏语，在当时即有许多人视之为实话而非权说。小修序中郎诗时说："《锦帆》《解脱》，意在破人执缚。……学者不察，效颦学语，其究为俚俗、为纤巧、为莽荡，乌焉三写，弊有必至，非中郎之本旨也。"讲的就是这种状况。被害者还包括中郎的好友，如江盈科等人[①]。

中郎年轻时的好奇放肆、刻意癫狂，更使得这种影响越发严重。中郎几乎成了名士轻狂的代表人物。他《哭江进之》一文自述他与江氏的文章中都有许多"矫枉之过，为薄俗所检点者"。

① 见卷三四《哭江进之》诗及序。

其实其行为遭世人指摘处又何尝少了？袁小修《告中郎兄文》说当时人“疑其道不胜习”“疑其懒不耐事”“疑其以才轶法”（《珂雪斋文集》卷十），可称实录。

只把袁中郎看成是一位放荡名士、不拘礼法的文人，是当时许多人看轻中郎的原因，也是清朝人鄙薄中郎的缘故。如汪大绅便说：中郎虽也谈禅，但“袁氏禅未敢遽断为口头，得法于龙湖。龙湖不无狂魔入肺腑之证，至袁氏一转而为轻清魔，堕在轻安快活里作窠臼，日流在光滑滑处，无个铜山铁壁时节”，以中郎为轻清魔，谓其学佛谈禅可能只是口头禅，其轻鄙可知矣。至于中郎所开创的公安派文风，更是“机锋侧出，矫枉过正，于是狂瞽文扇，鄙俚公行，雅故灭裂，风华扫地”（钱谦益《列朝诗集小传》丁集“袁宏道”条），不值得作为准绳。

不料，到了五四反传统时期，这样一个放纵才性生命、以才轶法的袁中郎形象，竟大获好评，论者嘉许他反礼教、纵情欲、破格套，称之为文体解放、个性解放。这在价值判断上固然与前人大异，观看中郎的角度其实是一样的。所以前人从他和李卓吾的关系方面去贬抑他，现在便由他与李卓吾有关系处去推崇他，谓中郎论诗文之所以能如此强调直抒性灵，即受李卓吾“童心说”之影响而然等。

这类说法，目前仍充斥于我们的教材、文学史著、基本研究预设之中。可是它事实上不堪一驳。因为我们只要从袁中郎生命的全程，从他对生命的核心关怀去看，立刻就会发现中郎并不只是一位放荡的文人。

那个放纵习气、不守礼法格套而又机锋侧出、主张破执任性的袁中郎，只是他在整体生命发展中的一个阶段。被袁小修形容为“磨炼习气，日新不已”的袁中郎，很快就超越了这个阶段，从知见和修为两方面，努力地想矫正自己的毛病。且因其核心关怀是了生死的性命之安顿问题，故其反省着力处往往落在佛教部分。

由其修净业、悔少作、责无念、劝卓吾、破狂禅、罪心斋，在在可见中郎进学之精勤；诗文亦因其生命修为本身的变化而逐渐朝平正典重的方向走。中道言中郎于庚戌以后，尝言为学须以敬持，以淡守；论诗文则云“我近日始稍进，觉往时大披露、少蕴藉”。所以说他是以生命之体证来探索性命问题，并以体证所得表现为艺术创造的人。仅以反文学拟古者视之，实不免太小看了他。

五四以来，论晚明文人、论公安、论袁中郎者，大抵都会谈到他们与佛教颇有关系，但从来没有人真正讨论这种关系是怎么一回事，对佛教的知识也不足以解读中郎之书。再加上反传统的意识形态偏见，硬是把一位“宗礼教以甄流品”的袁中郎，画成了一个反礼教的轻佻名士；把一位专意商略生死之旨的思想家，看成讲趣、讲韵、讲率真、讲任性优游的放诞山人。而所推崇者，如纵情欲、破格套等等，又皆为中郎所深悔的早年病痛。如此论史，危乎殆哉！袁小修《袁中郎先生全集序》有几句话很值得这些先生们参考，录于后，以终本篇：（1）小修谓中郎“学问自参悟中来，出其绪余为文字”，故勉励后学者若欲学中郎，须探其源。同理，欲知中郎，亦须得其学问之源、诗文之本。（2）小修云：“诸文人学士泥旧习者，或毛举先生少年时二三游戏之语，执为定案，遂谓蔑法自先生始。彼未全读其书。”（《珂雪斋文集》卷三）此语正为五四以来论袁中郎者发也[①]。

---

① 钱伯城《袁宏道集笺校》附录所收袁氏《西方合论》尚且不是全本，其余可以想见。近世纷纷，皆言中郎，谁曾读中郎之书耶？

# 九　摄道归佛的儒者：焦竑

## （一）运用道藏

《道藏》系明英宗正统十年十一月颁印，嘉靖三年重印了一次（或其中之部分），万历廿六年大概也重印了一次。这几次刊行，印量无法确考，但可能流传并不甚广，故明人运用这部大书的情况殊不多见。焦竑便是这少数能充分利用《道藏》的学者。他自己的著作，如《老子翼》《庄子翼》，在他卒后十年也被收入《续道藏》，成为续藏的压卷之作。这样的学者，当然很值得注意。[①]

---

① 《续道藏》尚收有《易因》六卷。《道藏提要》认为明代白云霁《道藏目录详注》载其名为《李氏易因》，故应该就是李贽的《九正易因》。我则有点怀疑，因本书体例实与朱彝尊《经义考》及《四库提要》所描述者不同。撰写《道藏提要》的先生据古代著录，谓李贽有一书名《易因》，恰与本书同名，且本书思想与李贽接近，其中又引万历时人方时化之言以总论卦象，所以"知此书确为李贽之作无疑"，却忽略了焦竑也有一部《易因》。焦竑这本书，正是他与方时化讲解《易经》时，汪本钶的笔记。书前且有李贽的《易因小序》。其书以上下经分，每卦先列卦文、卦象、卦象及文言，后列讲论，最末则为附录，体例较接近《续道藏》的《易因》。

焦竑早年曾从耿定向学，后又接受罗近溪的思想，且与李卓吾交情极好，所以论明代学术史者，均将他列入“泰州学派”的谱系中，属于阳明后学。但焦竑和一般讲阳明良知学的人最不相同处，在于他博及群书，自经史以至稗官杂说，无不淹贯，这几乎是“道问学”而非“尊德性”的形态了。尤其他在万历年间与修国史，得览内府藏书，颇为注意史料之汇辑，迥非当时阳明诸届学所能及。《道藏》一书，大概就是他利用得窥内府藏书之机会而获读的。

但是，得读《道藏》或能利用它，并不只是机会的问题。焦竑会想到利用这部书，实与其学术路向及思想内容有关。

## （二）诠释道经

《四库提要》曾批评焦竑与李卓吾“两人相率为狂禅”[①]。然而实际上焦氏论禅并不狂诞，他的学术也不仅限于禅宗。他曾作《阴符经解》一种；所撰《易筌》六卷，也常引《列子》《黄帝内景经》《抱朴子》等书来解经。除了《老子翼》《庄子翼》之外，尚有《道德经元翼》二卷，对于道教之学，殊不陌生。他之所以主张三教为一，即与此种学术背景有关。或者，也可以倒过来讲：

① 见子部杂家类存目二论《焦弱侯问答》。此书当即为《淡园集》卷四七至四九摘出独立刊行者。见李焯然《焦竑著述考》，《新加坡国立大学中文系学术论文集刊》二集，1987。按，四库馆臣对焦竑的理解，甚为偏颇，认为焦竑“于贽之习气，沾染尤深，二人相率为狂禅。贽至于诋孔子，而竑亦至尊崇杨墨，与孟子为难”。其实焦竑是批评狂禅的，他的心性论也旨在发挥孟子。他固然也有论杨墨之语，更编辑评点了《九子全书评林》《二十九子品汇释评》《墨子品汇释评》等书，但那只是基于博学的需要，且皆为与他人合作者，跟焦竑个人的学术宗旨不能混为一谈。

由于他相信三教不二，所以才努力疏通三教义理、诠释三教典籍。

今考《老子翼》六卷，所引道教文献有河上公、严君平、陈景元及《参同契》诸说。卷五附录各家论老子语，又特别介绍："碧虚子陈景元，师事张鸿，尝著《道德经藏室纂微篇》……又有所注《南华经章句音义》，凡二十余卷，今并入《藏》。"他在卷六《考异》部分，校老子各种版本之异文时，很得力于这个本子。《庄子翼》更是如此。据四库本，此书卷末有《庄子阙误》一卷，全部采录陈景元的校文（《道藏》本并未收这一卷，因为这些校文已见于陈景元的《南华真经章句余事》了）。其文内论述，也常采用陈氏说，如卷二论《人间世》，引《笔乘》云："吾行却曲，当从碧虚作'却曲却曲，无伤吾足'，庶与上文相协。盖由传写者误迭吾行二字耳。"又，卷六解《外物》篇"静然可以补病，眦可以休老"句，更是充分运用了他的道教知识，说："须溪云：'静非药也，然可以补病。目无所见，虽病也，而可以休老。'不知眦盖养生家之术耳。按《真诰》云：时以手按目四眦，令见光分明，是检眼神之道。久为之，见百灵老形之兆，发于目眦；披皱纹，可以沐浴老容。"①

## （三）反对仙道

这些地方，都可以证明焦竑确能充分利用道教的资料和学理来解析老庄。但是，与此同时，我们也应能发现他对道教的养生求仙之说是很不以为然的。

《老子翼》卷五引苏轼《上清储祥宫碑》说："道家者流，本

① 《四库提要》经部易类存目收有焦氏《易筌》六卷，也是杂引《抱朴子》《黄庭内景经》以解经的。

出于黄帝老子。……自秦汉以来，始用方士言，乃有飞仙变化之术、黄庭大洞之法、太上天真木公金母之号、天皇太乙紫微北极之祀，下至于丹药奇技、符篆小数，皆归于道家。窃尝论之，黄帝老子之道，本也；方士之言，末也。”这个态度，大抵也就是焦竑的立场，故虽推阐老庄而颇不慊于丹道术法。彼尝引董思靖、邵若愚等人之言曰：

> 或谓微言隐诀多寓其间（按，指存在于《老子》书中），以故首章有无在二丹，神气水火也；虚心实腹，则炼铅之旨；用兵善战，则采铅之方；冲字从水从中，乃喻氯中真一之水；三十辐共一毂，为取五脏各有六气之象，及准一月火符之数。如斯等义，今皆略之。何则？性由自悟，术假师传……区区纸上，乌足明哉？况是经标题道德之宗，畅无为之旨，高超象外，妙入环中，讵容以他说小数杂之乎？白乐天云“玄元皇帝五千言，不言采药不言仙，不言白日上青天”，亦确论也。（董氏语）
>
> 《抱朴子》第八卷云：“五千文虽出老子，然皆泛论较略耳。其中了不肯首尾全举其事有何按据者也。”盖其人多言房中黄白之术，执有为为事；将好利淫心，测度无为之道。是故不知首尾。又况不及此子者乎？又直以轻举为上士，修习道德者其次。夫举身隐形变化物象，在禁为妖。孔子不语怪力乱神，以其无益也。（邵氏语）
>
> 今道士修老子敬者，舍道本不言，而及方药祈禳等事，其讹失本意，又益太远。惟唐人白居易诗语能明其确……如何凿空妄云有药有仙及祈禳胜厌等事耶？（程大昌语）

焦竑借他人酒杯，浇自己之块垒，引用这些言论，力破道教方药祈禳之术，应与他生存的时代环境有关。

明朝中叶宪宗、世宗等几位皇帝都佞信道士，慕求道法；但都舍道本不言，而信扶乩斋醮方药之事，整天忙着求仙求长生。嘉靖年间严嵩之擅权，自始至终，亦均与此一情势有关。世宗喜用红铅，宠信方士陶仲文，尤为有气节的士大夫们所痛心。因为所谓的红铅，乃是采女人，尤其是处女的第一次月经，用井水漂澄过后，加上丹铅、没药等制成。这已经够恶心的了，其中尚须加上童尿（炼成粉状，名为秋石，大约即为尿素之类）等物。吃这些药，旨在补虚壮阳，作为催淫的春药，意甚显然。而方士乃谓此为丹，为房中养生之术、升仙人虚之妙道。世宗几次谕选处女，每次选数百人入京，为的就是炼丹，后来更因服此类仙丹而崩。此时，上行下效，上有好者，下必有甚焉者，整个社会也都沉浸在一种纵欲壮阳的气氛之中，流传“御女多多益善”的采阴补阳说。据黄裳《榆下说书》载，明朝有一幄版画，刻《内篇·金液还丹次第图》，图中画一位漂亮的少女，少女头上写着“无上真鼎”字样，旁边题词道：“眉目无瑕性欲良，皮骨相宜音韵长；更推八字无冲克，始称佳期作药王。”极尽讽刺之能事。盖以女子为鼎炉，正是当时的风气，道教中讲房中术者遂大行其道。内丹一派也有讲男女交媾、夫妇合修的，所谓阴阳栽接，据说能逢山开路、遇水架桥，迅速结丹。办法是选择十四、十六、十八岁的少女作外鼎，或制“蟠桃酒”。当时又有如三丰采战之类的“泥水丹法”。种种淫鄙，不一而足。

这类事件，对生于嘉靖十九年，且于嘉靖四十三年中乡试的焦竑来说，少年闻见感受，必定极为深切。他特别甄录了《旧唐书·宪宗纪》所载李播劝谏宪宗的话，说：“神仙之说，出于道家。道家所宗，老子五千文为本。老子指归与经无异。后代好怪之流，假托老子神仙之说，故秦始皇汉武帝二主受惑，卒无所得。”当然是别有指涉的。

## （四）修性养生

除了这个因素之外，焦竑身属阳明后学，阳明学与道教内丹术之间的纠葛自然也会刺激到焦竑的思维。阳明本人曾修持道教多年，对张紫阳《悟真篇》所开之内丹一脉，很有了解，但终究不能接受其说。可是阳明门人，如王龙溪等，却因此一因缘，对丹法胎息之道颇有涉猎。① 一些接近阳明学路数的人，对道教丹道胎息等说法的依赖状况，可能就更深了。这其中，最明显的例子，是林兆恩。林兆恩于嘉靖三十一年致书罗洪先，自述其三教合一之旨，云系以老子之得一、孔子之一贯、释氏之归一，合而会通之。他讲三教合一的重点在于心体之一致，这很像阳明说的“四书五经，不过说这心体”。然而他强调三教真理不能脱离心体，其证悟心体的“九序心法”却根源于道教的导引与胎息法。如其言“洗心退藏于密”时，即说：“洗也者，洗之也。心属火而藏之，以背之水洗之之义也。退也者，退之也。心居乎前而藏之，以背之后者退之之义也。”（《林子三教正宗统论·心圣直指艮背心法》）这段话，从辞源上看，“洗心退藏于密”出自《易经系辞传》，“艮背行庭”一词也见诸易经。可是林兆恩所创立的这套心法，却不仅是存心的功夫，更加上了打坐运气。其法分成九层境界，又名九序，依序为：一艮背，以念止念以求心；二周天，效乾坤以立极；三通关，支窍光达以炼形；四安土敦仁，以结阴丹；五采取天地，以收药物；六凝神气穴，以媾阳丹；七脱

① 详见柳存仁先生《明儒与道教》《王阳明与道教》《王阳明与佛道二教》诸文，收入《和风堂文集》，上海古籍出版社，1992年。林惠胜另有《试论王龙溪三教合一说》，刊《中国学术年刊》14期，1993年。

离生死，以身天地；八超出天地，以虚太虚；九虚空粉碎，以证极则。这一套功夫，只传弟子，不传外人，弟子入教亦须发誓不泄心法。[1]

对于此种学风，同属阳明后学的焦竑，实不甚赞成。他学从罗汝芳，罗氏师事胡宗正谈道教、又师僧元觉谈因果，《盱坛直诠》卷下并谓其“于释典玄宗，无不探讨；缁流羽客，延纳弗拒”。因此对于佛道两教，焦氏也都有相当的了解，并不以佛老为异端，更反对当时人把佛老视为异端的态度。但他把道教分成三类，一是炉火黄白之术及男女合气之道，他最不赞同；二是清静炼养的内丹之学，此虽较前者为胜，而焦氏仍谓其非至道；三是以老子为代表的道家清虚之学，这种学问，他认为才是与孔子、释迦同趋的。《淡园集》卷十六《盘山语录序》说得很清楚：

> 老子……岂异端者哉？古道不传而世儒顾以老子为异，多黜其书而不讲，至为方士所托。于是黄白男女之说皆以附着之。盖学者之不幸而亦道之辱也。近世七真者，始一意清静之说，摈弃有为，以复还太上之旧，其功甚伟。……《盘山语录》在《修真十书》……余少喜是书不必铅汞龙虎别安名目，与化金御女，别堕旁门，孳孳然独治心养性之为务，此七真之正派也。

所谓七真，不知指南七真或北七真，但焦竑此处所要谈的问题，主要应是针对南七真。

南北宗的分别，一般均认为北宗先“性”后“命”，南宗则

① 参看郑志明《林兆恩与晚明王学》一文，辑入《民间的三教心法》，正一善书出版社。郑氏《明代三一教主研究》（台北：学生书局，1988 年）对此有更详尽之分析。

是先“命”后“性”。南宗授受，以张伯端之《悟真篇》为主，张伯端传石泰、石泰传薛武、薛武传陈楠、陈楠传白玉蟾。而从王阳明开始，便对其说有所批评。阳明《答人间神仙》曾说：“若后世拔宅飞升、点化投夺之类，谲怪奇骇，是乃秘术曲技，尹文子所谓幻、释氏谓之外道者也。”又有《书悟真篇答张太常》二首，第一首说：“悟真篇是误真篇，三注由来一手笺。恨杀妖魔图利益，遂令迷妄竞流传。造端难免张平叔，首祸谁诬薛紫贤。直说与君惟个字，从头去看野狐禅。”焦竑显然继承了阳明这个观点，因此，推崇七真，以斥破神仙黄白之街及男女房中法，然后再进而点化内丹修填之法，以归于养性之学。

何以见得是如此？这就须考究《修真十书》的体例了。此书收入《正统道藏》洞真部方法类，凡六十卷。焦竑单独摘出其中一部分来传刻，所为何来？

盖《修真十书》也者，正是南宗丹法的集录，所收的书，除了《盘山语录》外，有《杂著指玄篇》《金丹大成集》《钟吕传道集》《杂著捷径》《悟真篇》《玉隆集》《上清集》《武夷集》及《黄庭内景经》，亦即上承上清黄庭修真法门，下采钟吕一脉以迄张伯端白玉蟾者。开卷便是金丹火候图、大药诀，所论者为华池、神水、黄芽、白雪、河车、交媾、圣胎、换鼎之类，重点在于如何结丹以求长生。故《悟真篇·序》云：“人身难得，光景易迁。不及早省悟，惟只甘分待终，虽悔何及？故老释以性命学开方便门，教人修种以逃生。”“老氏以炼养为真”，悟命数之易尽，及早修真炼养，就是他们的宗旨。因此，其所着重者，躯壳臭皮囊也。

该书卷十八录有烟萝子《体壳歌》，道是：“无限荒郊堆冢墓，哀哉白骨被尘漫，往日英雄归甚处？不如闻早身心诲，免使沉埋为下鬼。时人一死无复生，浩浩东流如逝水。我今求得长生诀，等闲休向他人说。”面对死亡，力求超越，拟借由自己的力量来使人跨越身体自然的命限。

这就是南宗丹道的宗旨所在。人之所以有大患者，为其有身，身体是人生痛苦与恐惧的主要来源。但人能超越解脱的力量与依据，不在外在的神佛仙鬼，也不在于药物，而就在人这个躯体本身。人身即同于天地，所以可以效法天地阴阳升降之理、五行生克之则、日月交合之度，取肾水中所藏先天元阳真炁以为丹本，以真阴真阳交媾和合，以阳炼阴，使精合于气、气合于神、神合于道，渐成金丹，超越肉体之限制，飞升长生。[①]

可是焦竑的想法不同，他认为修命并非性命之学的重点，重点应当是修性。所以焦竑《盘山语录序》说："方士言长生者，不知养性之即为养生。世儒言性命而斥养生，不知养性者，同乎天道而不亡。"养生，应该就是养性，而且只有养性，才能同乎天道而不死。《盘山语录》乃是金末全真道士王志谨（1178—1263）所作，道派不同，不知为何被编入《修真十书》。北宗全真重阳派下，向来是先性后命的，所谓："一念无生即自由，心头无物即仙佛。""吾宗唯贵见性，水火配合其次也。"与南宗修持之法并不一样，编在一块儿，应属于附见性质。因《修真十书》前面收的是南宗丹法，后列全真语录及上清黄庭内景法，盖附录以供参照，说明它们都是内丹丹法而已。可是焦竑却敏锐地抓住了这一点，特别举出此书，强调养生不死的要诀即在于养性。

## （五）复命归根

从这个角度看，则我们可以说：焦竑之注意到道教文献资

① 道教称此为"性命双修"。性指心性，命谓形体；精气属命，神属性。道教也常据此批评佛家只修性而不修命。

料，运用《道藏》、注释老庄及《阴符经》、刊刻《盘山语录》等，都是有意识的活动，是针对道教在明代社会的实际影响、道教南宗内丹法的发展以及阳明以后学界讲三教合一而逐渐流入胎息养生之趋势而发。他之注老注庄注阴符，其立说之底蕴，胥将由此见之。如曰不然，那么，请问：焦竑为何要注解《阴符经》？

《阴符经》在唐代出世，宋元以来，解经者多借之以言神仙炉火之法，故《悟真篇》后序说："修生之要，在金丹；金丹之要，在乎神水华池。故《道德》《阴符》之教得以盛行于世。"这部经，与以前一般道经讲人应如何法天顺天的路数不同，明言"宇宙在乎手，造化生乎身"，教人如何"盗"天地之机。所以经文只有三百字，影响却极广远，解经者或用之以言兵，或用之以言金丹。《修真十书》卷三《指玄篇》引陈翠虚《庭经》，其中便有一篇《阴符髓》，解释阴符之意，可代表丹家典型的讲法。[①]

据他说，《阴符经》所谓神仙抱一之道，即是将太乙真气与我的真气结合起来，修炼以成丹。如何修炼呢？他说《阴符》所称"天有五贼，见之者昌，五贼在心，施行于天"，意谓运用天生五行之气来修炼。五行即五脏，水得一气，在人为肾。故应存其心、守其神，以心为性，以气为命。心是整个修行功夫的中枢，所以说："天以斗为机，人以心为机。心者，机本也。"只有去除各种欲望对心的干扰，才有可能炼成大丹，"正其心，定其气，守神抱一，至静而日新，必达于源，至于神"，如此则可以不死矣。

---

① 逆而成丹的理论，即由此发展出来，认为天地顺化以生物，人则逆修返原以炼结金丹，盗天地生化之机，所以又称为"还丹"。这种思想与《阴符经》的关系，详施达郎《道教内丹养生学概论》（香港道教学院，1992年）第22页。

在这一篇之后，陈翠虚又有《内三要》《外三要》两篇，注明“出黄帝阴符经”，讲的都是同一个道理。事实上，张伯端在《金丹四百字》中也早就提到过：“神气精者，与天地同其根，与万物同其体。得之则生，失之则死。以阳火炼之则化成阳气；以阴符养之，则化成金精。”金丹之“金”，宗趣斯在。其他各家，如《道藏》洞真部果字号所收无名氏《擒玄赋》话内丹，分为还丹、道生一、道源、龙虎、秋石、河车、五行、胎息、盗机各篇；芥字号所收王庆升《三极至命筌蹄》，亦有《阴符破迷赞》。南宗如此，北宗亦然，如王重阳、马丹阳都极推重《阴符经》，马丹阳教人，尤其以《道德》《阴符》两经为主。他们讲释阴符的意涵及修炼之法门，纵或不尽相同，但这个解析路线是一致的。白玉蟾《谢张紫阳书》谓：“心中自有无限药材，身中自有无限火符，如是而悟之谓丹，如是而修之谓道。”大约可视为这一派共同的主张。

道教发展到明朝嘉靖万历以后，当然不只讲丹法的这一类，就是讲丹法，也发展出东派西派中派以及主张仙佛合宗的伍柳派等各个不同的系统。其中更杂有以丹鼎为幌子，而实属御女采战之房中淫术者，以鼎炉玄牝为女阴，以剑为阳具，以铸剑为性交，以抽添为火候，以媾精为功夫，种种淫秽，难以尽述。面对这些道派，那讲房中男女者，比较容易对付，斥其为渎滥便可；那讲金丹大道者，事实上很难处理，因为它也是“性命之学”，且以性命双修为号召，而重点又与阳明的良知学一样，强调本心本性。

《悟真篇·序》说：“释氏以空寂为宗……老氏以炼养为真。若得其要枢，则立跻圣位；如其未明本性，则犹滞于幻形。”故金丹道法，乃是尽性之学。唯其尽性，乃能修命。而这个性，又即是“本源真觉之性”。所以与孟子“性善”之“性”甚为近似。其修炼功夫，所谓“金生于水，犹情生于性；水隐于金，犹情复于性”，这种性情观和复性之祈向，乃至依此而说三教归一，起码跟焦竑本人是很相类的。唯其相类似，反而容易引起争端，“恶紫之夺朱也”就是这个缘故。品牌太类似，市场便不易区隔开来，学术发展本来也就存在着这样的竞争关系。而要辨明这派道法仍非究竟之学，焦竑除了撰文直接批评之外，更有力的方式即是重新说明老子、庄子和《阴符经》之道为何，亦即透过对道家之学的重新诠释，重建老庄与《阴符经》的心性修养论，来破斥金丹说及参采丹道炼养之说而形成的阳明学变体类型（如林兆恩“艮背心法”之类）。著《老子翼》和《庄子翼》、刻刊《盘山语录》、注《阴符经解》等，都具有这样的作用。

## （六）摄道归佛

既然如此，焦竑是如何建立他的新诠释的？

焦竑《阴符经解》说：“此古至人化人为天摄情归性之道也。谓天性非他，人是已。所谓人心非他，机是已。”以机论人心，以经为摄情归性，均与张紫阳、陈翠虚相似。[①] 但他反对运用五行之气来修炼，把“天有五贼，见之者昌”解释成“天一也，而分为五行。五行盗天气者也。然合之而五则贼，攒之而一则昌”，所以重点不在五行而在能一，“人一天，情一性”。只要摄情归性，人天合一、性情合一，去除贪嗜动欲等杀生之机，便能养性长生：

① 摄情归性，是内丹法术语之一，如赵宜真《原阳子法编》卷上《还丹金液歌并序》云：“所谓内者自性法身，本来具足，不假于外，自然之真。其进修之功，则摄情归性，摄性还元，有为之为，出于无为。”焦竑充分掌握并运用了这个术语与观念，详下文。

盗，即下“食其时”“动其机”之谓。时者，丹家所谓活子时，诗云：“前后际断处，一念不生时”是也。……机指杀机而言。食其时，识未萌也而百骸理，心有天游，六凿不相攘矣。动其机，情尽冥也而万化安，天德出宁，云行雨施矣。时之无作，机之未勤，合元自归……不神而神矣。

要冥情去识，不动杀机，一念不生，该怎么办呢？他提出了一个以气制心之法。说：“心有是非，故老子不欲以心使气；气无分别，故《阴符》欲以气制心。气制心，则太浩常存，情根内废。虽万境交驰，一念不作。老子云‘专气致柔’，庄子云‘无听之以心，而听之以气’，灵均云‘一气孔神’，张平叔云‘真土擒真铅，真铅制真汞’，皆指此而言。”以气制心，摄情归性，才能达到一种至静不生的境地。

这就是他对《阴符经》的新解释。他自称：“此古圣人复性之学，而解者率以有为之邪术混之，或辱以为强兵制胜之书。……余因园庐之多暇，窍玄玄于道流，慨古微言日就湮没，疏此以洒之。”可见此非无所为之作。不仅把丹家修命之术，全数扫除了；更把长生讲成了不生灭的无生，说只有“未死而先死”才能得到长生。

如此一来，道教旨趣事实上便转成了佛家的义理。四库馆臣认为焦竑这本书“虽引张平叔‘真土擒真铅，真铅制真汞’之说，似乎神仙家言，而核其宗旨，实以佛理解之”，应该是非常精确的判断。

他解《阴符经》是如此，解老庄亦复如此。《庄子翼》基本上是采用郭象注。采用郭注的原因，可能与他主张“冥情”有关。郭象注要人“不识不知而冥于自然，是之谓入于天”，正与焦竑冥情去识之说吻合。（见《天地篇》注）[1] 对于养生的问题，郭注也不认为人应长生养命，注《齐物论》曰："愚者窃窃然自以为知生之可乐、死之可苦，未闻物化之谓也。"注《养生主》曰："养生，非求过分，盖全理尽年而已矣。""达命之情者，不务命之所无奈何也。""以有系者为悬，则无系者悬解也。悬解而性命之情得矣。此养生之要也。"[2] 这些论调都很符合焦竑反对炼养不死之说的需要，所以他不采用道教方面对庄子的解释，而上溯至魏晋玄学，并进一步将这种意见和佛典结合起来：

> "指穷于薪，火传也，不知其尽也。"按，佛典有解此者曰："火之传于薪，神之传于形；火之传异薪，犹神之传异形。……惑者见形朽于一生，使谓神情共丧，犹火穷于一木，使谓终期都尽，可乎？"此其说亦甚精矣，然舍生趋生，则犹未了之谈。窃意以……跃金不出乎炉、浮涯必还之海，以见其无死生，一也。

这里所引的前一说，即神不灭论；后一说，则谓死生一如、色空不异。《老子翼》卷一解"常有欲以观其徼"曰："徼，言物之尽处也……列子曰：死者德之徼。……非舍有以求无也。盖当其有时，实未尝有，此乃真无也。故不灭色以为空，色即空；不捐事以为空，事即空。"大抵就表达了这个意见。为何有不是有而就是无呢？焦竑用佛家缘起说来解释，云："彼不自生，因此则有彼；此不自生，

---

① 冥情，《笔乘续集》卷二"一情恶为小人，一情善为贤人，一情冥为圣人"云云，可以参看。

② 据陈荣灼的研究，王弼注易，是"以无为本"的，肯定无的先在性，认为无是独立于天地万物之外的实有形态之本体；郭象则反对"寻本"（见《东海大学学报》三三卷《王弼与郭象玄学思想之异同》）。郭象此种无体之说，自亦与焦竑较为接近。

因彼则有此。故曰彼出于是，是亦因彼。此皆从无生有，所谓方生之说也。”（《庄子翼》卷一）所谓从无生有，不是有一个“无”生出万物来，而是万物皆因缘相生。因缘相生本身就是空是无，所谓“因缘所生法，我说即是空”。依这种空理所生之物，虽生虽有，实亦可说它是死是无，这就是死生为一了。他把老庄的“因”，解成佛家的因缘说，而讲物之缘起性空；并言唯有知死生本一，人才能不爱生。《老子翼》卷三：

> 生之徒十有三，此炼形住世者也。死之徒十有三，此殉欲忘生者也。人之生，动之死地十有三，此断灭种性者也。凡此十分之中率居其九，皆生生之厚者也。夫有生必有死，是生固死之地矣。兕虎甲兵将安避之？善摄生则无生矣……何者？彼无地以受之也。然圣人无生，非故薄之也，本无生也。昔人云：“爱生者可杀也，爱洁者可污也……本无生，孰杀之？本无洁，孰污之？知此者，可以出入造化、游戏死生。”

意思是说：人若爱恋生命，整天怕死求长生，那么一切刀兵虎兕都会造成对我们的伤害。但假如我们知道有生必有死，人活着本来即准备就死，而且生命原本即由无来或本即是无，生实无生，则又何必怕死？①他认为这才是老子的微旨。卷四另有一段说：

> 道以知入，以不知化，即释氏之知无也。不知，即释氏之无知也。始以知无遣其有，随以不知遣其知，万

① 《笔乘续集》卷一：“李渐庵先生曰：未悟无生，则死生在前，不能无怖。临深履薄，有战兢之心，皆怖也。心怖于中，斯手足无所措于外。……无怖心者，无生死也。”

法归无，无亦不立。……凡有知，皆妄也。凡有妄，皆病也。……知其为病，则勿药而病瘳矣。知不知，所谓生而无生，真性湛然也。不知知病，所谓无生而生，业果宛然也。唯其病病，是以不病，所谓即幻即离，不作方便也。①

知无以遣有，只是前文所说“舍有以求无”的层次，但要从无再到“真无”的境界，才能生而无生、无生而生，即幻即离、即色即空。用华严宗杜顺大师华严五教止观的理论来说，大乘始教，所谓“生即无生门”之般若中观思想，大体上讲的就是这个道理。言法无自性，皆因缘所生，“因缘故有，无性故空”，所以生实无性，万法皆空。唯此空亦不可执着，也要空掉，空空之后，才不会堕于断灭空，此谓人法二空。空非断灭空，有也不是“绝对的有”，如此才能进入大乘终教的事理圆融观，即空而常有，即有而常空。这个道理，扣在老庄的玄言上讲，当然不免夹缠，但若掌握了佛家缘起性空的理论要旨，倒也不难理解。

焦竑整个无的本体论与人性论，下文将会再予申论，在此，我们只是想说明焦竑是怎样借着老庄来谈无生、谈缘起性空，又如何由此讲出一套观空复性的议论。在《老子翼》卷二中焦竑云：“知众有即真空者，以能阅而知之故也。释氏多以观门示人悟入，老子之言岂复异此？故阅众始则前际空，观其徼则后际空，万物并作观其复，则当处空。一念归根，上际永断，而要能以观得之。学者诚有意乎知常也，则必自此始。”“如释典云：若见诸相非相，即见如来也。”从宇宙万有之生起来说，乃是无生，是空，

---

① 焦竑同时也用这个说法来处理出世与入世的矛盾。《庄子翼》卷二：“养生主，是出世法；人间世，是住世法。余谓出世而后能住世。”又，“出世，为出即生也。……道无生死，而人有二心，非弃道而何？……怖死生、求出离，犹为第二义也。”

故众有即是真空。观此空空之理，便是学者功夫之所在。他把这佛家的真空妙有说，和老子的“归根复命”、易经的“观复”结合起来讲，于是，观复就成了观空。同书卷一说：

> 试观万物：方其并作，若动且实，而实无纤毫动与实者。能如是观，是为观复。复者，复其始也。夫未能观复，即止动求静，欲静转动。当物芸芸，复归其根，则一切诸念，当处寂灭，不求静而自静，乃真静也。静则复命矣。

观万物之有之动之实，知其即是无是静是虚，这叫作于有观无，见万物之妙有而知其即是真空。唯人能观空知无，才能归根复性，故曰：“知七情无体，四大本空。如此则化有为无，涤情归性。”（《老子翼》卷一）

但这只能说是复性，不能说就是老子讲的“归根复命”。所以焦竑要再解释道：如此观空，寂灭清静，应该是复性，但老子鉴于性是可说的，命是不可说的，故刻意说复命：“不求静而自静，乃真静也。静则复命矣。不曰性而曰命者，性可言也，命不可言也。”这样解复命，当然有些牵强，然亦可由此见焦竑老庄学的重点。

盖焦竑的《老子翼》《庄子翼》，从著作的体例看，实甚简陋。《庄子翼》大体是抄一段原文，录一段郭注而已，既无辩证阐发，亦无注释训诂，偶有一点自己的意见，敷展也很少，如《逍遥游》全篇只有一条焦竑自己的看法，寥寥五十一字，《德充符》《大宗师》也都只有一条自注。内篇尚且如此，外、杂篇有许多便根本没有自己的见解。这样的书，四库馆臣批评焦竑“好夸博奥，一核其实，多属子虚”，还算是客气的哩。《老子翼》情形稍好，但主要也是抄录苏辙的《老子解》，自己的按语仅有十七则；唯因所见版本较多，故考校文字及附录甄采各家论老子语尚具价值罢了。这也能叫作著作吗？

可是，从这里我们就可以发现焦竑的写作意图。他这两本书，原不是为了阐扬考究老庄而作，所以不必如其他注家那样着力深入注解原文。他乃是想将老庄的解释权从道教金丹说那儿夺回来，并将老庄义理讲成是与佛教一致的。大量抄录苏辙、郭象等人的注解，实具有“重言”的效果。选择郭注与苏解亦有深意。特别是苏辙的《老子解》，旨在言复性及佛老不二，所谓“虽山河大地，未有不变坏不常者，惟复于性，而后湛然常存矣”，与焦竑宗趣最切。焦氏曾将这部书介绍给李卓吾看，万历二年李卓吾又将之刻于金陵，且题其后曰：“获子由《老子解》于焦弱侯氏。解老子者众矣，而子由最高。……独得微言于残篇断简之中，宜其善发老子之蕴，使五千余言烂然如皎日，学者断断乎不可一日去手也。”[①] 因此，焦竑虽抄撮苏辙解，实不啻自己在发言，只有在觉得苏辙讲得还不够时，才会加强补充。这种著作形态，可称之为“点化”，如仙家点铁成金般，将老庄玄理转化成佛教空理，而下手处只在关键地方点拨数语而已。例如《老子翼》卷二苏辙解“希言自然，飘风不终朝，骤雨不终日”一段，只就“言出于自然，则简而中；非自然而强言之，则烦而难信矣”来发挥，焦竑便说：

① 焦竑、李卓吾、袁宏道兄弟等对苏轼、苏辙之学的推扬，很值得重视。这也是他们与程朱一脉理学家极为不同之处。甚至连与阳明学脉关系较为亲近的黄宗羲，也在《宋元学案》中将苏氏兄弟之学判为“杂学”，附录卷末，称为《苏氏杂学辨》。此充分显示苏氏兄弟之学问形态及内容，与宋明理学存在着极为严重的紧张关系。但焦竑等人却对两兄弟的学术与文章极为倾心，万历廿五年，焦氏并为刊行《两苏经解七种》。此一线索，乃探究晚明思潮时所不宜忽略者。

或曰：“《首楞严》言非因缘非自然，而老子以自然为宗，有以异乎？”余曰：“无以异也。夫所恶夫自然者，有所自而自，有所然而然也。有所自而自，有所然而然，则是自然也，在有物之上，出非物之下，是释氏之所诃也。老聃明自然矣，独不曰无名天地之始乎？知无名，则其自也无自。其自也无自，则其然也无然。其自无自，其然无然，而因若缘岂能囿之？故曰精觉妙明，非因非缘，非自然非不自然，离一切相，即一切法。盖所谓不可道之常道如此。”

苏辙解这一段，讲的是圣人体道，故“言出于希，行出于夷，皆因其自然”的层次。焦竑却径由此谈“道”的性质。依老子说，道生一、一生二、二生三、三生万物，这能生之道，即是万物之本体；其生物的原理，则是自然。对这个本体，可以有各种解释，如谓其为“无”，由无生有，便是实有形态的形上学之说法。焦兹认为此说是在“有物之上”及真空的“非物之下”，另设立了一个名为“无”的东西以为本体，故不赞成。如谓老子之道体，是万物生化的超越依据，乃无形之形形者、非物之物物者，不是在万物之上另有一个第一因，而是物之自生自化，自然而然。这仍与焦竑所相信的佛家说法有差距。因为依佛家说，五蕴法都无自性，因此万法皆因缘生，其实性即为空，唯知空理，方能破相显性。这么一来，存有的根源事实上就是空，是无所本的，也是没有创生义的；物之生，乃依因缘而非“有所自而自，有所然而然”。焦竑正确理解到这两者间的差异，故经由对“无名天地之始”的再解释，予以扭转，批判自然说，而主张道体即真如。

这是对老庄所说道体性质的改造，这样的改造当然也直接关联到对存有的活动状态的解释。《庄子翼》卷一说：“‘因’之一字，老庄之要旨，故下文累言以应之。……总之只小因之一字尽之也。”这个因，就已经不是老庄因循说的旧义了，而是因缘的讲法："彼不自生，因此则有彼，此不自生，因彼则有此。"这样的讲法不仅异于庄子，也与郭象的自生说不同。郭象以自生说自然，云："生生者谁哉？块然自生耳。非我生也。我既不能生物，物亦不能生我，则我自然矣。"（《齐物论》注）焦竑显然是采用了他的自生说来破本体义，再用因缘说来破自生自然说，存有的根源与活动两层都彻底转向佛家理路。

在功夫论方面，既知万法因缘生，则须破相显性，此即为复性之功夫。《庄子翼》卷四曰："性非学不复，而俗学不可以复性。以恬养知，乃复性致明之要。……以知养恬，恬即禅家所谓无知者也，知即禅家所谓知无者也。"先以知（知无）遣有知，再以恬（无知）遣其知，万法归无，摄情归性，如此便能复性归根了。

## （七）三教归一

焦竑这些摄道归佛的做法，当然出自他三教不二的理念。三教不二或三教归一，是明代许多人都喜欢讲的话，其内涵则未必相同，焦竑所说，无疑应理解为：儒道二教所言皆合于佛法。

《老子翼》卷五引苏辙《老子解序》说："余方解老子，每出一章辄以示道全，全辄叹曰：皆佛说也。""凡《老子解》亦时有所刊定，未有不与佛法合者。"这几句话其实也正是焦竑的心声。

阳明之学，在当时即曾遭到不少批评，纵使不说他阳儒阴释，也认为他是因佛说而悟孔孟心性义，所谓"借径葱岭"。对于这些批评，阳明一派的辩护都是说：（1）孔孟之学的真意已湮晦了很久，至阳明才因读佛书而得悟孔孟心性学的真谛。（2）阳明之所以读佛书而能悟孔孟义理，是由于佛家所讲，直指人心，跟孔孟心性论的宗旨刚好是一样的。（3）为什么中国的孔孟之学和印度的佛教，讲的道理都一样呢？因为学问讲到究竟，都不能不是安顿性命之学，孔学佛学之所以一致，乃是回归己心，故不能不一致。

这样的辩护形态，焦竑也一样采用了。如《淡园集》卷十二《答友人问》谓："此理儒书具之，特学者为注疏所惑溺，不得其真，而释氏直指人心，无儒者支离缠绕之病，故阳明偶于此（指佛书）得力，推之儒书，始知其理断断乎非后儒之所讲解者。张商英云'吾学佛而后知儒'，亦犹此也。"便是第一种辩护方式。同卷《答耿师》云："孔孟之学，尽性至命之学也。……释氏诸经所发明，皆其理也。苟能发明此理，为吾性命之指南，则释氏诸经即孔孟之义疏也，而又何病焉？"是第二种讲法。同文又说："总之，非梵学之妙，孔学之妙，而吾性之妙也。……舍就事无微旨，恐不必会之而为一，亦欲二之而不能矣。"就属于第三种辩护方式了。[①]

焦竑当然也运用类似的办法来讲佛老一家。但他们所采用的这个基本论式是不能成立的。因为我们固然可以说孔孟佛老都是心性之学，然而，"都属心性之学"并不必然保证佛家所讲的心性就是孔孟所说的心性。焦竑等人从来不就"佛与儒所言之心性可能不同"这一点进行讨论，而都只采用了上面那样的论式，推论到"大家都是讲心性"之后，便直接说佛家讲的心性便是孔孟的心性，然后杂引《中庸》"未发之中"去讲"本来无物"、引孟子"尽心知性"去讲"即心即佛"，仿佛如此便

---

① 焦竑所谓"此理儒书具之，特学者为注疏惑溺，不得其真"，是一种常见的论述模式。我在许多文章都曾指出：大凡在批判现存之传统势力，提出新见解时，往往采用这种方式，谓现存之传统并非真传统，自己提出之新说才符合古代传统之真意。而焦竑批判之传统，此处并不指程朱理学，乃是指向汉唐注疏。

证明了儒佛本是一家，宗旨原来不异。其实这样讨论，并无论证的效力；而且根本不是借佛说以发扬孔孟微旨，乃是把孔孟的心性论讲成了佛教的真空妙有、即心即佛。所以三教归一也者，实际上就是归入佛家。阳明后学，多流于佛，殆为此故。明末以迄清初，常有人指摘阳明学是“阳儒而阴释”，从这个角度看，亦非厚诬之辞，理据其实是非常坚强的。焦竑就是个好例子。

其次，纵使依他们所说，儒佛之同，同在二者均属明心见性之学，这种同也只能在特殊的限定情况下说。因为只有把所谓“佛学”看成是如来藏一系法性思想时，此说才能成立。从唐宋以来，如来藏佛性法门，受到高度的赞扬，如来藏几乎成为大乘佛学的通说，华严之言性起、禅宗之说性生、天台之云性具，说法固然不同，却都是以如来性法性为宗本。在这种情况下，焦竑及许多阳明后学径直以此系思想代表佛学，来和儒家义理比合，是可以理解的。然而，若据中观与瑜伽两系思想来看，如来藏思想实为大乘佛学的不共法，可称得上是别教，是不了义。因此，儒佛都属见性之学，只能就如来藏清净心这一系思想说，不能涵括佛学之整体，若从唯识学来说，儒佛即很难谓其为一。焦竑所处之时代，系唯识学复兴之时代，著名的唯识学论者甚多，谅非焦竑毫无所悉，但焦竑等人并未由此悟到佛儒可能有所不同，不知是何缘故。唯一的理由，只能说是成见蔽人，他们本身所持受的良知心性说使他们很容易地接上了如来藏真常唯心的教法，而根本不能发现佛教内部也有大量非真常心的讲法。

不过，如此一来，他们的摄儒归释，竟又曲折吊诡地反而成了用儒家本体良知的想法去看待、要求佛学，并认为这一种佛学是符合儒家良知教的。遂令所谓阳儒阴释者，乃转而形成佛家的儒家化!

这一曲折之发展，大体为阳明后学甚为普遍之现象，不独焦竑一人为然。焦竑与其他人相较，其特殊性不在此。例如上文所述的阳明后学之有关儒佛是否合一的讨论中，事实上很少涉及道家与道教。大多数人讲三教归一或三教不二，都只就儒佛立论，于道家道教只是虚说，或草草带过。极少人正视佛道两教在存有论上的差异、在功夫论方面的分歧，焦竑则否。他的《老》《庄》《阴符》注释，及其他相关文献，表明了他比其他人更注意也更努力做摄道归佛的工作，成绩亦甚可观。

若进一步追索焦氏之所以能如此之故，那我们或许该注意他对死亡的重视。

李卓吾曾有《与弱侯焦太史》云："兄以盖世聪明，而一生全力尽向诗文草圣场中，又不幸而得力……故于生死念头不过一分两分，微而又微也。"（《续焚书》卷一）似乎焦竑并不重视死亡的问题。其实不然，卓吾于此，殊未尝知焦竑学术之底蕴，致为其博学多艺所震眩，误以为焦竑无生死念头，实乃谬以千里。焦竑他在前举《答耿师书》中谈到：有人指责佛说只是教人出离生死，他则认为"生死者，所谓生灭心也。《起信论》有真如生灭二门，未达真如之门，则念念迁流，终无了歇"。所以"即生灭而证真如，乃吾曹所当亟求者"，生死流转，如何超脱，是他整个学问关怀的核心。解脱之道，在于知生灭即是真如，如《不增不减经》所云："即此法身，随顺世间，往来生死。""即此法身，厌离世间生死苦恼。"这是他的证解，也是他归心佛教的原因。但由于他对生死问题的重视，使得他不能不面对道教。《淡园集》卷十二《答友人问》有以下一段文字：

问：阳明先生谓养德养身直是一事。则知立命之学，亦修性者所不遗也。以致今之士大夫，耽寂者谓佛氏之空足以不灭，谈玄者谓老氏之虚足以长生。二氏之学，果能不灭且长生耶？

答：二氏原无此说，而传之者之谬也。昔人云黄老悲世人贪着，故以长生之说渐次引之入道。知黄老则知佛矣。盖佛因人之怖死也，故以出离生死引之；既闻道，则知我本无死。老因人之贪生也，故以长生久视引之；既闻道，则知我自长生，初非以躯壳论也。

所谓我本无死、我自长生的“我”，乃是指“自定自息”的“人之性体”。能知其性，便知此性长存不死。此为焦氏长生立命之道，但非从躯壳体窍上着眼。这是他不重视躯壳生命吗？不是。实只因他太注意形体会死亡的事实，才会想尽办法来解脱人面对死亡的畏栗。《笔乘续集》卷二《支谈下》曾提到：“世人颠倒无明从我生也。古人云：吾有大患，为吾有身。吾无有身，而有何患？如此则源涸流干、根危叶谢，宁有无明复为我患？”充分显示了他对躯体的看法。这个躯体不但会消亡，更是一切无明颠倒的依据。这种看法，不是佛家的而是道家的。若据佛家说，无始无明，岂会因个体生命之死亡而消失？如唯议之说，“一切行种烦恼摄者，聚在阿赖耶识中，此识灭故，一切烦恼灭”，也不从身灭上讲烦恼消失。

因此，这只表现了焦竑对形体生命的叹慨。他的性体长生自存说，亦无非为了解除内在的这种焦虑罢了！《答友人问》的这段文字，在同卷另一篇《答友人问》中又重复了一次，并强调这种对生死的了悟是“入道之径路”。而且他明白指出：人类之所以会想出佛家这一套超脱死生讲法，其实正因人有悦生恶死之念。如无此念，佛书自可束诸高阁，何必再予讲求？

这话讲得真好。若不是有悦生恶死之心，焦竑又怎会考虑立命之道呢？《淡园集》卷三《送别诗》云：

庭前有芳树，灼灼敷春荣。秋霜中夜陨，枝条忽已零。我有同怀子，倏忽如流星。生者日已垂，死者日已泯。徘徊顾四海，谁能喻中情？

这首诗与另一首《赠别》相似：“顾影凄自怜，人生无百岁。况乃多忧煎，违己诋非迷？”这些悲叹都是用来送别“同怀”友人的。他们怀什么呢？怀生命的飘忽、感死亡的压迫，故为此耿耿，徘徊中夜。这种生命的实感，逼得他不能不思考如何解脱的问题。同卷有另一首诗，显示他可能即曾因此而与友人共同修过丹道，冀求长生：

青鸟来云中，翩翩堕嘉藻，上言劝加餐，中及长生道。一净乃胚胎，三元若雕璪，还丹术何神，童颜后天老。捧读长叹息，闻此苦不早。……因感瑶华赠，大药期精讨。……何当怀中方，为我悉倾倒。愿言谢缨绂，洗心游浩浩，从君去不还，攀星戏穹昊。（《答杨密云寄丹书》）

杨密云显然亦一同怀友人，寄丹方给他，即是邀他同修此道。焦竑的答诗，亦非泛泛应酬语。因《赠别》也提到他有故人，“故人远来顾，殷勤相劳苦，慷慨出情愫”。谈什么？谈“日月东西驰，触目举非故”，因而感叹：“灵药能驻颜，至人不可遇。决策往寻之，五岳恣高步。”又说自己准备“长揖辞世氛，拍肩追洪崖”，去做道教的神仙啦。

焦竑当然没有真去隐居求仙，但他的朋友们有。卷四二《读齐云山志寄丁以舒》谓丁氏所居“烟暖瑶坛丹灶熟，雨深帘洞药苗肥”，可见此公自是丹士。卷四五有《游仙六章》赠陈炼师、卷四六有《水调歌头》赠姜炼师，这些炼师当然更属道教中人，亦皆悦生恶死者也。

对生命的感怀，往往是一个人问学的基本起点，但其中也有些分别，例如感生命中无明欲望对人的折磨与干扰，而思净化情欲者，是一种思路。这种思路绝对不会和感生命无常、死亡将临，而企图免于这死亡的恐惧之学问相同。像焦竑这样的学者，他也讲摄情归性、讲复性。但其所谓复性，重点并不在如何把性从情欲的汩乱中拯救出来，或如何以性制情、存天理去人欲，而是以养性为养生，以性体之不灭言我之不死。这样的论理路数，自然是发诸其爱生怕死之心所致。甚至我们也可说，包括他讲不杀生，也出自这种心理，如卷四七《崇正堂答问》云人不应杀生，所举的理由便是“好生恶死，物与人同”，故人怕死即应推己及物，知物亦怕死而勿杀害之。[①]

焦竑所撰《焦氏笔乘》中之所以会特别搜录许多药方，大抵也应由此索解。其书卷五，全是药方，如“韭多补泄，子甚温，俗呼草钟乳，《真诰》云：务光服韭煎，以人清冷之渊也”，“獐鹿，非八卦辰属不荤膻，能温补，于人生死无尤，道家听用为脯”之类，引用道教及医家之说法甚伙。《续集》卷六又补辑了三十九则，所引用者为孙真人书等。其他各卷亦间有论此类养生医方者，如《续集》卷三《刀疮药》条、卷四《素问》条皆是。他尤其推崇《素问》，谓：“人之生也，分天地之和，不调则气不平，气不平则疾作。今人十二时中，寝食之外，皆徇外事。无一时调气治身，安得不为疾耶？请挪十日之功，看《素问》一遍，则知人之生可贵也。气须平也，和自此养，疾自此去矣。《素问》奇书，其精妙处三五篇，恐非医者所能言也。”（《续集》卷四）又，《淡园集》卷四八《古城答问》亦载：

问养性。先生曰：“毋害性为养性。”问养生。先生曰：

① 又见《笔乘》卷二《戒杀生论》。

> “毋伐生为养生。尝读《素问》云‘情计两忘，不为谋府；冥心一观，胜负都捐。故心志保安，合同于道’。又云：‘恬淡虚无，真气从之。精神内守，病安从来？’此古圣人之遗言，知养性养生，非二事也。”

劝人读《素问》，是他引胡安定、范仲淹等人之说，重言一番，他自己当然也是躬行其事的。[①] 由此，他更发展出一套养性即养生的理论。这套理论，从其理论构造上看，是转化形躯之保养为心性之修证，是把医者道士所讲的养生之学变转成佛家的真常唯心。但从其归趣上说，实乃欲以养性来达成养生的目的，彻底消解他对死亡的恐惧。《笔乘续集》卷一《读论语》言：“未悟无生，则死生在前，不能无怖。”即谓此也。

因此，我们可以说，焦竑是基于怕死的心理，而对医方丹术深具兴趣，亦尝与同怀之友切磋此道。但总觉徒修命宗，尚不能解决死亡的困扰，故提倡以修性来立命。此与一般儒者只讲心性修养问题者，实大异其趣，因此他才会注意一般儒者不谈的养生立命部分，注意到医方丹法。他对儒道释三教的掌握，事实上也都由这个角度进入。彼言三教合一，从理论上说，是三教皆为见性之学。从其立说的方向上讲，则是把三教都看成了解决死亡问题的学问。连孔子说“未知生，焉知死”，对死亡存而不论，他也可解释为：“世以出离生死之说，创于西极之化人，而实非也。孔子不云乎？曰朝闻道，夕死可矣。曰未知生，焉知死。曰原始反终。何谓原始反终？曰原始则无始无终，而死生之念息矣。”（同上）可见他确实是从这个角度来把握三教的。

① 由这些医方药单来观察，焦竑虽然在理论上强调以养性来养生，但实际生活中应该也是极注意医药养生的。

## （八）克己复礼

如此把握三教，则其功夫着手处便不能不采用道教的修行养生法门。他论王心斋，与一般论心斋者不同。世皆谓心斋泰州一派，猖狂横恣，有狂者气象，能赤手搏龙蛇，他则说："心斋先生以修身为格物，故其学独重立本。是时谈良知，间有猖狂自恣者，得此一提掇，为功甚大。"（《淡园集》卷四九《明德堂答问》）可是他所理解的心斋修身立本之学，却是一种道教的静修法，故下文接着说："国朝以道术著者不少，至能世其学者，心斋之子东岸、萝石之子两湖二家而已。……泰州更有樵者朱乐斋光信、陶者韩乐吾贞事。"心斋東崖之道术，即是樵者陶匠之道术。此道术二字，必非一般意义，盖专指一种隐者之学。故其《奉怀王東崖先生却寄诗》云："何日关门来紫气，为余强着五千言？"

此类道术之修持，或许可以他在《阴符经解》所讲的一段话来类拟。焦竑说："火生于木，反以焚木，动生于静，反以害静。诚知动之所自生，如火生于木，奸生于国也，而修之炼之，就其出门，便求归路，即事物并作之内，道混沌未凿之先，则子母玄同，侥妙合一。"这种修炼之法，自与道教关系紧密。

《淡园集》卷四七《崇正堂答问》又论静坐，焦竑说："学以静入则可。然才有所重，便成窠臼，不可不知。魏华存之言，'宗道者贵无邪，栖真者安恬愉，至寂非引顺之，主淡然非教授之，正当因烦以领无耳'，因烦以领无一语甚佳，不然，未必静之不为邪也。"魏华存乃上清派的祖师，可见焦竑对于儒者之静坐，也采用了道教中的讲法来调剂之，其余如以老庄之"专气致柔"论养气，以老子"人生而静天之性"论静性之处不一而足。这些地方，均可证明焦竑只是说三教都属见性之学，而以佛家之心性论说此性罢了。具体的如何见性功夫，实仍兼采儒道两家。只从佛教这一方面说，他倒觉得并无功夫可着，故《笔乘续集》卷二《支谈上》云："'空空之门，其下手云何修为？'曰：'无始以来，无修证佛。''其了手云何渐次？'曰：'无始以来，无次第佛'。李宏甫先生云：'无门可入，更入何门？本无不了，更欲何了？'"也就是顿悟，一悟便了，不必修证，亦无功夫次第可说。但这只是顺着禅宗的讲法讲如此一超直入如来地而已。真要面对生死问题，能如此一悟便决然不再畏死惜生吗？且又如何能悟？这都不是空讲人须悟本体就能解决的，否则焦竑也不必说学者要由静坐入手，并要人情计两忘、冥心一观了。[①]

明白了这个道理，当可知以下二事：

1. 焦竑对佛教的吸收，只是以佛家之心性论说性而已，并不接受它的"教"。《淡园集》卷四八《古城答问》谓："问儒释异同。先生曰：内典所言心性之理，孔孟岂复有加？然其教自是异方之俗，决不可施于中国。苏子由有言：天下固无二道，而所以治人则异。君臣父子之间，不可一日无礼法。"这段话表明了焦竑对礼法的重视，也可见一般人以为阳明后学，特别是泰州、李卓吾等一系思想皆旨在反抗礼法，是完全错误的。焦竑有取于佛家者，在其直指本心；却不能同意佛家在人伦礼法上有异于儒家的办法。所以取其理而遗其教，将治世与求道分开来。

但这只是表示他认同佛教性体说而不能同意其功夫论，并非真要把求道和治世分成两橛。他事实上是以行儒家之礼法为进德

---

① 《支谈中》对于修与悟的问题，也有讨论。一人问"古人虽言无修无学，但恐落空，不免疑畏"，对此一问，焦竑仍就佛家之空理答之。《支谈下》则又有一问："学道先悟否？"答："悟什么？"又问："然则先修否？"答："何处修？"再问："明了之人，究竟如何？"答："亦无究竟。"又问："佛说持戒，如何持戒？"曰："教谁行持？"这些，均属实问虚答，并未真正面对如何修悟的问题。

求道之功夫的。《读论语》云：

老子曰：“失道而后德，失德而后仁，失仁而后礼。”老子岂不知礼之即道？顾离而言之哉？世方执名义胶器数，而吾指之曰非道，冀其进而求之也。求之而有契，然后知礼外无道，道外无礼。……岂有转徙恣睢流荡之涂，而可长行者乎？

礼者，体也。仁不可名，而假于礼以名。……盖歧于己，则天下外矣。克夫己，则天下归矣，归即复也。克己矣，而又言由己，何居？己之为己，无不自由，而有己者恒失之，故克己斯能由己也。关尹曰：能克己乃能成己，能胜物乃能利物，能志道乃能有道。

道外无礼，礼外无道，是说由功夫见本体，即本体即功夫，二者不能分离。故克己复礼，就是为仁由己，也就是复性。说法虽略显迂曲，但他以克己复礼为主要的功夫，却是极为明显的。用孔子的话来说：“我欲仁，斯仁至矣。”是顿悟仁体；“克己复礼为仁”，便是功夫下手处。焦竑在佛教那儿只取了上半截，下半段的克己本领仍由儒门得来。

克己复礼，礼，除了指礼法之外，还指礼文，指一切典章制度文化。所以见性亦须由博文的功夫来。《读论语》记载：

礼者，心之体也。本至约也。约不可骤得，故博文以求之，学而有会于文，则博不为多，一不为少。文即礼，礼即文；我即道，道即我，奚畔之有？……人之会道，常于至约，而非博学不能成约。

所谓约不可骤得，就是说不能没有功夫，不能一超直入如来地，而博文就是其功夫。放在理学传统中讲，这即是“尊德性”与“道问学”的问题。着重尊德性者，辄认为应先立其大，时常举陆象山“某虽不识一字，亦须堂堂正正做人”一语，谓读书博古，不免流于支离。焦竑则不然，他主张以道问学成就尊德性，博文而约礼。这不但近于朱子的路向，他甚至还批评朱子不够博哩。

《笔乘》卷四《朱子》条，指摘程伊川朱熹辟佛老之不当理由有二，一是“文义尚不知解，况肯会其意乎？”二是画地自囿，界限太严，“唯其严也，是成其陋者也。夫物不通方则国穷，学不通方则见陋”。前者正是后来清朝汉学家用来攻击宋明理学的口号；后者则指出了朱子等理学家对诸子学、佛教、道教及其他杂学技艺之无知。相对于陆王系统，朱子一系向来被认为是太强调道问学的，现在却遭焦竑鄙薄其为寡学且不通文义，实在是很有趣的现象，焦竑被称为“明代自杨慎以后，博洽者无过于竑”（见《四库提要》卷四六）的人物，并不是没有道理的。

这种态度，也通贯到他论诗文创作方面。《笔乘》卷四主张作诗须多读书，云：“世乃谓诗有不关书者，遂欲不持寸铁鼓行词场。宁不怖死？”（《作诗不读书》条）换言之，这位讲本心良知的学者，并不因此而只说本心朗现、独抒性灵。恰好相反，他强调学、强调博文、强调克己复礼。

2. 以礼法礼文的践履修习来归仁复性，其实只是他功夫之一端，亦即是他有取于儒家的部分。因为无论他如何说礼即心之体、礼就是仁之显于外者、礼不是自己以外的东西，礼法与礼文的学习践行，终究是要从知识及外在的行动上展开的。所以他必须再讲一种心上的功夫。此功夫为何？

曰：亦艮背法也。

何以见得？请先看《淡园集》卷十二《答耿师第三书》。这篇文章说生命生灭流转，念念不止，故“欲止其所不能已，以出离生死”。止念就是他出离生死的功夫。但这种止的功夫，

“非殄灭消煞之云也。艮其背，非无身也，而不获其身；行其庭，非无人也，而不见其人。不捐事以为空，事即空。不灭情以求性，情即性”。此即其艮背法，采《易经》艮卦所说的“止其所”之法为之。这个法门，在焦竑思想体系中占有极重要的位置，所以同卷《答友人问》又说：“周茂叔言：‘看一部《华严经》，不如看一艮卦’。如何？”曰：“此言是也。学者苟能知艮卦，何须佛典？苟能知自性，又何须艮卦？”若知自性，即不必看艮卦。当然，因为艮卦乃是寂止的功夫，人可用此功夫以见性；倘已见性，又何必用此功夫。反过来说，这种功夫，总摄一切焦竑所理解的佛家修持止念法门，所以他认为若知此法，便不必再通过其他佛教教示。不但如此，艮背法亦摄道家，《笔乘续集》卷二《支谈中》云：

> 人之一身，用而常止、动而常寂者，其背乎？故《易》曰“艮其背”。受而不取，纳而不留者，其腹乎？故老子曰“为腹不为目”。

艮止如腹如背，乃是象喻，意谓止而动、空而有。这是通贯佛道而以《易经》艮卦表示的一种功夫，对这种功夫的详细说明，可见以下两段文献：

> “君子思不出其位。”《易》艮之象词。曾子尝称引之以示人也。不出其位，即《易》言“止其所也”。人性自止，而役于思者不知其止。或思之役也，又欲废而绌之。皆妄也。《易》曰：“艮其背，不获其身。行其庭，不见其人。无咎。”盖目动于色，耳动于声，用而常止者，惟背为然。夫身之五脏系于背，百骸九窍之荣卫，背为之输，其用大矣。而谓之止者，用而无用也。视不以目而以背，则视而无视，

视常止矣。听不以耳而以背，则听而无听，听常止矣。所谓不获其身也。视而无视，则视不见色，听而无听，则听不闻声，所谓行庭不见其人也。有身而不获，多其人而不见，是当念而寂，非杂念而寂也。离念而求寂，则思废堕体绌聪者也。谓之断见。当念而不寂，则位离，幢幢往来者也。谓之常见，常应常净，而泊然棲乎性宅，此则非断非常，唯君子能之。(《读论语》)

世人不识真清净体，以无为为清净者，非也。道家《定观经》偈云："智起生于境，火发生于缘，各得真种性，乘流失道原。起心欲息知，心起知更烦，若知知本空，知即聚妙门。"又释氏《心铭》亦曰："止动归止，止更弥动。唯滞两端，宁知一种？一处不通，两处失功。迷有没有，从空背空。"今以两偈发明，即见清净真体。《定观》偈言"智生于境，火发生于缘"，智与火即是吾心智。由智逐境，心缘物而情识生焉。乘其流散，乃失道原。然本是妙明真一种性，自然流注，非有别体。若生心取舍，起念息知，心不可息，祇益烦挠。若知吾心本无有异，由吾自恋，乃失净体。念念自觉，念念皆空，则无始以来，粗重习气，顿然清明。释氏《心铭》，亦不异此。盖以止止动，动未可止，更增止心。是迷有而入于有、从空而背于空矣。所谓一处不通，两处失功也。宁知净秽本空，动止本一，由吾自异，故彼成异。(《支谈中》)

此言艮背，实与前文所描述的焦竑论观空复性功夫同旨。所谓观复，是说观物之空，知物之即动是静，故不止动以求静。然此为一种观法，亦为一种止法，亦可称为止观。《支谈下》云"问止观。永明曰：但了能观之心、所观之境，各各性空，即妄心自息，此名为止。常作此观，不失其照，此名为观”，即指此也。[①] 但此处不言止观而说是艮背，也有深意。之所以以艮背言止，就是说不在视听言动思念之外求止。人性本来清净，但为外物牵引鼓荡，以致起计较、生执着、溺爱欲，缘物逐境而形成一种情识炽然的局面，“失其性矣”。现在要复性，并不说人必须惩忿窒欲，封闭耳目，不与物接，压抑我们的情欲，止息我们的思虑，黜堕我们的聪明，唯用力静止护摄本性就好了。这样的止功，焦竑认为只是“断见”，是以止止动。动尚未止，反而添增了一种对止的执着，故《老子翼》卷一谓此为“舍有以求无”。他主张另一种止法，即是不舍有而求无、不离念以求寂、不以无为为清净，当念而寂、当思而止，念是此念，寂也是此念，所以用“思不出其位”来说明。[②] 又称为艮背者，因背虽在人体上具有极大的作用，却仿佛静定无用，故以此喻其即动即止。

## （九）摄情归性

焦竑之所以以艮背来讲功夫，当然与他的佛教性体说有直接的关系，也与他所承继的阳明良知说有关。但最直接的影响关系，则来自道教。罗近溪《盱坛直诠》卷下载罗氏年七十时，往访王塘南，“王试问玄门之学，师曰：‘岂尝有所闻？盍言之？’王漫述艮背之说。”可见王阳明后学很多人都对艮背法感兴趣，

① 《老子翼》卷二“释氏多以观门示人悟入，老子之言。岂复异此？……一念归根，上际永断，而要以能观得之”，可以参看。

② “当念而寂”，《笔乘续集》卷二《支谈下》：“《首楞严》云：‘初于闻中“竹流亡所，所入既寂，动静二相，了然不生”，此分明示人入手也。偈云“旋汝倒闻机，反闻闻自性”，盖自性亡所，亡所曰寂。人唯逐于前尘，念念相续，故不能当念而寂。’明以此法为入手之方法。”

而其来源则出自道教。王塘南所得之艮背法不知为何，我们可以找到的另一个类似的案例，就是前文曾经谈过的林兆恩。

林兆恩号称林三教，自然是主张三教一致的。其所以一致，也是由于“教本于道，道本于性”，属于心性上的一致。这个心、这个性就是“寂然不动之本体”。至于如何才能用功夫以悟此本体呢？林兆恩说：“金刚之降伏其心、道德之虚心实腹、周易之洗心退藏，其道一也。”这些功夫，也正是焦竑所采撷于三教者。而林兆恩又总归这些见体之功夫为艮背心法。依其九序修行的次第，艮背为第一步功夫，其次为行庭，他说：

> 易曰“艮其背。”背字从北从肉。北方，水也，而心属火，若能以南方之火，而养之于北方之水焉，易之所谓洗心退藏于密者，是也。其曰以念止念者，盖以内念之正，而止外念之邪也。然圣人贵无念，而内念虽正，是亦念也，岂程子所谓内外两忘邪？此盖以妄离妄、以幻灭幻，而古先圣人所相传受之心法也。故必先忘其外，而后能忘其内者，学之序也。(《九序摘言》)
>
> 吾知艮吾之背已矣，抑岂知外其背也而复有所谓身欤？盖将以思不出其位而忘之也？吾知有吾之处而已矣，吾知行吾之庭而已矣。抑岂知外其庭也复有所谓人欤？盖将以思不出其位而忘之也，此乃不获之实义也。岂非其纯一之守邪？……盖身在此则心在此，心在此则念在此，而念念不忘之下尚且不获其身矣，而又身外之物也得而夺之乎？(《心圣直解》)

“不获其身”，乃是忘己的功夫。人之所以不能忘己，是因不能“反”，所以此处林兆恩要求返归自己，洗心退藏于密，且以念止念以求心。这种反归的功夫，与焦竑《八阴符经解》所称“道以逆而成”是一样的。《笔乘续集》卷二《支谈下》云：“《首楞严》曰逆。逆生死、欲流返、穷根至不生灭是也。《阴符》曰：杀人发杀机，天地反复是也。《文始》曰：冥，一情冥为圣人是也。皆回光返照也。”又曰：“人唯逐于前尘，念念相续，故不能当念而寂。回光返照，本地风光瞥尔现，一可亡，六可消矣。不特观音大士也。十二菩萨皆此方便。如曰旋见循元、曰反息循空、曰还味旋知、曰旋法归无、曰旋湛心光。旋者，回光返照也。”这都是断情识之流而归摄于心体的功夫，所以说返、说归、说反、说逆。而这种反，又不是离情识之外的动作；他们都认为情识本身即是性的动态状况，故自动返静，便是逆，便是归性。《阴符经解》云“无静而静，静乃至静；静以制动，动亦非动，所谓道以逆成”，就是此意。这个原则，是焦竑与林兆恩同样认可的，所以两人都用“艮背”来称呼这种功夫。

但林兆恩的艮背法，重点除了以念止念之外[①]，更将“洗心退藏于密”实相化，使之成为形体胎息养生之法。于是，自反便是让身体内的水火相济，所谓“以心之火之南，而藏之于背之水之北”，“神则寄之于目矣，而夜寐既熟则藏之于肾”。心是火、阳、南，背是水、阴、北。阴阳交会、水火既济，以背水洗心火，就是洗心退藏于密。焦竑可不讲这一套，他说：“心者，七情之根，有喜有怒有哀乐，非心体也。涤情归性，谓之洗心。心不离情，精纯自注，谓之退藏于密。”（《支谈中》）

所谓涤情、冥情、摄情归性，其实乃是忘情。《读论语》说：“能制一情者，可以成德；能忘一情者，可以契道。制情者，绝之始萌也。然制情情存，第不造于恶而已。忘情者，情未萌也。

① 林兆恩主张“以念止念”，焦竑主张“当念而寂”，二者殊不相同。

情既不萌，忘何所忘？情忘心空，道将来契。”[①] 以忘情为反，实与林兆恩之以忘己为反类似，只不过不作形体修炼上的解说而已。而此种功夫，与道家之功夫甚为相似，也是显而易见的。

在此也可见焦竑林兆恩等人所讲的“性体”毕竟只偏于静的一面。强调收、摄、止、返、逆，只说生而无生，以知性体之空寂，破一切妄情，所谓“念念皆空，则无始以来粗重习气顿然清明”，却未能同时注意到性体无生而生的一面。这种偏向，系受道家影响，但也与他们吸收佛教性空思想有直接之关联，用熊十力的话来说，即是：

> 印度佛家毕竟是出世的人生观，所以于性体无生而生之真几，不曾领会，乃但见为空寂而已。谓空宗不识性德之全，非过言也。……印度佛家所谓真如性体，本是空寂的，虽其所云空寂并非空无，而是由远离情妄染执，所显得之寂静理体，说名空寂，然亦只能说到如是空寂而止，万不可说空空寂寂的即是生生化化的，生生化化的即是空空寂寂的。更申言之，只可以孔德言体，而不可以生德言体，只可以“艮背”来形容体（《易》艮卦曰：艮其背。艮，止也。背，不动之地也。止于不动之地曰艮背），佛书谈体，曰如如不动是也，而不可以“雷雨之动满盈”来形容体。《易》震卦之象曰“雷雨之动满盈”，儒家以此语形容本体之流行，盛大难思，可谓善于取譬。但在印度佛家

---

① 焦竑在此，又提出了一种“去意”的办法，如《读论语》云：“意者，七情之根。情之饶，性之离也。故欲涤情归性，必先伐其意？意亡，而必、固、我皆无所傅。此圣人洗心退藏于密之学也。”但此说乃在“性”“情”之间，插入一“意”，与他主张忘情冥情即能归性之说不完全相符；以意为情根，在焦氏文章中也少发挥。故我们可以暂时勿论。

则不可以流行言体。[1]

熊十力认为佛家的可贵处在于它能破斥“执着性的、对象化的存有”，可破相显性，但却未能即用显体。故其所言之性体，乃是如王弼注《老子》所说的“空德”，有虚寂之义而乏健动之义，所以只近于“艮背”。熊先生自己提倡《新唯识论》，即在此等处与佛家展开商榷。而由他的言论，也恰好可以帮我们解释为何阳明后学，如焦竑、林兆恩等均以艮背论摄情归性之功夫。因为这些人均有取于佛老之本体论，故于阳明之说不免略有歧分。

依王阳明说，言性体之透明性与空无性，只是“无声无臭独知时，此是乾坤万有基”而已。良知更应有明觉性与自由性，所谓“良知是造化的精灵。这些精灵生天生地，成鬼成帝，皆从此出，真是与物无对。人若复得他完全，无少亏欠，自不觉手舞足蹈，不知天地间更有何乐可代”（《传习录》）。焦竑对这一面就甚少发挥了。

从良知的自由性与明觉性说，良知既为造化之精灵，则举措行止自显天理流行，何必再讲遵守礼法的功夫？只因焦竑论性体，偏于性空之一义，故顺此义而以老庄的“收视返听”“归根复命”，《易经》的“艮背”言止观功夫，仅能消除妄心情识，而不能显流行生化之机、显开物成务之功。因此，内外便不能不分隔为二，内用艮背止观明心见性，外则博文行礼以进德而成就人伦日用。

如此一来，就可能会形成一些矛盾。

由性空义言之，空诸所有矣，又何必曰博学？《读论语》谓：“颜子之学，求之屡空。而子贡以多学而识失之。子曰：‘汝与回也孰愈？’欲其自反也。乃曰：‘回也闻一以知十，赐也闻一以知

① 见《熊十力论著集》。林安梧《存有、意识与实践——熊十力体用哲学之诠释与重建》（台北：东大图书公司，1993年），第163页对此有所申论，请参看。

二。’其知识多寡之较，犹然聩聩也。”“老子曰：‘道生一。’当其为道，一尚无有也。然一虽非所以为道，而犹近于本。多学虽非离于道，而已涉于末。二者则大有间矣。……奈何文灭质、博溺心者众也。淮南子曰：‘精神已越于外，而事复反之，是失之于本，而求之于末也。蔽其元光，而求知于耳目，是释其昭昭而道其冥冥也。’噫！世之言学而不蹈此者几希！”这几段话，都是老子“为学日益，为道日损”的讲法，反对知识问学，反对外求，与前文所举焦竑主张博学的文献，显然矛盾。这在焦竑本身的理论构造中，固然可以用一种辩证的诡辞来调和，说“学”与“道”二者是有分别，但这种本末之分，仍只是为未悟者说法，“此为未悟者辨也。学者真悟，多即一、一即多也。斯庶几孔子之一贯者已”。如是云云，固极融通，但实际作为一种修证功夫来看，学者究竟该不该博学闻识呢？若云“约不可骤得，故博文以求之”，则这时的博文活动既非在已悟己心的情况下为之，又如何能不使精神不越荡于外呢？

同理，由其性空义言之，情识与性体是一非二，所谓“净秽本空，动止一本”，情识即是“妙明真一种性，自然流注，非有别体”。顺其说，当然就会强调不能离情识而言性或离形体而言性，如《读论语》云：“离念而求寂，则思废堕体绌聪者也，谓之断见。”这就构成了“形色即天性”的讲法。焦竑认为养性即为养生，也与这个理论的构成有关。《读论语》说得好：

> 世儒类以信言果行者为躬行之君子，而实非也。彼以硁硁之小人，而欲冒君子之学，岂知其方圆冰炭不相若乎？唯视听言功，默尔证真；行住坐卧，冥焉生觉，知大身为非身，悟形色即天性，斯孔子所谓躬行者也。

形色即是天性，所以要吃就吃、要看就看，道就在视听言动之中，非离此乃别成其为道。这叫作躬行，也叫作践形。《笔乘》卷三《践形》条言：“形者，耳目口鼻也。彼欲如此，而我从之，谓之践。目欲视，吾不遏其视。耳欲听，吾不遏其听。口欲味，而不遏其味。鼻欲臭，而不遏其臭……此夫子所谓七十从心所欲不逾矩也。”[①]

据此，则克己复礼又有何必要？形色即是天性，皮囊人欲尽成天理。岂不是替纵情欲者提供了一个绝佳的借口了吗？当然焦竑的意思不是这样的。他是说：“惟圣人然后可以践形，未到圣人地位则不可。”而且所谓践形，是虽顺从耳目口鼻之欲而终究仍能不逾矩，“虽从是耳目口鼻之欲，而不随声色臭味而去”。然而，推崇行住坐卧视听言动即是大道，贬抑言信行果的守礼之士，必然造成流荡不拘行检的风气，或替猖狂自恣者提供理论依据；而使他自己强调克己复礼的言论，也面临着自我消解的危机。其次，形色即天性，若只是到达圣人地位才能有的最高境界表现，那又如何躬行？换言之，躬行事实上只能是克己复礼的，以“形色为天性”解释“躬行”，本身就会造成混淆。而且这种讲法，又把功夫与本体区隔为二，判“颜子则非礼勿视听言动。勿者，禁戒之词，此所以未达一间也”，并非即功夫见本体、即本体即功夫，与他论性体处相枘凿。还有，如果修行者只能通过不断禁戒欲望的方式去修证，什么情况下才能豁然畅达，到达形色即天性的地步，发则天心，动则天行？反之，践形者既要顺从其欲，又要能不随声色臭味以去，这种力量由何而来？克己复礼只是第二义，那从心所欲不逾“矩”的矩，又如何安立？即欲即矩乎？诸如此类矛盾，都显示了焦竑理论上的困难。此类困难，我觉得乃是由于他混融三教义理所造成的，无可避免。故其言语虽若圆融，实存槎枒骨鲠于其中。

---

① 《笔乘续集》卷一《读孟子》：“孟子曰：形色，天性也。唯圣人可以践形，形性岂二物哉？知形之非形，则形色即天性耳。”与此处主张相同。

## （十）死生情切

焦竑是晚明重要的思想家。与修国史，编有《国朝征献录》《国史经籍志》，在儒家经典的收辑和解释权上，具有无可比拟的地位。老寿而博学，又曾任皇太子的教育重任，可说在儒林中位望俱尊。故连不甚赞同他学问的黄宗羲，在《明儒学案》中也不得不说“弱侯自是真人”。可是，这样一位学者，只因他之好讲佛学，乃不得不受某些儒家阵营里的人士所指摘。特别是他与李贽的交谊，使得讨厌李贽的人不免迁怒于他，谓其为狂禅，并认为他是用佛说解释儒学。当然，这样的评价在近代是翻转过来了。“五四”运动以后，晚明成了“五四”在历史上的精神投射对象，李卓吾等人成为“中国先进知识分子对于封建礼教与经学的长期压迫所做的反抗”，是自由意识的醒觉，是独立人格的建立。焦竑也被列入这个所谓反官学的系统中，视为泰州学派的同调。但在这种“爱屋及乌”的做法中，焦竑不过是个配角，很少有人真正研究焦竑的思想与主张。

但在李卓吾等人眼中，焦竑是极受推崇的人物。李卓吾自述：“宏甫之学，虽无所受，其得之弱侯者亦甚有力。”（《续焚书》卷二）公安三袁亦受焦竑启迪甚大，袁中郎曾说：“自余山居七载，再游南北，一时学道之士，俱落蹊径。至白下，晤焦先生，使人复见汉官威仪。有来询者，余曰：‘焦先生，洪钟也，试往叩之。’……夫使海内人士无志大乘则已，若也生死情切，则幸及此二老尚在，痛求针札。余非阿私所好者，盖余参学二十年，而始信此二老及自谓不至误人。”（卷五四《书念公碑文后》）二老，指焦竑与李贽，可见焦氏在他们这批文人心目中之地位。

不过这也不能简单地就解释为李贽、袁中郎等人均受到了焦竑之影响，更不能遽谓焦袁等人思想一致。焦竑在其生活圈中，确有巨大影响和崇高之地位，然其生命关怀及思想内容，与李卓吾等人未必相同。例如他不像李氏那样，径行削发出家，也不讲净土。由禅宗转入净土的思想转折，对他来说并无意义；吸收禅学以言三教合一，其功能亦与袁中郎不同。就中郎言之，吸收禅学最重要的意义在于破执去缚，对焦竑来说则否。焦竑采取佛教法性论之作用，旨在说明性空，以破生死生灭之心，故强调见性。至于广泛采撷道教言说并参酌转化之，李卓吾、袁中郎等无此兴趣，亦无此学力，更足以看出焦竑的特殊性。

由最后这一点来看，也可以发现：时代事实现象的存在，对学者来说，意义殊不相同，有时可能只是“无所觉察的存在”。例如明末道教之风气虽然如此兴盛，如前第三、四节所述，帝室风靡于求仙，社会上亦流行各种丹法道派，可是当时论三教合一者，却有许多人不太讨论道教的问题，或只是虚说道家道教；论三教合一时，也只把重点放在争辩儒佛之异同上。对他们来说，道教之存在，实为无所觉察的存在，等于不存在一般。

造成他们对某些现象无所觉察的原因，并不是当时佛教比道教更健全更高明，故吸引了学者的眼光，而是学者本人的基本关怀影响了他的眼耳心志。在焦竑当时，高僧云栖袾宏曾在《竹窗三笔》中大力批判当时佛教界僧人务杂术，“有作地理师者、作卜筮师者、作风鉴师者、作医师者、作女科医药师者、作符水炉火炼师者”“有手持缘簿如土地神前之判官者、有鱼击相应、高歌唱和、而谈说因缘如鼓目师者；有扛抬菩萨像、神像而鼓乐喧填、赞劝舍施如歌郎者；有持半片铜铙，而鼓以竹箸，如小儿戏者”（《莲池大师全集》卷四《云栖法汇》）。可见明末佛教界事实上也极为腐败，未必好过道教。然而，这些腐败的现象，对焦竑不构成意义，他也不讨论这些问题。对晚明兴起的另一种反方向的佛教学术化风气，即唯识学，他同样不太关心。

关心，对了，研究时代与思想的关联，不是从该时代有何现象，而此现象如何关联着思想家之思维来讨论的，而是要探索该思想者究竟关心什么问题，由这个关切点上去追究他如何关联于其时代。

以焦竑来说，他不太谈唯识。可是当时如真可、德清、紫柏都以禅宗而兼弘唯识。焦竑之不随风气，原因可能就在于唯识学与他关心的问题不甚干切。唯识旨在说明人生和宇宙的原因，焦竑则只关心如何灭识。故讲了缘生无自性之后，便接之以心性本净之说，要求转不净无明烦恼惑染诸识为清净心。同理，净土家在晚明也很兴旺，云栖袾宏、无尽传灯、蕅益智旭诸大师外，李卓吾、袁中郎皆精娴其法门。但对焦竑来说，净土代表生命最后之依托，而他则不必再有这样的依托，只要归根复命、明心见性就足以满足他的生命之关怀了。

因此，我们可以说：焦竑乃是基于他对生命之关怀来发展其思想，并注意到佛教的。他对道教的态度，当然也是如此。

舒兹（A. Schutz）曾把人知道自己会死亡，而我们又恐惧死亡这种基本经验，称为人的“基本焦虑”（fundamental anxiety）。他认为人都是由这个原始焦虑延伸发展出欲望与满足、希望与恐惧、机会与冒险等彼此关联的系统，诱发自然态度的人去企图支配世界、克服障碍、进行计划。[①] 这个讲法很有趣，因为我们可借此检视儒家与佛家的分歧。不论原始佛家与儒家之论点为何，起码从宋朝以来，儒者即常以“对死亡的态度不同”这一分判标准来讨论儒佛之分了。儒者常认为佛教就是针对人这种“基本焦虑”而发展成的宗教；儒家则不很重视这个问题，或者说儒者只教人顺乎生死之自然，却无法根除人对死亡的焦虑与畏惧，所以信儒的人便不断流入佛教旗下。《程氏遗书》卷十五《人关语录》

① 见《舒兹论文集》第一册，卢岚兰译，台北：桂冠图书公司，1992年。

谓"儒者其卒必入异教，其志非愿也，其势自然如此"，即指此言。辨儒佛，亦必在此争锋：

佛学只是以生死恐动人。可怪二千年来，无一人觉此，是被它恐动也。圣贤以生死为本分事，无可惧，故不论死生。佛之学为怕死生，故只管说不休。下俗之人固多惧、易以利动。至如禅学者，虽自曰异此，然要之只是此个意见，皆利心也。……学禅者曰："草木鸟兽之生，亦皆是幻。"曰："子以为生息于春夏、及至秋冬。便却变坏，便以为幻，故亦以人生为幻。何不付与他？物生死成坏，自有此理。何者为幻？"（《程氏遗书》一，端伯传说10）

释氏立教，本欲脱离生死，惟主于成其私耳。此其病根也。（《语录》上，傅子云季鲁编录32、《象山先生全集》三四）

有生者必有死，有始者必有终，此所以为常也。为释氏者，以成坏为无常，是独不知无常乃所以为常也。今夫人生百年者常也，一有百年而不死者，非所谓常也。释氏推其私智所及而言之，至以天地为妄，何其陋也！……张子厚尤所切齿者此耳。（《程氏外书》七，胡氏本拾遗25）

儒佛见处，既无二理，其设教何异也？盖儒教本人事，释教本死生。本人事，故缓于见性。本死生，故急于见性。（《答李伯谏》，《朱子文集》四三）

世间事有大于生死者乎？而此事独一味理会生死。有个见处，则于贵贱祸福轻矣。……此事老先生（司马光）极通晓，但口不言耳。盖此事极系利害，若常论，则人以谓平生只由佛法，所谓五经者，不能使人晓生死说矣。故为儒者不可只谈佛法，盖为孔子地也。（马永卿辑《元城语录》上）

第一、二则批评佛教以生死问题为宗旨，是欲以此恐动人心，触动人的基本焦虑。人为了解决这个焦虑，自然就多归向佛教。对此现象，儒者以“死生为本分”来应对，并指责人之求免于此一焦虑者均是为了个人之私利。这是宋代理学家对佛教的一种主要反击模式。第三、四则可以看出儒佛两家在这个问题上的根本差异。第五则承认生死问题为人类之基本焦虑，认为儒家经典不面对这个问题，但说儒者为忠于孔子，只好少讲这一问题。这几则文献，把宋代理学家遭遇到佛教理论的重要冲击和应变态度表露无遗。理学家在此冲击下，不得不也效法佛家“急于见性”，或根本就“一味理会生死”。至于冲着孔子的招牌和面子，不敢公然从佛者，又岂仅一司马光而已？[①]

此时，道家的问题便不重要了，儒家的主要论敌是佛家，故元丰己未吕与叔见程伊川时说：“今异教之害，道家之说则更没可辟。唯释氏之说蔓衍迷溺至深。今日是释氏盛而道家萧索。”（《程氏遗书》二上）其实道家之说不必再辟的原因，并非道教势力小，当时以道教为国教，其门庭何尝萧索？此系因道教对儒家无大威胁，故不觉其势力大；佛教对儒家有压力，故觉其势力盛，而且道家与儒家对生死的问题，态度较为接近。

朱子曾说：“六经纪载圣贤之行事备矣，而于死生之际无述焉，盖以是为常事也。”（《朱子文集》八一《跋郑景元简》）老庄谓生死为旦暮之常，事实上也就是这个态度。因此惠洪《石门文字禅》二二《普同塔记》分析说：“孔子但曰：原始要终，知死生之故。”对于死亡的问题，“盖不欲深言之”；庄子虽然在《德充符》等篇讲了“死生亦大矣，而不得与之变……”之类的话，但也是“庄

---

① 本节多参考《平川彰博士古稀纪念论集，佛教思想の诸问题》所收土田健次郎《道学における佛教批判の一侧面——死の问题を中心とレへ》一文，昭和六十年，春秋社出版。

子着其理而未尽其情”。唯有“西方之教，则痛言之而尽其情曰：若先有生而后有死者，则世未见不死而生；若先有死而后有生者，亦未见有不生而死。譬如寻始末于环轮之上，求向背于虚空之中，则死生之情尽”。由惠洪这一区分中，当可发现在儒佛对垒的紧张关系中，道家是站在中间的。彼虽言生死，然尚未尽其理，且因它仅教人安于死生之故，其形态实与儒家相近，故儒家不以之为敌手。但又因它毕竟曾言死生之理，所以在儒佛角力的场合，佛家便逐渐想到：要想办法拉这中间人以形成同盟。

迨金元全真教等兴起、明代南宗丹法大盛之后，情形就更明朗了。道教比老庄更深刻地体现了这种基本焦虑，对于死亡，不再“安时处顺”，而是要刻意修炼，来改变天生的命限，突破死亡对我们的威胁。因此，相对于儒家，佛道事实上已联结成同一阵线了，都属于“一味理会生死”的悦生恶死之学。王阳明《传习录》上谓“佛以出离生死诱人入道，仙以长生久视诱人入道”，“但仙家说虚，从养生上来；佛家说无，从出离苦海上来，却于本体上加却这些小意思在，便不是他虚无的本色了”。对仙佛两家的异与同，说得十分清楚。这两者虽说法略殊，却都是理会生死之学。

由这样的脉络来观察，我们就会发现：“生死情切”乃是焦竑这类儒士的根本问题意识核心，也是他们与罗近溪等仍顺着王阳明良知学讲定性识仁的儒者之不同处。[①] 他们参禅学佛，并非随

① 罗近溪之学，以定性议仁为主，与焦竑其实并不相同。而最大的差异，在于罗近溪没有这种面对死亡的焦虑。《盱坛直诠》卷下载罗氏病危时，“南城四君鲁文问疾，请曰：‘老师疾，宜用玄门功夫。’”近溪不以为然，认为他讲良知就够了。“诸孙复恳如鲁请”，近溪仍坚称：“汝辈与诸友着紧此学，便是延我命于无穷。不尔，年历數百，奚益哉？”这就仍是儒家的传统态度，承认个人肉体生命是有限的，所以根本不考虑死亡的问题。死就死了，只求死得有意义，或个体生命的志业仍能由后人继承光大，便觉得可以“不朽”“无穷”，不认为要长寿不死，或死亡有什么值得忧虑。

顺风气或好奇呈异，也不是要以此对抗什么“封建礼教”“程朱官学”，而是为着解决他自己存在的焦虑。他们在处理这个问题时，会与宋代不同，不再认为道教之说可不予理会，也是为着更妥善地解决生命之基本焦虑。至于他们最后将此问题之解决，归于佛理，三教合一，归于佛说性体本空，似乎也是非常自然的。因为儒家原本并不专门针对这个问题说话，道教内丹法事实上从创立以来，本身也就已经融会了佛家义理。“儒者不尚说乎死生鬼神之事”（契嵩《辅教篇》劝书第一），而“释氏只是理会生死，其他都不理会”（《象山先生全集》二《与王顺伯》），焦竑等人欲于生死问题上求一个解答时，会作什么样的选择，当然是极为明显的。焦竑《淡园集》卷十二《答友人问》记有人问王阳明批评佛家“以出离生死为念，则于无上不免加少意，所与吾圣人异”等语，焦竑答道：“世人因贪生乃修玄，玄修既彻，知我自长生。因怖死乃学佛，佛慧既成，即知我本无死。此生人之极情，人道之径路也。儒者或谓出离生死为利心，岂其绝无生死之念耶？抑未隐诸心而漫言此以相欺耶？”显然不同意阳明对佛教的批评。这就可以看出焦竑是如何基于他自己的生命问题，而对传统进行解释与选择。

只有从这个线索看，我们才能了解焦竑思想中的许多曲折，并恰当地认识晚明三教合一思潮的底蕴，对儒道释三教复杂的关联也才能有深入之体会。空说什么“晚明市民意识之发展”“资本主义萌芽”“反抗程朱官学及封建礼教”等等，都是文不对题的。

# 十　蕅益智旭唯识学发隐

对于晚明思潮，学界大抵视为变革期。强调王学是程朱理学的反动，申张个我意识的文学和艺术又是儒学的反动，重视情欲则是讲性理讲道学的反动等等。这种断裂的、分异的历史观与个我意识，我以为乃现代观念之投射，非晚明之实况。当时思潮的趋向，应是融合而非分异，不仅讲三教融合，在三教内部也存在着融合的动向。本文以当时高僧蕅益智旭为例，说明这一点。

论晚明佛教，又有一倾向，即泛说其为禅，或以禅为大背景去看当时佛教及儒佛关系。不知晚明佛教甚为复杂，天台、净土、禅、律，各有名宿，且多朝综合的路子在走。智旭法师就是个重要的例子。他修禅、持律、宏天台、阐净土，阅藏知津，甚至还注解过《周易》。他如何综摄会通诸宗，大堪深究。

但本文并不就智旭上述各方面说。晚明佛学，虽然研究者极少，但已有一些文章道及了智旭在天台、净土、律学等方面的贡献，故本文专就其唯识学申论之。

唯识慈恩一宗，在窥基圆测之后，几成绝学，晚明始复振兴，智旭即为其中坚。然彼于慈恩宗旨，并不尽遵旧蹊，融合性相、法要观心，胜义别有所在。本文略探其理论结构和立说之因缘，以供治史者参考。

## （一）复杂的历史形象

智旭（1599—1655）号称明末四大僧之一，学问至为博雅，但定位甚难。净土宗尊他为莲宗九祖，天台宗则视他为最后的大师，近人弘一法师撰《蕅益大师年谱》，却特别强调他在律学方面的贡献。

据弘一云：智旭二十四岁出家，二十五岁拜见幽溪尊者，但当时“正堕禅病，未领片益”。二十六岁，甫受菩萨戒，即发心看《律藏》。二十七岁，阅《律藏》一遍，方知举世积伪。录《毗尼事义要略》，又寄剃度师书，痛陈正法衰替，戒律不明。三十岁，第二次阅《律藏》，成《毗尼事义集要》四卷，并刺舌血书大乘经律。三十一岁，为同学讲四分戒本。又至金陵，“尽谙宗门近时流弊，乃决意弘律”，唯自谓“三业未净，谬有知律之名”。三十二岁，“见闻诸律堂，亦无一处如法者”，故为诸友细讲《毗尼事义集要》，并添初后二集。又拟注《梵网经》。至三十五岁，仍讲《毗尼》，且“自念再三翻译律藏，深知时弊多端，不忍随俗淆讹”。三十九岁，述《梵网合注》。五十岁，自言“吾昔年念念思复比丘戒法”。五十二岁，有心学律者十余人，请大师重讲《毗尼》，乃重治其书。五十七岁卒，遗著有《梵网合注》八卷，后附《学戒法》《授戒法》《梵网忏法问辨》共一卷；《优婆塞戒经受戒品笺要》一卷；《戒本经笺要》一卷；《毗尼集要》十七卷；《大小持戒犍度略释》一卷；《五戒相行经略解》一卷；《沙弥戒要》一卷，等等。

依弘一法师这样的描述，智旭显然就应属于律宗或是对律学深具其贡献之人，其人之心愿，也有一大部分寄托在律戒复振上。因此，弘一法师说：“时人以耳为目，皆云大师独弘台宗，谬矣谬矣！”

一位智旭，而或以为是净土，或谓其弘阐律学，或指其为台宗。何以如此？一是智旭本人的因素。智旭出家，是蓄疑以往，求解疑惑。故于佛教整体义理仪制，靡不锐意求索，以期证解。他是极少数通读过大小乘经律论，且读了好几遍的人。如此用心、如此勤苦，适足以见其求索之殷切。这样的人，由于通贯整个佛教，因而也就很难以某一宗派来限定他。且不说后人拿宗派之见去看他，往往不得要领，就是他也常搞不清楚自己的位置究竟应该放在哪儿。

他三十三岁时，曾作四阄问佛，问自己应该宗哪一派，一曰宗贤首，二曰宗天台，三曰宗慈恩，四曰自立宗。结果拈得天台阄，于是究心天台。这真是一件又严肃又好笑的事。平生宗趣大事，居然以拈阄来决定，岂非儿戏？但若不是他自己彷徨难定，又怎会在佛前求阄？此即可看出他心理上的迷惘。就其学问之博而言，泛滥旁沛，究竟该归宗何处，确实抉择为难。以宗教方式，请佛陀代为裁定，固然是一种法子；但事实上，专宗一家，又与他博涉全体佛教义海的情况不符，以至台宗一家虽是佛陀所定，毕竟难以令其安身立命于斯。故而智旭又总不肯为台家子孙，只说自己是私淑天台，并说：“私淑台宗，不敢冒认法派，诚恐著述偶有出入，反招山外背宗之诮。”“置弟门外，不妨称为功臣。收弟室中，不免为逆子，知我罪我，听之而已。”（《复松溪法主书》）对于自己不能尽守天台矩矱，他是十分自知的。这样一个人物，说他是台宗，就与将他断为净土或律宗相同，都只能是各得一偏，且必不合乎实际。智旭复生，亦必不首肯也。

另一个原因，则是观者论者的因素。对一位历史人物，观者论者各以自己的眼光去看他，仁者见之谓仁，智者见之谓智，乃是历史认知活动中常有的情况。诠释者各据其“先见”以观人论世，自然是“物物皆着我之色彩”。何况有些论者还要借着论述古人古事来伸张自己当下的主张，于是述古之作看起来倒像是在吐自己块垒。如弘一法师钩稽智旭生平，特别注意其与律宗之关系，一再描述智旭痛陈正法衰替、戒律不行，欲弘律以救宗门流弊。这岂不是因为那恰好就是弘一自己的见解与宏愿吗？他借着描述智旭，同时也就在阐扬自己的主张。因此我们看《蕅益大师年谱》时，既看到了蕅益智旭的生平与志业，同时也听到了弘一法师的心声。①

现在，我也要来说说智旭。可是我要说的智旭，既非禅，亦非净，也不是律，更不是天台，而是他拈阄求佛启示时所列的另一个宗派：慈恩宗。他在四十九岁时曾作《唯识心要》十卷、《相宗八要直解》八卷。可见他早年把慈恩宗列为平生宗趣的一个选项，虽未蒙佛祖许可，自己却仍念念不忘，仍要对之述要钩玄一番。而此一阐发唯识宗旨的举动与其具体释解内容，历来学界与教界尚少注意，故值得略作介绍，以见智旭之学非一宗一派所能囿，其实走的是个大综合的整体性佛教义理路向。

智旭在唯识学方面的重要著作，是《唯识心要》与《相宗八要直解》等，尤以前者为要，全名《成唯识论观心法要》，凡十卷，乃是对《成唯识论》的疏解。这种疏解，实与弘一法师作《蕅益大师年谱》相似，也是借着疏释古人之言论来表达自己的

① 当代论智旭者，除弘一外，以圣严法师用力最勤，其博士论文《明末中国佛教の研究》，题目虽大，实仅以智旭为主。然其论智旭，强调他是以参禅始，归宿则在净土。云彼二十二岁时即“专志念佛”，二十八岁大病，乃以参禅功夫求生净土。三十一岁拜见无异元来，知禅门流弊，弃禅修净。四十七岁时，自称念念求西方。这种强调，与弘一相似，即都只是侧重智旭的某一面。

见解，既伸张了慈恩宗，又体现了他的态度。[①]

## （二）唯识观心之法门

佛教的空有两宗，即中观与瑜伽行两派。传入中国后，瑜伽一系的地论师分为南道派与北道派。南道派以真如法性生一切法，北道派以黎耶识生一切法，彼此争哄。南道又分四宗，北道又分五宗。至梁陈之际，复有据《摄大乘论》而说之摄论师一派，立第九识，以第八识阿黎耶为妄，第九识阿摩耶识为真，纷纭不定。于是玄奘西行求法，欲以佛学本来面目，定群言之是非。归来后除译经外，依其在印度所得，发展成慈恩宗，其主要论说，具见于《成唯识论》。一般认为这是最原汁原味的印度佛学。但也因太原汁原味，未能与本土文化结合，故数传而绝，须待清末才又复兴。

大部分佛教史都是如此描述的，清末民初人讲唯识，也自负是兴复千余年来之绝学，以继玄奘未竟之业。而其实唯识虽中衰，却也不是千余年间真无嗣音。在唐到晚清中间，就还有一个晚明，是唯识学发展可观的时代。据圣严法师《明末佛教研究》（东初出版社，1992 年）考证，明末讲唯识者，有普泰、真界、正海、真可、德清、广承、明昱、通润、王肯堂、大真、大惠、广益、智旭、王夫之等。其他恐怕还有许多，如黄宗羲的弟弟黄泽望，或智旭《成唯识论观心法要》卷一序例所说的：

① 今《卍续藏》所收智旭唯识学著作有《成唯识论观心法要》《唯识三十论直解》《万法明门论直解》《观所缘缘论直解》《观所缘缘论释直解》《因明入正理论直解》《唐奘师真唯识量略解》《八识规矩直解》八种，除第一种外，均为一卷。

> 绍觉法师为之《音义》，一雨法师为之《集解》，宇泰居士为之《证义》，无不殚精竭思，极深研几……嗣有新伊法师为之《合响》，力陈五观，笼罩诸家，以其尚未刊行流布，故仅获染指，不克饱餐。①

智旭曾批评这些对《成唯识论》的疏解："诸家著述，贵在引证，以明可据。未免文义杂糅，不辨初机。"但同一时代既有如此多人关注唯识，唯识亦足以称盛矣。其中新伊法师最为重要，弘一法师《年谱》云智旭廿四岁"即与新伊法主相识，尔后为忘年交，几三十年。自庚午岁始（三十二岁），每一聚首，辄晓夜盘桓佛法弗置。学人从大师游者，皆全禀沙弥戒于法主"，可见二人关系深密。智旭唯识之学，不知传自何人，或即与新伊法师切磋而来。新伊原有《成唯识论遗音合响》，智旭更作，不知其宗旨是承是革。其书既未刊布，今亦不可究诘。然当时类此之例甚多，故研治唯识者虽伙，后世却不甚知闻。加上《大藏经》缺收这一大批文献，于是后人遂以为由唐至晚清，唯识之学中断了千余年，不知晚明正是中继的一个小高峰。

智旭法师在这个晚明唯识学复兴的浪潮中，讲唯识而却不尽依唯识旧蹊，这由他《成唯识论观心法要》的书名上就可以看得

① 这是指绍觉广承《成唯识论音义》、一雨通润《成唯识论集解》、王肯堂《成唯识论证义》、新伊大真《成唯识论遗音合响》。新伊之书实未流传，今收入《卍续藏》者，乃其弟子茗圣智素辑成之《成唯识论音响补遗》。另外，智旭《重刻成唯识论自考录序》云"万历初年，紫柏大师接寂音之道，盛赞此宗。爰有《俗诠》《证义》《集解》诸书，而绍法师《音义》为长。《音义》未全，故不流通。基法主续补成《疏》，亦颇简要。惠法主谓《疏》多讹，复出此《自考录》"，述唯识学之传承，可与《观心法要》序例合观。

出来。此书乃《成唯识论》之疏解，但特标观心法要之名，即足以见宗旨。据其序例说：

> 万法唯识，虽驱乌（沙弥）亦能言之。逮深究旨归，则耆宿尚多贸贸。此无他，依文解义，有教无观故也。然观心之法，实不在于教外。试观十卷论文，何处不明心外无法？即心之法，是所观境。了法唯心，非即能观智乎？能观智起，则二执空而真性现。所以若境、若教、若理、若行、若果，皆名唯识，而五位五观一以贯之。

其后文又说自己这本书“不敢更衍繁文，只图直明心观”，显见智旭此疏之目的，便是要强调观心。为何他要如此强调？强调观心之法，为何又要以疏释《成唯识论》的方式为之？这是首先要了解的两个问题。

第一个问题，涉及智旭对当时佛教环境的认识与批评。弘一法师《年谱》已反复说过智旭尽谙“宗门近时流弊”，亦即对时人多宗禅悟、禅家又多流弊的状况颇致不满。据弘一法师说，智旭乃因此而欲从律学上救治之。此固为一端，然智旭救治时弊之法，非仅此一端。提倡“教”以矫禅门仅重观之病，即是他努力的另一方向，故《教观纲宗探义》云：“没做功夫，不以教师，则盲修瞎炼，未免行险径，名之为殆，犹云思而不学也。”教，指名言文字经典。禅宗不立文字，直指心性，虽有直指之利，却也有盲修瞎炼、思而不学之病，故以“学”矫之。

智旭的言论看起来是公平的，思而不学固然不妥，学而不思，只读文字，不解观心，也一样不好。可是，究其立言之情境，其说之目的并不是要各打五十大板，而是以此先将禅宗扫开，说禅只有观无教不好。然后说教下各宗，其实也有观，只是历来大家不注意，以至于读各教之经典多未受益。因此现在我们就要注意教中之观，知观教不可分。前面引文说“观心之法，实不在于教外”或“耆宿尚多贸贸。此无他，依文解义，有教无观故也”云云，都显示着这个意思。另外如《大佛顶经玄文后自序》云：“痛观末世，宗教分合，尽谓别传实在教外，孰知教内自有真传。”《教观纲要》云“佛祖之要，教观而已矣。观非教不正，教非观不符，有教无观则罔，有观无教则殆”等，亦均是此意。[①]

如此便将人拉回教下。而教下诸家，智旭特推天台，谓其教观并重。这就是智旭常被人目为台宗大师的缘故。[②]《玄素开士结茅修止观助缘疏》曰：

> 惟台岭一宗，始从智者、章安，中历荆溪、四明诸老，近复得妙峰、幽溪诸大师，相继而兴。教观双举，信法两被，故能超贤首慈恩数教之观道寥落；亦胜曹洞临济等宗之教法贸贸，东南一丝，信可系佛法九鼎于不坠，末世津梁，舍此安从耶？

看这话，几乎以天台为唯一教观并举之为楷模。以智旭为天台宗师，还有什么疑问？可是，这话也不能泥看。发言各当其机，智旭尝言：“余二十三岁即苦志参禅，今辄自称私淑天台者，深痛我禅门之病，非台宗不能救耳。”（《灵峰宗论》卷二之五）其标举天台，

---

① 圣严《明末佛教研究》第三章第三节，说智旭之所以“舍繁从简，舍文义而重观行”，是因当时唯识久成绝学，古疏多缺，能采用的数据不足，故不得不如此不重资料而重实用，误。

② 圣严上引书第三章第四节说智旭与绍觉、大惠、大真等均属以天台一系之解释唯识学者，智旭不仅释经论均依天台方法，其唯识观心法门，亦本天台。这也是错的，详下文。

正为对治禅门之故，此其一。其次，“佛祖之要，教观而已矣”，应是一个通则；但教应与观并举，“观心之法，实不在教外”，若是通则，就不应只有天台一家具有这种性质，教下其他各家，也应该都要能符合这个命题，否则即不能说学佛就必须教观双举。故智旭不说“教非观不传，观非教不正”便罢，既要如此说，理论上便不能自我设限于天台一家，疏解《成唯识论》，且强调唯识亦有观心之法，即缘于此一逻辑。

依他看，唯识之观，过去并无人强调，但那恰是昔人不明唯识之故，即所谓有教无观。同时，唯识不像天台一样特主观法，因此人不易晓，而这又恰好是唯识之特点。序例说：

> 文字为观照之门，若不句句消归自己，则说食数宝，究竟何益？故标题曰：观心法要，以此论成，立唯识道理，即是观心法门，不同《法华》别主观心释也。法华广明迹佛法，故须更约观心。此论直诠众生心法，但可开粗显妙而已。——众生妄识本妙，由我法两执，所以成粗。但破两执，便显妙理。

也就是说唯识宗把万法唯识的道理讲清楚了，读的人明白了一切妄识皆由于我执与法执，真心自性就朗显了。这就是唯识之观法，故不必另立观法。此乃总说，然细释之，则“立唯识道理，即观心法门”还可分为五种观：

> 一、遣虚存实观。唯遮外境非有，即遣遍计之虚，识表内心不无，是在依圆之实也。二、舍滥留存观。若论自证分转成见相二分，则相分内境本是依他起性，不同外境之无。应云唯见唯相，今恐相分滥同所计外境，故但去唯识，即是拾滥留纯也。三、摄末归本观。相见二分，皆依

> 自证分起，今摄相见之末，归于自证之本，故直云唯识，即是自证体也。四、隐劣显胜观。若论心王心所，各有四分，应云唯心心所，但心所劣、心王胜，心所不能为主，心王有自在义，举王则能摄所，如举帝王必有臣佐。故隐心所之劣，但显心王之胜，直名为唯识也。五、遣相证性观。相者依他起性，如幻事等。性者，圆成实性，即二空所显真如……当知唯识二字，即是遣相证性。（卷一）[①]

以上五种观，第一、第二“具遣凡外法我两执，令达二空”，后三观“为遣细微法执，令其深达法空”。合起来说，则是“立唯识观，断障证果为宗，摄之只是二妙空观”，仍只是要人观那个去除我执与法执之妄识的道理。

如此论观，实与天台迥异。考天台之观，并不只是观，而是说“止观”：止乃止寂禅定之意；观则是智慧。观之所以不只是一般的观察、观看、观见，是因通过了止息散念、住心于内的禅定功夫，才能观之思之而得智慧。故无止则无观，无定则无慧，宋释元照序智者大师《修习止观坐禅法要》时说“考诸佛之修证，莫若止观，天台大师灵山亲承，承止观也。大苏妙悟，悟止观也。三昧所修，修止观也。纵辩所说，说止观也。……舍止观不足以明天台道、不足以议天台教”，即是此理。相较之下，智旭所描述的唯识五观，就只是观而非止观。[②]

再者，天台的观心，主要是观当下一念心。智者大师《法

---

① 卷七又云：“是中唯遮外境非有，识表心及心所非无，即遣虚存实观。不云唯相唯见，而云唯识，即拾滥留纯观。不云唯二分而云唯识，即摄末归本观。不云唯心心所，而云唯识，即隐劣显胜观。无为即识实性，亦不离识，乃至如前文云：俗故相有别，真故相无别等，即遣相证性观也。”

② 观此，便知圣严谓智旭是“以《大乘起信论》与《大乘止观法门》为中心的唯识学”，并不准确。

华玄义》说："佛法太高，于初学为难。然心佛及众生，是三无差别者，但自观己心则为易。"（卷二）这当下一念之心，乃是在世间与物相汩相荡的心，所以智者说它是识阴、是惑本，教人观而刈去之，"须伐其根，如灸病得穴"（《摩诃止观》卷五）。尔后宋知礼云："示观门者，所谓舍外就内，简色取心，不假别求他法为境，唯观当念现今刹那最促最微，且近且要，何必弃兹妄念，别想真如？"（《四明尊者教行录》卷二）即本于智者观识阴之说。山外各家反对知礼之说，以为中道之观，应该既不只观妄心，也不只照真心，而是观真妄和合心。相较于此二者，智旭所描述的唯识观法，遣虚存实、舍滥留存、摄末归本、隐劣显胜、遣相证性等，均是别想真如的，却也不是中道观心。

我怀疑他这是由智者大师另一段论唯识的言论中发展来的，《唯识心要》卷七：

> 《宗镜录》目：智者大师《净名疏》中问云："今依龙树之学，何用天亲之义？"答："龙树天亲，岂不同入不二法门乎？今何取舍定执也？若分别界外，结惑生死及诸行名义，当细寻天亲所作，若观门，遣荡安心入道，何过龙树？"若不先明识论，天亲护法等剖析根尘，微细生死，又焉得依龙树观门遣荡？……若不先诊候，察其病源，何以依方施其妙药？

《宗镜录》所载智者大师语，以论万法唯识属诸天亲，以说观心法门属诸龙树。智旭引之，是用以说明性相融通，不应分别。但依智者说，乃是二路同归，皆入不二法门。依智者说，则是二者为先后之作用。学佛者应先明识论，再遣妄执，于是明了识论，亦是功夫之一部分，可与观法结合。继而又说知唯识理便是遣荡、便是观心，则是更进一步的发挥，与智者之意甚或这里所说均不相同。其所谓五种唯识性，其实亦类似于龙树遣荡之观。

## （三）通别兼圆的唯识

主张修道人应先明识论，再遣妄执，所以天亲之学不可废。如此说，便涉及了对唯识学地位的判定。

众所周知：天台判教，以五味根机说、五时说、三教相说为主。五味根机说，谓佛经如牛乳，可分乳、酪、生酥、熟酥、醍醐五种味，众生根机不同，可享用者也不同，又或人禀一味，或一人可历五味。以经来说，《华严》为乳，《阿含》如酪，《方等》如生酥，《般若》如熟酥，《法华》如醍醐。五时说，谓佛陀说法，以时而毕，一为华严时，如日照高山，顿教；二鹿苑时，说阿含，渐教；三方等时，说由小入大，渐教；四般若时，渐教；五法华涅槃时，非渐非顿教。三教相，谓一顿二渐三不定。另外，智者大师又有四教义之说，云佛经教法可分藏、通、别、圆。《阿含》等小乘经论为藏；通，含《般若》《方等》；别，指《维摩诘经》等；圆，二谛中道，事理具足，如《华严》《涅槃》《法华》。三教为权，法华为实。

智旭私淑天台，故亦屡用此天台之判教法。但他其实甚少说五味根机，也少说五时，而且他既要推举唯识，天台的判教便不适用，须略作改造。卷七：

> 《大佛顶经》虽属方等，然是纯明圆理，故得出尘，而为菩萨。《成唯识论》虽亦大乘，然是带通明别，故入无余（涅槃）则无心智。即今所谓大自在宫，得菩提者，亦是带劣胜应身相。以劣唯阎浮，胜须华藏，今寄净居，乃是梵

网千释迦之一耳。《起信论》中亦同此意。理虽圆别，事犹带通，权实相须，其旨非浅。圣意难测，但应仰信。

卷九又说："成唯识教，以别接通，以通含别，亦兼含圆。唯其带通方便，故须立五性差别；唯其诠别理，故不断十重障，登十真如；唯其兼含圆理，故云真如与一切法非异非不异。"原先天台智者大师判教时，慈恩宗唯识学并未出现，故在天台判教中无其位置，可是依其理论，唯识只应列在方等时、通教类。且该宗又依论不依经而立，在天台判教体系中，也不容易安置。智旭却于此巧说以为释，云其理圆事通，或通于通别圆三教，权实相兼。

这是为唯识争取地位的说法。犹如他在《大乘起信论裂网疏·自序》中斥华严判教以《成唯识论》为立相始教、《中论》为破相始教、《大乘起信论》为终教兼顿之不当，并将《起信论》和《成唯识论》联贯起来说，谓："《唯识》谓真如不受熏者，譬如波动之时，湿性不动，所以破定一之执，初未尝言别有凝然真如也。然则《唯识》所谓真，故相无别，即《起信》一心真如门也。《唯识》所谓俗，故相有别，《起信》一心生灭门也。"对于一心开二门之解释，以后再讨论，今仅就其立言方式观之，不是与前面引文相似吗？把《成唯识论》跟《大佛顶经》《起信论》并起来，说它们都是圆教，其中若有不圆者，乃是权实相须、兼别带通，对于抬高《成唯识论》之地位，立说实可谓善巧矣！

卷九又说："如来有随性巧说，亦名随他意语，亦名为权。……如来有随智妙说，亦名随自意语，亦名为实。儒云：中人以上可以语上，中人以下不可以语上。应病与药，权实并设。病去药忘，权实俱泯，此可意知，不可言尽。"经典的不同，被他解释为是权实之异。因病施药，故不得不权，此意又见。于《教观纲要》所云：

> 因众生病而设药也。是思病重，为说三藏教；见思病轻，为说通教；无明病重，为说别教；无明病轻，为说圆教。

此喻乍看之下也没什么特别，但应注意：天台判教，五时五味三教四法，虽说是佛陀依人之根器不同而施，犹如因病设药。可是因病不同，药也就有了高下。病重则深，病轻则浅，故鹿苑时，为根机较浅的初学者说法，其说便浅，乃小乘说。方等时，为较高一层人讲，就析小弹偏，耻小乘而入大乘。到般若时，则去大小二偏，显诸法皆空。同理，藏教为初机人说，通教为一般人说，别教为菩萨说，圆教则只化最上利根之人，故圆教之经典地位也最高，义理最为究竟。在这种判教观底下，不仅病有深浅，教法亦有高低。智旭此说，却不如此。

他乃是说：病不同故教不同，教法不同正显示它针对的病不一样，因此药本身不应论高低，犹如人参鹿茸对于无病之人无用，不如饮水喝粥，可是不能因而就说人参鹿茸劣于稀饭开水。

智旭只是私淑天台的佛教学者，所以才能如此说，不像天台宗人说五时判教、开权显实，其心中其实隐隐然都有宗派之见。讲根器、说教法，实仅是为确立《法华经》为圆教、为经王张目。故五时四教，均有贬抑他宗他经，以独崇本宗的意味。

同时，此说亦倒转了天台的判教。对无明病轻者才说圆教，意思当然仍是圆教只为最上利根之人之意。但就药来说，这药性自然就不甚强烈了。反倒是治重病之药，恐怕才是大药、才需好药。教法本身的高低，评价刚好要颠倒过来，如《成唯识论》里面那些“权说”、那些“带通兼别”的部分，便因此而特具价值，值得一般人听受。圆教太圆太高，一般人反而无从把捌，并不适宜作为修行入手功夫。

再者，从修行人之角度说，藏通别圆也可以不是指教法，更指修行者修持之境界。因藏通别圆四教既是对应人根器不同而来的不同教法，人在修行历程中，根器即产生了变化，故应机之教、所证之理亦必不同。此是因修而见藏通别圆四境也。卷九：

由闻唯识性相而生信解，乃发无上大菩提心。……从此炽然修集菩提资粮。资粮渐积，信解益深，即是观行相似二位也。以定慧力加行决择，伏除二取而引真见，即相似后心也。信解之时，先信解相随……既通达矣，即以所见真俗妙理数数修习，净除习气，即分证位也。习气尽时，出障圆明，即究竟位也。约性则始终平等，约修则五位不同。然此五位，义兼通别，亦复合圆。……若干慧名资粮、性地名加行、见地名通达、薄地以上名修习、佛地名究竟者，通教位也。若十信十住十行十向名资粮，十向后心名加行，初欢喜地名通达，十地等觉名修习，妙觉名究竟者，别教位也。若五品十信名资粮，十信后心名加行，初发心住名通达，住行向地等觉皆名修习，妙觉名究竟者，圆教位也。

位，就是修行者修持所到的境地，由闻唯识而生信解，由信解而通达，由通达而分证，由分证而究竟，是五层境界，名为五位。故云“约修则五位不同”，因修行者有此五位之殊，相对应地也就有藏通别圆各种教法与之相应的位，此即通教位、别教位、圆教位。这些教法由于均是从修行者说，所以又并不是隔断的、孤立的。没有谁永远在分证位而不能达到究竟位，故又曰：

今资粮位中不立住行向名，故非纯约别教。修行位中具列欢喜地等十名，故非纯约通教。又欢喜地，顿断分别我法二执，若唯别教，不应到此方断我执。若为通教，不应能破法执无明。故知是通含别、别接通也。然设非圆教妙觉，胡能究竟明了唯识性相，尽未来时化度含识？故云亦复含圆。

这种讲法十分特殊，通别圆三者事实上业已打通，兼通含圆，既是《成唯识论》的性质，也成了修行人的原理，因此他反复以此为《成唯识论》辩护道：

大乘种性之人，先信解此唯识理，已发起深固大菩提心，于资粮加行位中，强观诸法，皆悉无性。令二空观渐熏渐着，乃至通达位中，顿渐分别二障种子，方实触证真如法界之理，遍于五位百法无所不在。故遂能得百法明门，于彼一一法中具证真如无所不遍之性。……由此位，初证真如本遍之体，独得遍行之名，以后诸位不过随德立称，更无有二如也……故云初地具足一切诸地功德。（卷九）

初地人只是信解唯识理、发起菩提心，可是依智旭看，一切后来的修行果位均由此而来，所以他特别看重这一段，说初地具足一切诸地功德。正因这一段（信解唯识理、发起菩提心）如此重要，故而《成唯识论》不可废。卷九另一段话说：

问曰："留烦恼障助愿受生，属何教义？"答曰："此意不可粗浮辄判，何以言之？若藏教事度，三祇伏惑，总未先断异生性障。若通教见地，菩萨所断异生性障，与二乘同，曾无断所知障之义。至菩萨地，正使断尽扶习润生，复无留惑种义。若别教登地，但断所知障种，更无留烦恼义。圆教尤不必言。今约语言，则是通含于别，别入于通。若推意旨，则是密显圆宗。……"问曰："何不直言初地分得一身无量身，所谓中道，应本犹如月印千江，乃云留烦恼障助愿受生耶?”答曰:“若是,则为别含于圆,圆入于别。非复别入于通,通含别圆之义矣。”问曰:“直说别圆二教,有何不可?何必带通方便耶?”答曰:“众生未堪径闻别圆,安得不带通方便?是故化法四教,并是如来权实妙智,应机施设,何容偏废?何容偏执?此《论》与《瑜伽论》位同《方等》,正破小乘法执,旁破凡外我执。若废通教方便,则小机绝分,曷由引入别圆耶?”

此处三问三答。第一、二问,是说初地具足一切诸地功德,但毕竟仍在初地,所以《成唯识论》说:“修道位不断烦恼,将成佛时方顿断。”质疑者觉得强调烦恼障未除,不如直讲初地具足一切诸地功德。智旭当然也讲初地分得一身无量身,但他同时也要强调此说仍是兼通含圆的。后一问,则是质疑为何一定要说通教,直入别圆不是更好吗?智旭才点出他这番理论与判教问题中如何安立《成唯识论》有关。他不反对天台宗将《方等》及与之类等的《成唯识论》判为通教,但他认为其通是通含于别且密显圆教的。这几段文字都很长,反复析辨,适足以见其宗趣。

## (四)以渐修矫治禅弊

其宗趣,便是前文所说:对禅宗流弊之矫正。由今日所存文献来看,晚明实乃禅宗大盛之时,自万历元年(1573)到明亡(1660)数十年间,所出禅史、语录、辑本、注释、编撰,凡五十种,达三八六卷,比历史上任何一个时期都多。且不仅著作多,著名的禅师和居士也甚多。因此看起来确乎极一时之盛。可是从当时人著作中感觉到的,却又截然相反,普遍对此禅风流行之景况感到忧虑,智旭即其中代表人物。他提倡“教”以矫禅门只重“观”之弊，继而说教下本亦有观，唯识之观，遣相证性，俱详前文。他又说闻唯识理、发菩提心，便可精进以达究竟。以此为《成唯识论》争地位固然是个原因，但他之所以如此说，亦表明了他的修行观根本不同于禅宗。他借《成唯识论》来阐发的这一套修行理论，即是要对治禅宗的。

智旭当时，曹洞临济两宗激烈争论法脉，智旭就不赞成，说：“大迦叶、目犍连等皆俗氏也。阿难陀、莎伽陀、阿那律等，皆俗名也。出家证果，当时咸以此称之，后世亦以此传之，然则别命法名，已非律制矣，况法派乎？”（《灵峰宗论》卷五《法派称呼论》）“谓之见之闻之则可，谓以是相传，可乎哉？”（同上《儒释宗传窃议》）不赞成禅家讲法脉心传。但这些批评尚非探本之说。探本者，谓其根本反对禅宗讲顿悟也。《唯识心要》卷十有跋语云：

> 一心实相，悉是诸法。诸法所生，皆从现行善恶熏习，第八识含藏种子为因，发起染净差别报应为果。若不细微剖析，问答抉疑，何由到一心总别之源、彻八识性相之际？古德谓提纲意在张网，不可去网存纲。……故知理事双明，方通圆旨，教观齐运，始达一乘。又云：若不因教所指，何由得识自心？设不因教发明，亦须凭教印可。若不然者，皆成自然外道、暗证禅师。

跋与序之功能类似，均有总括全书的意思。此处先是说唯识学辨析心法，可以让人真正明白性相。再则说此种辨析非常重要，不通过它，径去讲圆说悟，就只是外道或暗证禅师。话语中，完全不承认禅家所谓的明心见性、自悟自知。卷十又借《成论》说：

> 此初家答也。虽似有理而实笼统，无有的义。近时宗

门及圆顿教，多堕此见。

理讲得高、讲得圆，在智旭看，恰好就是缺乏一番“细微剖析，问答抉疑”之力，故含混笼统，而且缺少教之发明与印证。奢言顿悟者，不但遗事去教，亦于唯识之理颇未通达。而废修言悟，尤为他所不满。卷九：

问曰：“上根之人，直达空有，皆不可得。当下安住唯识真胜义理，何须如此次第修习？”答曰：“汝今空有皆不可得六字，便是所取之名。妄谓我能直达，便是能取之识。暖位止观尚未梦见，而言安住唯识胜义，梦语刀刀，此之谓也。汝若实证唯识性者，必应顿了唯识之相。如六祖虽不识字，然于性相宗旨，无不通达。观彼转识成智八句偈义，何等透彻？乃至《法华》《涅槃》诸经，一入耳根，便达奥义，岂似今人妄称悟道，乃于教法粗疏卤莽者哉？”

也就是说，六祖之悟，实与他精熟通达于教法有关。此呼应前面引文所说“若不因教所指，何由得识自心；设不因教发明，亦须凭教即可”。讲这些话，目的都在劝人勿贪图禅宗那种顿悟、一超直入如来地的便捷法门，老老实实深入教法、次第修行。

他所说的次第修行，具体言之，即前文所引“由唯识性相而生信解”论五位那一大段。卷七又以九定为说，云：

凡佛弟子，欲修灭尽定者，必依次第而修。谓先以觉观净除欲染，离生喜乐而入初禅，次以内净舍离觉观定生喜乐而入二禅。次更舍喜动喜离喜妙乐而入三禅。次更双亡苦乐，舍念清净而入四禅。次更灭色缘空，入无边空处定，次更灭空缘识，入无边四处定。次更灭识缘无所有，入无所处定。次更灭无所有，缘于非想非非想处入非想非非想定。次后了知此种极微细想，仍是有漏有为，即依此定，游观寂灭真无我理，伏藏第六心王心所，并伏第七识中俱生我执，令不现行，乃入此灭尽定。是故九次第定，此居最后。

四禅四空再加一灭尽定，凡九次第定。另有一无想定，亦用四禅四空为释，云："三禅以下想粗难断，四空灭色存心，无想灭心存色。"也是次第修行的办法。综合起来，又云：

三乘圣者，或于初果位中，以根本智先证我空；或于初欢喜地，以根本智先证我法二空。然后随彼二空之后得智，渐次伏灭三界思惑至都尽位，乃入此微妙定。是中二乘以我空后得智引发此定，但伏第七识中微细我执。故虽身心度百千劫，如弹指顷，不能现诸威仪，以未达法空故。菩萨以二空后得智引发此定，勇伏第七识中微细法执，故能不起灭定，现诸威仪，以得法自在故。（卷七）

整个修行功夫，都在渐次如何如何中说。其意略谓人须先断下四地惑，后生上五地中。由欲界五趣杂居地，到初禅离生喜乐地，再到二禅定生喜乐地，三禅离喜妙乐地，四禅舍念清净地、空处地、识处地、无所有处地、非非想处地。如此便可顿断下九地之末那相应俱生惑。前六识之俱生烦恼可尽，但第七识中俱生烦恼，其相微细，须再至此微妙定中才能得法自在，此即所谓三界九地种子渐渐断尽之说。三界九地渐断之后仍非究竟，尚须再修，其功夫之难，显然与禅家"一超直入如来地"迥异。

但他这样的讲法，理论内部不是没有问题的，因此卷十另作了一番解释：

> 难曰："有为之法，可有数量。真如即非有为，安得有十？"释曰："但随胜德，假立十名，其实无差别也。"难曰："真如既无差别，则初地已证无差别性，名为遍行真如，何须设立后九？若初地所证不及后九，何名遍行？若初地所证已即后九，何须再证？"

这里的诘难，是针对智旭的论点说的，骨子里便是顿悟说对渐修说的批评。因为智旭本来就曾说过：信解唯识理，发起菩提心，"由此位，初证真如本遍之体，独得遍行之名，以后诸位，不过随德立称，更无有二如也。故云初地具足一切诸地功德"（卷九）。既然初地发心，已证真如，那不就是顿悟了吗？此后修行，难道还另有一个真如可证？对此诘难，智旭的回答是：

> "所证理体，虽已顿达，而能证事行，犹未圆满。为满胜行，建立十名耳。"……问曰："能所不二，事理相即，今胡得云所证理圆，能证事行犹未满耶？"答曰："能所不二，亦不定一。理事相即，亦不相滥。若以事从理，以理摄事，则初地中亦能具足诸地功德而又不妨仍是初地。若以理从事，以事显理，则后后位乃能渐显本来法性，而又不妨仍自平等。《大佛顶经》云'理则顿悟，乘悟并销；事非顿除，因次第尽'，当知顿渐二悟，同名为顿。以即事之理，理仍无差别故。"

他在另一处又解释顿与修不二："不悟无性，则不能称性以起真修。不事真修，则无以除障而显本性。""若唯约理，则长短并空。若唯约事，则长短各异。"（卷十）大抵也是辨明理虽可以顿时证悟，事却仍需修行，二者不可偏废。此说固然善巧，但事实上已不反对顿悟了，与前文所引谓悟须是借教而悟，又有所不同。盖意在弥合，曲折地表达他重修甚于讲圆讲顿的立场罢了。

如此次第修行，要修到什么地步呢？卷三说："直修大乘者，须至八地以上，方得烦恼永伏，亦可名阿罗汉也。……阿罗汉断尽烦恼，名证有余涅槃。由其异熟识体仍在，能持旧有漏种，令有根身寿命不断，直俟余残果报既尽，方入无余涅槃。"

## （五）真常心与阿赖耶

阿罗汉断尽烦恼，但其异熟识体仍在，即能持旧有漏种，以致有根身寿命不断，果报未尽。此乃用唯识宗说。唯识云眼、耳、鼻、舌、身、意为六识，对此六识有所思唯有所意识则为第七末那识（mana），形成我执。而第八识阿赖耶识即是那个"我"，《摄论》卷一，所知依分第二之一说"或诸有情摄藏此识为自我故，是故说名阿赖耶识"，即是此意。玄奘《八识规矩颂》云：此乃"受熏持种根身器，去后来先做主公"，便是说这个自我是受各种杂染所熏染而成的种子，而为身器之根，生之前死之后都不断灭，因此果报也不断。就杂染说，阿赖耶为一切因之果；就身命说，阿赖耶又为一切之因。故阿赖耶乃轮回果报的依据，"离此命根，众同分等恒时相续胜异熟果不可得"。

依此言，阿赖耶识类似灵魂、灵魂不灭等观念，但佛教不信灵魂，所以说是种子。阿罗汉虽断尽烦恼，但种子仍在，就仍会有作用、有果报。只有果报已尽，才能真正进入涅槃，盖涅槃者："不受诸因缘，是名为涅槃。"（《中论・观涅槃品》）

但我们知道，"本识及所生果不一不异"，断果报，事实上就是断阿赖耶。不断阿赖耶，其异熟识体仍在，就不能入无余涅槃

（异熟识即阿赖耶识之别名）。可是要如何才能断呢？智旭未说明，他只讲“直俟余残果报既尽”。

这就有几个问题：一是种子识仍在，因仍在，果就不会消，仍会续起作用。如何想象它像电池一样，用久了就电力越来越弱，终至停歇？二是种子识之作用及其果报，如何能断？此处亦未指出吾人可以修持着力之法，似乎只是等待，所谓“直俟”，待这颗电池日久自然残余电力既尽。三是断阿赖耶才能入无余涅槃，与“转识成智”即能入无余涅槃之说亦是不尽相符的。卷九《成论》原文说“由数修习无分别智，断本识中二障粗重，故得转舍依他起上遍计所执，及能转得依他起中圆成实性，由转烦恼得大涅槃，转所知障，证无上觉”，显然是说只要能转识成智，即能得涅槃，跟阿罗汉断烦恼后仍不能得大涅槃之说并不相同。智旭在这里的注解是说：

> 烦恼所知二障种子，皆第八识之所执持；菩提涅槃二转依果，亦第八识之所本具。由烦恼种，障大涅槃；由智障种，障无上觉。今二障分分转舍，则二果分分转证，可谓无始流转，安乐妙常。唯此八识更非他物矣。……性宗谓……“转烦恼成菩提”，与此言“转所知障，证无上觉”同也。

认为烦恼与菩提的种子都在第八识中，转染得净就可得涅槃。而且这种转，他认为是和性宗“转烦恼成菩提，转生死成涅槃”一样的，这样解释，就与上文所说有差了。

为何会有此参差呢？阿赖耶识本来就是个复杂的问题，智旭搅在这里，当然也就不易清明。首先，依断尽有漏种子才能进入涅槃之说，阿赖耶乃种子识，其性质当然应该是杂染的。它又称藏识，谓种种我执所积藏，不断受熏，名为种子，谓此藏识乃一切法之种子，随时会发芽生出果来。阿罗汉“异熟识体仍在，能持旧有漏种”，说的就是这个道理。

摄论宗即依此而说阿赖耶识是杂染，转识成智时必须要转阿赖耶，才能由染得净，《摄论》彼果智分第十一之一云“转阿赖耶识得法身”者，即是此义。阿赖耶识被视为凡夫性及烦恼之根本。慧远《大乘义章》卷三引《楞伽阿跋多罗宝经》说：“如来之藏，为彼无始虚伪恶习所熏，名为藏识，生无明住地，与七识俱，如海波浪”者，亦指此。

可是阿赖耶识既是染污种子，要转化它，得靠什么力量呢？于是乃有其中一支另立第九识：阿摩罗识。谓此识为真如、为觉性、为无垢，靠这种觉性才能转阿赖耶识得法身。

但立第九识之法，其他宗派并不赞成，地论宗即以为阿赖耶识就是如来藏、是真如。不过，地论派南道之说，如法上，是以阿梨耶为第七识，真如为第八识。法上弟子慧远则以第八识为阿梨耶，第七为阿陀那。谓阿梨耶同于如来藏心，阿陀那同于根本无明识。如此，其实与立第九识的原理仍是一样的，只是把末那识取消了而已，或将末那与染法阿赖耶合并，称为第七识，然后说能转染为净的能力即在于如来藏中。

以上二说，一以阿赖耶为染，一以为净。《大乘起信论》则认为它既是染又是净，迷时是阿赖耶，觉了就成清净如来藏。这种说法，是在识之外，另立一“心”。说阿赖耶识是心的一种状态，“众生依心、意、意识转……依阿梨耶识说有无明，不觉而起能见、能现、能取境界，起念相续，故说为意”，此意识、意及无明生灭心（即阿梨耶识），皆由心起妄念而生。故若能无心、无念、不见心即可去识，“若能观察，知心无念，即得随顺入真如门”。这就是它所谓的一心开二门。未觉时为生灭心，觉时为真如心。此说十分善巧，亦可绾合阿赖耶是染是净的争执，但问题是，“若能观察，知心无念”的那个力量由哪里来？心既自迷，它又如何能自悟？

《成唯识论》跟《大乘起信论》说阿赖耶既是染又是净（净时已不名阿赖耶）不同，主张它非染非净，是无覆无记的。可是所谓无记，只是说它不能说是染也不能说是净，是中立的中容无记性。然其实质内容，却既是染又是净，因为它是“种子”，一切迷觉染净，皆收入此种子识中。故既有杂染熏成的有漏种子，也有具觉悟动力的无漏种子，修行者转识成智的办法则是如前所说的“由数修习无分别智，断本识中一切粗重，故能转灭依如生死”。熊十力《佛家名相通释》对此曾解释道：“此第八识总有二位：一有漏位、二无漏位。……无漏位者，谓诸众生若勤修学，登地以去，净种现起，有漏种子渐次伏除。第八地去，烦恼尽故，由斯永舍阿赖耶名。”（“诸识”条）

智旭据《成唯识论》作疏，当然要顺着玄奘的讲法说。但他与玄奘并不相同，不同之处何在？

一是上面提到的阿赖耶断不断的问题，《成唯识论》的立场，用熊十力的话来讲，最为明白。修行到八地以上就是阿罗汉，此时“既尽烦恼，即第八识唯是无漏之体，其染分已断尽故，而赖耶遂不立，故云永舍此名也”。也就是说八地以上就已断阿赖耶识了，不是如智旭所说的“异熟识体仍在，能持旧有漏种”。智旭在这里，并未守住慈恩宗之矩矱，因此《成论》原文是说：

> 阿罗汉，断此识中烦恼粗重，究竟尽，故不复执藏阿赖耶识为自内我。由斯永失阿赖耶名，说之为舍。非舍一切第八识体，乃阿罗汉无识持种，尔时便入无余涅槃。

明谓阿罗汉已断阿赖耶。因阿赖耶是染净俱存的种子，有漏种断了，自然就剩下无漏种。而无漏种是不能舍的，所以说舍的是执藏、是有漏种，非舍一切第八识体，如熊十力所释曰：“舍赖耶，唯舍第八染分，非是第八识体全舍。第八净分不可断故。不尔，便同断灭论。”可是智旭的注却说成是异熟识体仍在，能持有漏种，显然与原文颇为扞隔。

推察智旭之所以如此说，是夹杂了天台性具说使然。性具说认为性具善恶，染净同俱，佛虽断修恶，但性中之恶不断，“如竹中有火性，未即是火事，故有而不烧。遇缘事成，即能烧物”（《法华玄义》卷五下）。因此修行之法，也要不断无明而证法性。智旭对阿罗汉修行的解释，便有性具说的影子。另外，在卷九他又说：

> 我执即烦恼障，法执即所知障也。岂有所知障种已断，烦恼障种犹得实存？今去留障助愿，明是巧用性恶法门耳！

所谓性恶法门，就是性具说。以性具说解释《成唯识论》是很困难的。智旭以其貌似，而云彼乃巧用性恶法门，其实巧用这个法门的，正是智旭自己。因此卷十原文说：“一切如来身土等法皆灭道摄，故唯是善。……佛识所变，有漏、不善、无记等相，皆从无漏善种所生。”这是形容佛所修至之境界，为远离生灭之清净法界，唯善无恶，一切有漏种皆所断尽，唯于无漏善种中变现出各种相来。智旭的解释却是：

> 佛识所变相，自有二种：一者，大悲愿力，同流九界，变为九界蕴处界相……皆无漏善种所生，正是巧用性恶法门，故一切诸法，无非佛法也。二者，九界有漏不善无记相等以为本质，变起佛识无漏相分，所谓诸佛心内众生，尘尘极乐者也。

原文只说佛识所变，他加上了一个变起佛识，乃是玄奘没有的意思。有漏为本，变起无漏相，用的是天台宗“无明即法性，不二不异”之说，佛识变相九界，他也说是巧用性恶法门，可见他确是夹糅了天台的观点。

另一个与《成唯识论》不同之处，则是他杂糅了《大乘起信论》之说。《起信论》论阿赖耶和《成唯识论》不一样，已详上文。它是说心的，心迷时为阿赖耶，悟了就是如来藏。《成唯识论》不然，谓万法唯识，不另立“心”为主体；它也说心，但其心与《起信论》之心不同。云识是异熟，藏有过去善恶各种业习，发起一切现行。前者是说它是被动的，能执能受一切种子；后者说它是主动的，能了别现行；故它“常与触、作、意、受、想、思相应”，亦即与此五心所相应。识就是心，分说则曰心与心所，或说是心王与心所。此心自无始以来，念念生灭，故又云其“恒转如瀑流”。《起信论》的心却不是识，识只是心的一种状态，是心生起妄念的状态。可是心虽因无明而在染妄之中，心之主体并不坏灭，所以才能迷而仍能觉，可以起悟。[①] 相对于《成唯识论》，这种说法并非万法唯识，乃是万法唯心，故曰：“三界虚伪，唯心所作。”以此一心，可开二门，真如门与生灭门，皆由心所开。智旭所作的《唯识心要》，其所谓心，大抵即用《起信论》的心去讲唯识之心，如卷九：

唯识真如，即识之体性。生死如冰，涅槃如水，真如则如湿性，生死如转，涅槃如不转，真如则如本屋。生死

① 卷一：“或依发胜身语善恶思种子增长位立，或依定中止身语恶现行思立。故是假有。”智旭注：“发胜身语恶思，谓期心作尔许时恶律仪业，此心熏于本识，遂发尔许时无作恶律仪也。发胜身与善思，谓期心受何等善戒，此心重于本识，随发何等无作戒也。”两相比较，就会发现，智旭的解说中带进了“心”。心为本识所熏，明指心为主体，跟识不是同一的。

> 如迷，涅槃如悟，真如则如本方。生死如狂走，涅槃如狂歇，真如则如本头。迷之枉受生死，悟之便得涅槃，此不变常随缘，体即用也。处生死而非染，在涅槃而非净，此随缘常不变，用即体也。

这就是一心开二门的架构。生死为生灭门、涅槃为真如门，他所说的真如，便是《起信论》说的一心，生死如冰，涅槃如水，而皆有湿性。湿性是本体，生死与涅槃是随缘之变，所以说不变随缘。虽然变冰变水，但湿性不改，所以说随缘不变。这个说法，在他书中屡见，看起来与《成唯识论》说的"唯识真如，死生涅槃之所依"颇为相似，而其实理论结构十分不同。《起信论》属于真常心系，《成唯识论》说的"唯识真如"则非真常心，而是说依唯识性：迷真如，即为凡夫，受生死苦；依真如，转唯识性，即为圣者，得涅槃。[①]

## （六）性相融合的宗旨

杂糅了天台宗或《起信论》的讲法，而对慈恩宗旨趣颇有改造的智旭，显然是有意识如此做的。他的书也就在这一点上旗帜

---

① 智旭另有《重刻成唯识论自考录序》说："马鸣依一心造《起信论》，立真如生灭二门，生灭何尝离真心别有体也？天亲依八识造《三十颂》，明真如即唯识实性，与一切法不一不异，真如何尝离妄识别有相也？龙树《中论》指因缘生法，即空、假、中，是生灭外无真如。《楞伽》云：心、意、识八种，俗故相有别，真故相无别。相所相无故，是真如生灭非一异。而护法菩萨于《识论》（即《成唯识论》）中最出手眼，直云为遣妄执心、心所外实有境故，说唯有识。若执唯识真实有者，如执外境，亦是法执。噫！苟得此意，何至分河饮水哉？"（《灵峰宗论》卷六之三）把各宗之说用佛教的"诡辞"统合起来，以免大家虽然都是佛教，却"分河饮水"。此说把他的立场讲得再清楚不过了。

鲜明，主张性相融合、空有不二，走一条大综合的路子。相关的文献如：

1.《宗镜》云："清辩为成有。故破于有；护法为成空，故破于空。菩萨造论如用药，本为除病，而众生执药成病，菩萨亦奈之何？"故此空有二门，不执，则分而愈合，合则双美。苟执，则会而愈离，离则两伤。学者不可不慎思而明辨也。（卷三）

2. 问曰："如有经云：我是贪欲文殊、嗔恚文殊。又云：一法不舍，名为大贪；一法不取，名为大嗔，其旨若何？"答曰：此不思议无性法门，即修恶而达性恶，即性恶便是性善。如指冰即水，水现而冰自融。如指木即火，火出而木即尽。如因丑相而悟现像之镜，知此丑像惟镜所现。能现丑像之镜即是能现美相之镜，故得不离尘劳而见佛性。既见佛性，岂复滞尘劳哉？……一法不取名大嗔，即是此中所谓无贪；一法不舍名大贪，即是此中所谓无嗔，谁谓性相二家不一致也耶？（卷六）

3.《宗镜》云："若不了性，亦不了相，其相即妄；若不识相，亦不识性，其性即孤。应须性相俱通，方得自他兼利。"……慈恩宗云："识性识相皆不离心，心所心王以识为主，归心泯相，总言唯识。唯遮境有，执有者丧其真；识简心空，滞空者乖其实。"此之谓也。（卷七）

4. 性相二宗，同条共贯，更无两辙。……智者、永明皆于性相融通若此，而今之学者犹复胶柱鼓瑟，不知会归自心，不亦哀哉？（卷七）

5. "虚妄分明有"句，明染分依，但即是"有"，即俗谛也。"于此二都无"句，明偏计我法本空，即真谛也。"此中唯有空"句，明依他中有圆成实。"于彼亦有此”句，明圆成实不离依他，盖是真俗不二，即显中道第一义谛体也。故说一切法非空非不空，则一切法无非中道。……一切法有即假也，一切法无即空也。一切法及有故，即中也，故《中论》云：“因缘所生法，即空即假即中。”……此性相两宗血脉关通最显著处，人都忽而不察，奈之何哉？（卷七）

6. 八识及心所，皆名俗谛。俗依真立，真依俗显，譬如色依空住，空依色显。又如波水依湿性立，湿性依波水显。真俗不二之旨，复见于此，谁云性相不同辙哉？

7. 一切大乘法门，皆令众生即于现前诸法强观无实；既知无实，便解如幻；既解如幻，便悟实性。既悟实性，方能从体起用。夫强观无实者，遍计也。解如幻者，观依他也。悟实性者，根本智也。……故知《大乘止观》《成唯识论》，观心妙诀曾无两途。（卷八）

8. 欲知如外无识，先观识外无如。……识外无如者，圆成实性不离依他也。如外无识者，依他无性即圆成实也。……此与依他非异非不异。又云“此诸法胜义，亦即是真如，常如其性故即唯识性”，而后之讲者，妄谓法相宗中立凝然不变以为真如，不亦冤乎？（卷十）

9. 统论唯识修证法门，总不离此五观。以对南岳《大乘止观》，如出一辙。初遣虚存实，二舍滥留纯，即分别性中止观也。三摄末归本，即依他性中止观也。四遣相证性，即真实性中止观也。五隐劣显胜，即密显染分三性、净分三性，皆可具前四观。……通达三性及三无性，成就真俗不二观门，此佛祖传心要诀，法性法相真源。愿有智者慎思明辨而笃行之，……庶不负天亲护法等诸大菩萨慈力，亦不负戒贤玄奘等师资授受苦心。（卷十）

以上第一、三、四则均引永明延寿《宗镜录》。智旭书中引用《宗镜录》者极多，这几条不过是其中一小部分。为何引用如此之多呢？一是理论攸关，二是现实需要。慈恩宗在宋元几乎已绝，明代才奇迹似的再传下来，王肯堂《成唯识论集解·序》说："余闻紫柏大师言，相宗绝传久矣，鲁庵泰法师，行脚避雨，止一人家檐下，闻其内说法声，听之，则相宗也。亟入见，乃一翁为一妪说，师遂拜请教。因留月余，尽传其学而去。"除了这样神奇的口传机缘之外，当时人对慈恩宗之学并无什么材料可以参考。窥基、智周、慧沼之书，宋明均未入《藏》，因此《宗镜录》里面引录的一些材料就成为他们主要的资粮，王肯堂说他自己是："阅《开蒙》，及检《宗镜》《华严疏钞》，遇谈此《论》处，辄录之简端，于是渐有一隙之明。"(《成唯识论俗诠》)智旭也说："赖有《开蒙问答》，梗概仅存;《大钞》《宗镜》，援引可据。"可见当时人想了解《成唯识论》，大抵均取途于《宗镜》。既取途于此，受其影响也就不免了。智旭许多性相不二的言论，都是顺着《宗镜录》的说法说的。

第一、三则引《宗镜》主要都是在说空有不二，既破执有又破滞空。第五、六则也近于此，但以空假中三谛为说。这也是智旭常有的说法，如卷六："权位菩萨……以无明未伏，仅成从空入假之善。地前菩萨，欣乐中道，故能厌离两边。但以无明未断，仅成相似中道之善。唯有圆人，欣乐无分别之实法，故能厌舍二边虚妄戏论分别，于诸无明圆伏圆断，成就无止具足妙善。"卷七："今既云一切法非空非不空，则八识一一非空非不空，即是中道，法尔具足三谛，五十一心所，一一非空非不空，即是中道，法尔具足三谛。"把有宗所说唯识三性，跟空宗所说空假中三谛结合起来说，所以才能讲性相两宗血脉关通。

第八则，就是我们在上一节谈的问题。他要以"真常唯心系"的理论去解释"虚妄唯识"，势必要立一真如，然后还要解释此一真如与识心不一不二。卷十云:“既达真如，即识实性，方知真如亦即心所实性。既达识性之外别无真如，方知心所性外亦别无真如。”“只一识性，由熏习力，似有四分生起不同。克实论之，相见之末，何尝离于识体?故《大佛顶经》云:‘本是妙明无上菩提净圆真心，妄为色空及方闻见，如第二月。谁为是月?又谁非月?’”都与第八则所说相似。实则慈恩宗既不立凝然不变之真如[①],《大佛顶楞严经》所讲的与无上菩提妙明净圆真心，也不是慈恩宗的讲法，智旭苦为绾合罢了[②]。

第二、第七、第九则是把天台宗和慈恩宗结合的努力。第二则说即性恶即性善，且就此云性相不二，是因《法华玄义》卷五下本来就已有“今但明凡心一念即具十法界，一一界悉有烦恼相、恶业性相、苦道性相，若有无明烦恼性相，即是智慧观照性相”之类说法，其用天台宗义，甚为显然。

但问题是:天台的性具说本来就是因反对缘起才提出来的。在智者大师创教时，固然尚无慈恩宗，可是地论摄论诸宗已然盛行。地论师主张诸法依法性真如而起，摄论师认为诸法依阿赖耶识妄心生起，对这些缘起说，智者均不满意，故独标性具，谓诸法非依缘起而生，诸法本具于一念之中，一切真心妄心，皆在此一念，故称为一念无明法性心。于是诸法既不自生，也非他生，无须依持，不待缘起。(详见《摩诃止观》卷五上)此为性具与

---

① 真如凝然，是窥基《法华经玄赞》中的讲法，但不是说有个凝然不变的真心，如真常心系的主张，而是说真如不随缘，不受熏，不作诸法，诸法之生起，全由阿赖耶识含藏的种子决定。

② 智旭盛赞《楞严经》，说它乃“一代时教之精髓，成佛作祖之秘要，无上圆顿之旨归”。因为它发挥了唯心宗旨:“大佛顶者，即心自性之理体也。随缘不变，融四科而唯是本真;不变随缘，妙七大而各周法界。喻冰水之始终，惟是湿性，譬太虚之群相，不拒发挥。”(《楞严经玄义》卷上)智旭许多见解都与此经有关。

缘起之别。智旭法师解《成唯识论》所需面对的就是这根本的差异。由他的疏解全文看，他因是随文作疏，是以整体结构上遵守着《成唯识论》的框架，仍采缘起说。但一方面用真妄不一不二的讲法去说心，一方面又用三谛去讲即空即假即中，即真即妄，即真假不二中道，如此，就把缘起和性具从理论上糅合起来了。

第七、第九谈的是修行观法上的事。以《大乘止观》的空假中三观去解释唯识五观和唯识三性。谓观幻为遍我执，知幻为依他起，悟实为圆成实等。考唯识之修行，并不如天台那样强调观法，其修证过程，即所谓“唯识行位”，指的是：一、资粮位，乃求住唯识性阶段；二、加行位，乃初观唯识理的阶段；三、通达位，为见道真之阶段；四、修习位，为步步实践，以伏断诸障之阶段；五、究竟位，为证了菩提的成就位。故所谓唯识五观，主要是在第一第二位时的事，跟天台论观的作用并不相同。可是我已说过，智旭特别重视观，强调唯识之学并非有教无观，故他凸显观之作用与地位，且将之与天台三观并论。如卷九解三性三无性时说：“学者须以《大乘止观》、三性三无性参之，必有恍然得悟者矣。”亦是着眼于可以三性三无性说观空观假观中。然三性说或唯识五观其实都与天台三观有极大的差别，智旭说它们可“成就真俗不二法门”，是不确的。把它们和天台观法钩合起来，也只是如他形容的是“巧用”三谛法门。

其巧用天台者，尚有数例，可以合并讨论。卷九《成论》谈定学有四：一、大乘光明定；二、集福五定；三、贤守定；四、健行定。智旭解释时，在“健行定，谓佛菩萨大健有情之所行”一句下说“健行定者，首楞严三昧也，一心三止三观，非大健有情不能行”，把一心三观给偷塞了进去。又卷十“一切有情，皆有初一。二乘无学，容有前三。唯我世尊，可言具四”，智旭亦用天台解之，云：

自性清净涅槃，一切有情皆共有之。所谓心佛众生，三无差别。亦有谓诸法从本来者，当自寂灭相，有佛无佛，性相常住，天台依此说六而常即，约性德也。二乘，更加有余无余二种。然未入灭时，但有有余而无无余。已入灭后，但证无余，故云容有。惟我世尊，并具无住处义，所谓一切贤圣皆以无为法而有差别，三乘因果历然不滥。天台依此说即而常六，约修德也。

六是指六界相性，《法华文句》卷三下：“十界相性，权实开合，差别若干，以平等大慧如实观之，究竟皆等。若迷此境，即有六界相性。名为世谛。若解此境，即有二乘相性，名为真谛。达此非迷非解，即有菩萨佛界性相中道第一义谛。”智旭此处，即用其义。且说天台依唯识理而立义。这些都可以看出他的努力。同样的做法，还可见卷七：

分别识者，即《颂》所谓非色识也。无分别识者，即《颂》所谓色识也。色与非色，皆名为识，识外更无他法，故称唯识。此《成唯识论》之正旨也。……以乱体名有分别色，以乱相名无分别色。有分别无分别，皆名为色，色外更无他法，故称唯色。此天台唯色唯香等义所由立也。

天台的唯色唯香，跟唯识的唯识本非同一件事，他是刻意借此以显二宗宗旨相同或相通，以见性相不二的。

## （七）思想史的意义

智旭阐扬慈恩宗，以矫当时禅林之病，可是又不尽守慈恩宗之立场，致力于融合性相两宗，达成一致。这种特殊的立言方式，使他的唯识学既显扬了慈恩旨趣，又扭曲了它，十分奇异。

由“学术”的角度看，如此勉强把原本不同的宗派、主张、理论拼合起来，必然带来许多难解的问题。因为之所以会分成若干宗派，就是因为它们难以通融，所以才会析分开来。经由历史上宗派间不断地争辩、竞争，其差异也就越来越明显，遂亦不可复合。这时，反而要来说那差异都是假的、乃是大家搞错了，它们原无二致，不免有些开历史的玩笑。而其确然异趣之宗旨与理论，也不免会混淆。强将不可合者合为一炉、融为一治，既困难，也吃力不讨好，会显得拼凑支离。

智旭是个学问僧，这个道理他不会不懂，因此他的融合，出于误解的情况少，大抵是刻意求合。为何他要明知故犯，为此大不韪之事呢?

我以为有两个原因，一是宗教的，一是时代的。宗教的原因，是说智旭的工作，主要是针对教内说法。无论是欲矫禅林之弊或什么，都是以一个教徒在为他所信奉的宗教做事的心情和立场在说话。由宗教的立场看，佛教分成这么多系统，又是大小乘，又是性宗相宗。大小乘就不用说了，自鸠摩罗什以来，中国人就已经舍小就大，小乘都是以不对、不好、不究竟的形相出现的，因此智旭也不可能回头过去倡申小乘，或主张大小乘归一。可是在大乘里面，性相两宗壁垒也如此森严，对佛教的发展却是不利的。智旭这些大和尚有必要告诉想学佛、信佛的人：性宗、相宗，天台、慈恩都是佛教，有其一致性，其不同只是说法教法之异。如此才能坚信受之心、省内讧之分。

当然，这也不妨碍在这番融通合会的做法中有抉择。因为融通合会并不是和稀泥。故借着融通合会，智旭事实上同时在做着拣择别裁的工作。拣择性宗相宗两边某些东西，或天台、慈恩、禅、净、律各宗的某些东西出来，予以会通。这就是会通与拣择不二。像他批评禅宗，可是同样也会通禅，上文所引卷七“此天台唯色唯香等义所由立也”底下，接着就说：“又临济大师依此义而立四句，有时夺人不夺境，即一切唯色。有时夺境不夺人，即一切唯识。有时人境俱夺，则色识两亡。有时人境俱不夺，则色识宛尔。”这不就是尝试着将禅与天台唯识会通起来吗？驳与取，同时都在进行着。

这种情形，也显示在净土方面。智旭的台净融合思想，已颇有人阐发，净土与唯识的结合却还少人关注。实则他在《观心法要》中亦不乏论净土者。如卷六：“厌，谓慧俱无贪一分，于所厌境不染着故。”他的注便在厌字上大做文章，说有厌欲界者，有厌生死者，有厌偏真者，有厌二边者，而以圆厌四秽者为最差。此等人“泯绝凡圣，不历阶级，一超直入，不思议之最胜善也。是故厌离娑婆，求生净土，为第一圆顿无上法门”。

同样，卷十“如来由平等智示现微妙净功德身，居纯净土”，“由成事智变现无量随类化身，居净秽土”，也被他逮住了说净土“纯净土，即实报无障碍土”“净秽土，为方便有余土，及凡圣同居土”。同卷论自性身依法性土、自受用身还依自土、他受用身亦依自土、变化身依变化土等几段，他更是大力发挥，每一则的诠释文字都很长，不具引。

诚然这是因原文已谈到净土问题，故依文作解，不能说他是附会。但原文说净土，只是与秽土相对的意义。佛以平等智大慈悲，利他无漏，修成的境界当然是净土；众生未断烦恼，所居便是秽土。在这个意义上，净土乃佛教各经各宗之通说，《维摩诘经》说的，就叫维摩诘净土；《梵网经》说的，则叫梵网经净土；天台宗讲它的法华净土；华严宗说它的毗卢遮那佛所居净土。唯识宗之说净土，即是上面所看到的那些讲法，相对于其他各宗来说，讲得较为简单，也没说什么方便有余土、凡圣同居土、实报无碍土。

其次，净土既为通说，净土宗立宗的依据又在哪里呢？或者说各家既都言净土，净土何以能别开一家？这就说明了净土宗论净土实有迥异于其他宗的地方。其他宗都是教人修证，修到佛境界或菩萨阿罗汉地步，自然就离秽得净。净土宗不然，乃是教人以信仰确有此佛土的方式，求生净土。这种信仰之力，即可帮助你到达净土。例如心中念佛或口中持念佛号，阿弥陀佛就会来接引你去净土，此所以净土宗自称易行道，指那些靠自己努力修证的宗派都是难行道。《成唯识论》说净土，不但无方便有余土等细微的区分，更没有求生净土的讲法，智旭却说“厌离娑婆，求生净土，为第一圆顿无上法门”，这便可以看到他极力钩合唯识与净土的痕迹。

这样的钩合，我说过，是有时代因素的。明代中叶以后的思潮，总的趋势正是融合。纵使是儒家的王学，我们现在看，觉得它是由理学中分出来，与程朱分庭抗礼的，其实王阳明当时何尝如此想？阳明作《朱子晚年定论》，便是希望为自己不悖于朱子找一个依据。今人动辄以反叛、批判、反动、取代之类词汇或想法去形容王学及明朝中晚期思想，恰好就显示了现代人强调的是一种分异的、断裂的历史观。对每个时代每个人每个学说，都期待它与别个不同。这种历史观和个我意识，并不是晚明人所熟悉或追求的。他们求的是合，因此儒道释虽亦相攻相辩相分析，但整体上是三教合一。在三教内部，同样有求其融通合会的需求。

像净土，与智旭熟稔的居士袁中郎就写了一部《西方合论》，把宗派中对西方净土的各类讲法综合起来讲，犹如判教一般。智旭序其书，深致推崇。可见这个方向原是智旭所心许的。[①] 在当

① 详龚鹏程《死生情切：袁中郎的佛教与文学》，收入《晚明思潮》，北京：商务印书馆，2005年。

时讲唯识的学者及僧人中，虽亦有明昱《成唯识论俗诠》、王肯堂《成唯识论集解》这样专力唯识、不涉他宗者，但大趋势也仍是合会。如绍觉、大惠、大真皆以天台合会唯识，通润合会楞严与唯识，德清合会《起信论》与唯识，憨山合会禅宗与唯识，都是这个路数。[①]

智旭自己的融通合会，甚至不只表现在佛学内部，他还想合会儒家哩！他于四十三岁时作《周易禅解》就是儒佛会通之力作，谓“易即真如之性，具有随缘不变、不变随缘之义，密说为易。而此真如，但有性德，未有修德，故不守自性，不觉念起而有无明。此无始住地无明，正是二种生死根本，密说之为太极”云云。

融合会通，其实是非常困难的工作。把两件不同的东西混为一谈，那是没搞懂，不是会通。会通融合，必须是在深谙双方歧异之后，再去设法找出其可通可合之道。知其所以分，才能谋其可以合。晚明许多讲三教合一的人，谈不上是会通，倒是混淆，或乱点鸳鸯谱，“送作堆”的情况多些。智旭的表现，固然有时也不免牵强，但基本上可称得是融合会通了的。试看以下这段文献，卷九：

> 依《瑜伽师地论》等，则一切众生定有五性差别。若依《法王经》《如来藏经》等，则一切众生定无五性差别。当知皆是悉檀益物，随机异说。若依圆觉了义、楞伽心宗，则五性差别，历然不乱，而仍一一无性。若遇如来，根无大小，皆能成佛。今谓五性若是定无，则如来不应为实说权，说三乘教。五性若是定别，则如来不应开权显实，说唯一乘。若于《法华》三草二木一地一雨之喻深思细绎，

① 见圣严《明末中国佛教の研究》第三章。

> 则经论异说，互相影略，妙旨泠然。盖蠢动含灵，皆有佛性；凡有心者，皆得作佛。此唯识性也。五性差别，种现不同，此唯识相也。相之与性，不一不异。……儒云：中人以上，可以语上；中人以下，不可语上。应病与药，权实并设，病去药忘，权实俱泯。此可意知，不可言尽。今成唯识教，以别接通，以通含别，亦兼含圆。唯其带通方便，故须立五性差别。唯其正诠别理。故云断十重障，证十真如。唯其兼含圆理，故云真如与一切法非异非不异。又云若执唯识真实有者，亦是法执。又云俗故相有别，真故相无别，乃至举一烦恼心所，亦能遍缘有漏无漏事境名境等也。

这就是佛学中最复杂的佛理问题。依《解深密经》《瑜伽师地论》等之主张，有一部分人是没有佛性也不能成佛的，如一阐提。但《法华经》《华严经》等认为众生皆有佛性，皆能成佛。二者矛盾。玄奘西行求法，其中一个困惑即为此。他后来接受了胜军的种子出于新熏说及戒贤的涅槃毕竟无性说，表现在《成唯识论》中的，便是他的五种性说。五种性，谓声闻、独觉、菩萨三乘、不定、无性有情。五者各有不同性质之种子，经修行可证得不同之果位。声闻种性可证阿罗汉果，独觉种性可证得辟支佛果，菩萨三乘可证如来佛果，不定种性则因无佛性，永受业报轮回，修行亦无济于事。

据宋《高僧传》载云，玄奘曾对弟子窥基说“五性宗法，唯汝流通”（卷四《窥基传》），可见这是慈恩宗重要观念，也是它与其他宗派十分不同之处。智旭既要诠解《成唯识论》，就不能避开此一问题。对于两种截然不同的佛性观，他显然非常明白其间的差异，而他自己是主张众生平等的，卷九云：“一切众生平等，一切菩萨平等，一切如来平等，即是凡圣平等。因果平等、自他平等，亦所谓心佛众生三无差别也。”站在一切平等的立场上，如何说一阐提呢？他说：

> 无性有情，谓一阐提，为此第八识之所漂荡，令不出离。……阐提不起妄执，犹得暂游人天，若起分别，必堕恶趣。（卷三）

如此解释一阐提，实与玄奘不同，可说是曲解，把众生不平等的五种性说讲成众生平等了。《唯识心要》中如此曲解者，当然不少，但上引卷九那一大段就是会通了，他用一个理论去解释佛学内部为何会有些矛盾，此等矛盾又应如何去看，理解它们其实并不矛盾。一是云其说话各当其机，所谓因应设药，权实并施。二是说众生皆有佛性，乃就性说；众生未必均有佛性，确有五种差别，乃就相说，而性相不一却也不异。如此两说并存，皆得安立。即是他站在真常唯心系理论立场作的会通了。

或许站在唯识学的立场看，如此会通仍然是不能接受的。因为五性差别明明指性，怎能说是相？犹如树木，种子本来就不一样，所以开的花结的果才会不同。人之修行，果位不一，也即是种性不同使然，丝瓜不会结出葫芦，一阐提又如何可以成佛？众生平等，只是说来好听而已，智旭既引孔子云中人以上中人以下，便当知人有上智下愚，是圣人对之也无能为力的。一阐提纵遇如来，如来也不能让他成佛。这类反驳文章，并不难做。但问题在于：如此争辩，无非是把双方矛盾再凸显一次、双方立场及理论再申述一遍罢了，不会有什么创造性。两方争辩已历千余年，就是窥基和天台的交锋，也历有年所了，若能彼此说服，何须再来会通？若能消灭其中一方，也不劳再作会通。会通也者，实际上是就其可通者通之。至于它们原有的差异，智旭心知肚明，亦不用旁人再来提醒，他在《周易禅解》的序文中明说他这本书解的是易，却也是非易；宗旨是儒，也不是儒；是禅也不是禅。然而观者也可能批评它：“若所解亦易亦非易，则人将谓儒原非禅，禅亦非儒，成相违谤。若所解非易非非易，则人将谓儒不成儒，禅不成禅，成戏论谤。”可见他对会通之举将遇到什么指摘，更是心知肚明的。明知其如此，而仍执意要会而通之，这就是他的选择。既响应了时代，也显示了他在佛学上的取向及对佛教发展方向的看法。研究智旭的人不多，对于他的唯识学和综合会通精神，阐发者更少，故我略为释之如此。

# 十一　人间佛教的开展

## （一）人间的佛教

近年佛教团体都喜欢自称他们是人间佛教，台湾佛光山尤其常被引为人间佛教之典范。但人间佛教，这个名词以及它所代表的方向，都不是佛光山星云法师创立的。

因为“人间佛教”也者，乃清朝末年以来整个佛教发展的趋势之一，谈论倡议者络绎不绝。1937年，《海潮音》出过人间佛教专号。抗战期间，浙江缙云县也出过小型《人间佛教月刊》，后来慈航法师在新加坡办过《人间佛教》刊物，法舫法师在泰国也讲说人间佛教。可见“佛教应该是人间的”这个发展方向早已被许多人接受了，也有不少提倡者。

相对于人间佛教之说，太虚大师另外提倡“人生佛教”。于抗战时期，编述一部专书，即名《人生佛教》。据印顺导师的解释，太虚大师不采“人间佛教”之名，而主张“人生佛教”，其含义有两个方面：“一、对治的：因为中国的佛教末流，一向重视于一死、二鬼，引出无边流弊。大师为了纠正它，所以主张不重死而重生，不重鬼而重人。以人生对治死鬼的佛教，所以以人生为名。二、显正的：大师从佛教的根本去了解、时代的适应去了解，认为应重视现实的人生。‘依着人乘正法，先修成完善的人格，保持人乘的业报，方是时代所需，尤为我国的情形所宜。由此向上增进，乃可进趋大乘行。使世界人类的人性不失，且成为完善美满的人间。有了完善的人生为所依，进一步地使人们去修佛法所重的大乘菩萨行果。’（《我怎样判摄一切佛法》）大师曾说：‘仰止唯佛陀，完成在人格，人成即佛成，是名真现实。’（《即人成佛的真理实论》）即人生而成佛，显出了大师‘人生佛教’的本意。”

虽然如此，印顺仍觉得用“人间佛教”之说较好，因为人生佛教与人间佛教两者，由显正方面说，大致相近；而在对治方面，觉得后者更有极重要的理由。因为佛教是宗教，有五趣说，如不能重视人间，那么如重视鬼、畜一边，会变为着重于鬼与死亡的，近于鬼教。如着重羡慕那天神（仙、鬼）一边，即使修行学佛，也会成为着重于神与永生（长寿、长生）的，近于神教。神、鬼的可分而不可分，即会变成又神又鬼的神化、巫化了的佛教。这不但在中国流于死鬼的偏向，印度后期的佛教，也流于天神的混滥，背弃了佛教的真义，不以人为本而以天为本（初重于一神倾向的梵天，后来重于泛神倾向的帝释天），使佛法发生非常的变化。所以特提“人间”二字来对治它。这不但对治了偏于死亡与鬼，同时也对治了偏于神与永生。真正的佛教，是人间的，唯有人间的佛教，才能表现出佛法的真义。①

由太虚大师及印顺长老对人生佛教和人间佛教这两个名词上的辨析，大抵已可以看出主张人生佛教和人间佛教者的基本想

① 详见印顺《佛在人间》，正闻出版社。1988年，《人间佛教绪言》。关于太虚与印顺在“人生佛教”“人间佛教”方面的争议和差别，另参江灿腾《太虚大师的人间佛教思想探源》《论印顺法师与太虚大师对人间佛教诠释各异的原因》，两文均收入《现代中国佛教思想论集》，台北：新文丰出版社，1990年。但他未引用本文所举的材料。

法。这个想法其实是目标一致的，都主张改革佛教之积弊，让佛教由重视死亡与重视成佛转而重视现世人生，认为唯有成就人道才能成佛。

## （二）失败的运动

但提倡人间佛教，要改革佛教之积弊，自然就会遭到佛教内部那些应改革者的反对。如太虚大师曾与仁山法师联同社会党员多人，“大闹金山寺”，欲接管寺产，结果遭强烈反对而失败。其他许多主张也大多难以实现，以致他同时撰有《我的佛教改进运动略史》和《我的佛教革命失败史》。人间佛教的提倡，虽然在知识界或社会层面获得极大回响，教内也有不少人呼应，但相较于传统势力，改革的力量仍然不足以扭转积习，所以太虚大师的改革运动终归是失败的。

这种失败，可以太虚大师与支那内学院的纠葛来示例分析。

据太虚大师年谱载：民国二十五年（1936）4月30日，“大师作《论僧尼应参加国民大会代表选举》。欧阳竟无致书陈立夫以反对之，以为‘僧徒居必兰若，行必头陀’；‘参预世事，违反佛制’。欧阳治佛书三十年，偏宗深究，宜其得之专而失之通！”

此事后来对太虚大师有重大影响。1946年以后，国共和谈的倾向甚浓，同时共产党及民主同盟等代表亦展开活动。太虚大师在此政治空气中，也试图寻求组党或参政的可能性。结果虽然同年11月，被国民党蒋主席圈定为国大代表，仍因陈立夫的反对而变卦。《年谱》上说：“初以中国宗教联谊会于斌之推荐，经蒋主席同意，圈定大师为国民大会代表。陈立夫力持异议，致其事中变。时京沪报章，多传大师组党及出席国大之说；鉴于政府歧视拥有广大信徒之佛教，大师殊深悒怅！蒋主席与大师之友谊，久为近侍集团所碍，日以疏远。……”太虚大师为此甚感郁闷，数月后即过世。

太虚大师在1913年即曾揭举“组织革命、财产革命、学理革命”之说。但财产革命，在大闹金山寺之后，即已证明它甚难成功；组织革命，则《整理僧伽制度论》所提倡者亦未能施行。在学理革命部分，和支那内学的主张便颇不相同，主张僧尼参政，更是受到欧阳竟无的反对。

在理论上，支那内学院是以唯识为主的，太虚则认为：“理论的说明上，自然在唯识学。但……中华佛教，如能复兴，必不在真言密咒或法相唯识，而仍在乎禅。”（见《读梁漱溟君唯识学与哲学》）因此支那内学院企图以回归印度佛教来改革中国佛教，反对中国心性论以及如来藏真常心系的讲法；太虚则着眼于复兴中华佛教，更不认为佛教徒即不能参与世事政务。[①]

印顺，从思想史的角度看，正是这一争论的延续者与折中者。他由《阿含经》中发现“诸佛皆出人间，终不在天上成佛也”的文句，证明了佛陀教人并不以出世离俗为主，因此同意太虚的人生佛教路向。但对于僧徒是否一定要参政，或人间佛教之实践是否以政治为主，仍持保留之态度。

对于太虚与支那内学院在佛教义理上的争执，印顺的处理，基本上倾向支那内学院，认为影响中国较为深远的如来藏真常心系思想，其实融入了印度教的“梵我论”，不及印度原来所传纯粹。但印度佛教空有二轮中，他不同于支那内学院的检别，而主张性空唯名一系才最接近佛教的根本思想缘起说。在对中国佛教的排斥方面，他也不如支那内学院的学者那么激烈。他觉得后期如来藏思想虽见理未彻，但也无大失，只是它的末流在印度成为

---

① 支那内学院是反对人间佛教之说的。吕澄《人生学》一书，以儒学为世间学，而以解脱之学为出世间学，已明显将佛教定位在出世性格上。

“融神秘、欲乐而成邪正杂滥之梵佛一体”；“在中国者，末流为三教同源论、冥镪祀祖、扶鸾降神等，无不渗杂于其间。”（《印度的佛教·自序》）

因此，印顺的人间佛教说，重点在于要人秉持正确的缘起观。只要能知一切缘起，勘破自我，而求有利众生，那么，从事任何职业，在任何位置上都可以有益人群：“菩萨遍及各阶层，不一定是煊赫的领导者。随自己的能力，随自己的智慧，随自己的兴趣，随自己的事业，随自己的环境；真能从悲心出发，但求有利于众生、有切于佛教，那就无往而不入世，而无而不是大乘！这所以菩萨人人可学。如不论在家出家，男众女众，大众体佛陀的悲心，从悲愿而引发力量。真诚、恳切，但求有利于人。我相信：涓滴、洪流、微波、巨浪，终将汇成江洋法海而庄严法界，实现大乘的究极理想于人间。”

这种讲法，理论上颇为巧密。因此知缘起性空，是出世解脱；本此解脱出世之心，在世从事任何工作，则是入世，也是既入世又出世。出世的佛教，遂与人间佛教合为一体。

但如此说，其实也是虚说、是吊诡地说。为什么呢？

1. 本出世之心，为入世之事，因此即出世即入世，解脱之佛教，即人间之佛教，诚然。但这样的论述方式，倒过来说，一样可以成立。本入世之心，为出世之事，故入世即出世，出世不闻世事的佛教亦即人间佛教；以入世忮刻计较之心去从事各种工作，也“无住而不出世”。如此说法，能让人心安吗？如果不能，便可知所谓出世而不离世间云云，只是论说上的精巧，要判断它是否可资遵循，还应考察论式之外的内涵问题。

2. 所谓内涵，是指出世入世究竟何所指的问题。出世若指其知缘起性空，入世若指其所处之境与所任之事，则两者其实属于不同的层次，也是不同性质之两回事，一属圣谛，一属世谛。已知缘起性空者，如何对他自己那本无自性之事业，仍相信它可有利众生？对不必执着之事，如何仍能真诚恳切地去做呢？转圣谛为俗谛，不是不可能，但须有一方法论上的说明，否则即为空说，即为戏论。

3. 从悲心出发，但求有利众生，则无住而不入世，无不是大乘云云，将成为伦理学上的动机论，成为“意图伦理”。缺乏“何者方是真正有利众生”的讨论或认识，常会跟发诸慈悲的放生活动一样，使其结果并不真能造福人间、有益环保。换言之，谈人间佛教，而仅从圣谛这一面说，欠缺对于人间事务的理解与探讨，处理世务，只怕会一塌糊涂。此时空说出世即入世，只让人觉得是唱高调，缺乏实践性。

因此，印顺的人间佛教，我也不认为是成功的。我曾在另一篇文章中说过：

> 在理论上，印顺导师极力论证佛教不应出离人世，而应实现人间净土，对佛教之现代化影响深远。然而，印老的研究，固极博赡，但只是佛教宗旨上的辩说。在教内看，甚具价值。但从我们非纯佛教学者的角度看，则成就殊觉有限。因为他只是在教理上确认了佛教应该入世、应不离世间觉、应实现人间净土而已。由于他对“世学”并无深究，故除了这一方向上的提示外，不能谈任何具体之问题。究竟此人间净土应为何种社会性质？宗教入世之后，世俗事务之处理，如何与佛教所追求之超越性解脱目标结合无碍？达致人间净土之方法又如何？在人间政治、经济、社会问题的处理上，佛教又应以何种态度为之，始能创立人间净土？这等问题，印老均乏析论。（《佛学意理与企业管理》，收入1996年佛光大学出版的《人文与管理》）

此段引文，与本文的说法类似，都对印老之说存着些遗憾。但那篇文章是就其论人间佛教而少谈“人间”感到遗憾，本文则是对他仍被清末民国间的佛学争论所系缚而感到遗憾。从思想史的角度说，从清末唯识学复兴转到人间佛教的创立，其间不能没有一个过渡、一个转折点。在支那内学院与武昌佛学院的论争中，回归印度和改革中国佛教，也不能没有一个折中兼善的处理。印顺的历史地位及不朽成就，正在于此。但此仅为旧时代之收束、新路向之点明而已，其历史局限性也就表现在这儿了。真正开创出人间佛教的，不能不推年辈稍晚的星云。

## （三）佛教现代化

星云曾自己承认甚为崇慕太虚大师，太虚的许多主张，如“佛教大众化、通俗化”“佛教入世，打开山门”“佛教当以人为本”“佛教以七众为道场”等，也都被星云实践了。而且太虚讨厌宗派主义，主张大乘三系平等、八宗融贯，又希望将佛教扩展成为中国本位的世界佛教，星云亦与之若合符契。因此，民国以来佛教史中，太虚与星云实在可说是先后辉映的。

正因如此，太虚所遭遇的批评和反对，星云也必然会碰到。印顺在《谈入世与佛学》一文中曾说：“人生佛学，不是世俗化，不是人天乘，不是办办文化慈善、搞搞政治，而是有最深彻之意义的。”又说：“多数人不见他（太虚）的佛学根源，以为适应潮流而已、世俗化而已。”对于星云，批评者何尝不是说他世俗化、搞政治？而赞扬者，则亦不过认为人间佛教就是“办办文化慈善”罢了。

但如此褒贬，恐怕都不恰切。因为事实非常明显，现在佛教各教团都在说要走人间佛教的路子，难道大家都世俗化了吗？许多法师担任政党职务、国民大会代表，甚或参选立委，难道都是政治和尚？可见批评者只是泥于“僧徒居必兰若、行必头陀，参与世事，违反佛制”的出世思想，不曾看清民国以来整个佛教的大趋势使然。至于以办文化慈善来称扬人间佛教，也对人间佛教，特别是星云的人间佛教尚未能完全掌握。

此话怎讲？

太虚曾说：“所谓改善佛教本身，将佛教昌明到全世界去，确为太虚之志愿。但直到现在，尚无何等成绩，不过发为空言而已，说之殊愧。”（《全书》第二十四册，第425页）他在佛教协进会、观宗寺、净慈寺的改革运动均告失败。在《建设人间净土论》中所提的具体建设，希望在普陀山设一处佛教的新乐园，也没能实现。星云恰好相反，不但在高雄佛光山成功地建立了一个理想中的教团甚至“理想国”，改革佛教本身及昌明佛教于世界，亦皆不仅托诸空言。为什么两位法师，在言论及想法上如此相似，结果却极不相同呢？

由言论部分看。太虚气局宏阔，所论包含之广，实胜于星云。在佛教内部，平章八宗，兼摄一切，创为法界圆觉之说以融贯之。论及人间佛教之建设问题，则分从一般思想、国难救济、世运转变诸层面来谈。关于辩证法、经济史观，科学如进化论、相对论、国家生产计划、农村复兴方案、政体问题、马克思主义之扩张、三民主义之内涵、东西文化之比较等，他都广为讨论，认为佛教需要面对人生、处理时代问题，这些都不能规避，都须与佛法求得一恰当之关系。这是他敏锐博雅之处，但亦可见他仍落在时代之中，被时代的许多个别问题拖着走，以致博而寡要、劳而少功。

星云在辨明佛教应该朝人间佛教发展，以及建设人间佛教之基本原则时，所论其实并未超过太虚及印顺之说。例如说人间佛教是入世重于出世，生活重于生死，利他重于自利，普济重于独修；又说人要有人天乘入世的精神，再有声闻缘觉出世的思想，便是菩萨道等等，大抵与太虚、印顺仿佛。但其特点在于：1.

与印顺相比，完全超脱了清末以来佛学界在“中国佛教／印度佛教”“唯识／性空”“大乘非佛教／大乘为佛说”“真常本觉／性空本寂”之类争论上的纠缠，截断众流，立基于中国佛教，而开展新的精神。[①] 2．与太虚相比，不在时代思潮及事件等个别事务上多所牵扯，而能掌握大的时代方向，认定了整个时代社会变迁的总方向就是现代化，而将其人间佛教之建设工作落实为“佛教的现代化”。

这两点，均可再加申叙。先说前者。星云不会不知道佛教的基本思想在三法印四圣谛、在缘起观，但他很少强调这个部分。事实上吕澄、印顺等人都忽略了：主张缘起性空及虚妄唯识的佛教传进中国，既然都不能广为流行，反而让所谓“伪经”“伪论”所倡导的心性论占了上风，正表示在中国人的社会中，较能接受的仍是心性论倾向的说法。因此，讲人间佛教而一定要立基在缘起观上，其实并不切实际。星云则说由空说有、由苦说乐：

> 我们都知道佛教传统讲经的方法，一开始就把经中对世间实相的分析，照本宣科地说出来：“苦呀！空呀！无常呀！”不错，这些都是佛陀所说的法印。但在当今说法布教时，要应用善巧方便。佛教为什么说苦？是为了要人追求快乐的。苦是人间的现实，但非我们的目的。佛教的目的是要脱苦，寻求快乐。说到空，天也空，地也空，四大皆空……让大家都很害怕，觉得什么都没有了。其实“空”是建设“有”的，只是一般人不了解。空有空的内容，在空的里面才能拥有宇宙的一切，不空的话，就什么都没有了。真“空”生妙“有”。我们先有“妙有”，才能入

---

① 星云这个态度，颇近于太虚。但太虚仍不免要面对晚清以来唯识学复兴以及回归印度的问题，星云则不甚触及此类争论。

"空"，先建设现实"有"的世界，从"有"的真实中，方能体验"空"的智慧。

支那内学院的学者批评中国佛教喜欢讲"常、乐、我、净"，不符合"苦、寂、灭、道"之旨，可是光说苦寂灭道，如何建设人间佛教？星云所讲，则基本上是顺着中国佛教的精神，转空苦之佛教为快乐希望的佛教。故其摄机之广，非太虚、印顺所能及。

由后者来观察，星云常以"佛教现代化"来概括他的建设人间佛教运动。这个词语，代表了他对佛教改革的总体方向。若说人间佛教一词仍属借用别家品牌，则佛教现代化，便可说是佛光山的商标。这个词，比人间佛教更容易懂，也更能获得社会的支持，因为整个社会正在进行现代化转型。佛教的现代化，无论是在精神或方法上，都具有正当性，都具有"改革者的正义"。而且，星云在各个领域中的改革，例如传教方式、寺庙建筑、事业经营、财务管理、组织行政等，都可以拥有一个可以统一辨识的指标。他之所以比太虚大师更能得到认同，掌握了时代的脉动，无疑为一大因素。

换句话说，星云的人间佛教确实不只是世俗化、办办文化慈善、搞搞政治，它是带动佛教整体走上现代化道路，而与社会之现代化相呼应相联结的新佛教运动，是真正"在人间的佛教"。

## （四）当代新佛教

星云曾说：

> 现代化这个名词，代表着进步、适应、成功、光明、自由、民主的意思。……全世界不管在政治、社会、经济、

军事各方面，不管如何传统，但大家都能有一个共同的认识，只有在现代化之下，人类才能生存、幸福。……将佛教推向现代化的新纪元，是我们历年来努力的方向。虽然我们的宗旨、目标，不一定能为社会上的大众所体会。但是要把佛教的真理广大地传播给社会，让现代人们能欣然地接受、让佛教走上现代化，是一条必然的途径。

为了达成这种现代化，星云主张在技术层面要佛法现代语文化、传播现代科技化、修行现代生活化、寺院现代学校化；在目标方面，要建设佛教成为生活乐趣的人间佛教、财富丰足的人间佛教、现世净土的人间佛教。

这些，涉及的领域极广，但从每个个别之处看，会觉得与其他法师大德或道场所作所为或许也没有太大的分别。例如佛法要现代语文化，印顺也提倡过，他在《编修藏经的先决问题》一文中即主张选择约三百卷佛典为语体文，以便于普及传播；又说为了让佛法能传布于世界，宜翻译佛典为英文。[①] 传播科技化方面，各道场做得也很不错，编书、出刊物、录音带、录影带、电脑化、卫视，可说应有尽有。星云说要“建设大乘普济的人间佛教”，则慈济功德会、佛济基金会等团体，在普济救施方面的成绩，更是高于佛光山。星云说现代佛教“要有利众的事业”，应开办各种医疗救济、教育、文化事业，造福社会，佛教界如晓云、证严、圣严等法师在这些地方也不遑多让。至于修行现代生活化、寺庙功能学校化，也有不少教团在走这个路子。

固然我们可以说，某些团体在这些方面只能算是闻风继起者，而且也做得不够全面；真能开风气之先，发挥先导影响力，又能全面展开的，仍然不能不推佛光山教团。但仅如此说，我认

① 收入《教制教典与教学》，正闻出版社，1988 年。

为仍是不够的。星云和其他法师的差异，可能不是量上做多做少，或时间上谁先谁后的问题，而是性质上的不同。

相较于他的先行者，星云的人间佛教运动有目标有方法，方法及目标又均以现代化为其主轴。因此它本身会形成一个“新佛教”的形态，与约略同时出现的“当代新儒家”一样，共同标志着我们这个现代化转型时代的特征。

这种新佛教，不只是寺庙建筑较为新颖、人员较年轻有朝气、宣教手法较活泼，较能参与社会服务而已，而是它基本上拥有现代社会的价值观及运作逻辑，例如民主、法治、理性、财富、进取以及现代社会的理性化科层官僚组织等等。

星云所建立的教团，依仁法师在《僧团制度之研究：印度、中国及现代台湾三阶段之比较》一书中曾有分析，认为它是中国丛林制度的革新。[①] 例如经选举产生的宗务委员会及宗长，代表民主精神；强调“依法不依人”“法制而非人制”，显现了法治精神；行政和弘法上，又运用了现代化的行政管理与科技知识。这些无不体现了现代社会的现代性（modernity）。同样地，星云说：“建设财富丰足的人间佛教”“要有人间进取的精神，在这个世界上，物竞天择，适者生存，每个人不是靠别人给我们财富，给我们救济，都得靠自己去努力才能生存，所以人要有进取的精神”“现代化的佛教是合理的，不是邪见的，不是迷信的”等等，也充满了现代性。

现代社会之所以不同于传统，并不在于科技及生活方式的不同，而是因为有了这些价值观和运作的逻辑。工业革命之后，政治形态走向自由、民主，“法理社会”逐步建立，资本主义经济高度发展，运用科层化体制，重构了许多人群组织，要求效率、追求财富，才逐渐形成我们今天这样的社会。佛教发展到 20 世

---

① 文化大学中华学术院印度研究所硕士论文，1985。

纪，遭遇到空前的社会剧变，许多人都意识到要改变，也体认到佛教不再能出世离俗，要在人间生存下去，即须讲人间佛教，但没有人理解到这个人间已成为什么样的人间。人间社会的形态千差万别，封建的、帝制的、资本主义的、社会主义的、无政府主义的、城邦的、部落的，在什么人间去建设什么人间佛教？只有星云抓住了这一点，了解到我们是在一个“现代化情境”中来建设现代的人间佛教，所以要将佛教建设成现代佛教。这种现代佛教，拥有与现代社会相同的价值观和运作方式，当然令人觉得亲切，觉得它代表了进步，且其本身便是社会现代化的成就之一。

## （五）超越现代化

假如详细分析星云如何将现代价值观和佛教义理融合起来，或比较新佛家与新儒家在面对现代化挑战时不同的对应方式，一定非常有趣。但篇幅并不允许，而且，此处我们谈的是另一个更重要的问题。

现代化，固然是我们这个世界整体社会所追求的方向。但这个方向真的对吗？好吗？如果真好，那么，业已现代化的社会为什么仍然充满了罪恶与灾难？为什么越是现代化的国家及城市，越是犯罪率升高、婚姻不正常、充斥着色情与暴力？现代社会中的人，也并不比古代人更快乐。

针对资本主义所造成的社会分配不公，出现了社会主义；针对现代社会人与人“疏离”的现象、人心的荒芜空虚，出现了文学上的现代主义；针对工业发达、人类掠夺资源扩大生产而形成的环境污染破坏，出现了生态主义与全球环境保护运动；针对现代社会中人人追求成功、鼓励竞争、追求财富，出现了提倡回归自然的清贫思想与简朴运动……这些，都表明了：现代未必即是个理想的社会，其中蕴含的价值观和它的运作逻辑恐怕均有商榷之必要。所以才会出现这一波波反现代的浪潮。

这并不是保守主义式的“抗拒现代化”，而是“在现代之后”思量如何超越现代化。

如果星云的人间佛教，系以佛教现代化为其主轴，将佛教改造成为具有现代性的新佛教，那么，在现代之后，这个教团以及它所代表的精神，只怕也不能避免遭到质疑。是否这个新佛教运动亦将如现代化一样，已完成了它历史的阶段性任务呢？

其次，佛教的教义，和现代资本主义社会的各种价值观之间，难道真能融合为一体，而不生扞格吗？鼓吹消费、刺激欲望、不断开发，即是佛教？

人间佛教的复杂处，即在这里。一般人只看到他融合现代化的这一面，殊不知其现代化中可能包含了超越现代的部分，勉强称说，可说是“即现代而转化之”。

例如资本主义社会是讲究财富积累的，星云便也说要“建设财富丰足的人间佛教”“佛教发财的方法”。但他的说法，乃是先讲有钱不是罪过，“黄金非毒蛇，净财作道粮”。然后接着讲“外财固然好，内财更微妙”“求财要有道，莫取非分财”“财富对每一个人，并不都是最好的东西”“怎样处理财富”。就其前一部分讲聚收金钱者观之，实与佛教之传统不尽相同，是以佛教来迎合现代观念的。但后面这种讲法，却又从现代观念翻上去一层，仍然站在佛家的立场，对现代观念作了一番转化，超越了现代，不被资本主义社会的财富观所囿。

同理，他论欲望也是如此。古来修行者，都叫人禁欲、断欲、节欲，他却说“人间有欲乐，世人所需求”，不把欲望立刻贬为邪恶，且认为这正是每个人正当的需求。但接着立刻转上一层，说：“这种欲乐并不是最彻底的，因为这不是佛教中真正的快乐。佛法所提倡的生活乐趣是法乐而不是欲乐。”故“我有妙法乐，不欲世间乐”。

如此说法，由其接引方便说，确实是十分善巧的：就人所处之地位而接引之。但这也可以不只是一种接引方式而已。它显示的共同态度，正是承认现代性，但要求善于运用现代性，并从佛教的角度提出超越之道。大师曾发表过《佛教的财富观》《佛教的道德观》《佛教的女性观》《佛教的政治观》《佛教的未来观》等文，几乎都具有这种特色。由其结合现代观念、承认现代观念的部分看，他是反传统的、现代的；由其转化现代观念的部分看，则他又是超越现代的。在许多地方，可与西方许多反省现代社会文明的后现代思潮比观。

这样的人间佛教，才不会只是现代社会的依附者，而真正可以提供新时代省思的方向。星云所开启的这个模式，我觉得是人间佛教运动几十年发展中最值得注意并予发扬的。后起者，殆有责焉。

# 十二　佛教模式与企业管理

## （一）新萌芽的关系

在资本主义工商社会中，企业已成为社会的基本组织。宗教若要在现代社会存活，谋求发展，即必须与此基本组织取得某种协商关系。这与过去宗教在乡村农耕社会传布的形态完全不同，故宗教在社会中所能发挥的教化功能也迥异于从前。

现代社会中的护教者，不再只是传统意义的善男信女，也包括企业主。故而现代宗教所能提供的社会教化，除了传统意义的净化人心外，更须观察它在促进企业合理化方面，能扮演何种角色、担负何种作用。

因此本文拟由佛教和企业管理结合的社会面来分析（亦即只讨论佛法如何被运用于企管界，而非探讨佛教界如何运用企管知识以发展、管理其教团），探讨佛教在现代社会中的新教化模式，并约略指出未来能再予深化的道路。

佛教运用于企业管理，感觉上现在已经从“搭载题”的形式渐渐发展成为一股趋势力量，在企业管理学界及业界都已具有不少探讨与实例。

但是，台湾的企业管理顾问公司训练中心安排的课程，开设“禅与现代管理”之类的仍不多。换言之，企业界及业界是否已真正接纳此一论题，并对此已有开发之成果，并不如想象中乐观。[①]

而且，市面上迄今尚无任何一本佛教思想与企业管理的论著。杨国枢、曾仕强所编《中国人的管理观》（台北：桂冠出版公司，1988 年）及曾仕强自著之《中国管理哲学》（台北：东大出版公司，1981 年）亦均无任何一篇谈及佛教与企管思想之关系。香港法住学院于 1992 年举办《东亚文化与现代企管》研讨会中涉及佛教者亦仅两篇，远逊于其他部分。可见学界对此论题尚乏兴趣，也少有研究成果可说。

再以“中央大学”过去所办的两届哲学与企业管理学术研讨会来取样观察，可看到其中仅有一篇《佛教认识和人间管理》，作者为留日学者陈宗元。如以哲学界和企管学界均不热衷参与该会议之情况来揣想，哲学和企业管理毕竟仍是双方均感生疏之论题。佛教和企管之关系，讨论者自然就更稀罕了。[②] 两者之关系，仍极松散。

## （二）企业内部统整

在企业界内部，情况似乎好些，许多企业团体都成立了佛

---

① 我所依据的是《现代管理月刊》所刊载之训练课程资料。该刊所收录之课程资料虽不完整，但颇有代表性，主要的企管机构，如中国生产力中心、中华企管中心、哈佛企管训练中心、YWCA 管理学苑、洪建全基金会文经学苑、捷士企管顾问有限公司、财鑫企管顾问有限公司、文舜管理研究中心等均被收录。

② 该次会议，每场的参与者都很少，论文见《管理与哲学研讨会论文集二》，中央大学企管系所编印，1992 年。

学社、禅修班，提倡以佛法来协助企业内部之统整，达成管理之功能。

例如美商保德信人寿乔迁新址时，总经理陈履洁即敦请灵泉寺惟觉老和尚替新办公室举行洒净仪式；陈总经理的办公室也布置得犹如佛堂。该公司内部之禅修班，每周打坐、学禅，参与者亦不在少数。力霸百货公司的副总经理王韵如，也在力霸公司办公室里设了小佛堂，供自己及员工礼拜。

其他如电信局，在 1989 年成立了学佛会。

1990 年中央信托局成立佛学社，以禅坐共修为主，并赴法鼓山等道场参访。

长庚医院于 1986 年成立佛学讲座，1989 年设立佛堂，念佛共修，且为病患助念。

台塑的学佛团体，名为“福慧社”，以佛学研习和禅坐研修为主；该公司另有“中道社”，以研讨佛学理论为主。

中钢公司的禅坐研究社，则常与中船“真谛社”中油“禅坐合作社”举办佛学讲座。

高雄炼油厂，有“光照念佛会”“禅坐研究社”，常与佛光协会南部各分会所联合举办各类讲座及活动。

台电核一厂，1992 年亦成立了“核一佛学社”。

台大医院于 1987 年成立了“慈光社”，念佛共修，帮病患助念，协助医疗救助。

荣民总医院，1988 年成立“慧心社”，活动包括演讲、参访、义诊、行脚、朝山、联谊等。

这些公私企业或机关团体，都与佛教结了厚缘，佛教对企业人、对于组织之管理，必然发挥了极大功能，影响深远。依据相关之报道与调查，当事人及企业体对这一点也都表达了正面的肯定态度，承认佛教在企业经营管理及人员心理调适上确实具有很高的价值。

但是，我们若仔细观察这些机关团体中的佛教社团，便会发现：它们所从事的，只是一般性的宗教活动，基本上与企业生活无关，亦与企业经营无关。

犹如学生在学校里参加课外社团活动，或公务员在机关中结社去打排球、唱戏、跳韵律舞那样，固然有调适身心、舒缓工作压力、联结同事情谊、陶冶性情、排遣公余之寂寞与无聊等功能，可是和企业本身的经营运作、业务内涵是无大关联的。①

这些社团所办之活动，多以佛学讲座、念佛或参禅共修、朝山、参访、亲近法师大德、社会救助、临终关怀等为内涵。这些活动，与基督徒之聚会、礼拜、做见证、听讲道理、社会救助、临终关怀，无多差异，都是宗教活动。透过这些宗教行为，人们可获得身心安顿、有归属感等效果。这些效果，用佛教的术语来讲，即是法喜充满、观照念头、无我、忍辱等。用基督教的术语说，则是喜乐、神与我们同在、感谢主等。

凡此精神性宗教修持功能，无疑可有效纾解现代社会水泥丛林中上班族之疏离感，让人在工作之外更拥有心灵沟通之机会，形成亲密的次级关系，使丧失意义的人生重新得到意义，在价值迷失的时代再次体会价值。

但是，这不是只有佛教才能提供之功能，甚至也不是宗教才能提供的作用，因为此类功用，实仅具有应用心理学之性质。运动或参加艺文活动等，其实也可以达到类似的作用。

---

① 企管学界也有许多人参与禅修打坐。例如在十方禅林每周一晚间便有许多管理界人士共同打坐，包括商业专科评鉴的企业组评鉴委员尹衍梁、中华民国管理科学学会秘书长林英峰等。但此类打坐，只是让人“面对日益加剧的工作压力与责任，致力于修身修性的功夫，才能有勇气承受压力、履行责任、达成任务”“活络全身筋脉，达到身体内部器官运动的效益”（见1990年七月号《现代杂志》报道）。此类功能，正与林英峰同时也进行的太极拳运动相同。

而且，此类活动基本上乃是非社会化的。如禅坐、静修，是强调个人内心的感受与体验；去朝山、参访古刹道场，也是走向社会之外，以求得心灵之清凉安定；到贫户、医院中去做善事行功德，亦是默默然于社会僻角中发光。这与其企业事务恰好是背道而驰的。其功能，则在于对资本主义社会进行平衡与补充，以降低社会对人的宰制。

企业人在社会上活动，发展其企业，向社会赚取利润，再借由朝山参访去布施，或通过社会救济，把所获取的利润舍施给社会。这整个活动，可以被解释为符合佛经所说的“转”，所谓转法轮而不为法轮转。例如《慧炬杂志》第313期刊有《如何把佛法发挥于企业经营之探讨》一文，主讲者沈来祯即云：“做企业、办工厂，或者办公司，或者开店，无论哪一种，当然都希望有盈余。对不对？简单讲，希望赚钱。……各位不要怕，你们经营企业的，要尽量赚钱。问题是，有了钱，你怎么去用？我这个‘转’字，它的意思就是说我们不要怕，而是要能够转钱，不要被钱所转。如果被钱所转，就是做了钱的奴隶。……把你合法赚来的钱，尽量用来帮助别人。”

此说诚然可以鼓励社会服务之风气，消解企业家赚取金钱、累积财富之后所形成的心理压力，让企业家把赚得的钱再释放一部分出来，协助佛教事业或其他文教、社会救助事务之发展。但其实所涉及的乃是企业的社会责任以及有钱人如何运用其所得的问题，并非用这个佛经上的道理去“发挥于企业经营”。企业家既不能以此“转”之原理去赚取利润；此一用钱观，也未必只能以佛理来诠释。

因此我们可以说，在一片“把佛法应用发挥于企业经营管理中”的呼声里，基本上只显示了企业界人士为了纾解其工作及身分压力、为调节其职业与心灵之间距、为增进其宗教信仰，而在公余亲近佛法、学习禅坐而已。只表示佛教在社会各界普遍流行，商人们信从佛教的也很多，却不见得能由此得出企业界运用佛法经营管理其企业之结论。

这自然也不能便说佛法与企业之经营管理无关，唯其关系是间接的、曲成的。

管理学，是由如何有效管理机构内员工，使其增加效率开始的。后来始渐注意被管理者的心理因素，研究企业组织内部的合作动机，例如如何激发员工之价值感、认同感，促进工作环境之和谐等，成为企业学界探讨之重点，人性化管理之口号，渐为众所熟知。更后来，管理思想才从企业个体、内部，着眼于企业体与外界的关系，认为企业应采取“利润分享”“回馈社会”从事公益活动等方法，来创造企业形象，塑立企业精神，博取员工的价值认同。①

管理学的阶段式进展，和企业界人士大量参与佛教信仰活动之现象，配合起来看以后，我们便可察觉此类宗教行为适巧暗合企业管理之原则。

例如学佛者在心灵上因为有了依托安顿，就不易躁虑，待人处事亦较宽和，协调性高，合作性强，对工作也不会有太大的排斥感，当然就有助于组织内部的整合，工作效率和气氛都会有效提升。同事间如果有了共同的信仰，也有共同的修持活动，自然情谊也较厚。一家佛教气氛浓厚的公司，信徒在其间工作，价值感、认同感当亦显著增进。经营企业者，倘若发现了这个现象，因势利导之，为设佛堂、聘人协助指导念佛或打坐、鼓励结社、支援活动经费，其员工自必感念，向心力自必增强。此即符合管理思想中对被管理者心理因素重视的原理，故亦不妨称为以佛法进行人性化管理。

① 另详龚鹏程《商战历史演义的社会思想史解析》，中正大学主办第二届台湾经验研讨会论文，1993 年 11 月。

又如企业体若能将所赚得之盈余回馈社会，从事佛教界所呼吁或举办之公益活动，当然也可替其塑立良好之形象，博取员工价值上的认同，祛除社会各界对其为富不仁之印象。这便符合了前述“转”的精神，也不妨说是运用佛法以经营其企业。

此皆属于曲而成之之例。这类事例也最普遍，是佛教与企业管理的第一种模式，可概称为台塑模式。

## （三）建构企业精神

有些企业体则自觉地以佛理来建构其企业精神、企业理念，如巨东建设综合集团便是一例。

据巨东建设综合集团副董事长胡迪化表示，该企业不但认同佛光山星云法师“人间佛教、建设人间净土”之理念，更以六波罗蜜为企业之大目标：

> 因为六波罗蜜的修行是最具入世精神的菩萨。就这点与其他以利润为经营理念的企业，是非常不同且特殊的。大约在十年前，巨东的目标也建立在利润的追求上，经过一段时间的经营，产生一个很大的疑问：企业的成就是否只在利润的追求？人生的目的又是什么？一个完整的企业是否应有完整健全的文化理念？在这一连串问题的反复思索与讨论后，决定将六波罗蜜的佛法理念融入巨东今天特殊的企业文化，在企业中追求人生的最高层次意义。……巨东是以佛法的理念，建立佛法的事业，以入世精神行菩萨道。

本此理念，巨东对其职工平时之在职进修、训练课程，都把佛理融入其中。职员里信仰佛教者，则每周六及每月初一、十五办有法会。其员工也常在佛光书局开讨论会，或参与执行佛光青少年夏令营之类活动。该公司之户外活动多安排佛教式行为，如朝山、参访、推广素斋、放生等。以公司名义办理的公益活动，有救济台风灾害、赞助老兵返乡探亲、送书到兰屿、捐输救济大陆水患等。该公司并成立了巨东建设公益慈善基金会，由其举办“关怀青少年”等活动。

如此一来，巨东建设综合集团便类似一个宗教团体了。事实上，它四百位员工中有半数是佛教徒，该公司本身也就是由佛光协会中正分会独立出来的“巨东分会”。

巨东佛教企业团体所提倡的六波罗蜜，也正是陈大雄认为可发挥于企业经营的佛法之代表。他解释六波罗蜜道：“为什么要布施呢？主要是对治一般人的吝啬。持戒，就是守法，不做坏事。就积极意义来讲，就是行善、做好事。忍辱，就是为大局着想，对治不好脾气、嗔心。精进，就是很稳定、很长久地来实行自己的理想。禅定，就是对治散乱与胡思乱想。智慧，对治愚痴。能实行这六件事，就是实行了佛法、佛学。”①

此类解释，显然是世俗化、通俗化的说法。但一个企业公司，在经营其建筑事业时，能布施吗？抑或布施只能在企业已获赢利时实行呢？依佛家原本之戒律，佛子手不可捉金钱，商人如何持戒？忍辱之“辱”，主要指外来之困挫，也不是就自己的嗔心脾气而说。因此，一企业团体纵或使其本身变成一佛教居士团，六波罗蜜之度行，若不迂曲解释，仍是很难与其企业运作合拍的。

然而，企业体确立其经营理念，作为它经营策略之执行方针，并以其理念作为员工认同之指标，却又正是现下企业经营管

---

①《慧炬》杂志第313期《如何把佛法发挥于企业经营之探讨》。

理之一般方法。有的企业体以其创业主之思想为依归，如日本松下企业强调松下幸之助的精神，以其理念为导引。有的企业体，由其员工干部讨论出该企业之理念共识，作为它经营策略之指导，如日本本田公司之理念，即是创新、国际观、追求独占利润（利用独有技术，开发独占产品，追求独占利润）、厂商经销商顾客三位一体。有的则援用宗教，有巨东这类本诸佛教六波罗蜜之企业；有根据一贯道规擘其经营理念的长荣集团；也有以瑶池金母信仰为底据的肯尼士企业。

所谓理念，不只是一套经营之策略或技术，而是具有人生观、伦理意涵的意识形态，用以统合企业内部，构成企业精神。而依佛法形成企业理念，且使其本身成为佛教团体的企业，即可能发展成一种理想一致、物质共享的宗教共同体，具有责任与利益共有的特性，道德团体、宗教团体、企业团体合而为一。

企业主持者，本此方向规划其企业形态与经营策略，确实是符合企业经营及管理原理的。

### （四）志业生涯规划

与巨东模式相对的，是慈济模式。

企业体无论如何宗教团化，毕竟比不上纯宗教之团体。但一般宗教团体又很难视之为世俗性的企业体。唯慈济功德会不然，这是个特例。因为慈济功德会的组织，其实除了证严法师及其弟子具有出家之身份之外，与一般社会财团并无不同，该会亦不举办传统性的佛教活动，如讲经、拜忏、打七、坐禅、法会、朝山等。它是个没有宗教活动的宗教团体，也不太与其他宗教团体来往。以董事会财团法人形态运作，在董事会底下设委员与会员，负责推动其四大志业。该会每月平均以十万人的速度成长扩大，目前已达到台湾每5人中即有一人是慈济会员的盛况。1993年所收得之善款，更是高达40亿。[①]

慈济荣誉董（近千位）行列中的企业家们，分析慈济，认为它的组织管理体系远比一般财团松散，也无繁复的管理制度，但其成功，主要在于：

> 证严法师本人慈悲、无我、无私、奉献的精神，感召世人。
>
> 巧妙结合闲置人口（如家庭主妇），有效拓展会员规模。
>
> 善于发挥捐款效益，账册清晰。
>
> 全体会员皆以身为慈济人为荣，自发吸引会员。
>
> 排除宗教迷信，不烧香，不烧冥纸，不传教，也不排斥异教。

证严法师自己则认为：“现在大家谈企业管理，都以为建立制度、管理，事业才能成功。然而，秉佛陀‘无缘大慈、同体大悲’的心念，认为人应该不需要别人来管，而别人也不要一直想管别人。而是应该发挥‘自我管理’的心态。所以，最理想的管理，应该是以‘爱’为出发点，领导者以身作则，以启发、影响他人的良知及向心力，终而让每个人都能自动自发，做好分内的工作，道便是慈济成功的理念。”[②]

---

① 功德会，一般是由护持教团的功德主组成的；慈济功德会，却是以出家法师为核心之功德居士团体。出家法师们有个人小集团的宗教静修生活，如早晚课等；但慈济功德会本身并不传教，也不办宗教活动。

② 见1990年10月号《现代杂志》，谢淑惠《以诚以正，无私无我——企业家眼中的慈济经验》。

证严法师本人对“慈济经验”的描述，太过简单了。因为慈济会员之自动自发，与其采取类似“老鼠会”形式之多层次传销方法恐怕就有直接的关联。其会计征信制度，更是普获社会赞美。故慈济的成功，其制度设计，不可能无所贡献。刻意贬抑制度及组织管理之价值作用，并不恰当。

此外，慈济的成功，应该还可以从志业生涯的规划与发展之角度来分析。

企业体中的员工，基本上工作价值与目标本来只是为了物质上的满足，为生活而工作。但渐渐地，为生活而工作，可发展到为工作而工作，也会发展到工作只是生活的一部分。为生活而工作，是不得已的员工；为工作而工作，是敬业的员工；工作只是生活的一部分，则是心灵另有萦注的员工，志业与职业是可以分开的。

从台湾经济发展史来看，上班族在50、60年代大多处在为生活而工作的阶段，衣食不周、谋职不易，能获一职位工作，于愿便足，不遑他求。70、80年代，大约可说是为工作而工作的阶段，各企业均要求员工能敬业、勤守岗位，把工作做好，“乐在工作”。80年代中期以后，新的工作群体逐渐兴起，工作价值观产生变化，生活较前丰裕，休闲消费态度亦与从前不同。有的人会质疑如此辛劳于工作，使得生活单调乏味，是否值得；有些人会希望工作除了能满足物质收入之外，更能达到“自我实现”之目的，不只是为人作嫁，成为老板的赚钱工具。

为适应此一变迁，企业教育训练学界乃引进人力资源发展及事业生涯发展的观念，期使企业目标和个人自我成就结合。从个人的角度，依个人之性向与需求规划其志业发展，将事业之精神价值融入个人志业取向中；也从组织的角度，因应身工的需求，了解业事管理之过程及困境，满足员工的成就感，以提高组织之生产力。

在此企管观念之带动下，企业主管经常协助员工作生涯规划，让个人生涯计划得借组织机构来达成。[①]

但是，在企业体内部进行这类工作，无论如何努力，仍有其根本困难。为什么？

任何组织都无法提供所有高层次职位给员工，所以只能尽量增强其心理满足感，以减少职位升迁上之挫折。但事业性质与职位又有直接之关系，职位上若不能满意，要员工对其事业管理与发展保持良好之期待与满意，是不可能的。其次，任何企业组织，均有其组织特性及限制，不可能完全依个别员工之意愿与性向需求来规划。个人在群体中，组织之发展计划势必被优先考虑。因此，所谓员工个人之生涯规划、志业发展，永远只能在配合事业组织的情况下进行，个人不可能拥有真正的自主性。

企业也深知员工若真发展其个人生涯计划，追求自己的天空，很快他就会跑走了，或去更好的机构谋差使，或换个更能吻合其兴趣志向的组织，或干脆自己创业。因此，企业中协助员工进行生涯规划，其实都是培养员工对组织认同的手段，企图建立早期认同，使员工在成长和调适中建立利益，然后再确立自己，把企业的生存发展视为个人生涯成就的指标，以建立并发展个人主体为名，而行消融抹除了个别主体之实。[②]

相对于这些企业体，慈济功德会就不同了。慈济功德会之崛

---

① 萧武桐《志业生涯的规划与发展》(《普门杂志》1993年7月11号)，即可代表有佛教背景的学者对此种管理思想引入的态度。

② 王慧君《企业主管协助员工做生涯规划》(《管理杂志》第195期)即曾提到：组织推行生涯计划方案，乃是希望回收下列效益：(1)让最高管理当局看得见员工的承诺证明及他们坚定投入的行动；(2)满足员工个人的需要；(3)改善在职训练的绩效；(4)增进员工的忠诚度和动机；(5)更有效率发展各部门或区域性的人力资源运用等。此即可见企业推动生涯规划与发展之理念，其主要目的所在。

起、膨胀，恰好在80年代中期。寻求自我实现的社会工作群体，正为其已模糊成形的志业生涯规划意识而发愁。机构内部严密的组织关系，既一时之间无法提供其满足，初步醒觉的主体意识又仍模糊不够具体。慈济功德会松散的组织会员制、所揭示的四大志业，乃立刻满足了大众的需要。

会员们以慈济之志业为志业，固然也与企业要求员工以企业之志业为志业一样，实际上是建立在对群体的价值认同上，抹消了个别主体。但因慈济本身并非企业，它不赚钱，只舍钱，故它强调会员“发心”参与。参与者是自愿的，自觉地本于主体良知而来行善济贫，所以并无主体被组织消摄之不快，反而觉得有心安理得的喜悦自在。

慈济的组织体制松散，内部无职位可以攀升追求，成就取向也不表现在因职权而来的事业性质上，只感受于行善施惠之际。在为贫者怜、为死者哀、为生者苦、为伤者痛的热泪盈眶中，没有人会去追问慈济四大志业的合理性，以及个人是否也要以慈济之志业为志业、以证严法师之人生为人生。

因此这是把志业生涯规划理论发挥得最淋漓尽致的团体，可视之为佛教与企业管理的另一模式。然而吊诡的是：此一佛教团体，虽以其伟大管理经营成就为世人所称羡，其经营管理本身却并未运用任何佛法佛理。唯一可以勉强附会之处，或许可说它是以“布施”来经营。慈济救助布施给社会的越多越好，社会上捐助它就越踊跃，它的组织成长得也越快、事业越大。

## （五）可期待的未来

对佛教与企业管理之关系，本文将之区分为企管学界和业界两部分来探讨。前者主要是理论上的探索，但仍乏实绩可言，佛教思想如何与现代企管思想相结合、相印证或相诘难，恐怕目前还未达到对话以融合再生的境地，然因其中涉及之理论问题较为复杂，本文不及处理，只能略举一二现象，说明其间之关系仍甚松散而已。关于企业界运用佛教佛法进行其管理者，本文则列举了台塑、巨东、慈济诸模式来作说明。在我的叙述中，对现今运用佛法于企业经营管理者，其实已有若干批评。但这是因为佛教界人士对于如何在新社会中开展新教化形态尚不熟悉之故。对于如何致力于使企业合理化，佛教界亦尚缺乏关注，假以时日，情况应当会好转的。

# 十三　佛学义理与企业管理

## （一）佛学的管理学比附

将佛学禅学运用于企业管理，或讨论佛学禅学如何与企业管理学相结合，目前在台湾已有了一些初步研究成果。在企管业界、人力资源开发机构、佛教静修团体以及一般社会文化讲座中，此类论题亦已普遍流行。

1995年6月，华梵人文科技学院曾举办“第一届禅与管理研讨会”。可见此一议题，也正式进入校园，成为学术研究的内容。讨论此类课题，有一基本模套。大体上是先介绍禅宗或佛教之历史与主要精神，然后说明在现代企业中，可以如何运用佛教的论点和精神，来提高员工的士气，激发他们对工作的热爱、对团体的认同、对社会的关怀与责任感等等。企业团体所办禅修静坐班，则致力于减低员工之工作压力，欲以佛法来协助企业内部之统整，达成管理的功能。

从论述结构上说，这只是“格义”式的类比，讲讲佛学、讲讲企业管理学，然后找到双方可以比附或雷同类似之处，而说其足以相资而已。对于禅和企业管理两个学门之基本精神及目的上的重大差异，暂时悬搁不论。

因此，除了在论理形式上打成两截，难以相互融通以外，实质的讨论，亦仿佛中国古代“学诗如参禅”的类比，而往往以类比为事实，描头画脚，勉强去说两者在境界与功能上如何相同。忘记了参禅者旨在破法执与我执，悟本来无一物；企业管理则不论如何讲企业责任、讲员工共同成长，却必然是不夺人也不夺境、既执有又本我的。在这个基本差异之上论两者结合之道，从学术理据上说，便必须有更复杂更严密的讨论，且不能使其强合。但至目前为止，非常遗憾，学界还没有任何这类的研究。

从论述功能上看，这也不是佛学“影响”或“运用”在企管学上，而是企管学界及业界吸纳、收编佛学。

管理学，初期重点在于如何有效管理机构内员工，使其增加效率；后来才逐渐注意被管理者的心理因素，研究企业内部的合作动机，例如如何激发员工的价值感、认同感，促进工作环境之和谐等，遂有“人性化管理”等口号。在这种管理学术发展及现实需要中，企管学界与业界采用禅学，鼓励员工参禅打坐，自然能有效地提高员工的协调性，降低其心理压力，安定其身心。

其次，整个企业管理学界，在日本崛起之后，针对日本企业的特殊形态，发现日本传统文化在其企业内部占有极重要之地位，禅学、儒学或兵学在其企业体中被充分运用吸收。是以因此而形成了“经典管理”的新趋向，亦即由经典及传统文化中提炼出可供现代企业管理之用的部分，以强化企管功效。热切结合佛学与企管学，正是此一趋向中之一支。

可见这乃是企管学界基于其本身之需要，选择性地采用佛学，以满足其目的，佛学禅学只有工具性的作用。

固然佛教亦可借此得以扩大传播，使本无意于参禅学佛或与参禅学佛毫无关系的商业界人士也能接近佛教，也能试着体验打坐、参禅、静修的生活。而且这些人士亦可能“久假不归”，从原本只是工具性地运用禅学，逐渐在接触体验之后，对禅或佛教产生了真切的信仰与爱好，转而成为教徒信众及支持者。但专从禅学被企管学吸纳、收编这个角度看，其论述功能毕竟仍偏于企管一面。

也只有如此理解，才能明白为何此类讨论都未能对禅学与企管学的异质之处立论，也不拟由禅学发展出批判、质疑、颠覆、超越企业管理学术的理论。整个讨论的基调，乃是企图说明禅学有什么地方合于企业管理的需要，什么地方可以和企管学相通。是以企管学为基本模型，来检验禅学佛学之适用效度，观察它能扮演何种角色、发挥什么功能，来满足企业管理的需求。

由企管学界及业界的立场来说，如此处理佛学与企管之关系，实亦无可厚非。因为唯有如此，方能符应企业界的需求，也才能呼应企管学术的进展。可是，从更广泛的学术角度看，情况就未必如此了。

例如从哲学的角度，我们为何不能质疑：以“三法印”为核心的佛教哲学，怎么可以和商业贸易、利润盈亏、事业组织相结合？结合的哲学基础是什么？“苦、集、灭、道”四圣谛，只能在什么层次上讲利生利他？把企业管理和禅学结合起来讲，在哲学上有何意义？整体学术领域又甚为广大，不是只有管理学一门而已，管理学界将禅结合于企管的做法，自然也应面对其他学门的质难，或容许由其他的角度来看问题。

从学术立场说是如此，从宗教立场上看更是如此。宗教固应利世，固然可以不离人间，但它与世俗学问不同，必须要能提供人类解脱的智慧，而不只是帮助人在现实世界中成功立业。超越性的追求，为宗教所不可或缺。而此类追求与智慧，既非企业管理所需，亦非该学门所有。故禅学佛学并不以其不能与企业管理结合应用便显得无用。赞成、鼓励、推动，甚或扭曲教义，来使之相合，恐怕更不是宗教界所应为。

## （二）佛教的现代性依附

目前对佛学与企业管理学之关系的讨论，所以令人失望，更在于它所显露出来的现代性（modernity）问题。

在社会现代化之后，或者更准确地说，在社会中人都认为应该让社会进行现代化转型之后，时间已被切隔成两段：传统与现代。经过扬弃“传统”的过程，使得社会步入现代，则称为现代化。

在这种认识中，传统是负面的属性，代表应被扬弃或超越之物。传统若要予以保留，则须证明或显现它具有现代性，能与现代社会之体制、结构、价值标准相适应相结合，或能对现代社会产生积极的作用。

这种观点或心态，本来就是现代社会的现代性特征之一。现代的历史观，是断裂的。人类站在新的转变起点，与古代传统既无感情上的依恋或联系，古代传统对于已在世界整体改变后的人们来说亦无实质之作用。

而历史不但是断裂的，更是“发展”的。发展这个词，出自生物学之类比，现已被广泛采用于社会演化进程的描述与期待中。人类的历史，被想象成不断向前进步发展的历程。因此，站在历史新变之后新阶段起点上的现代人，其实也就是站在历史进步发展的最高点上。站在这里，回头去看传统，自然就会觉得那些都是过时、陈旧且较粗糙的东西，扬弃传统之心，油然而生。

在这种现代感中，才会有“重新评判一切传统的价值”“传统好的要保留，其糟粕要扬弃”一类话语不断出现。以现代人的观点、需要、价值标准来评估传统的价值，已被视为理所当然之事。

可是，假若我们举个例子：孔子的学说有没有精华与糟粕呢？客观上讲，当然是有的。然而，依我们的人格成就、道德实践、见识体悟，是否真足以判断孔子所言之是非高下、审知其为精华或糟粕？这不就像个幼稚园小孩对着有学术成就的大学教授说“我要重新评价你的学说之价值”或“你学问之精华我可以接受，糟粕则须扬弃”一样荒谬吗？

但在现代的思维脉络中，我们不会觉得说那些话是荒诞且无意义的，反而会嘉许他能摆脱传统的束缚、突破传统的限制。而且，我们也都会很自然地忘了我们的浅薄与固陋，把古人学说当成我们学生的作业一样，对之毫不客气、毫不羞赧地批改起分数来了。

这就是新历史观给予现代人的骄妄。相对于此，传统若要存活下去，不遭扬弃，就必须努力说明它具有现代性。例如现代人说佛教是迷信、不科学，应该抛弃；佛教界便出版了一大堆书，说佛教如何如何科学，用些似通非通、一知半解之科学知识以及科学主义之态度，来维护佛教的尊严。

强调科学，只是现代社会的特征之一。现代社会的另一个重要性质，就是资本主义的发展。

由传统到现代的转换，一般都认为即是由农业封建社会到工业资本主义社会的演变。工业生产、资本积累、企业营运，以及资本家的操作，组织了社会的基本结构。在这个新的社会结构中，人际关系、社会分化原理、伦理态度、生活规律，无不随之改变。原本躬耕于陇亩的农民，逐渐离开其家园，流入都市，参与劳动生产体系，依附在企业体之中。

与佛教必须论证其科学性，才能获得它存活于现代社会的身份证一样，许多传统事物，也都得思考它与资本主义的结合情况。如不能证明它有助于或无害于资本主义社会之发展，它存活于现代社会的正当性及其价值，便常会遭到鄙夷。

早期儒学的命运就是如此。韦伯讨论资本主义的兴起，认为得力于基督新教伦理，而儒家或道教的伦理态度则无法达致此种效果。此说立刻被理解为：儒家文化是现代化的障碍，讲儒家也无法开展出资本主义工业革命。后来，则转过来，讲儒家并不是现代化的绊脚石。由“东亚四小龙”及日本的经济发展经验来看，儒家思想纵使不能说有助于资本主义的经济发展，也可以说无害于此。

佛学与企业管理之关系，我认为即是一种相类似的论述，只是它发生得比较晚罢了。

在“儒学与现代化”的讨论之中，企图为儒学仍能存续于现代社会辩护的，大体上可分成三种论式。一是说儒学的基本精神并不违反现代社会的性质（如民主、科学、自由、工业化等等）与发展；儒学所强调的伦理道德实践，则仍是现代社会中所需要的。但这种辩护太弱势了，儒学精神所被认为仍能作用于现代社会者，其实只是现代社会现代性的辅助或补充，最多只能成为现代化发展过程中的调节因素。

第二种论式，则企图说明儒学对现代社会之现代性，具有增进及强化的积极功能。但因整个历史观已转向传统与现代的断裂关系，故若说由传统儒学可以直接增进或增强现代民主科学工业资本化，很难令人接受，乃转而说儒学可以曲折地开出现代。也就是说，儒学不仅可作为社会现代化的调节原则，更可通过“良知的自我坎陷”之类办法，曲折地开出现代。而此种开出，因为儒学提供了实践理性的另一面，所以其现代性会比只讲现代而忽略了超越的心性本源者更为健全。

第三种论式，态度最积极，认为儒学可以直接作用于现代社会，可有效增进强化其现代性。“儒家思想有助于经济成长”的讨论，即属于这类。

第一种论式，着重点在于儒学的伦理道德价值；第二种论式，着重点在于讨论儒学与民主科学之关系；第三种论式，则侧重于经济发展。它们都是有选择性地进行儒学现代性的辩护。

佛教的情况，大抵亦是如此：或云佛教的人生修养论，有助于现代社会中人际关系或个人心理之调节；或云佛教不违背科学，而且“是科学”“最科学”，“比现在之科学知识体系更科学”。

但佛教的现代性讨论，亦仅止于此。跟儒家现代化之研究相比，佛学界对整个现代性之理解与体会颇为不足，也不知如何关联现代社会的政治经济问题来展开探索。因此很少针对民主、资本经济和佛教的关系进行什么研究，也没有形成儒学“曲成”“良知的自我坎陷”之类理论，来解决佛学与现代性在本质上有所冲突，而又必须沟通结合的问题。

近些年佛学与佛教界所热衷展开的佛教与企业管理之研讨，如华梵人文科技学院已举办的、南华管理学院拟办之讨论会，可视为佛教所进行的一种类似“儒家思想与经济成长”的论述，都是将传统附纳入现代，以具有现代性或能强化现代社会性来说明其价值的做法。

## （三）现代化及超越现代化

佛教在说明它具有现代性的论述上，缺乏成绩，另一重要原因是因为它本身正在配合整个社会的现代化进程，进行着佛教体制的改革，所以不但正面承认了现代社会的现代性价值，更有着“不改革，不能现代化，佛教就要被时代淘汰”的危机感。因此，佛教在此一时期，最好的研究与表现，并不在替佛教传统依然有存活于当代的价值作辩护，而在于“佛教应如何改革其传统，以适应于现代”的方面。

从太虚大师的人生佛教、庙产改革，到星云法师所开创的人间佛教，所进行的都是这个方面的活动。佛光山所建立的制度，有取于现代社会理性化科层体系；其佛学教育系统，则与现代西式教育接轨；其近乎企业经营与管理之手法，更是充满现代性格；星云退位，由佛光山宗务委员会推选继任住持宗长，也具有了民主化的意涵。

在理论上，印顺导师极力论证佛教不应出离人世，而应实现人间净土，也同样是对佛教传统的改革。

然而，印老的研究固极博瞻，但只是佛教宗旨上的辩说，在教内看，甚具价值，但从我们非纯佛教学者的角度看，则成就殊觉有限。因为他只是在教理上确认了佛教应该入世、应不离世间觉、应实现人间净土而已。由于他对“世学”并无深究，故除了这一方向上的提示外，不能谈任何具体之问题。究竟此人间净土应为何种社会性质？宗教入世之后，世俗事务之处理，如何与佛教所追求之超越性解脱目标结合无碍？达致人间净土之方法又如何？在人间政治、经济、社会问题的处理上，佛教又应以何种态度为之，始能创立人间净土？这等问题，印老均乏析论。

这些问题，若无深入之讨论，则所谓佛教现代化改革，自然就会留下许多理论的空隙。近几十年来，印老反对阿弥陀佛西方净土极乐世界、佛光山人间佛教之立场，屡遭教内排斥攻击。例如讥嘲佛光山太企业化、观光化，或批评星云是政治和尚等，固然代表了佛教“传统保守势力”之观点，其实也是现代化工作者在理论上尚不圆融，致予人可乘之隙。

但从另一方面说，佛教现代化所取得的成就，又鼓舞了人们重新认识佛教传统的价值与功能。

也就是说，最早，佛教被视为传统、迷信、现代化的障碍。为了改善形象与地位，也为了生存下去，佛教乃必须进行现代化改革，增强其本身之现代性。等到现代化到某个程度之后，它与现代社会的结构越来越类似，关系也越来越紧密，才可能出现前文所述那些论述，说佛教对现代社会中人具有调节的作用或积极强化的功能。

唯届此为止，佛教界还不曾想到：也应该或可以从负面价值的角度来看待现代以及现代性。讨论佛教与企业管理的文章，都是爬梳文献，企图说明佛学禅理、静坐澄心如何有益于调理当代人之身心，有助于企业管理，却为什么没有人从佛教的观点去批判资本主义社会中的不公平、不正义、不人道，质疑科学主义的世界观人生观，反对科层组织官僚化的企业体系以及追求经济成长的迷思呢？

从佛教的发展历程上说，由一个现代社会的反面物、边缘物、非主流体系，经过几十年的奋斗、挣扎，现在好不容易才在现代社会中站稳了脚步，实在也是难能可贵的。适应新环境，使佛学能与现代社会结合，会成为它主要的用心所在，自亦不难理解。但如此一来，我们也会发现，佛教的主体性正在消失。现代性的准则，已逐渐成为判断佛理高下之依据。

同时，佛教已从非主流体系，上升进入了主流体制，与现代都会之政治、经济紧密结合起来。企业人，替代了传统所谓“愚夫愚妇”，成为佛教的主要支持群体，佛教已与现代资本主义商业体系有了复杂的共生关系。这种结构性的关系，也使得佛教在讨论现代性之问题时，倾向维护现行体制或避开对主流社会体制的反省批判之现象。

近年佛教界所参与的环保运动，即是这样的典型事例。本来环保运动是属于现代新反抗运动之一支，是对资本主义工业社会占有自然资源、不断开发、刺激消费、挑逗欲望的逻辑之反省，借由自然环境保护、野生动物保育，来提倡一种新的人生观社会观，认为人无权支配自然，不应占有资源，也反对开发，鼓励节俭朴素之生活态度。在这种“生存／占有”“自然／开发”“追求经济成长／负担生命责任”的对抗中，所有环保团体都会批判占有资源、支配自然、强行开发、制造污染的工厂与资本家，会抗议政经勾结的不正义公共政策体系。唯有佛教不然。

佛教在现代社会中继续其现代化，以结合社会议题、适应现代需要的方式来积极参与环保运动，但却未正视到环保运动之反现代特质。以至于佛教的环保运动，竟吊诡地转成了“心灵环保”，或要求“人人用心做环保”，不但把深具社会批判性的运动，变成了指向自我的修养工作，也使环保云云，窄化或弱化成为打扫清洁、维持环境卫生的事。这实在是令人啼笑皆非。

佛教界的主事者，不但不自知如此做法之荒谬，反而援引经典，谓“心净则佛土净”；指摘一般从事环保运动者只知从事政治社会改革，未能直指人心，所以仍未达究竟，只有从人心做起，才能真正达到环保的效果。

殊不知这类讲法不但模糊了问题，更使环保运动变质了。本来可使资本主义工业社会运作逻辑产生改革的运动，变成在资本主义工业社会中的人应该好好静心养性或做好环境整洁工作。造成环境污染、资源枯竭、自然变色的资本家与政府决策体系逃避了批判。他们的罪愆，要由被害者（社会大众）来承担。因为，根据此类高僧大德的讲法，这个环境之所以不净，是因为我们大家心灵不清净所致。天下有这样的道理吗？

如此歪理，被冒称为佛理，正足以显示佛教界对现代性毫无批判反省之力，故连“环保”这样反现代的议题，拿到手上，也会转成现代的。环保尚且如此，讨论佛教或禅学与企业管理之关系时，当然就更不能发展出超越现代的论述了。

## （四）佛学义理对现代的意义

方今佛教与企业管理关系的典型论式，以1982年中央大学所办管理学与哲学研讨会上陈宗元《佛教认识论和人间管理》的话来说，大抵如下：

> 笔者在这里特别提到日本的经营理念，是想引申佛教的“缘起无我，自他一体”的思想，应用到现代管理哲学里，是否可行？由佛教“慈悲喜舍”的利他思想，在只讲求企业利润和市场占有率的经营原则下，是否能有它一定的位置。

以经营管理学为框架，收摄、吸纳佛学，以现代商业市场体制及原理来检视佛教义理，使佛学能在现代企业思维中找到一席之地，可说是讲得非常清楚了。

这样的论说形式，我在前文说过，有两方面的缺陷，一是在说明佛学具有现代性上，欠缺深度；二是无法突破现代之格局，展开超越现代的论述。

那么，该怎么办呢？让我分成两部分来建议。

1. 佛教思想与商业资本主义的关系，不是以搭载的方法，将佛理“应用”于企管之中，即能获得理论之说明。在这方面，重新回到韦伯，恐怕仍然很有必要。

韦伯讨论加尔文教派伦理态度与资本主义兴起之关系，其实只是他整体“经济与社会”研究中的一环；在其《宗教社会学》中，韦伯又分析了犹太教、伊斯兰教、佛教、早期基督教对经济的态度，以及它们和资本主义的关系。

韦伯认为：犹太人虽然是成功且著名的商人，广泛从事放债、典当业、批发、零售、掮客、货币兑换、租税承包等业务，但犹太人缺乏新且特殊的现代资本主义之经济形式，没有工业生产（gewerblicharheit）的组织化及工厂形式的企业。其原因在于他们的社会贱民身份以及理性主义态度。经济活动，对犹太人来说，是个与宗教无甚关系的领域。因此他们并不像清教徒那样，可以通过经济活动来展示其宗教价点，所以也就无法发展出资本主义来。

伊斯兰教，韦伯认为它并非救赎宗救，故亦无禁欲苦行之要求，只是以政治的特点来决定其宗教惯例。例如以战争掠夺和政治势力来自然增加财富，禁止收高利贷，要交战争税等。所以它的经济伦理规范也是纯封建性的，不可能发展出资本主义。

基督教，韦伯认为它是救赎宗教，但是获得救赎最关键处，在于对俗世事务必须完全冷漠。要从世俗的家庭、财富之中解放出来，才能进入上帝的国。其无法开展出资本主义，亦不待言。

佛教呢？韦伯说佛教表现了一种厌世的伦理，“没有什么途径可以把这种唯一的，真正始终如一的遁世主义，引入任何经济伦理，或任何社会伦理”。

故依韦伯之见，唯有基督新教“入世禁欲”的方式，以通过致力于个人的俗世职业来寻求救赎的宗教动机，才能开出现代资本主义。

现在，佛学研究者说，佛教其实不是厌世遁世的，佛陀之本怀，是要人不离世间觉的。那么，很好，请问：“这种‘不离世间觉’的态度，与基督新教相同吗？也是‘入世禁欲’否？如不是，其伦理态度为何可以开出资本主义，或在现代资本主义社会中可以起着配合、促进、应用之功能？”

在儒学方面，进行这样性质的研究，可以余英时《中国近世宗教伦理与商人精神》为代表。余先生认为明清商人曾从中国儒道佛三教中吸收了一些质素来发展其伦理态度，其诚、俭、勤均有近于新教伦理之处。固然此一时期之商人仍处在传统时代，尚未能开创资本主义现代社会，但类似入世苦行之伦理发生于中国历史上宗教也正由“出世型”转向“入世型”之际，却值得玩味。

余先生所说的入世型的宗教，主要指禅宗和全真教。但依余先生所言，明清商人精神与禅宗全真教之关系，其实仍然极为迂远。余先生是这样推论的：（1）禅宗与全真教，相较于早期佛教道教，都可说具有入世苦行的性质；宋代新儒家，相较于古代，亦然。（2）新儒家，正是受启发于禅宗，且更能入世的。（3）明清商人伦理与儒学有密切之关系。这样的推论，问题重重，且甚难直接说明禅宗与商人精神究竟有何关联。但它毕竟为一“韦伯式的”（Webeian）研究。佛教界则根本还没有人做过这样的研究。

没有真正讨论过佛教伦理与商业活动、资本主义发展、商人精神之关系，要讲佛理如何应用于企业，若不割裂、搭截与比附，如何讲起？

2. 事实上，要进行韦伯式的研究，佛教界仍须做大量的工作，方能明确说明佛学具有现代性。如果教界觉得工程实在艰巨，且效果难以预期，则我愿推荐超越现代化的另一条思路。容我在此介绍苏马赫（E. F. Sohumacher）《美丽小世界》（*Small Is Beautiful*）的说法。

作者认为，现代西方所谓发达国家，其实充满了弊病：专业化、大型化生产，导致经济效率降低、环境污染、资源枯竭，人则成了机器的仆人。反省这些弊病，他乃提出“佛教经济学”来相对照。

就像现代人的生活方式有其现代经济学一样，佛教的生活方式也可以有佛教经济学。它们的不同可以从六个角度加以描述：

（1）劳动观。现代经济学基本上视劳动为一灾难。雇主最希望的，是不用雇工即获得产量；雇工则希望不必工作即能获得收入。因此工厂采用自动化或劳动分工，来减少劳工支出而增加生产；工人则把工资看成是牺牲舒适与闲暇的补偿。佛教徒与此相反，认为人格即在劳动中形成，不但人能在劳动中发展其才能，且能与他人合作而克服自私心理，劳动之生产更可提供生活所需之物品与劳务。

（2）商品观。佛教的劳动观，使其重视劳动与人性及才能发展之关系。现代经济学则重视商品甚于人。为了增产商品，不但可能役使童工、女工，肆其剥削，亦将进行自动化及劳动分工，使工人从事零碎切割，且无益于知识、技术、人格成长之工作。

（3）利益观。现代经济学是商品利润观，获取之利润越大，表示经济越成功。佛教则关心解脱，得到舒适的生命、身心安恬，被认为是最大的福利。

（4）消费观。现代经济学，按每年之消费量来衡量生活水准，消费量越高，就表示生活境况越好。故所谓经济发展，就是通过最佳的生产方式来尽量扩大消费。佛教不然，认为我们应通过最少之消费方式，去获得最大的满足。

（5）生活观。佛教认为若能以较低的消费获得高度满足，生活就不会感受有压力；资源若能适度使用，也不会像大量依赖资源的人们那样容易敌视。换言之，简朴的生活，较能避免生存的竞争、冲突与暴力。

（6）资源观。现代经济学往往强调国际贸易，并以国家运输系统运输的每人每吨／公里数作为经济发展的指标。佛教徒则认为用本地资源满足本地需求，是最经济的方式；依靠远方进口，或为输出给遥远的人而生产，并不经济。对自然资源的使用，佛教徒之观点也与现代经济学不同。

总之，依苏马赫看，当前所推行的现代化，对广大群众而言，结局甚为悲惨：农村经济崩溃，城乡失业趋势上升，城市中身心都得不到培育的最下层阶级人数扩大。因此，他选择了“现代发展”与“传统停滞”之间，被他称为“中道”的佛教经济学。对他而言，只有中道，才能获得正命（正确的生活方式）。

此所谓“中道”，其实正是一条超越现代的思考之路。佛教之能贡献于当今或未来社会者，或许不在于它能如何适应现代，在现代企业经营原则中占一席之地，可应用其理论于现代企管事业中，可调节现代人之身心压力以增进劳动生产，可改善企业内部之人际关系等，而在于它与现代企业经济原则的矛盾冲突之处。越能把这些与现代社会异质之处找出来，就越能建立更合理的企业管理学。

# 十四　佛教的非营利事业管理及其拓展性

## （一）两种管理学

### 1. 企业与非营利事业

在星云法师的传记《传灯》中，作者符芝瑛描述了许多人对佛光山教团“企业化经营”的讥评，同时也表达了包括她自己在内的一种肯定与赞美态度，她说：

> 财务来源方面，佛光山出家、在家众共数千人，还要办教育、做慈善、兴寺院，自然背负庞大财务压力，必须有一些自主性财源，以维持基本生存，因此开办了佛教文物流通处、杂志社、出版社、幼稚园、中学等。许多人对佛光山这种“多角化经营”不以为然，批评他们“做生意”。……多年来，不少传播媒体报导佛光山，常形容它车水马龙、不够清静；或贩卖汽水、纪念品牟利；甚至说朝山会馆有冷气、地毯；出家人还乘汽车、打电话。结论是佛光山“世俗化”“商业化”；星云则为“企业和尚”……
>
> 不可否认的，佛光山一无国家做后盾；二无财团当靠

> 山，能开创这样局面，经营上确有过人之处，包括开源及节流，均值得一般企业参考学习。……对于佛教界来说，佛光山建立了一个传统与现代互济，下扎深根、上有无穷潜能的僧团典范，意义非比寻常。对公民营企业决策管理者而言，如果星云是他们的竞争对手，不少自命高杆的MBA也要小心应付了。

以上这两段引文，分别表现了两种态度。前者对佛教团体“企业化”充满了疑虑与敌意，后者则甚为赞赏，认为佛教团体已能充分进行企业管理，甚且已成为企管学界值得参考借镜的模范。

这样迥然异趣的评论，在我们社会上颇不罕见。但是它们都弄错了。佛教团体企业化的例子很多，报章媒体指摘批评甚烈，可是其中有些却是非营利事业管理。两者性质不同，不能混为一谈。因此，以企业化来指责某些教团，是不公道的，指鹿为马，谬以千里。相反地，以擅长企业经营管理来赞美这些佛教界的高僧及其教团，也同样不恰当。因为它们都未必是运用企业管理的知识与能力，而可能是进行着非营利事业管理。

### 2. 在企业管理之外

形成这样的混淆，原因在于台湾社会上对经营管理学的错误印象，一谈到管理，总想到企业。而事实上企业管理也确实是管理学界最先发展起来的学科，后来各种管理分项学科，例如媒体经营管理、财务管理、资讯管理、人事管理等等，大抵也都是以企业管理学为其基础或模型来建构的。这种情形也不单是台湾如此，全世界皆然。管理学界向以企业管理为其主要研究对象与范围，对非营利部门不甚注意。早期对此类事业之性质亦不了解，故或称为“志愿部门”（voluntary sector），或称为“第三部门”（third sector），或称为“独立部门”（independent sector），或称为“慈善部门”（charitable sector）。至1976年美国耶鲁大学才正式成立第一个非营利组织的研究团体。1987年，该校出版《非营利部门研究手册》。同年美国全美公共事务与行政联盟（National Association of Schools of Public Affairs and Administration）开始鼓励其会员开设有关非营利组织之课程。1990年《非营利管理与领导》（*Nonprofit Management and Leadership*）季刊正式发行，才逐渐在管理学研究领域中奠定了此类研究的正当性与必要性。

### 3. 难以界定的门类

但“非营利事业”这个概念及定义仍然有许多争论。因为“营利事业”与“非营利事业”这样的区分，类似逻辑上的“A”与“非A”。其关系犹如“大象”和大象之外所有的“非大象”。大象很容易理解，非大象则包罗万象，难以确指其为何物。

目前一般是指在“企业”与“政府”两大部门之外，包括卫生医疗团体、教育团体、社会与法律服务团体、公民与社会团体、艺术与文化团体、宗教团体、基金会等各种组织，通称为非营利事业。政府代表社会上的公共部门，运作权力；企业代表社会的私人部门，运作经济；非营利事业则号称第三部门，虽私而公，进行公共服务（public service），以成就社会公益。三者之间，构成“权、钱、义”的关联。

这样区分，应该很清楚了，但实质不然。例如，由法律上说，公法人包括国家、地方自治团体、农田水利会等；私法人，包括社团与财团。社团是人的集合，财团是钱的集合。社团中有营利者，如公司、银行；有公共服务者，如政党；有与营不营利无关，仅具有人之聚合意义者，如同乡会、同学会之类。财团则属于公益性团体。因此若依法律界定，财团法人性质之基金会全都是非营利事业，但实际上并非如此。因为有些基金会，根本就是政府的延伸，代表政府运作公权力，如海基会代表台湾当局与大陆谈判，处理各种涉及公权力之事务，“国家文艺基金会”代替文建会审理各种艺文活动补助案之类，因此并非基金会都属于非营利事业。至于某些基金会成为某些企业逃税、节税、分摊财产的一种形式，助其聚敛，更谈不上是非营利事业了。

基金会如此，医院、学校这些团体也是如此。医院与医生长期被视为高营利所得机构及职业，许多学校被批评为“学店”，都说明了营利事业与非营利事业之分，往往甚难由其法律规定或形式面上判定。管理学界一般均认为“为营利而设立，但无法赚取利润的组织”“非正式地由一群人所治理的组织，虽然这些人聚在一起，可能是为了某些公益，却无法取得法定的地位”以及“IRS 表明为非营利，却没有服务公众的目标（如商会、劳工联盟、俱乐部）”，这样范畴的组织均不属于非营利事业，也是基于同样的理由。

**4. 非营利事业的判准**

换言之，营利事业与非营利事业真正的区分，恐怕还是在它的目的上。营利事业以营运获利为目标，非营利事业则是为了公共服务，创造公共利益。这样界定非营利事业是不得已的。本来在古代，一些公共服务机构或组织，定位都甚为明确，寺庙、社仓、义学、义塾、社邑，没有人会把它们当作营利事业。但近代资本主义的发展，却促使社会全面市场化了。宗教寺庙、传播媒体、医院、学校，乃至从前因寺庙为提供急难救助而成立的“质库”，发展成了现代的银行、金融借贷业，都可能成为一种企业。因此，我们不能说医院、寺庙、学校、基金会等即是非营利事业，只能由它是否意在营利来看。不以营利为目的之学校、医院、寺院是非营利事业，否则即是营利的学校、医院、基金会。

同样的，非营利事业也可能采用销售手段，也可能甚具做生意的手腕方法，或也从事投资计划。营利事业则也可能运用公益服务来增加其利润。因此，行为手段亦不足以作为分判营利组织与非营利事业之依据。

例如山叶机车成立了一个“山叶崇学基金会”，推广交通安全知识。1997 年起，也曾委托研究骑机车戴安全帽之问题，其成果不但出版图书，也上了 BBS，又出版录影带。这对社会公益显然颇有帮助，值得鼓励。但这仍与其营利事业有关，属于间接创造利润之方式。故该基金会实质上便属于企业体之一部分，不宜视之为非营利事业。

又如早先中信发行“莲花卡”时，是由消费者刷卡之后，公司在所获利润中提拨若干捐为公益费用，属于企业体对公益事务的赞助。其后花旗银行推出的“行善卡”，则由消费者在账单上直接捐助，形成“你消费、你公益，而他赚钱”的结果。工商时报所编《企业情报站》一书将此类事例都列入“企业谋略篇”。可见手段固然是公益，此一事件本身以及整个公司毕竟仍是营利性的。

所以说，营利事业与非营利事业，区分的判准不在组织与方法上，而在其目标上。

## （二）非营利事业管理

不了解管理学的人，可能会觉得用“目的”来分判营利事业与非营利事业太过抽象，或有动机论之嫌疑。但事实上，在管理学中，事业目的乃是事业体第一个该明确的范畴。整个事业的存在意义、组织形态、经营方法、社会责任，都随此而定。故目的不同，所有的经营管理之方式也均不同。

以办学来说。我国之大学，公立者仰赖国家拨款，属于“政府”的一部分，因此颇乏成本效益之观念；私立大学虽名为财团法人，但倚仗学生学杂费太深，又遭为社会指摘为“学店”。可谓左右为难。近年，企业经营管理之观念逐渐在大学中扎根了，各界竞以投资报酬率的角度来思考教育问题。私校中人往往觉得学校越来越像个企业，是要讲究利润的。公立大学也逐渐转型，校长、院长、系主任，正从学者的角色蜕变为对外争取经费、讲究行销的经营者（manager）。而学生则不少人自居为出钱购买知识的消费者，视学校为贩售知识的商店，把老师当成店员。以至于学校中愈不能创造利润的科系就愈不重要。学校视其教职员，亦渐如雇主对待其部属。学生则抱着“出钱即是大爷”的心态，不但不受教，还自认为是教师们的“衣食父母”，时时流露出一副要维护其消费者权益的姿态。

可是，学校传统上就一直是非营利事业，依现代法律，它亦是一法人团体，以提供公众教育服务为宗旨，因此它事实上并非企业。对学校的管理，也不应采企业管理模式，而应采用非营利事业管理。目的不在获取利润，而在于服务社会，创造公共利益。我所办的佛光大学，即采用此种管理模式。

非营利事业管理有何特点呢？

非营利事业（non-profit sector）的人员，与政府或企业最大不同之处，是它的志愿工作者极多。即使是学校中的教职员，虽亦收取薪资，但其工作动机主要并不在那份薪水，而是参与教育工作的使命与抱负，故仍具有志愿工的性质。对此种人员及组织之管理，当然与政府或企业不同，而其财务管理亦必迥异。非营利事业之经费，并不适用“使用者付费”的原则，要求受益者负担，它通常一部分来自政府，另一大部分则仰赖募款，是由社会出钱、非营利组织出力，共同创造公共利益、协助应被协助的人。红十字会、各基金会、各救援协助团体，莫不如此，学校亦然。

学生在学校中，就像医院中的病人，心智上仍甚孱弱，须待医疗救治或予以调理养护。所以他们不是花钱来买知识、买文凭的消费者，乃是来此就诊待医之患者、待学校赈赡其知识之饥荒者。对于社会上热心捐输米粮与医疗救济的善士，自应心存感激，对于学校提供课程，以栽成陶育，亦当铭谢。

佛光大学认为，顺着这样的脉络，方能重新调整校园内部的伦理关系以及运作逻辑，使学校和企业体区隔开来，恢复其讲贯道义、揖让习礼之气氛。中国古代书院，提供膏火，以供来学者肄业于其间，即是此义。所谓“佛渡有缘人”，只要有心求道，有缘进入学校，即应不计一切地协助他、度化他。教育之道，岂能斤斤计较收多少钱或赚了赔了呢？

佛光大学也认为资本主义社会所奉行的“使用者付费”观念，在教育上并不适用。目前私立大学文法学院学生，每学期收费不能超过三万七千元，公立大学学生则只需交万余元。可是培养一位大学生，每年的花费却远超过此数。以佛光大学为例，去年只招收 80 人，一年仅收入六百万。但该校筹办至今，已支出十数亿。未来数年，几乎每年也都还要再投入数十亿。倘依使用者付费之原则，岂非每位学生每年都须交一千万以上的学费？因此，若要使学校能依学杂费收入来维持营运，除非扩大招收学生人数，否则，学生的学杂费用在整个学校经费中所占比例甚微，几乎完全不起作用。但若那样做，岂不成了名副其实的“学店”吗？教育品质如何保障？

何况，依据研究，仍有不少家境清寒的优秀青年无法负担大学学费，目前就读私立大学的学生，家庭状况及社会阶层又较公立学校学生差。以办企业追求利润的观点来从事教育，自有其盲点，运用非营利事业经营之方式，或许更能符合教育的意义。

这样的对比，应当足以说明营利事业和非营利事业在经营管理上的差异，也能凸显佛光山教团在非营利事业管理上的贡献。

## （三）向非营利事业学习

### 1. 企业伦理的议题

像佛光大学这样的大学，过去几十年不可能出现，即或出现，也无法被认同并获得支持。因此，由这种大学的出现，便可说明非营利事业之蓬勃，以及人间佛教业已渐趋成熟。

非营利事业在现代社会中数量愈来愈多，类别愈来愈复杂，也是世界性的趋势。在美国，单是基金会，就有三万二千个以上，教团则超过三十五万个。台湾仅仅“慈济功德会”一个团体，就有志工数百万人。据“财团法人社会大学文教基金会”之调查，全台湾愿参与义务工作之人口，超过五百万人，并已另行成立“中华民国义工总会”。可见志愿服务及非营利事业之发展，均已愈来愈蓬勃。

非营利团体大量出现、宗教团体承担了众多社会公益服务事务，可以从社会面进行许多讨论，由管理之角度分析，也饶富意趣。

据统计，1896 年至 1982 年，日本前一百大企业，只剩下“王子制纸”“钟纺”两家还在，其他都早已烟消云灭。在企业界中，这种“眼看他起高楼，眼看他楼塌了”的情况可说甚为寻常。企业不能久长，追逐利润者，终究如逐日之夸父，是要倒在追逐的路途上的。

这些衰败的企业，难道都是不善于运用企业管理知识吗？不然，在企业鼎盛之际，它们何尝不被视为经营之神或企业管理的典范？眼前的例子，包括以《反败为胜》刮起企管学界一阵旋风的艾科卡，写下《教训》传授企管业者经营心得的王安电脑创办人王安，其企业都已失败了。曾经畅销一时的《教训》，事实上给了企管界极大的教训，让企管界不敢再夸耀其经营管理技能与知识，知道一个企业之所以成功或失败，除了本身的企管能力之外，整个社会环境、外部的因素更为重要。全球经济景气状况、政府政策、产业环境、社会支持度……都是影响企业成败的要因。

其次，企业以追求利润为目标。既然如此，只要能获得更大的利润，什么都能做吗？非法营运、输送不当利益，扩张事业外利益（例如发展政商关系），已成为现今企业界普遍的现象。这样逐利不已，难道不会损及自己吗？这种疑惑或体悟，也已在企管学界中逐渐形成。

在企业内部，老板追求利润，员工同样也追求属于自己的利益，上下交征利，是否一定能创造事业体之大利？抑或会形成彼此利益的矛盾与冲突，导致企业分裂或瓦解？把这些疑问加起来，就是企业伦理问题在企管界越来越获重视的原因。大家发现赚钱可能并非企业唯一的价值与目的。

1987 年，美国哈佛大学商学院获得两千三百万美元的捐赠，指定用在企业伦理课程与研究的领域上。故由资深副院长派博教授（Thomas R. Piper）延揽了相关教师加入“决策及伦理价值”（Decision Making & Ethical Values，简称 D—EV）小组，并且实际着手创设此类的课程。

D—EV 这个课程具有六个教学目标：一者，它讨论现代企业责任的广度、实际运作时的限制与权衡角度；二者，它强调如何在个人与组织效率的前提下，寻找出伦理价值的中心点；三者，它说明了忽视伦理后影响各方面的危险；四者，它提倡融合伦理价值来做企业决策的积极态度；五者，它着重衡量经济与非经济因素的企业策略与实施方案；六者，它鼓励尊重法律并了解其限制。

该课程之目的，在于确认伦理及企业责任必须是专业性的管理学院的教育重心。而且认为每个读企业管理的学生，都必须在自己所选择的事业中注入兴奋刺激的感觉，而这种感觉则源自于对员工、消费者、供应商与社区的责任、挑战与机会。同时，它更规定每位学生在取得 MBA 学位之前，必须做满三十小时的义工工作。

这个例子，可以具体说明企管学界追求改革、重视企业伦理之努力，而其改革，恰好与非营利事业有关。例如强调企业经营在营利之外，尚应寻找伦理价值，认为从事企业经营管理者必须有兴奋感，且应担任义工，由义工工作中学习成长，都是由非营利事业中取得的滋养。

因为非营利事业以公益服务为宗旨，所提供的正是“价值产品”，如文化、艺术、知识、宗教，而非“商品”。所以它不但本身在社会上的伦理价值十分明确，也向社会提供价值内容与方向。从业人员担任此种工作，利润报酬或许不高，但却能充分获得价值感，具有自我实现及成就社会价值之双重意义。这些都是营利事业所难以达到的。企业管理若想转型或提升，当然须借鉴于此。

符芝瑛在讨论一般企业应向佛光山学习时，主要是就决策管理、开源节流等方面说，其实在有关企业伦理的问题上，企业得益于非营利事业者恐怕更多，也更是目前企业学界正热衷探讨的课题。徐木兰在《共创企业净土》（天下文化出版公司，1994 年）中谈到：

> 愈是先进的国家，非营利组织的数目与规模愈是迅速增加，受雇的人数也跟着水涨船高。以美国为例，三分之二的成年人至少隶属于一个志愿性的社团，而四分之一的成年人为非营利组织工作，支领薪水。面对这种社会结构的变化，传统的管理学院虽未正式推出“非营利组织管理”

的相关课程，但是透过“企业伦理”这门课在美国各大管理学院的兴起，非营利组织的管理问题也已逐渐受到重视。另外，从实务的角度观察，发现有不少营利组织，为了强化公司的社会形象与开拓管理者的视野，纷纷鼓励专业经理人抽空投入非营利组织的管理工作。譬如，以卓越管理著称的IBM公司，要求或鼓励中阶层经理人员，每周一天带薪前往非营利组织内，进驻诊断与协助解决它的问题。（《重视非营利组织管理》）

讲的就是这个现象。但这个现象中有些值得再予深论的问题，例如：为何“越先进的国家，非营利组织的数目与规模越多”？企业界因重视企业伦理而重视非营利事业，又鼓励其员工投入非营利事业以开拓视野，为何迟迟在学院中尚不愿正式推出非营利事业管理课程？又为何明明是要向非营利组织学习，而却又只派人“进驻诊断并协助处理问题”？这些问题，都值得我们再思考。

### 2. 企业管理的延伸

现代资本主义社会，乃是在累积资本、扩大开发、追求成本效益的原理中发展起来的。因此企业并不只是社会中之一部分，而是这整个社会的基本性质。前文说过，资本主义已使社会全面市场化，就是这个意思。

但这样的社会越发展就越呈现其病态，成就固然非凡，毛病也着实不少。非营利组织，就扮演着对这社会进行调节、改善、批判的角色。它们不属于“钱”和“权”两大部门，代表社会的良知，追求公义，而非利益。因此它们向来是资本主义社会中非主流的部分，怜孤恤弱、济贫瞻愚、提倡文化价值、揭扬艺术美感、弘扬宗教理想，发挥其社会力，以匡政府及企业之不逮。

这样的角色和地位，在发展中国家，向来不受重视。因为此类国家正以扩大开发、跻身于资本主义工商国家为急务，必须等社会逐渐成熟，渐渐具有反省能力以后，才会发现非营利组织的价值与需要。近年来，投身于非营利事业中的工作人员越来越多，就是这个道理。

企管学界，本来即是用以巩固资本主义工商体制的一组配备，它所发展的价值观和管理技术，都是呼应或强化资本主义发展的。要它回过头来反省批判资本主义工商体制，实在是十分困难，因为那很可能会质疑并颠覆它本身所赖以建构的一些基本观念。但在整体社会发展中，非营利事业既已如此蓬勃，企管学界自亦不能不予面对。因此它面对的方式主要有二：一是如前文所说，由企业伦理问题的讨论，涉入非营利事业管理，在这里获取两种管理学的交集。二是试图运用企业管理学，来处理非营利事业的管理实务，如徐木兰所介绍的：进驻非营利组织内诊断与协助解决它的问题。

1992 年，台北市国际青商会与台大管理学院首度规划了“变迁中台湾社团之发展与管理研讨会”，提出了下列六个主题公开讨论：（1）社团专业经理人的培养及其管理挑战；（2）国内文教基金会的绩效评估研究；（3）从法律的观点探讨其对社团发展的影响；（4）非营利组织税负问题之研究；（5）社团的行销管理；（6）社团组织在台湾的发展及其对社会的影响。

其后台湾“教育部”“内政部”也分别委托洪健全文教基金会等机构赓续办理相关研讨。大抵仍不脱前述二种模式，以尝试运用企业管理知识及技术在非营利组织之中为主，以社会责任、伦理课题为辅，但尚未真能反省到自身的不足，向非营利事业学习，故亦未能建立专业课程甚或科系。

## （四）自主的非营利管理学

佛光大学南华管理学院在 1995 年即已规划完成国内第一个“非营利事业管理学系及研究所”，摆脱了前述以企管为本位的态度，认为：

> 近年来，台湾民间意识蓬勃，非营利团体大量出现，充分承担了社会服务性的角色。但因缺乏相关管理知识之研究与导引，往往无法有效发挥其力量。少数夙具声誉之团体，大抵亦仅凭其经验法则来发展；而其宝贵之实务经验，则又未能予以归纳、研究、整理、传续、拓展，至为可惜。时至今日，因非营利事业发展越来越快，相关研究不仅愈显重要，更对企业管理提供了不少反馈，例如管理学大师彼得·杜拉克（Peter.Drucker）即曾呼吁企业界应向非营利部门学习。非营利事业，也应运用各种管理方法，来有效达成组织任务。

亦即以非营利事业为主体，发展其管理学，而非以企业管理技能延伸运用于非营利组织中而已。依此规划的发展方向与课程架构为：

> 甲、发展方向
>
> 一、非营利事业管理学系及研究所培养之人才，应包括下列三类：
>
> （1）培养能实际投入非营利事业管理工作之实务人才，使其成为具有专业素养之工作群体（非营利部门目前大多仰赖义工、临时工或兼职工，虽具高度热情及参与感，

但欠缺专业之管理知识，以致成效不彰，功能未尽发挥）。

（2）培养娴熟非营利部门之事务，足以担任各种非营利组织咨询顾问的人才，以协助其发展，或配合开设训练课程及规划活动。

（3）培养针对各种非营利事业之性质、组织、发展策略、与外在环境互动、资源交换等各项问题具有实证调查及理论思考能力之研究者，以建立并发展我国非营利事业组织管理之学术规模。

二、本校非营利事业管理学系，以培养第一类人才为主，第二类人才为辅。研究所以培养第三类人才为主，第二类人才为辅。

三、非营利事业与“企业”及“政府组织”之管理，各有异同，透过比较研究，颇有助于深入了解三者之特性及其关系。故本系将以“比较管理”为发展路向。

四、企业领域中，多国籍企业或跨国公司之兴起与影响，允为六〇年代以来之大事。同样的，非营利组织之国际化，亦为当前之重要趋势，例如红十字会、救世军、女童军、扶轮社、同济会、狮子会、青年会、各宗教教会、国际救援组织等，均组织庞大，活力惊人，且各涉及种种复杂之政治、经济、社会、文化问题。在企管领域已逐渐展开国际企业经营管理研究之际，本系除研究国内非营利事业外，亦拟以国际非营利事业之发展与互动为观察重点，并透过“比较管理”之方法，分析各国的非营利事业管理模式，比较各国对国际性非营利事业发展之策略。

乙、课程架构

一、相关基础知识

政治学（2. 2）

经济学（2. 2）

社会学（2. 2）

统计学（2. 2）

广告学（2. 2）

应用心理学（2. 2）

应用伦理学（2. 2）

组织社会学（2. 2）

社会福利（2）

社会政策（2）

社会工作（2）

国际组织（2. 2）

二、管理理论与方法

组织理论与管理（2. 2）

管理哲学（2. 2）

系统理论（2. 2）

决策分析（2. 2）

资讯系统（2. 2）

商事租税法（2. 2）

三、非营利事业分析

非营利事业组织概论（2. 2）

非营利事业与企业比较管理学（3. 3）

我国非营利事业发展策略个案分析（3. 3）

各国非营利事业发展比较分析（3. 3）

非营利事业的合作与竞争（2. 2）

四、实务与运用

人力资源管理（2. 2）

财务管理与作业（2. 2）

国际行销管理（2. 2）

行销管理与绩效分析（2. 2）

管理会计学（2）

市场管理（2. 2）

非营利事业模拟（2. 2）

经营策略与规划（2. 2）

工作方案设计与实习（3. 3）

这是台湾地区首度进行的非营利事业管理教学及研究机构规划，当然还不完善，但对台湾管理学界来说，却具有先导作用。目前佛光大学南华管理学院已以此计划向台湾“教育部”申请成立，且已招生。佛光山在美国洛杉矶的西来大学则已正式于1997年起招收非营利事业管理研究所硕士班。中山大学等许多学校也相继着手规划非营利事业管理学系，可见这个由我在佛光大学所提倡的新方向已获得管理学界的认同，未来应该是颇有可为的。

## （五）结语

我曾在前文谈到佛教学者讨论实现“人间净土”问题时的局限性，以印顺导师为例说：

> 在理论上，印顺导师极力论证佛教不应出离人世，而应实现人间净土，对佛教之现代化影响深远。然而，印老的研究，固极博赡，但只是佛教宗旨上的辩说，在教内看，甚具价值。但从我们非纯佛教学者的角度看，则成就殊觉有限，因为他只是在教理上确认了佛教应该入世、应不离世间觉、应实现人间净土而已。由于他对“世学”并无深究，故除了这一方向上的提示外，不能谈任

> 何具体之问题。究竟此人间净土应为何种社会性质？宗教入世之后，世俗事务之处理，如何与佛教所追求之超越性解脱目标结合无碍？达致人间净土之方法又如何？在人间政治、经济、社会问题的处理上，佛教又应以何种态度为之，始能创立人间净土？这等问题，印老均乏析论。(《佛学义理与企业管理》，收入《人文与管理》，佛光大学，1996年）印老的局限，其实也就是近年来佛教界讨论这个问题的局限。大家对于“人间佛教”这个方向大都是赞同的。对创建“人间净土”之理想也深表期许。但讲来讲去，都是空说。不是将“世谛”和“圣谛”勉强比附一番，就是在宗旨、理想、精神、方向上继续阐述。提倡人间佛教，对这个人间究竟能产生什么边缘性救济功能之外的作用，实在少人探究。

因此，本文换个方式，从管理学的角度来讨论两个问题：佛教团体，在现代社会中作为一种非营利组织，其所能担负之角色及功能为何？佛教教团在进行其非营利事业管理时，具体之成就与贡献又何在？

在解说后面这个问题时，本文一方面借着区分营利与非营利两种事业及其管理方式，来消解社会上对佛教团体进行“企业经营”的争论，确定非营利组织管理的性质；另一方面则就企业经营管理学遭受到非营利事业挑战的状况，来观察佛教团体对非营利事业的经营方法与成果，如何带动整体管理学的拓展。

用以解说问题的例子，当然选择了佛光山教团。主观上的原因，是由于我较熟悉这个教团。而这也是客观上的理由，因为讨论管理问题，非有深入其中之了解不可，目前只有这个教团提供给我这种机会。同时，由客观意义上看，佛光山既是目前佛教界最大的僧伽团体，其经营事业形态也最多，因此，它引起之相关争论亦最激烈。例如佛教是否已世俗化？其经营是否为企业化？企业化经营是否能创建人间净土？佛教团体推行人间佛教，其教团是否即应采用企业管理？……这类典型问题，都发生在佛光山这个案例中。

依本文的看法，宗教团体在当代受资本主义之影响，事实上大体已世俗化、市场化、资本化。不要说那些借机敛财的“不肖”佛教团体及人士了，佛教团体要推展活动时，就应该会发现它已不能用“寺庙”来进行了。寺庙社团法人化，归给了世俗的信徒与管理委员会。故佛教推展活动，往往须另行成立基金会。而基金会即是将教团财团化的形态。因此世俗化与资本化，是现代社会由体质上对佛教团体的改造，在这个大格局大环境中，很少佛教团体可以摆脱出来。

但业已资本化的佛教团体，仍然可以有些非追求资本累积的作为，而这些作为又可对资本主义社会产生调节、批判，甚或导引的作用。这就是本文所说的非营利事业经营管理。过去佛教团体在这方面已有了很好的表现，现在更借其所创办的学校来推动这种管理学术及模式。套用徐木兰教授《共创企业净土》那本书的书名，则我们也可以说：唯有扩大发展的此种非营利事业管理的学术与模式，影响企业及企业管理学界更重视企业伦理之问题，企业与非营利事业共同合作，人间净土才能早日达成。